Ingrid Burdewick
Jugend – Politik – Anerkennung

Ingrid Burdewick

Jugend – Politik – Anerkennung
Eine qualitative empirische Studie
zur politischen Partizipation
11- bis 18-Jähriger

Leske + Budrich, Opladen 2003

Gedruckt auf säurefreiem und alterungsbeständigem Papier.

Die Deutsche Bibliothek – CIP-Einheitsaufnahme
Ein Titeldatensatz für die Publikation ist bei der Deutschen Bibliothek erhältlich

ISBN 3-8100-4030-4

© 2003 Leske + Budrich, Opladen

Das Werk einschließlich aller seiner Teile ist urheberrechtlich geschützt. Jede Verwertung außerhalb der engen Grenzen des Urheberrechtsgesetzes ist ohne Zustimmung des Verlages unzulässig und strafbar. Das gilt insbesondere für Vervielfältigungen, Übersetzungen, Mikroverfilmungen und die Einspeicherung und Verarbeitung in elektronischen Systemen.

Umschlaggestaltung: disegno, Wuppertal
Druck: DruckPartner Rübelmann, Hemsbach
Printed in Germany

Inhalt

Vorwort 11

1. Einleitung 13

1.1 Einordnung der Themenstellung in die Diskussion zur politischen Partizipation Jugendlicher 13
1.2 Empirischer Zugang 15
1.3 Aufbau der Arbeit 17

2. Politische Partizipation Jugendlicher – Eine Einführung in die Thematik 19

2.1 Jugend und Politik – Ein ambivalentes Verhältnis 19
2.2 Die Lebensphase Jugend vor dem Hintergrund der Individualisierung und Pluralisierung der Lebensverhältnisse 22
2.3 Politikverdrossenheit Jugendlicher oder "Jugendverdrossenheit der Politik"? 24
2.4 Partizipationsformen und Mitbestimmungsrechte 25
2.5 Partizipation in Jugendparlamenten 27

3. Dimensionen politischer Partizipation 31

3.1 Annäherung an den Begriff der politischen Partizipation 31
3.2 Taxonomien politischer Partizipation 32
3.3 Partizipation und Mitbestimmung 34

4.	**Moralentwicklung und politische Urteilsfähigkeit im Jugendalter**	37
4.1	Heteronomie und Autonomie	38
4.2	Die Fähigkeit zu formal-logischen Operationen	40
4.3	Die moralische Entwicklung im Jugendalter	42
4.4	Demokratie und öffentliche Bildung	44
5.	**Konzeption der Studie**	47
5.1	Forschungsprojekt zur politischen Partizipation von Mädchen und Jungen	47
5.2	Theoretisch-methodischer Zugang	48
5.3	Die Zielgruppe	52
5.4	Die Erhebungsmethode	56
5.5	Durchführung der Interviews	57
5.6	Der Auswertungsprozess	58
5.6.1	Die Methode der Grounded Theory	59
5.6.2	Zum Vorgang des Kodierens in der Grounded Theory	61
5.6.3	Memos	64
5.6.4	Die Kernkategorie	65
5.7	"Theoretische Sensibilität" und induktive Theoriegewinnung	66
6.	**Ergebnisse der qualitativen Untersuchung (Teil 1) – Jugend und Politik**	69
6.1	Formen mangelnder Anerkennung im Bereich der Politik	70
6.1.1	Ausgrenzung	70
6.1.2	Täuschung	76
6.1.3	*"Interessieren sich mehr für Diäten ..."* – Zusammenfassung	80
6.1.4	Einflussfaktoren	80
6.1.4.1	Gegensatz der Generationen	80
6.1.4.2	Dominanz und Distanz	88
6.1.4.3	Strukturen traditioneller Politik	91

6.1.4.4	*"Irgendwie sind da nur alte Opas."* – Zusammenfassung...	93
6.1.5	Weitere Einflussfaktoren	94
6.1.5.1	Subjektive politische Kompetenz	95
6.1.5.2	Politisches Interesse und politische Informationsaktivität als Anspruch	97
6.1.5.3	Interesse an politischen Themen	104
6.1.5.4	*"Irgendwie musst du dich ein bisschen informieren, was in der Politik so abgeht ..."* – Zusammenfassung	108
7.	**Das Jugendparlament in Wittingen**	109
7.1	Organisationsform	109
7.2	Die Abgeordneten des Jugendparlaments	112
8.	**Ergebnisse der qualitativen Untersuchung (Teil 2) – Politische Partizipation im Jugendparlament**	117
8.1	Motive für die Kandidatur zum Jugendparlament	117
8.1.2	*"Ich hab' ne ganz schön große Schnauze auch."* – Zusammenfassung	124
8.2	Anerkennungsprozesse im Jugendparlament	125
8.2.1	Das Jugendparlament. Ein Artikulationsrahmen für die Interessen Jugendlicher	126
8.2.2	Wertschätzung des Jugendparlaments in der Kommunalpolitik	130
8.2.3	Wertschätzung der Abgeordnetentätigkeit durch Eltern, Lehrkräfte und Gleichaltrige	134
8.2.4	Einflussfaktoren	137
8.2.4.1	Ein Zugewinn von Macht und Einfluss durch das Jugendparlament	138
8.2.5	*"Dass wir unsere Macht haben ..."* – Zusammenfassung	145

8.3	Formen mangelnder Anerkennung im Jugendparlament	148
8.3.1	Die jungen Abgeordneten als "Spielbälle" der Erwachsenen	148
8.3.2	Die Instrumentalisierung des Jugendparlaments........	155
8.3.3	Spott und Desinteresse von Gleichaltrigen	157
8.3.4	Einflussfaktoren	165
8.3.4.1	Die Dominanz der Erwachsenen	165
8.3.4.2	Die Ohnmacht der jungen Abgeordneten	168
8.3.4.3	Der Altersunterschied zwischen den Abgeordneten...	172
8.3.4.4	Sitzungsstrukturen	177
8.3.5	*"Da wird von den Erwachsenen die Macht gemacht..."* – Zusammenfassung	185
8.4	Perspektiven politischer Partizipation	186
8.4.1	Vorstellungen im Hinblick auf ein zukünftiges politisches Engagement	187
8.4.2	*"Wenn man Kinder hat, geht's gar nicht"* – Zusammenfassung	199
9.	**Diskussion**	207
9.1	Jugend, Politik und Anerkennung	207
9.1.1	Jugendliche als "Fremde" im politischen System	208
9.1.2	Liebe, Recht und Solidarität – Anerkennungsformen in der Konzeption Axel Honneths...........................	210
9.1.3	Mangelnde Anerkennung im Bereich der Politik als typisches "Schlüsselerlebnis" Jugendlicher	217
9.2.	Politisches Interesse, politisches Engagement und Anerkennung	221
9.2.1	Politisches Interesse und Selbstbestimmung	222
9.2.2	Interesse für Themenstellungen, welche die Sicherung zukünftiger Lebensbedingungen betreffen	225
9.3	Politische Partizipation, Anerkennung und Pädagogik – Beteiligung im Jugendparlament	230
9.3.1	Anerkennung, Selbstwertgefühl und die Kompetenz zur politischen Partizipation	230

9.3.2	Kognitive Entwicklung und Partizipation	232
9.3.3	Politik und Pädagogik	234
9.3.4	Symmetrische und komplementäre Reziprozität	236
9.4	Politische Partizipation, Geschlecht und Anerkennung	240
9.4.1	Die Separierung geschlechtsspezifischer Arbeitsbereiche...	241
9.4.2	Politik und "weibliche Moral"	243
9.4.3	Die strukturelle Ausgrenzung von Frauen aus dem Bereich der Politik.............................	249
10.	**Gesellschaftstheoretische Grundlagen der Anerkennungsthematik**	**251**
10.1	Zur Aktualität der Anerkennungsthematik	251
10.2	Anerkennung und die Grundlagen einer normativen Gesellschaftstheorie – Die Anerkennungsthematik in der Konzeption Axel Honneths	254
10.2.1	Intersubjektivität und Sittlichkeit – Das Anerkennungsmodell des jungen Hegel	254
10.2.2	Anerkennung in der Sozialpsychologie George Herbert Meads	256
10.2.3	Das primäre Anerkennungsverhältnis in der psychoanalytischen Objektbeziehungstheorie	259
10.2.4	Rechtliche Anerkennung in der Moderne	261
10.2.5	Rechtliche Anerkennung und Autonomie	262
10.2.6	Soziale Anerkennung in der Moderne	265
10.2.7	Soziale Anerkennung und Individualisierung	266
10.2.8	Für eine posttraditionale Solidarität	269
10.3	Anerkennung, Jugend und Individualisierung	270
10.4	Politische Partizipation Jugendlicher als Beitrag zur Ausweitung gesellschaftlicher Anerkennungsmuster ..	276
11.	**Resümee**	**279**
	Literatur	292
	Anlagen	308

Vorwort

Die Idee zu dieser Studie ist im Kontext meiner Tätigkeit als wissenschaftliche Mitarbeiterin in einem zweijährigen Forschungsprojekt zur politischen Partizipation von Mädchen und Jungen entstanden. Angesiedelt war das Projekt an der Forschungsstelle für Schulgeschichte und regionale Schulentwicklung, deren Gründung im Jahre 1985 auf eine Kooperation des Erziehungswissenschaftlichen Fachbereichs der Technischen Universität Braunschweig mit dem Landkreis Gifhorn zurückgeht. Im Rahmen des Forschungsprojektes wurde eines der ersten niedersächsischen Jugendparlamente in der Stadt Wittingen (Landkreis Gifhorn) wissenschaftlich begleitet. Die Projektergebnisse sind im März 1998 im Rahmen der Sonderausstellung "'Ein bißchen mehr Macht ...' Politische Partizipation von Mädchen und Jungen" im Schulmuseum Steinhorst und in einem gleichnamigen Sammelband (vgl. Neumann/Burdewick 1998) veröffentlicht worden. Im Rahmen der hier vorliegenden Arbeit knüpfe ich an die Themenstellung des Projektes an, um ausgewählte Aspekte vertiefend zu erörtern. Im Zentrum steht dabei die Analyse qualitativer Interviews mit 11- bis 18-jährigen Jugendlichen, die als Abgeordnete im Wittinger Jugendparlament mitgearbeitet haben.

Vorworte zeichnen sich meist durch lange Passagen von Danksagungen aus. Das soll auch hier aus gutem Grund nicht anders sein; denn ohne die Unterstützung vieler Personen wäre die Entstehung dieser Studie nicht möglich gewesen.

Ganz herzlich bedanken möchte ich mich an dieser Stelle bei Detlef Horster (Universität Zürich/Philosophische Fakultät) und Elfriede Billmann-Mahecha (Universität Hannover/Fachbereich Erziehungswissenschaften) für die wissenschaftliche Begleitung dieser Studie und ihre wertvollen konzeptionellen und inhaltlichen Anregungen. Mein Dank gilt auch Karl Neumann von der Technischen Universität Braunschweig (Fachbereich Erziehungswissenschaften). Als Leiter der Forschungsstelle für Schulgeschichte und regionale Schulentwicklung hat er das Projekt zur politischen Partizipation von Mädchen und Jungen maßgeblich unterstützt. Ebenfalls danken möchte ich Andreas

Böttger und Gerd Laga, beide Fachbereich Erziehungswissenschaften der Universität Hannover. Durch die Teilnahme an ihrem Doktorandencolloquium habe ich weitere hilfreiche Hinweise besonders im Hinblick auf das empirische Vorgehen erhalten.

Mein Dank gilt auch Mirja Silkenbeumer, die mit viel Engagement und Sachverstand die Mehrzahl meiner Texte gelesen und kritisch kommentiert hat. Weiterhin haben Christiane Borchard, Renate Brunkhorst und Ursula Schnurpel einzelne Kapitel der Arbeit gelesen und kommentiert. Ihnen verdanke ich ebenfalls wertvolle inhaltliche Anregungen. Für die Korrektur und das Layout der Arbeit bedanke ich mich bei Angelika Ulrich. Katharina Gillich möchte ich Dank sagen für die Sorgfalt und Geduld bei der Transkription der Interviews und natürlich bedanke ich mich bei allen Jugendlichen, die sich im Rahmen des Forschungsprojektes zu einem Interview bereit gefunden haben. Mein ganz besonderer Dank gilt Dieter Kordon, der mir die ganze Zeit über ein wichtiger Diskussionspartner war und dem ich viel von der Energie und Kraft zu verdanken habe, die es mir ermöglichten, diese Arbeit neben meiner Berufstätigkeit fertig zu stellen.

Hannover, im April 2002   Ingrid Burdewick

1. Einleitung

1.1 Einordnung der Themenstellung in die Diskussion zur politischen Partizipation Jugendlicher

Nie zuvor haben sich so viele Menschen in der Jugendarbeit, in Verbänden und in der Politik Gedanken darüber gemacht, wie die politische Mitwirkung der jungen Generation intensiviert werden kann. Das Thema Partizipation Jugendlicher ist aktuell fast in aller Munde. Ins Rampenlicht der Öffentlichkeit trat es durch eine Krise: Junge Leute haben zunehmend Schwierigkeiten, sich mit den Ergebnissen und Formen der konventionellen Politik zu identifizieren. Diese distanzierte Haltung gegenüber dem politischen Bereich drückt sich – so Ulrich Beck – in einer "Abstimmung mit den Füßen" (Beck 1997a, 13) aus. Jugendliche und junge Erwachsene bleiben der konventionellen Politik zunehmend fern, ein Trend, der sich unter anderem an der vergleichsweise geringen Wahlbeteiligung junger Menschen (vgl. Schneekloth 2002, 107), aber auch dem Schwund jüngerer Mitglieder in den politischen Parteien ablesen lässt. Nach Elmar Wiesendahl stellt sich die Jungmitgliederentwicklung der Parteien über die letzten 25 Jahre dar "wie die Geschichte eines Exodus von mehreren Jugendgenerationen, die mit den Parteien nichts mehr zu tun haben wollen." (Wiesendahl 2001, 7) Der Anteil der 16- bis 24-jährigen Mitglieder sei zum Beispiel in der SPD von 10,8% im Jahre 1974 auf 2,8% Ende 1999 gesunken. Und nehme man die Zahl der jüngeren Mitglieder in CDU und SPD zusammen, so habe sie sich "zwischen 1980 und Ende 1997 von 89176 auf 31087 reduziert" [...] (Ebd., 8). Dies entspricht einem Rückgang von nahezu zwei Dritteln.

Da die politische Beteiligung der Bürger und Bürgerinnen als "konstitutives Merkmal einer Demokratie" (Fuchs 2000, 250) anzusehen ist, betrachtet man die Distanzierung der jungen Generation von der Politik allgemein mit Besorgnis und versucht, dieser Abwendung unter anderem durch die Einrichtung von Beteiligungsmodellen, die Kindern und Jugendlichen eine Möglichkeit zur Mitsprache bei (kommunal-) politischen Entscheidungen gewährleisten sollen, zu begegnen.

Angesichts des mittlerweile fast unüberschaubaren Angebots verschiedener Beteiligungsmodelle, mag sich manch einer schon fast an einen "Schlussverkauf" (Winkler 2000, 188) erinnert fühlen:

> "Europaweit werden neue Institutionen diskutiert und geschaffen, werden Projekte durchgeführt, die jungen Menschen neue, größere Partizipationsmöglichkeiten versprechen. Kinder- und Jugendparlamente, Kinderverträglichkeitsprüfungen, neue Strukturen in der Kinder- und Jugendarbeit, runde Tische mit jungen Menschen, Anwalts- und Ombudsstellen, Informationsbörsen, formelle und informelle Mitwirkungsverfahren auf den unterschiedlichsten Ebenen, die – heftig umstrittene – Herabsetzung des Wahlalters, endlich der Zehnte Kinder- und Jugendbericht [vgl. Bundesministerium für Familie, Senioren, Frauen und Jugend 1998] – überall tritt Partizipation von Kindern als Leitthema auf." (Ebd.)

Anknüpfend an den hier beschriebenen Entwicklungstrend sind in den letzten Jahren zahlreiche Publikationen (z.B. Schröder 1995 u. 1996, Frädrich/Jerger-Bachmann 1995, Brunsemann/Stange/Tiemann 1997, Apel/Pach 1997, Palentien/Hurrelmann 1997a, Bartscher 1998, Knauer/Brandt 1998, Lost/Oberhuemer 1999, Bruner/Winklhofer/Zinser 1999 u. 2001, Kammerer 2001, Oerter/Höfling 2001) zur politischen Partizipation von Kindern und Jugendlichen erschienen. Systematische empirische Analysen zu den Effekten, den Verfahren und Ergebnissen unterschiedlicher Beteiligungsmodelle liegen jedoch kaum vor.[1] Ausnahmen bilden hier die Arbeiten Michael C. Hermanns (1996a), der eine umfassende quantitative Untersuchung zu den Jugendgemeinderäten in Baden-Württemberg vorgelegt hat, und ein von Wolf-Dietrich Bukow und Susanne Spindler herausgegebener Sammelband, dessen Autoren und Autorinnen sich mit der Partizipation in Kinder- und Jugendforen der Stadt Köln auseinander setzen. (Vgl. Bukow/Spindler 2000) Eine weiterführende zentrale Frage, nämlich die nach dem Zusammenhang gesellschaftlichen Zusammenlebens, also dem politischen Selbstverständnis einer Gesellschaft, und der

---

[1] Dies bestätigt auch ein Befund des Zehnten Kinder- und Jugendberichtes: "Forschungs- und Beratungstätigkeit bezüglich Partizipation von Kindern ist zu fördern. Empirische Studien, die die verschiedenen Beteiligungsmodelle untersuchen im Hinblick auf soziales Verhalten, Lernen und politische Sozialisation, die Rolle der Erwachsenen, die Zusammenarbeit der politischen Gremien sowie die Effektivität im Hinblick auf die Umsetzung von Kinderinteressen – um hier nur einige Punkte zu nennen -, liegen bisher kaum vor." (Bundesministerium für Familie, Senioren, Frauen und Jugend 1998, 157)

politischen Partizipation junger Leute, ist bisher kaum systematisch behandelt worden.[2]

Diese Studie geht den beiden bisher weitgehend vernachlässigten Dimensionen der Partizipationsdebatte auf Basis einer qualitativen empirischen Untersuchung nach. Sie leistet eine systematische qualitative Analyse des Partizipationsmodells Jugendparlament und widmet sich daran anschließend auf der Grundlage ihrer empirischen Befunde der gesellschaftstheoretischen Dimension der politischen Partizipation junger Leute. Unter welchen Voraussetzungen junge Leute vor dem Hintergrund gesellschaftlicher Modernisierungsprozesse adäquat am politischen Geschehen beteiligt werden können, bildet dabei die zentrale erkenntnisleitende Fragestellung.

1.2 Empirischer Zugang

Bei der vorliegenden Studie handelt es sich um eine Querschnittserhebung, in der mit der Methode des qualitativen Interviews ein sehr offenes verbales Verfahren eingesetzt wurde. Intention der qualitativen Untersuchung ist es, die subjektive Bedeutungsdimension politischer Partizipation aus der Sicht 11- bis 18-jähriger Jugendlicher, die als Abgeordnete in eines der ersten Niedersächsischen Jugendparlamente im Landkreis Gifhorn gewählt wurden, herauszuarbeiten. Leitend sind dabei Fragestellungen nach ihrem Verhältnis zur konventionellen Politik im Allgemeinen und nach ihrer Einstellung zur Arbeit im Jugendparlament im Besonderen. Was hat die Jugendlichen dazu bewogen für das Parlament zu kandidieren? Wie beschreiben sie ihr Verhältnis zur etablierten Politik? Was möchten sie durch ihre Arbeit im Parlament erreichen? Sind die Erwartungen, die sie an ihre Mitwirkung in dem Jugendgremium hatten, erfüllt worden oder eher

---

2   Eine ähnliche Diagnose stellt Winkler. Seiner Auffassung zufolge zeichnen sich viele Debatten um die Beteiligung von Kindern und Jugendlichen durch eine mangelnde Komplexität der Überlegungen aus. So würden sie das Thema in der Regel "technisch, nämlich im Hinblick auf Verfahrensregeln" (Winkler 2000, 188) behandeln und dabei nicht nur potenzielle Widersprüche in Partizipationsmodellen ausblenden, sondern auch meist die in diesem Kontext interessierende Frage nach der Verknüpfung der Partizipationsthematik mit zentralen Aspekten des politischen Zusammenlebens unbeantwortet lassen.

nicht? Wie beschreiben sie ihr Verhältnis zu den im Parlament agierenden Erwachsenen? Können sie sich vorstellen, auch im Erwachsenenalter politisch aktiv zu sein und wenn ja, in welcher Weise?

Ausgewertet wurde das Interviewmaterial mit der Methode der Grounded Theory. Dabei handelt es sich um ein Auswertungsverfahren, das die Bildung eines theoretischen Konzeptes am vorgefundenen Material zum Ziel hat. "Sie erlaubt auf der Basis empirischer Forschungsergebnisse in einem bestimmten Gegenstandsbereich, eine dafür geltende Theorie zu formulieren, die aus vernetzten Konzepten besteht und geeignet ist, eine Beschreibung und Erklärung der untersuchten sozialen Phänomene zu liefern." (Böhm 2000, 467) Von Bedeutung ist in diesem Kontext eine gewisse Offenheit gegenüber dem empirischen Material. Das bedeutet, die Forscherin oder der Forscher geht nicht mit einer bestimmten Leitidee oder Theorie an das Material heran und sucht dort nach entsprechenden Belegen, sondern lässt sich vielmehr "von der Praxis, d.h. seinem [oder ihrem] Untersuchungsfeld belehren." (Wiedemann 1991, 441) Ziel ist es, durch einen ständigen Vergleich der am Interviewmaterial entwickelten Kategorien, letztlich eine Kernkategorie zu bestimmen, die sich auf Basis der vorliegenden Daten als zentrales Phänomen erweist und zu der sich alle anderen am Material entwickelten Konzepte in Beziehung setzen lassen. Für den Untersuchungsbereich dieser Studie kristallisierte sich im Laufe der Analyse die Thematik Anerkennung bzw. verweigerte Anerkennung als zentrales Phänomen heraus. So ist das von den Interviewten in einer sehr differenzierten Weise geschilderte Erlebnis, im Bereich der etablierten Politik keine ausreichende Anerkennung als Subjekte mit spezifischen Vorstellungen und Problemen zu erhalten, als ein grundlegendes Phänomen identifiziert worden. In diesem Kontext beschreiben die InterviewpartnerInnen sich unter anderem als Fremde im politischen System. Auch in Bezug auf die Partizipation im Jugendparlament und die Vorstellungen der Interviewten zu einem möglichen politischen Engagement im Erwachsenenalter erwies sich die Anerkennungsthematik – wie im Rahmen dieser Arbeit gezeigt werden wird – als zentrale Kategorie.

1.3 Aufbau der Arbeit

Im Einzelnen gliedert sich die Arbeit wie folgt: Die ersten vier Kapitel dienen einer Einführung in die Thematik. Zunächst wird das Verhältnis Jugendlicher zur Politik auf der Grundlage einschlägiger empirischer Forschungsergebnisse näher beleuchtet, um sich dann unterschiedlichen Modellen zur aktiven Mitsprache der jungen Generation zu widmen. Ebenfalls dargestellt wird die diesbezügliche rechtliche Situation (Kap. 2). Sodann folgt in Kapitel 3 eine Präzisierung des Begriffs der politischen Partizipation. Daran schließt sich eine Darstellung des Zusammenhanges von kognitiver moralischer Entwicklung und der potenziellen Fähigkeit Jugendlicher zur politischen Mitwirkung an (Kap. 4).

Das Zentrum der Arbeit bilden die Kapitel fünf bis acht, in denen die Durchführung und die Ergebnisse der empirischen Untersuchung entfaltet werden. Im fünften Kapitel wird das Forschungsdesign der Studie beschrieben. Die darauf folgende qualitative Analyse ist in zwei Hauptteile unterteilt. Der erste Teil (Kap. 6) befasst sich mit der Untersuchung des Verhältnisses der Interviewten zur konventionellen Politik und der zweite (Kap. 8) mit ihrer Einstellung zum Partizipationsmodell Jugendparlament und mit ihren Vorstellungen bezüglich einer potenziellen politischen Tätigkeit im Erwachsenenalter. Dem zweiten Teil ist zum besseren Verständnis der in den Interviewaussagen beschriebenen Prozesse eine Erläuterung der Organisationsform des hier exemplarisch untersuchten Wittinger Jugendparlaments vorangestellt (Kap. 7).

Die Kapitel 9 und 10 widmen sich einer der weitergehenden theoretischen Reflexion der empirischen Ergebnisse, wobei sowohl auf das Spannungsfeld zwischen mündiger politischer Partizipation und pädagogisch unterstützter Mitsprache als auch auf den Kontext von politischer Sozialisation und der Kategorie Geschlecht Bezug genommen wird (Kap. 9). In Kapitel 10 werden die gesellschaftstheoretischen Grundlagen der Anerkennungsthematik näher beleuchtet. Im Zentrum steht dabei die sozialphilosophische Konzeption Axel Honneths.

Da im Rahmen der Grounded Theory zwar eine „theoretische Sensibilität" (vgl. Kap. 5.1 dieser Arbeit) erforderlich ist, aber nicht mit vorher festgelegten Hypothesen gearbeitet wird, entspricht der Aufbau dieser Studie dem Anliegen des Auswertungsverfahrens. Erst nach der Gewinnung der Kernkategorie erfolgt eine Auseinandersetzung mit den vorliegenden, thematisch einschlägigen Theorieentwürfen.

Ein Resümee (Kap. 11) schließt die Arbeit ab. Hier werden die Ergebnisse und die aus ihnen abgeleiteten Konsequenzen für eine adäquate Beteiligung Jugendlicher im Bereich der Politik auf der Grundlage der gesellschaftstheoretischen Diskussion um Anerkennung resümierend dargestellt.

2. Politische Partizipation Jugendlicher – Eine Einführung in die Thematik

2.1 Jugend und Politik – ein ambivalentes Verhältnis

"Ein Gespenst geht um in Deutschland, und es heißt Politikverdrossenheit." (Schweda 2000, 18) Die wachsende Distanz der BürgerInnen zur Politik wird allgemein beklagt. Besonders jungen Leuten diagnostiziert man in diesem Kontext eine ausgeprägte Skepsis (vgl. z.B. Fischer 2000a) und aktuelle Befragungsergebnisse scheinen dieser Diagnose auf den ersten Blick Recht zu geben. So ist das politische Interesse der 15- bis 24-Jährigen von 1991 bis 2002 kontinuierlich gesunken. (Vgl. Schneekloth 2002, 92) Schaut man sich aber die Befunde der zahlreichen Untersuchungen zum politischen Interesse der jungen Generation genauer an, wird deutlich, dass von einem generellen politischen Desinteresse keinesfalls die Rede sein kann. (Vgl. z.B. Deutsche Shell 2000 und 2002, Gille/Krüger 2000, Jugendwerk der deutschen Shell 1997, Hoffmann-Lange 1995, Heitmeyer/Jacobi 1991) Das Institut für Entwicklungsplanung und Strukturforschung an der Universität Hannover führt in der Regel in fünfjährigen[3] Abständen Befragungen mit Jugendlichen und jungen Erwachsenen durch, die dann im so genannten "Jugendkompaß" veröffentlicht werden. Eine Umfrage, an der sich 1994 insgesamt mehr als 3.000 junge Menschen aus verschiedenen Regionen Niedersachsens beteiligt haben, kommt zu dem Ergebnis, dass sich Jugendliche sehr wohl für politische Themenbereiche, wie etwa Umweltschutz, Friedenssicherung oder Entwicklungspolitik interessieren. Werden Jugendliche aber gefragt, ob sie sich mit der Politik im Bundestag, in den Länderparlamenten oder dem Gemeinde-/Stadtrat befassen, erhält man meist negative Antworten. (Vgl. Borchers 1995, 4f.) Dem entspricht auch die

---

3 Nach Auskunft des Institutes für Entwicklungsplanung und Strukturforschung an der Universität Hannover sind für die eigentlich im Jahr 2000 geplante Veröffentlichung keine finanziellen Mittel bereitgestellt worden. Deshalb handelt es sich bei der hier als Datengrundlage angeführten Untersuchung um die aktuellste dieser Art.

Tatsache, dass der Anteil der Jugendlichen, die keine Partei bevorzugen, deutlich über dem Anteil der Erwachsenen liegt. (Vgl. Hermann 1996a, 58) Außerdem halten 83% der 13- bis 24-Jährigen PolitikerInnen für unglaubwürdig. (Vgl. Fischer 1997a, 311) Vor diesem Hintergrund ist es nicht weiter erstaunlich, wenn die Wahlbeteiligung junger Erwachsener unter dem Niveau der Gesamtbevölkerung liegt (vgl. Gille/Krüger/de Rijke 2000, 257 u. Kühnel 2001, 19f., Schneekloth 2002, 107) und gleichzeitig sogar noch rückläufig ist.[4]

Die genannten Fakten verdeutlichen, dass Jugendliche und auch junge Erwachsene zwar der traditionellen parlamentarischen Politik skeptisch und mit wenig Interesse gegenübertreten, aber keineswegs allgemein politikverdrossen, sondern eher parteien- und politikerverdrossen sind.

Speziell bei Mädchen und jungen Frauen lässt sich eine große Distanz zur parlamentarischen Politik nachweisen. So gaben beispielsweise bei einer Umfrage des Allensbacher Instituts für Demoskopie lediglich 8% der befragten westdeutschen Mädchen im Alter von 14 und 15 Jahren an, sie würden sich für Politik interessieren, während es bei den Jungen 20% waren. (Vgl. Institut für Demoskopie Allensbach 1993b, 3) Auch die aktuelle Befragung des Jugendwerks der deutschen Shell (vgl. Deutsche Shell 2002), an der sich 12- bis 25-jährige Jugendliche in Ost- und Westdeutschland beteiligten, weist bei Mädchen und jungen Frauen ein geringeres politisches Interesse

---

4   So sank die Teilnahme der 18- bis 24-Jährigen bei Bundestagswahlen einer Auswertung Wiesendahls zufolge zwischen 1983 und 1990 von 84,5 auf 62,9%. (Vgl. Wiesendahl 2001, 10) Für die letzten beiden Bundestagswahlen existieren keine entsprechenden Daten. (Vgl. ebd.) "Bei den Landtagswahlen hat sich gar die Wahlteilnahme zwischen der Periode 1972-1976 und 1998-2000 von 70,6 auf 48,2% abgesenkt, dies entspricht einem Rückgang von 22,4 Prozentpunkten." (Ebd.) Und noch ein Ergebnis weist in diese Richtung: Bei den Kommunalwahlen in Niedersachsen im September 2001 betrug die Wahlbeteiligung durchschnittlich 48,4%. Damit hatten sich die NichtwählerInnen ohnehin als stärkste Partei etabliert. Besonders deutlich zeigte sich dieser Trend aber wiederum bei jungen Leuten im Alter von 16 bis 24 Jahren. In dieser Altersgruppe gab nur jeder Dritte seine Stimme ab, während es bei der Kommunalwahl 1996 – hier waren erstmals 16-Jährige wahlberechtigt – noch etwa jeder Zweite war. (Vgl. Hannoversche Allgemeine Zeitung 2001, 15) Zum Rückgang der Wahlbeteiligung von 18 bis 24-Jährigen vgl. auch Fischer (2000a, 265) und zur vergleichsweise geringen Wahlbeteiligung der 18- bis 29-Jährigen vgl. auch Gaiser/Gille/Krüger/de Rijke (2000, 257).

nach als bei männlichen Jugendlichen.[5] Die Wahlbeteiligung junger Frauen liegt ebenfalls unter der gleichaltriger Männer. Bei der Gruppe der 18- bis 25-jährigen Wählerinnen war bei den Bundestagswahlen 1990 die niedrigste Wahlbeteiligung überhaupt festzustellen. (Vgl. Institut für Demoskopie Allensbach 1993a, 5).[6]

Offenbar klafft die Schere zwischen der Ablehnung der institutionalisierten Politik einerseits und dem Interesse an politischen Themen andererseits bei Mädchen und jungen Frauen besonders weit auseinander; denn mit der Politik im Bundestag, in den Länderparlamenten oder im Gemeinde-/Stadtrat beschäftigen sie sich laut "Jugendkompaß" noch weniger als männliche Jugendliche. Ihr Interesse an politischen Themenstellungen, wie Umweltschutz, Friedenssicherung oder Entwicklungspolitik ist dagegen größer als bei der männlichen Jugend. (Vgl. Borchers 1995, 5)

Zu ähnlichen Ergebnissen kommt auch die Shell- Studie aus dem Jahr 2000: junge Frauen setzen weniger Vertrauen in staatliche Organisationen, wie den Bundestag, die Bundesregierung oder die politischen Parteien als junge Männer (vgl. Fischer 2000a, 272), während

---

5 Laut Shell Studie 2002 geben 23% der befragten 12- bis 25-jährigen weiblichen Jugendlichen an, politisch interessiert zu sein, während es bei den gleichaltrigen männlichen Befragten 37% sind. (Vgl. Schneekloth 2002, 93)
6 Vergleichbare neuere Daten liegen nicht vor: Eine aktuelle Untersuchung des deutschen Jugendinstituts ermittelt zwar die Wahlbeteiligung junger Leute, differenziert hier aber nicht nach Geschlecht. (Vgl. Gaiser/de Rijke 2000, 273) In einer Untersuchung zur politischen Partizipation von Frauen aus dem Jahre 1995, wird in Bezug auf die Wahlbeteiligung von Frauen und Männern nur bis zur Bundestagswahl 1990 nach dem Geschlecht unterschieden, und zwar mit der Begründung, dass in der repräsentativen Bundestagswahlstatistik vor dem Hintergrund veränderter Rechtsbedingungen 1994 keine geschlechtsspezifische Differenzierung mehr vorgenommen wurde. (Vgl. Hoecker 1995, 50) Dies trifft laut Auskunft des Statistischen Bundesamtes in Wiesbaden auch für die Bundestagswahl 1998 zu. Einer Untersuchung Kühnels zufolge, die auf den Daten einer "Allgemeinen Bevölkerungsumfrage" (ALLBUS) beruht, lassen sich in Bezug auf die Wahlbeteiligung kaum geschlechtsspezifische Unterschiede feststellen. Allerdings wird diesbezüglich nicht nach Alter unterschieden. (Vgl. Kühnel 2001, 19f.) Die entsprechenden Daten wurden im Zeitraum von März bis Juli 1998 erhoben. Neuere nach Geschlecht und Alter differenzierte Daten liegen lediglich für die Europawahl 1999 vor. Hier war die niedrigste Wahlbeteiligung in Deutschland bei den 21- bis unter 25-jährigen Frauen zu verzeichnen: Die Wahlbeteiligung der 21- bis unter 25-Jährigen lag mit 32,3% bei der Europawahl "um nahezu 13 Prozentpunkte unter der Wahlbeteiligung aller Altersgruppen, wobei die 21- bis 25jährigen Frauen sogar lediglich eine Beteiligung von 30,5% verzeichneten." (Statisches Bundesamt 1999, 6)

sie nichtstaatlichen Organisationen, wie Menschenrechts- und Umweltschutzgruppen sowie Bürgerinitiativen, größere Sympathien entgegenbringen als die gleichaltrigen männlichen Befragten. (Vgl. ebd., 274) Entsprechend ziehen männliche Jugendliche die Mitgliedschaft in einer Partei eher in Betracht als weibliche. Junge Frauen sind dagegen stärker zu einem Engagement in Bürgerinitiativen bereit als junge Männer. (Vgl. Schneider 1995, 304 u. Burdewick 1998a, 136ff.)

2.2 Die Lebensphase Jugend[7] vor dem Hintergrund der Individualisierung und Pluralisierung der Lebensverhältnisse

Aber nicht nur das Verhältnis junger Leute zur Politik, sondern auch die Lebenssituation Jugendlicher hat sich in den letzten vier Jahrzehnten vor dem Hintergrund zunehmender Pluralisierung und Individualisierung der Lebensverhältnisse[8] stark verändert. (Vgl. dazu z.B. Heitmeyer/Olk 1990, Beck 1997b, 209ff. u. Grunert/Krüger 2000) Die Ablösung der Jugendlichen von der Herkunftsfamilie beginnt häufig schon im Alter von zwölf und dreizehn Jahren. (Vgl. Hurrelmann 1995, 142) Etwa im gleichen Maße wie die Familienablösung voranschreitet, steigt der Einfluss der Gleichaltrigengruppe. Sie ist in der Regel bei Lebensstilentscheidungen, Freizeitpräferenzen oder auch Kleidungsfragen von großer Bedeutung. (Vgl. Oerter/Dreher 1998, 369ff.) Der Stellenwert der Schule hat erheblich zugenommen. So verbringen Kinder und Jugendliche im Vergleich zu früheren Jahren nicht nur eine deutlich längere Zeit in der Schule,[9] sondern ihre persönliche Verantwortung für die eigene Schullaufbahn ist stetig ge-

---

7 Die Entwicklungspsychologie verwendet die Bezeichnung Jugendalter für junge Menschen im Alter von 11 bis 18 Jahren, wobei die Periode zwischen 11 und 14 Jahren als "Transeszenz" und die Zeitspanne zwischen 14 und 18 als "Frühe Adoleszenz" bezeichnet wird. (Vgl. Oerter/Dreher 1998, 312)

8 Die Auswirkungen gesellschaftlicher Individualisierungsprozesse auf die Statuspassage Jugend werden in Kapitel 10.3. dieser Arbeit noch näher in den Blick genommen.

9 Ein erheblicher Teil der Jugendlichen in Westdeutschland besucht die Schule drei bis vier Jahre länger als Jugendliche in den 50er Jahren. (Vgl. Grunert/Krüger 2000, 202)

wachsen. (Vgl. Tillmann 1995, 193ff. u. Hurrelmann 1995, 105ff.) Im Konsumbereich haben Jugendliche nahezu die gleiche Selbstständigkeit wie Erwachsene erlangt.[10] Die Werbung hat sie längst als eigenständige Konsumenten entdeckt, die Kaufentscheidungen nicht nur für sich selbst treffen, sondern auch die ihrer Eltern beeinflussen können. Viele Jugendliche arbeiten bereits während ihrer Schulzeit und bessern damit ihr oft ohnehin schon gut ausgestattetes Bankkonto auf. Mehr als drei Viertel der Dreizehnjährigen verfügen über ein eigenes Konto bei einer Bank und eine Scheckkarte. (Vgl. Hurrelmann 1998, 10) In Fragen der Religion und des Glaubens wird von Jugendlichen ebenfalls ein großes Maß an Eigenverantwortung und Selbstständigkeit verlangt. "Sie kommen in einer offenen und wertepluralistischen Gesellschaft nur dann mit ihrem Leben zurecht, wenn sie sich einen ethischen Orientierungskompaß schaffen." (Ebd., vgl. dazu auch Schmidtchen 1992) Die geschlechtliche Reife hat sich im Lebenslauf immer weiter nach vorn verlagert. Sie liegt heute durchschnittlich für Mädchen bei 11,5 Jahren und für Jungen bei 12,5 Jahren. (Vgl. Hurrelmann 1998, 10) Außerdem hat die Mehrzahl der jungen Leute bereits mit vierzehn oder fünfzehn eine feste Partnerschaftsbeziehung. (Vgl. ebd.) Und aktuell wird darüber diskutiert, das Jugendschutzgesetz den gesellschaftlichen Veränderungen dahingehend anzupassen, dass Jugendliche ab 14 Jahren bis 23.00 Uhr allein in Diskotheken und Gaststätten gehen dürfen. Bisher ist ihnen dies unter 16 Jahren nur in Anwesenheit einer erwachsenen Begleitperson erlaubt. (Vgl. Der Spiegel 2000, 18) Jugendlichen wird heute also wesentlich mehr Eigenverantwortlichkeit und Selbstständigkeit zugesprochen als noch in früheren Jahren. Damit vergrößern sich zum einen ihre individuellen Verwirklichungsmöglichkeiten. Junge Menschen sind dadurch aber zum anderen auch von gesellschaftlichen Entwicklungen und Problemen stärker betroffen als frühere Jugendgenerationen. So sind die Krisen im Bereich der Erwerbsarbeit keinesfalls mehr ausschließlich Belastungen des Erwachsenenlebens, von denen befreit Jugendliche quasi noch in einem Schonraum leben. Im Gegenteil: Probleme wie drohende Arbeitslosigkeit oder Lehrstellenmangel haben der

---

10 Vgl. dazu auch die Ausführungen von Hengst (1996), der davon ausgeht, dass bereits Kinder im Bereich des Marktes als Konsumenten und Käufer grundsätzlich wie Erwachsene behandelt werden.

Shell-Studie "Jugend '97" zufolge "das Zentrum der Jugendphase erreicht". (Fischer/Münchmeier 1997, 13) Nahezu jeder zweite Jugendliche hatte 1997 Angst davor, keinen Ausbildungs- und Arbeitsplatz zu bekommen. Und selbst diejenigen, die einen Job hatten, befürchteten, das sichere Ufer wieder verlassen zu müssen. (Vgl. Münchmeier 1997, 280)

2.3 Politikverdrossenheit Jugendlicher oder „Jugendverdrossenheit der Politik"?

Doch gerade in Bezug auf diese von Jugendlichen wahrgenommenen Risiken scheint die Politik in den Augen vieler Jugendlicher kaum Antworten zu haben. Vielfach wird beispielsweise über die wirtschaftlichen Schwierigkeiten "unter dem Vorzeichen von 'Sachzwängen'" (Fischer/Münchmeier 1997, 14) diskutiert. Und darin drückt sich indirekt die Botschaft aus, dass sich sowieso nichts verändern lässt. Repräsentative Einstellungserhebungen belegen, dass junge Menschen der Politik nicht zutrauen, "die 'großen' Probleme in der Gesellschaft lösen zu können." (Ebd.)

Ein Motiv für die zunehmende Distanzierung der jungen Generation von der Politik ist – so argumentieren die Shell-Studien 1997 und 2000 (vgl. Fischer/Münchmeier 1997 und Fischer 2000a) – der Eindruck Jugendlicher, von der Politik und den Erwachsenen mit ihren Problemen weitgehend im Stich gelassen zu werden. "Die Politiker kümmern sich sowieso nicht um uns!" ist in diesem Kontext eine symptomatische Aussage vieler junger Leute.[11] Jugendliche zeigen also keinesfalls ein generelles Desinteresse an politischen Themen, sondern sie haben den Eindruck, dass ihre Probleme von der Politik nicht wahrgenommen werden. In der Shell-Studie 1997 wird dieser Umstand folgendermaßen beschrieben: "Nicht die Jugendlichen sind an Politik desinteressiert, sondern sie unterstellen im Gegenteil, daß die Politik an ihnen nicht interessiert ist. Nicht die Politikverdrossen-

---

11 79% der 1997 im DJI Jugendsurvey (2) befragten 16- bis 29-Jährigen stimmen der Aussage "Ich glaube nicht, daß sich die Politiker viel darum kümmern, was Leute wie ich denken" zu. (Vgl. Gille/Krüger/de Rijke 2000, 241)

heit der Jugend, sondern die Jugendverdrossenheit der Politik wird hier zum Thema." (Fischer/Münchmeier 1997, 17 vgl. dazu auch Fischer 2000a, 269 und Hurrelmann/Linssen/Albert/Quellenberg 2002, 51)

2.4 Partizipationsformen und Mitbestimmungsrechte

Vor dem Hintergrund der hier skizzierten Situation stoßen Überlegungen, wie das politische Engagement junger Menschen intensiviert werden kann, auf ein zunehmend größeres öffentliches Interesse. Durch das Angebot verschiedener Partizipationsmöglichkeiten erhofft man sich zum einen, die Distanz der jungen Generation gegenüber der etablierten Politik verringern zu können. Zum anderen sollen die Wünsche und Vorstellungen junger Leute bei politischen Entscheidungen stärker berücksichtigt werden. Mittlerweile gibt es in vielen Gemeinden bereits Gremien und Projekte, die Kindern und Jugendlichen ein direktes Mitspracherecht einräumen. Herausgebildet haben sich sehr unterschiedliche Formen der Beteiligung. Bei genauerem Hinsehen lassen sich jedoch grundsätzlich drei Modelle unterscheiden:[12]

1. Die offenen Beteiligungsformen: Hier werden die teilnehmenden Kinder und Jugendlichen nicht wie in Jugendparlamenten bzw. Jugendgemeinderäten gewählt, sondern es wird allen Interessierten die Gelegenheit gegeben, mitzureden und ihre Meinung zu äußern. Zu diesen Modellen sind beispielsweise Jugendforen, Kinderkonferenzen oder Jugendhearings zu zählen.

2. Die projektorientierten Formen: Kinder und Jugendliche treffen sich für einen begrenzten Zeitraum, um ein spezifisches Projekt, z.B. eine Spielplatzneugestaltung, durchzuführen. Bei diesem Partizipationstypus wird häufig mit kreativen Methoden, wie zum Beispiel Zukunftswerkstätten,[13] gearbeitet.

---

12 Zu den verschiedenen Beteiligungsformen in der Kommunalpolitik vgl. auch Lehwald/Madlmeyer (1997), Knauer/Brandt (1998). Bartscher (1998) und Bruner/Winklhofer/Zinser (1999).
13 Zur Methode der Zukunftswerkstatt vgl. Jungk/Müllert (1989), Stange (1996) und Burdewick 2002.

3. Und schließlich die parlamentarischen Partizipationsformen, auf die ich im folgenden Kapitel detaillierter eingehen werde.

Eine rechtliche Verankerung findet die Partizipation von Kindern und Jugendlichen im Kinder- und Jugendhilfegesetz (KJHG) von 1990 und der im gleichen Jahr unterzeichneten und 1992 durch den deutschen Gesetzgeber ratifizierten UN-Kinderrechtskonvention. In § 8 des KJHG heißt es, dass Kinder und Jugendliche entsprechend ihres Entwicklungsstandes, an allen Entscheidungen der Jugendhilfe zu beteiligen sind. § 11 sieht vor, dass Angebote der Jugendarbeit nicht nur auf die Interessen junger Menschen zugeschnitten sein müssen, sondern auch von ihnen mitbestimmt und mitgestaltet werden sollen. (Vgl. Bundesministerium für Familie, Senioren, Frauen und Jugend 1995) In der UN-Konvention über die Rechte des Kindes ist die Mitwirkung von jungen Leuten unter anderem in Artikel 12 festgeschrieben. Dort wird dem Kind zugesichert, dass es in allen es betreffenden Angelegenheiten seine Meinung äußern kann. Dabei soll die Mitbestimmung dem Alter und dem Entwicklungsstand entsprechend erfolgen. (Vgl. Bundesministerium für Familie, Senioren, Frauen und Jugend 1999, 14) Nach Karl Neumann bietet die Kinderrechtskonvention (KRK)

"derzeit den fortschrittlichsten formalen Ausdruck einer internationalen Kodifizierung der Kindesrechte. [...] Etwa ein Viertel der KRK-Artikel ist der Garantie von Partizipations- und Selbstbestimmungsrechten für Kinder gewidmet, sie stellen für das nächste Jahrhundert die große Herausforderung dar, die kulturelle und gesellschaftliche Wirklichkeit der Kinder in ihrer Eigenständigkeit neu zu begreifen und allmählich zu verändern." (Neumann 1998, 25)

Einige Bundesländer haben mittlerweile ergänzende Bestimmungen in ihre Gemeindeordnungen aufgenommen, die eine Partizipation von Kindern und Jugendlichen gewährleisten sollen. Den ersten Schritt machte hier Schleswig-Holstein. In die dortige Gemeindeordnung wurde im April 1996 ein Paragraph (47f GO) aufgenommen, der eine Beteiligung von Kindern und Jugendlichen bei Planungen und Vorhaben, die sie betreffen, vorsieht. Es folgten im Jahr 1997 das Saarland sowie 1998 Rheinland-Pfalz und Hessen mit ähnlichen Bestimmungen. Ebenfalls 1998 hat Baden-Württemberg eine Regelung für die dort sehr verbreitenden Jugendgemeinderäte in die Gemeindeordnung aufgenommen. Diese Regelung ermöglicht die Einrichtung von Jugendgemeinderäten und räumt den jungen Abgeordneten ein Vorschlags- und Anhörungsrecht ein. Eine Verpflichtung der Gemeinden zur Beteiligung der jungen Generation an Planungs- und Entscheidungsprozessen findet sich hier jedoch nicht. (Vgl. Bruner/Winklhofer/Zinser 1999, 25f.) Seit 2001 existiert auch in Niedersachsen eine Gemeindeordnung, die eine Beteiligung von Kindern und Jugendlichen bei Planungen und Vorhaben, die die Interessen der jungen Generation berühren, vorsieht. Zudem werden die Gemeinden dazu angehalten, adäquate Beteiligungsverfahren zu konzipieren und umzusetzen. (Vgl. Bruner/Winklhofer/Zinser 2001, 53)

In einigen Bundesländern wird Jugendlichen ab 16 Jahren bei den Kommunalwahlen ein aktives Wahlrecht eingeräumt. Auch dadurch erhalten junge Leute die Möglichkeit kommunalpolitische Entscheidungsprozesse zu beeinflussen. Bisher gilt diese Regelung in Schleswig-Holstein, Niedersachsen, Nordrhein-Westfalen, Mecklenburg-Vorpommern und Sachsen Anhalt.[14]

2.5 Partizipation in Jugendparlamenten

"Ja und die Jugendlichen werden auch gleich in die Politik hineingerissen. Das ist ganz gut; das bringt auch was in Wittingen, weil da so alte Leute sind, also Ratsherren und so. Sind nicht viele junge Leute dabei. Und einige Leute werden sich nach ihrer Zeit im Jugendparlament hoffentlich auch im Stadtrat beteiligen."

So begründete Julian (17), ein Abgeordneter des Wittinger Jugendparlaments, seine positive Einstellung zu diesem Gremium. Hätte der Wittinger Bürgermeister dies gehört, wäre er sicherlich sehr erfreut gewesen; denn er gratulierte der neu gewählten Jugendparlamentspräsidentin im Januar 1998 mit den Worten: *"Wir sind immer händeringend darum bemüht, junge Menschen in die Politik zu bekommen."*

Beide Zitate verdeutlichen, welche Funktionen Jugendparlamente bzw. Jugendgemeinderäte nach Vorstellung ihrer BefürworterInnen erfüllen sollen: Es ist beabsichtigt, Kinder und Jugendliche durch die Mitarbeit in diesen Gremien an die politische Arbeit heranzuführen und sie damit zu motivieren, sich auch im Erwachsenenalter politisch

---

14 Laut Auskunft des Statistischen Bundesamtes vom 30.05.2000.

zu engagieren. Darüber hinaus soll jungen Menschen durch die Einrichtung von Jugendparlamenten die Möglichkeit gegeben werden, ihre speziellen Interessen zu formulieren und in die Kommunalpolitik einzubringen, und nicht zuletzt erhofft man sich, auf diesem Wege negative Einstellungen gegenüber der traditionellen Politik abbauen zu können und die Kompetenz zu (kommunal-)politischen Fragen zu verbessern. Hermann spricht in diesem Zusammenhang von einer Motivations-, Rekrutierungs- und Artikulationsfunktion des Beteiligungsmodells Jugendparlament bzw. Jugendgemeinderat sowie dem Ziel der politischen Bildung und Sozialisation. (Vgl. Hermann 1996a, 145f.)

Jugendparlamente oder auch Jugendgemeinderäte, die in Deutschland seit 1985 zunächst vorwiegend in Baden-Württemberg und dann zunehmend auch in weiteren Bundesländern gegründet worden sind,[15] unterscheiden sich in ihrer Organisation zum Teil erheblich. Ich beziehe mich in dieser Untersuchung auf Jugendparlamente als repräsentative institutionalisierte kommunalpolitische Partizipationsform für Kinder und Jugendliche im Alter von etwa 10 bis 21 Jahren,[16] die sich formal an den Verfahrensweisen der Gemeinde- bzw. Stadträte orientiert und die nach Hermann durch eine "relative Verfaßtheit" (vgl. ebd., 287) gekennzeichnet sind. "Die relative Verfaßtheit besteht aus Grund- oder Geschäftsordnungen, die sich die Gremien entweder selbst gegeben haben oder die vom Gemeinderat erlassen wurden." (Ebd.) Die jungen Abgeordneten werden durch geheime Wahl bestimmt,[17] entweder außerhalb der Schulen, was meist eine sehr geringe

---

15 Einer bundesweiten Erhebung des deutschen Jugendinstituts zufolge gibt es in Baden-Württemberg mittlerweile 60 Jugendgemeinderäte, in Nordrhein-Westfalen sind es 20 Kinder- und Jugendparlamente, in Hessen 7, in Niedersachsen 12, in Schleswig-Holstein 31, in Thüringen 6. In Rheinland-Pfalz bieten 42% der kreisfreien Städte eine Partizipation für Kinder- und Jugendliche in parlamentarischer Form an. Für die anderen Bundesländer liegen (noch) keine exakten Daten vor. (Vgl. Bruner/Winklhofer/Zinser 1999, 22ff.)

16 In den meisten Jugendparlamenten bzw. Jugendgemeinderäten liegt die untere Altersgrenze allerdings nicht bei 10, sondern eher bei 14 oder auch 16 Jahren. (Vgl. Hermann 1996a, 162 und Bruner/Winklhofer/Zinser 1999, 43f.)

17 Bruner, Winklhofer und Zinser ordnen Jugendparlamente unter dem Oberbegriff "Repräsentative Beteiligungsformen" (Bruner/Winklhofer/Zinser 1999, 29) ein und fassen darunter auch Modelle, in welche die Mitglieder nicht nur des Verfahren der Wahl sondern auch über Delegation entsendet werden. (Vgl. ebd.) Ich schließe mich in dieser Arbeit – auch im Hinblick auf die Organisationsform des hier exemplarisch zu untersuchenden Wittinger Jugendparlaments – der Bestim-

Wahlbeteiligung – durchschnittlich um die 30% – zur Folge hat oder in den Schulen, wo oft eine Wahlbeteiligung von 90% erreicht wird. (Vgl. ebd., 316) Jugendparlamenten wird meist ein Anhörungs- und Vorschlagsrecht in den entsprechenden kommunalpolitischen (Erwachsenen-)Gremien eingeräumt. In der Regel besitzen sie aber kein verbürgtes Recht darauf, an kommunalpolitischen Entscheidungen beteiligt zu werden. (Vgl. ebd., 176 ff.) In zahlreichen Städten und Gemeinden mit Jugendparlamenten wurde die Vereinbarung getroffen, dass die Beschlüsse der Jugendgremien entweder direkt vom (Ober-)Bürgermeister ausgeführt werden oder als Anträge in die kommunalen Gremien eingebracht werden. (Vgl. ebd., 176)

Die Einrichtung von Jugendparlamenten erfolgt meist durch die Initiative Erwachsener.[18] Sowohl inhaltlich als auch formal weisen die Jugendgremien eine ausgeprägte Orientierung an herkömmlichen Politikformen auf. Durch ihre starke Institutionalisierung und die weitgehende Adaption der politischen Kultur Erwachsener unterscheiden sie sich von offenen und projektorientierten Modellen politischer Partizipation. In der Diskussion um das Für und Wider dieser Partizipationsform wird deshalb Kritik daran geübt, dass Kindern und Jugendlichen bei diesem Beteiligungsmodell die Strukturen der traditionellen (Erwachsenen-)Politik weitgehend oktroyiert werden. Dies aber sind Formen, denen junge Menschen, wie die neuere empirische Jugendforschung mehrheitlich feststellt, eher ablehnend gegenüberstehen. (Vgl. z.B. Hoffmann-Lange 1995, Silbereisen u.a. 1996, Deutsche Shell 2000, Gille/Krüger 2000)

Es besteht also die Gefahr, dass die jungen Abgeordneten in etwas *"hineingerissen"* werden, was nicht kind- bzw. jugendgerecht ist und deshalb eher dazu geeignet ist, "Politikverdrossenheit" zu verstärken als sie aufzuheben.[19] Welchen Einfluss die politische Tätigkeit in ei-

---

mung Hermanns an, der in seine Analyse von Jugendgemeinderäten in Baden-Württemberg ausschließlich Modelle einbezieht, in denen gewählte JugendvertreterInnen mitwirken. (Vgl. Hermann 1996a, 163ff.)

18 Vgl. dazu auch die Ergebnisse der gerade erwähnten bundesweiten Erhebung des Deutschen Jugendinstituts zur Beteiligung von Kindern und Jugendlichen in der Kommune: Nur 6% der hier erfassten repräsentativen Beteiligungsformen sind auf die Initiative von Kindern und Jugendlichen hin eingerichtet worden. (Vgl. Bruner/Winklhofer/Zinser 1999, 56)

19 Auf dieses Problem wird auch in einer Publikation zur Pro- und Contra-Diskussion von Kinder- und Jugendgremien hingewiesen: "Durch die einfache

nem Jugendparlament auf die Bereitschaft der hier engagierten Jugendlichen, sich auch im Erwachsenenalter politisch zu engagieren, haben kann, wird im Rahmen dieser Studie noch näher erläutert werden. (Vgl. Kap. 8.4)

---

und verkürzte Übertragung von Sichtweisen und Politikkonzepten aus der Erwachsenenwelt wird nur das Gegenteil dessen bewirkt, was eigentlich bezweckt werden soll: Ablehnung von politischem Engagement, Vergrößerung von Politikerdistanz und Politikerfrust." (Stange/Wiebusch 1997, 327) Vgl. dazu auch Lehwald/Madlmayr (1997, 303) und Tiemann (1997, 337).

3. Dimensionen politischer Partizipation

3.1 Annäherung an den Begriff der politischen Partizipation

Dem Begriff der politischen Partizipation kommt in verschiedenen Politikkonzepten eine unterschiedliche Bedeutung zu. Max Kaase betont, dass vor dem Hintergrund der stärkeren Verknüpfung gesellschaftlicher und politischer Phänomene nahezu jede Aktivität als politisch gelten kann: "Angesichts der engen Verflochtenheit gesellschaftlicher und politischer Erscheinungen in modernen Gesellschaften kann fast jedes Handeln, auch innerhalb eines explizit nichtpolitisch abgegrenzten Umfeldes, politische Dimensionen im Sinne von politischer Bedeutsamkeit annehmen." (Kaase 1997, 160). Da ein solcher Begriff von politischer Beteiligung aber nahezu jedes menschliche Handeln erfassen würde, trägt er nach Kaase wenig zu einer definitorischen Klärung bei. In der Politikwissenschaft wurde "politische Partizipation" deshalb in dem Sinne präzisiert, "daß darunter nur solche Handlungen gefaßt werden, die motivational (im Sinne von zweckrational) bewußt mit der Erreichung eines politischen Ziels verknüpft sind [...]." (Ebd.) Eine weitere für den Kontext dieser Arbeit bedeutsame Differenzierung nimmt Rainer-Olaf Schultze vor. Er unterscheidet zwischen eben diesem instrumentellen und einem normativen Verständnis politischer Partizipation.

"Instrumentell bzw. zweckrational sind alle diejenigen Formen polit. Beteiligung, die Bürger freiwillig, individuell und/oder kollektiv im Verbund mit anderen unternehmen, um polit. Entscheidungen direkt oder indirekt zu ihrem Gunsten zu beeinflussen. [...] Im normativen Verständnis ist P. nicht nur Mittel zum Zweck, sondern auch Ziel und Wert an sich. Es geht nicht nur um die Einflußnahme und Interessendurchsetzung, sondern um Selbstverwirklichung im Prozeß des direktdemokratischen Zusammenhandelns und um polit.-soziale Teilhabe in möglichst vielen Bereichen der Gesellschaft." (Schultze 2001, 363)

Während der normative Begriff von Partizipation "konsensorientiert, kommunitär und expressiv" (ebd.) sei, lasse sich die instrumentelle begriffliche Definition, die eine enge Verwandtschaft mit dem "marktliberalen Rationalitätsverständnis" (ebd.) aufweise, als "konfliktorientiert" (ebd.) bezeichnen. Dem normativen Verständnis nach ist die politische Partizipation der BürgerInnen ein grundlegendes Merkmal einer Demokratie. Nach Dieter Fuchs lässt "sich die Qualität einer konkreten Demokratie u.a. am Ausmaß der Beteiligung ihrer Bürger an politischen Prozessen festmachen" (Fuchs 2000, 250). Da der Grad des politischen Interesses in der Regel als guter Indikator für die Bereitschaft, politisch aktiv zu werden, gilt (vgl. Gille 1995, 151), ist es also nicht erstaunlich, dass der kontinuierliche Rückgang des politischen Interesses junger Leute allgemein mit Besorgnis betrachtet wird. Schreitet die hier bereits dargelegte Distanzierung von der Politik, die sich im Übrigen als generationenübergreifender Trend erweist (vgl. Gille/Krüger/de Rijke/Willems 1996), der aber bei Jugendlichen besonders ausgeprägt ist, weiter voran, dürfte sich dies also negativ auf die Legitimität des demokratischen Systems auswirken.

3.2 Taxonomien politischer Partizipation

Die Partizipationsforschung hat auf Basis zahlreicher Umfragedaten im zeitlichen Verlauf verschiedene Taxonomien politischer Beteiligung entwickelt. Dazu gehört 1. die Differenzierung zwischen verfassten und nicht verfassten, 2. zwischen legalen und illegalen sowie 3. zwischen konventionellen und unkonventionellen Formen politischer Partizipation (vgl. z.B. Kaase 1997 und Uehlinger 1988). Als verfasst gelten nach Kaase politische Handlungen, wenn sie "in einen institutionell klar definierten Kontext eingebettet sind, so z.B. in das Grundgesetz oder in eine Gemeindeordnung. In diese Kategorie fallen in erster Linie alle Wahlen zu Parlamenten." (Kaase 2000, 474) Als unverfasst könne man dagegen Aktionsformen bezeichnen, "die in einem spontanen oder geplanten Mobilisierungsprozess außerhalb eines institutionalisierten Rahmens entstehen." (Ebd.) Bei der zweiten Klassifizierung wird zwischen legalen und illegalen Formen differenziert, wobei die illegalen Formen noch einmal nach unmittelbar gewaltsamen Akten des zivilen Ungehorsam und gewaltsamen Handlungen gegen Personen oder Sachen unterschieden werden. (Vgl. ebd.)

Die dritte Klassifizierung weist zahlreiche Übereinstimmungen mit dem Typus verfasst/unverfasst auf:

"Als konventionell werden diejenigen Beteiligungsformen bezeichnet, die mit hoher Legitimitätsgeltung auf institutionalisierte Elemente des politischen Prozesses, insbesondere die Wahl bezogen sind, auch wenn diese Formen selbst nicht institutionalisiert sind. [...] Als unkonventionell werden hingegen alle die Beteiligungsformen bezeichnet, die auf institutionell nicht verfaßte unmittelbare Einflussnahme auf den politischen Prozeßabstellen." (Kaase 1997, 162).

Als zentrales Klassifizierungsinstrument politischer Partizipation gilt nach wie vor die bereits 1988 publizierte fünfkategoriale Taxonomie Hans Martin Uehlingers. (Vgl. Hoecker 1995, 18f. und Kaase 2000, 475). Er unterscheidet zwischen 1. der Staatsbürgerrolle,[20] 2. parteienorientierter Partizipation, 3. problemorientierter Partizipation, 4. zivilem Ungehorsam und 5. politischer Gewalt gegen Sachen oder Personen. (Vgl. Uehlinger 1988, 129f.) Die folgende von Beate Hoecker in Anlehnung an Uehlinger erstellte Tabelle gibt einen Überblick über diese Typologie politischer Beteiligung.

---

20 Zur genaueren Definition der Staatsbürgerrolle vgl. Uehlinger: "Bei der 'Staatsbürgerrolle' geht es um diejenigen Formen politischer Partizipation, die weit verbreitet sind und die teilweise wohl gar nicht als politische Aktivität wahrgenommen werden: Diskutieren über Politik, Äußern der eigenen Meinung, Versuch andere zu überzeugen. Zu dieser niedrigen Aktivitätsstufe gehört auch das Wählen. Wesentlich ist bei dieser Partizipationsform, daß der mögliche Einfluß des einzelnen Bürgers auf politische Entscheide über die Wahl von Abgeordneten äußerst gering ist. Dies trifft auch für das Diskutieren über Politik in dieser allgemeinen Form zu: Der Einfluß auf die Politik ist nur sehr indirekt und wird zweifelsohne auch so wahrgenommen." (Uehlinger 1988, 129)

Tabelle 1: Taxonomie politischer Partizipation

Dimension politischer Beteiligung	Formen politischer Beteiligung	Konkrete Akte politischer Beteiligung
Konventionell bzw. verfaßt	- Staatsbürgerrolle	- Sich an Wahlen beteiligen
	- Parteienorientierte Partizipation	- In eine Partei eintreten, aktiv mitarbeiten
Unkonventionell bzw. unverfaßt a) legal	- Problemorientierte Partizipation	- Mitarbeit in einer Bürgerinitiative - Teilnahme an einer genehmigten Demonstration - Unterschriften sammeln - Sich in Versammlungen an öffentlichen Diskussionen beteiligen
b) illegal - gewaltlos	- Ziviler Ungehorsam	- Teilnahme an einer verbotenen Demonstration - Beteiligung an wilden Streiks - Hausbesetzungen/ Blockaden
- gewaltsam	- Politische Gewalt	- Gewalt gegen Personen und Sachen

(Quelle: Hoecker 1995, 18)

3.3 Partizipation und Mitbestimmung

Bukow macht noch auf eine weitere im Kontext der politischen Partizipation junger Leute bedeutsame Differenzierung aufmerksam. Er unterscheidet zwischen dem "Konzept gesellschaftlicher Partizipation in engeren Sinne" (Bukow 2000, 175) und dem "Modell der Mitbestimmung" (ebd.):

"Im Verlauf der Zeit haben sich zwei – und dabei zwei sehr unterschiedliche – Formen gesellschaftlicher Partizipation herausgebildet, die heute jeweils eine sehr spezifische Ausprägung zeigen und sogar in vielen gesellschaftlichen Bereichen miteinander konkurrieren. Nachdem sich im Rahmen der schrittweisen Demokratisierung der Gesellschaften in Verbindung mit der französischen Revolution und der Aufklärung allmählich der Gedanke der bürgerlichen Gesellschaft durchsetzt – und das bedeutet hier vor allem auch der Gedanke der Partizipation –, entwickelt sich neben dem Konzept von gesellschaftlicher Partizipation im engeren Sinn, das in seiner reinen Form das erste Mal in der Weimarer Republik

Geltung erlangt und mit der Gründung der Bundesrepublik erneut verfestigt wurde, das Modell der Mitbestimmung, das aus einem eher sozialpolitischen Zusammenhang stammt und nach wie vor stark vom Sozialstaatsdenken geprägt ist." (Ebd.)

Mitbestimmungsmodelle dienen in erster Linie der Beteiligung bestimmter Bevölkerungsgruppen in Bereichen, die sie direkt betreffen. Das Konzept der Mitbestimmung verdankt sich nach Bukow einer sozialstaatlichen Tradition, die vor etwa 150 Jahren von den Kirchen initiiert und von Sozialverbänden weiterentwickelt wurde. Intention war es,

"die Lebensverhältnisse der breiten Masse der Bevölkerung zu verbessern und dann eben auch darum die an den Verbesserungsmaßnahmen schon aus pädagogischen Gründen zu beteiligen. [...] Das Mitbestimmungsmodell gibt es heute gesetzlich verankert z.B. im Wirtschaftssektor, im Sozialversicherungswesen, im KJHG oder in der Umweltpolitik – also immer dann, wenn die Mitgestaltung einer bestimmten Bevölkerungsgruppe im Blick auf eine Angelegenheit aus technischen, aus pädagogischen oder aus politischen Motiven heraus gewünscht wird." (Bukow 2000, 176)

Gesellschaftliche Partizipation im engeren Sinne definiert Bukow demgegenüber als die Beteiligung des Staatsbürgers bzw. der Staatsbürgerin am parlamentarischen System im kommunalen Bereich, auf Länder- und Bundesebene sowie als Mitwirkung in den politischen Parteien. Sie beinhaltet damit das verfassungsmäßige Recht aller StaatsbürgerInnen auf eine aktive Partizipation an der Gesellschaft. Hier finden sich allerdings Einschränkungen: Nicht jede Person kann z.B. unabhängig vom Alter an allen Prozessen politischer Partizipation teilnehmen.

Wird nun im Hinblick auf die politische Beteiligung Jugendlicher nicht hinreichend zwischen diesen beiden Modellen der Mitwirkung differenziert, kommt es nach Bukow zu erheblichen Problemen:

"Dann entstehen massive Reibungspunkte und Konflikte, die man sich hätte sparen können, wenn man sich für ein Modell entschieden und anschließend eindeutig angewendet hätte. [...] Man kann Partizipation nicht zugleich nach dem Art. 20 GG (alle Gewalt geht von Volke aus) und dem Jugendhilfegesetz §1 KJHG (jeder junge Mensch hat ein Recht auf Förderung) konzipieren und begründen." (Ebd., 2000, 178f.)

Das erste Konzept zielt auf die gleichberechtigte gesellschaftliche Partizipation von Bürgern und Bürgerinnen ab, im zweiten Fall geht es um die Fürsorgepflicht das Staates gegenüber seinen Bürgern und

Bürgerinnen, also um eine eher pädagogische Zielrichtung.[21] Bukow führt dies folgendermaßen aus:

"Zur ersten Möglichkeit: Das althergebrachte und bis heute immer weiterausgebaute Mitbestimmungskonzept auf Kinder und Jugendliche angewendet, heißt kinder- oder jugendspezifische Fragestellungen in den Mittelpunkt zu stellen. In diesem Fall ginge man von einer klar umgrenzten Kenntnis dessen aus, was hier Sache ist und beteiligt die Kinder und Jugendlichen nur noch an dem, was man ihnen zuvor zugebilligt hat. Kinder und Jugendliche würden an etwas beteiligt, was klar begrenzt ist. [...] Zur zweiten Möglichkeit: Wenn andererseits Fragestellungen in den Mittelpunkt gerückt werden, die die Kinder und Jugendlichen heute eben als Kinder und Jugendliche und morgen genauso oder vielleicht noch mehr als Erwachsene betreffen, dann bedeutet Partizipation etwas ganz anderes und muss folglich auch ganz anders gestaltet werden. Hier gibt es keine vorweg definierte Thematik und keine antizipierten Eingrenzungen. Hier wären die Kinder und Jugendlichen als Teil der Bevölkerung involviert." (Ebd. 2000, 180f.)

Wenn sich zum Beispiel Erwachsene als Kinderbeauftragte für die Interessen von Kindern einsetzten, entspreche dies dem Modell der Fürsorge, während etwa die Mitwirkung in Jugendparlamenten strukturell eher dem Konzept gesellschaftlicher Partizipation gleichkomme. (Vgl. ebd., 180) Die hier vorgestellte Konzeption der Mitbestimmung greift demnach in Situationen, in denen sich Erwachsene als Beauftragte für die Interessen von Kindern und Jugendlichen einsetzen. Es findet sich in der Regel auch bei projektorientierten Mitbestimmungsmodellen, wenn etwa Kinder in stadtplanerische Vorhaben,[22] wie zum Beispiel den Bau eines Spielplatzes, einbezogen werden. Jugendparlamente gelten dagegen – zumindest dem Anspruch nach – als repräsentatives Organ zur Vertretung der Interessen von Kindern und Jugendlichen im kommunalpolitischen Bereich. Thematische Begrenzungen sind dabei nicht vorgesehen. Insofern wären junge Leute der Definition Bukows zufolge hier als Teil der Bevölkerung einbezogen. Inwieweit sich allerdings der Anspruch gesellschaftlicher Partizipation im Hinblick auf das Beteiligungsmodell Jugendparlament tatsächlich bruchlos einlösen lässt, wird im Laufe dieser Untersuchung noch erörtert werden.

---

21 Auf den Unterschied zwischen politischen Konzepten, die auf eine gleichberechtigte Teilnahme der Bürger und Bürgerinnen an politischen Prozessen abzielen und pädagogischen Modellen, die junge Leute erst zur politischen Partizipation befähigen sollen, wird in der Diskussion der qualitativen Befunde dieser Studie noch detaillierter eingegangen. (Vgl. Kap. 9)
22 Zur Mitwirkung von Kindern bei der Stadtplanung vgl. z.B. Apel/ Pach (1997).

4. Moralentwicklung und politische Urteilsfähigkeit im Jugendalter

Partizipation von Jugendlichen umfasst immer auch die Perspektive des Miteinanders, des Ausgleichs von Interessen, der Einigung. Die politische Mitwirkung junger Leute beinhaltet viele Facetten der sozialen Interaktion und ist nicht allein als eine eindimensionale Konfrontation von Jugendinteressen einerseits und gesamtgesellschaftlichen Anliegen andererseits zu verstehen. Junge Menschen untereinander haben ebenfalls Konflikte und verschiedene Vorstellungen, die sich zum Teil auf alters-, geschlechts-, milieu- und bildungsspezifische Faktoren oder auch einfach auf individuell unterschiedliche Bedürfnisse zurückführen lassen. Damit wird deutlich, dass eine Beschäftigung mit dem Thema Partizipation die Interaktion aller Beteiligten – der Jugendlichen untereinander, zwischen jungen Leuten und Erwachsenen, zwischen den Erwachsenen – in den Blick nehmen sollte. Partizipation ist also auch eine Frage der Moral; denn es geht dabei um Übereinkünfte über Normen und Regeln des Zusammenlebens. Es muss beispielsweise zwischen unterschiedlichen Interessen und Lösungen abgewogen werden. (Vgl. Bartscher 1998, 61)

Insbesondere in repräsentativen Beteiligungsmodellen sollten die mitwirkenden Jugendlichen über grundlegende kommunikative Kompetenzen verfügen und imstande sein, Regeln und Werte unabhängig von eigenen Interessen wahrzunehmen und umzusetzen. Ab welchem Alter sind sie dazu in der Lage? Auch für mögliche rechtliche Veränderungen im politischen Bereich, wie zum Beispiel die Herabsetzung der Altersgrenze für das passive und aktive Wahlrecht, spielt die moralische Urteilsfähigkeit von Jugendlichen eine zentrale Rolle.[23] Und schließlich ist die Frage, inwieweit Jugendliche die kognitiven und moralischen Voraussetzungen besitzen, um sich an symmetrischen Anerkennungsprozessen im Bereich der Politik umfassend beteiligen zu können, im Kontext der in dieser Studie entfalteten Anerkennungsthematik von erheblicher Bedeutung.[24] Deshalb sollen im Folgenden

---

23 Vgl. dazu auch die Ausführungen über die Grundlagen rechtlicher Anerkennung in Kapitel 9.1.2 dieser Studie.
24 Vgl. dazu vor allem die Kapitel 9.1.3, 9.3 und 10.2.5 dieser Studie.

die zentralen entwicklungspsychologischen Ergebnisse zu Moralentwicklung im Jugendalter dargestellt werden. Untersuchungen, die sich in diesem Zusammenhang mit der Entwicklung politischer Urteilsfähigkeit von Kindern und Jugendlichen beschäftigen,[25] setzen überwiegend an den Befunden entwicklungspsychologischer Studien zur moralisch-intellektuellen Reifung an. Wegweisend sind in diesem Kontext vor allem die Forschungsergebnisse Piagets und Kohlbergs.[26]

4.1 Heteronomie und Autonomie

Nach Piaget ist jedes Verhalten eines Subjektes als eine Interaktion zwischen Umwelt und der agierenden Person zu interpretieren, "gleichgültig, ob es sich um eine äußere oder eine zu Gedanken verinnerlichte Handlung handelt" (Piaget 1992, 6). Im Unterschied etwa zu behavioristischen oder klassischen psychoanalytischen Erklärungsmustern, die den Menschen vor allem als durch äußere Faktoren oder innere psychische Kräfte determiniertes Wesen betrachten, ist eine Person seiner Ansicht nach durch ihre spontane und konstruktive Interaktion mit der Umgebung gekennzeichnet und dies gilt nicht nur für die konkrete Handlung, sondern auch für den Bereich des Erkennens. (Vgl. Buggle 1993, 42f.) Seine Überlegungen basieren von daher auf der Annahme, dass sich soziale Kognition in der Interaktion mit anderen Menschen herausbildet. Demnach ist das Bewusstsein eines Kindes über seine eigenen Handlungen nicht in erster Linie als Resultat seiner persönlichen Reflexion, sondern vielmehr als Produkt der "soziale[n] Zusammenarbeit mit anderen Personen" (Youniss 1994, 154) zu betrachten.

Piaget untersuchte die moralische Entwicklung vor allem auf der Basis des Spielverhaltens von Vier- bis Dreizehnjährigen. (Vgl. Piaget 1973, 19) Er beobachtete Kinder bei Spielen, die nach bestimmten Regeln verliefen und führte mit ihnen Gespräche über das Regelwerk der Spiele bzw. ließ sich erklären, wie man das Spiel "richtig" spielt.

---

25 Dazu gehören zum Beispiel van Ijzendoorn (1980), Asmus (1983), Schröder (1996), Bartscher (1998) und Soja (2000),vgl. auch Hopf/Hopf (1997, 108ff.).
26 Vgl. dazu auch Hermann (1996a, 80ff.).

Nach Piaget lassen sich auf der Grundlage dieser Untersuchungen, Aussagen über die Moral der Spielenden machen; denn jegliche "Moral ist ein System von Regeln, und das Wesen jeder Sittlichkeit besteht in der Achtung, welche das Individuum für diese Regeln empfindet." (Ebd. 1973, 7) Im Wesentlichen differenziert er zwischen zwei Stadien der Moralentwicklung: Erstens die Phase der Heteronomie. Hier bestimmen Autoritäten die Regeln des Zusammenlebens. Sie haben damit auch das Recht Regelverstöße zu bestrafen. "Gut oder böse oder ungerecht ist das, was die Autoritäten so bezeichnen." (Montada 1998b, 873) Zweitens die Phase der Autonomie: Dieses Stadium löst das vorangehende ab. Jetzt vermögen die Heranwachsenden mitzuentscheiden, was gerecht ist. Gebote, Verbote und Spielregeln werden unter Einbeziehung von Maßstäben der Gerechtigkeit gemeinsam vereinbart. Nach Piaget ist eine Regel für die jüngeren Kinder "ein Heiligtum, weil sie überliefert ist, für die Großen hängt sie vom gegenseitigen Übereinkommen ab." (Piaget 1973, 110)

"Im Stadium der Autonomie werden die Regeln als Übereinkunft, als gegenseitige Vereinbarung betrachtet, zu deren Beachtung man verpflichtet ist, solange die Übereinkunft gilt, die man jedoch im Einverständnis mit anderen abändern darf. Tradition und Autorität als Begründung der Geltung der Regel werden abgelöst durch Selbstverpflichtung in einem sozialen Vertrag." (Montada 1998b, 873)

In seiner Interpretation dieser beiden Entwicklungsstufen unterscheidet Piaget zwei Stufen der Achtung: die einseitige Achtung, deren Grundlage der Gehorsam gegenüber Autoritäten bildet, und die gegenseitige Achtung, die auf der Erfüllung der vereinbarten Regeln beruht. Wird die kindliche Entwicklung nicht "durch ungewöhnliche Zwänge seitens der Eltern oder der Kultur aufgehalten oder dadurch, daß man Kindern die Erfahrung der Kooperation mit Gleichaltrigen vorenthält" (Kohlberg 1997, 23), bildet sich die autonome Moral etwa im Alter von acht bis zehn Jahren heraus. Folgt man Piaget, wird Kindern also etwa ab dem Alter von acht Jahren zunehmend deutlicher, dass Regeln nicht quasi unumstößlich von Autoritäten festgelegt wurden, sondern auf wechselseitigen Übereinkünften beruhen. Durch diese Ablösung von der Macht der Autoritäten "bahnen sich auf Gleichheit basierende, demokratische Konzepte der Erzeugung und Verteidigung moralischer Regeln ihren Weg in das kindliche Denken. Verbunden damit ist die Feststellung, daß Regeln nicht etwas Überzeitliches darstellen, sondern einem geschichtlichen Prozeß des Aushandelns unterliegen." (Garz 1998, 56, vgl. auch Piaget 1973, 66ff.) Leo Montada betont allerdings, dass es problematisch ist, die jeweiligen Entwicklungsstufen an konkrete Altersangaben zu binden; denn es ließen sich durchaus themenbedingte Altersverschiebungen feststellen. So hätte eine Untersuchung von Adelsen, Green und O'Neill zur kognitiven Entwicklung in Bezug auf das Thema Recht und Gesetz ergeben, dass die Herausbildung einer autonomen Moral hier viel später einsetze als bei den Beobachtungen Piagets im Hinblick auf Spielregeln. (Vgl. Montada 1998b, 874) Auf der anderen Seite belegen neuere Studien, dass sich autonome Moralvorstellungen zum Teil bereits bei Kindern im Vorschulalter herausbilden. Demnach können schon VorschülerInnen unabhängig von den Meinungen von Autoritäten eine kritische Bewertung moralischer Handlungen vornehmen. "Somit scheint die Beziehung zwischen Erwachsenem und Kind komplexer als dies in den früheren entwicklungs-psychologischen Darstellungen beschrieben wurde (Piaget 1932), die die Beziehung als einseitig und heteronom dargestellt haben." (Vgl. Nucci/Lee 1993, 73)

4.2 Die Fähigkeit zu formal-logischen Operationen

Im Rahmen seiner Untersuchungen zur kognitiven Entwicklung des Menschen arbeitet Piaget im Wesentlichen drei Stufen heraus: erstens die sensumotorische Entwicklungsphase (von der Geburt bis ungefähr zum zweiten Lebensjahr), die Stufe der konkreten Operationen (circa vom zweiten bis zum elften oder zwölften Lebensjahr) und schließlich die Phase der formalen Operation (circa ab dem elften oder zwölften Lebensjahr). (Vgl. Maier 1983, 54)

"Das formale Denken entwickelt sich im Jugendalter. Das Denken des Jugendlichen ist nicht wie das des Kindes nur auf die Gegenwart gerichtet; er entwickelt Theorien über alles Mögliche und findet sein Vergnügen vor allem an Betrachtungen, die sich nicht auf die Gegenwart beziehen. Das Kind denkt im Gegensatz dazu nur im Zusammenhang mit der gegenwärtigen Tätigkeit und arbeitet keine Theorien aus, auch dann nicht, wenn der Beobachter – die periodische Wiederkehr ähnlicher Reaktionen feststellend – eine bestimmte, spontane Systematisierung seiner Ideen unterscheiden kann." (Piaget 1992, 167)

Auf der Stufe der formal-logischen Denkoperationen sind Jugendliche in der Lage, logische Schlüsse zu ziehen und ihre Gedanken auf deren Folgerichtigkeit hin zu überprüfen. Damit vermögen sie auch, der logischen Form eines Argumentes zu folgen und von dessen Inhalt zu abstrahieren; sie können sich vom konkret Gegebenen lösen und das Mögliche und Zukünftige antizipieren.[27] Mit dem Erreichen der formal-logischen Kognitionsstufe befindet sich der Jugendliche auf dem höchstmöglichen Niveau des Denkens. Allerdings sind in diesem Zusammenhang aus heutiger Sicht zwei Einschränkungen vorzunehmen. Zum einen lässt sich nicht garantieren, dass alle Jugendlichen – und auch nicht alle Erwachsenen – die Stufe der formalen Operationen erreichen; sie wurde vor allem bei Jugendlichen mit einer höheren Schulbildung nachgewiesen. (Vgl. Oerter 1997, 34) Außerdem scheint – wie Rolf Oerter betont – die Fähigkeit zum formal-logischen Denken, ist sie erst einmal erreicht, nicht automatisch für jeden Bereich Gültigkeit zu haben:

"Wer formal logisches Denken in der Mathematik erreicht hat, muß es nicht im politischen oder sozialen Bereich einsetzen. Es ist sogar zu fragen, ob das formal-logische Denken in gesellschaftlich-politischen Bereichen überhaupt im Vordergrund steht und ob logisch stimmige Entscheidungen unser politisches Handeln und Denken bestimmen. Geht man allerdings davon aus, daß es wünschenswert sei, daß politische Entscheidungen und politisches Handeln logischen Gesetzen folgt, so wäre beim Jugendlichen die Voraussetzung für diese Kompetenz gegeben, ja man kann sagen, daß sie in diesem Alter bereits ihren Höhepunkt erreicht hat." (Ebd.)

Die Forschungsergebnisse Piagets legen also – unter Berücksichtigung der erwähnten Einschränkungen – nahe, dass Kinder etwa ab dem Alter von zehn Jahren in der Lage sind, weitgehend selbstständig zu entscheiden, nach welchen Regeln sie handeln wollen und sich etwa im Alter von elf bis zwölf Jahren die Fähigkeit herausbildet, logisch schlüssige Entscheidungen zu treffen. Es ließe sich demnach sagen, dass Jugendliche etwa ab zwölf Jahren die kognitiven und moralischen Voraussetzungen zur politischen Mitsprache erfüllen.[28] Geht man also "von einer 'Reife' der Urteilsfähigkeit – nicht der gesamten

---

27 Vgl. dazu unter anderem die Ausführungen von Asmus (1983, 55), Maier (1983, 97ff.) und Döbert/ Nunner-Winkler (1975, 41f.).
28 Vgl. dazu auch Hurrelmann (1998, 17) der mit Blick auf die Forschungsergebnisse der Entwicklungspsychologie dafür plädiert, Jugendlichen bereits ab circa zwölf Jahren ein aktives Wahlrecht einzuräumen.

Persönlichkeit –" (Hurrelmann 1998, 17) aus, so ist diese also bereits in der Präadoleszenz erreicht.

4.3 Die moralische Entwicklung im Jugendalter

Nach Kohlberg verändert sich die moralische Urteilsfähigkeit stufenweise in Abhängigkeit von der kognitiven Entwicklung, wie sie von Piaget dargestellt wurde. Ausgehend von einer egozentrischen Perspektive verläuft die Entwicklung hin zu differenzierten universellen Moralvorstellungen. Kohlberg ermittelt die moralische Urteilsfähigkeit von Heranwachsenden verschiedenen Alters, in dem er ihnen Geschichten vorlegt, die ein moralisches Dilemma enthalten und sie bittet, dazu Stellung zu nehmen. Eine von ihm immer wieder verwandte Geschichte ist das so genannte "Heinz-Dilemma": Es wird gefragt, ob ein Ehemann mit dem Namen Heinz berechtigt ist, in eine Apotheke einzubrechen, um für seine Frau ein lebensrettendes Medikament zu stehlen, das der Apotheker nur zu einem völlig überhöhten Preis abgeben will; Heinz ist jedoch finanziell nicht in der Lage, den verlangten Betrag zu zahlen. (Vgl. Kohlberg 1997, 65f.) Wie sollte sich der Ehemann verhalten? Bei den Antworten auf die Dilemmata ist zum einen von Bedeutung, welches Handlungsergebnis die Befragten vorschlagen und zum anderen, wie sie argumentieren. Kohlberg macht deutlich, dass die Argumentation zu moralischen Konflikten mit zunehmendem Alter immer komplexer wird. Er arbeitet in diesem Kontext drei Phasen in der moralischen Entwicklung des Menschen heraus: die prämoralische, die konventionelle und die postkonventionelle Phase. Für jede der drei Ebenen definiert Kohlberg wiederum zwei Unterstufen, so dass er in einem ontogenetischen Entwicklungsmodell insgesamt sechs Stufen der moralischen Orientierung unterscheidet. Die Stufen bilden eine "invariante Sequenz" (Kohlberg 1987, 28); sie sind also in der Regel[29] nicht umkehrbar: "Im Zuge der

---

29 In einer Untersuchung mit College-Studenten beobachteten Kohlberg und Kramer (vgl. Kohlberg 1997, 64ff.) eine zeitweilige Regression in Bezug auf den Wert der moralischen Reife. Deshalb bezweifelt Habermas, 'ob der normative Bezugspunkt der Moralentwicklung richtig gewählt ist, d.h. vor allem: ob sich die Urteils- und Handlungsfähigkeit des moralisch reifen Erwachsenen im Lichte

Ontogenese durchlaufen die Individuen ein Stadium nach dem anderen, entwickeln sich also von Stadium (1) bis höchstens zu Stadium (6)." (Tillmann 1995, 225) Auf dem prämoralischen Niveau mit den Stufen eins und zwei werden moralische Regeln im Hinblick auf äußeren Druck (Stufe 1), der etwa von Autoritäten unter Androhung von Strafe ausgeht, oder aus egoistischen Beweggründen (Stufe 2) eingehalten, wie zum Beispiel die Hoffnung auf Belohnung. Moralische Entscheidungen auf konventionellem Niveau trifft eine Person unter Berücksichtigung wichtiger persönlicher Sozialbeziehungen (Stufe 3) oder unter Einbeziehung übergreifender Regeln, etwa wie sie in Gemeinschaften vorliegen, denen die jeweiligen Personen nahe stehen (Stufe 4). Eine Infragestellung vorgegebener Normen erfolgt schließlich auf dem postkonventionellen Niveau. Bei moralischen Entscheidungen werden nun übergeordnete Gerechtigkeitsvorstellungen miteinbezogen, die unabhängig von festen Regeln und Autoritäten in einer Gemeinschaft sind (Stufe 5) oder universelle Gerechtigkeitsprinzipien wie etwa der "Glaube an die Heiligkeit menschlichen Lebens, in dem sich der universelle Wert der Achtung für jeden einzelnen Menschen manifestiert." (Kohlberg 1997, 55) (Stufe 6). Eine adäquate Antwort auf das "Heinz-Dilemma" würde zum Beispiel auf dem postkonventionellen Niveau folgendermaßen lauten: Es ist legitim, das Medikament zu stehlen, weil das Leben einen höheren Wert darstellt als das Recht auf Eigentum. Setzt man – wie Kohlberg es getan hat – die Stufen der moralischen Entwicklung in Beziehung zum Alter von Kindern und Jugendlichen,[30] so reduzieren sich Urteile auf den Stufen eins und zwei ungefähr vom zehnten bis zum sechzehnten Lebensjahr an allmählich zugunsten von Urteilen auf den Stufen drei und vier, wobei der Stufenwert vier allerdings erst von knapp einem Viertel der von Kohlberg befragten Sechzehn- bis Achtzehnjährigen erreicht wurde. (Vgl. Oser/Althof 2001, 79f.) Moralische Entscheidungen auf der Stufe fünf werden selten getroffen. Auch Erwachsene erreichen im Hinblick auf ihre moralischen Urteile nicht immer eine

---

kognitivistischer und formalistischer Theorien angemessen bestimmen lassen." (Habermas 1996, 183)
30 Allerdings sollte in diesem Zusammenhang berücksichtigt werden, dass Kohlberg die Theorie der moralischen Entwicklung nicht an Altersstufen bindet, sondern lediglich von einer sequenzartigen Folge der Stufen ausgeht. (Vgl. Garz 1996, 64f.)

hohe Stufe. Im Gegenteil: Die Mehrzahl der erwachsenen Personen argumentiert auf dem konventionellen Niveau (vgl. Nunner-Winkler 1995b, 10) und etwa die Hälfte erreicht nicht einmal Stufe vier. (Vgl. Oser/Althoff 2001, 79) Damit wird deutlich, dass sich mit dem Erwachsenenalter keine "Weisheit" (Kohlberg 1997, 78) verknüpfen lässt, die nicht auch schon Jugendliche erreichen können. Urteile auf der Stufe 6 werden insgesamt nur sehr selten gefällt. (Vgl. ebd. 1997, 59) Das konventionelle Niveau kann bei Jugendlichen im Alter von 11 Jahren erreicht sein. Insofern ist also ein Teil der jungen Menschen bereits mit dem 12. Lebensjahr ebenso urteilsfähig wie die meisten Erwachsenen. Auf der Basis seiner zahlreichen empirischen Untersuchungen in unterschiedlichen Milieus und Kulturen[31] resümiert Kohlberg:

"Die präkonventionelle Ebene ist die moralische Denkebene der meisten Kinder bis zum 9. Lebensjahr, einiger Jugendlicher und vieler jugendlicher und erwachsener Straftäter. Der konventionellen Ebene sind in unserer und in anderen Gesellschaften die meisten Jugendlichen und Erwachsenen zuzurechnen. Die postkonventionelle Ebene wird von einer Minorität von Erwachsenen erreicht – und das in der Regel erst nach dem 20. Lebensjahr." (Ebd., 126f.)

Nach Larry Nucci und John Lee drückt sich im konventionellen moralischen Niveau das Vermögen aus, persönliche und gesellschaftliche Aspekte miteinander in Einklang zu bringen und damit die Grundzüge gesellschaftlichen Zusammenlebens erfassen zu können:

"Das Aufkommen dessen, was Kohlberg als konventionelles moralisches Denken in der späten Pubertät beschrieben hat, reflektiert die Fähigkeit von Personen, an diesem Punkt der Entwicklung ihre Konzeptionen des Moralischen, des Persönlichen und des Gesellschaftlichen zu koordinieren, um die formale politische Theorie der Rechte zu verstehen, die in ihrer Gesellschaft gilt." (Nucci/Lee 1993, 95)

4.4 Demokratie und öffentliche Bildung

Die Fähigkeit, moralische Urteile auf der postkonventionellen Ebene treffen zu können, birgt ein potenziell gesellschaftskritisches Moment in sich; denn sie versetzt das Individuum in die Lage, bestehende

---

31 Außer in den Vereinigten Staaten forschte Kohlberg unter anderem auch in Taiwan, Mexiko und der Türkei. (Vgl. Kohlberg 1997, 57ff.)

Normen, Regeln und Gesetze zu hinterfragen und auf ihre konkrete Einlösung hin zu überprüfen. So kann die gesellschaftliche Realität auf der Grundlage von Prinzipien wie Gerechtigkeit oder Gleichheit beurteilt werden. (Vgl. Tillmann 1995, 226 und Habermas 1996, 142) Dies vermag – nimmt man die Befunde Kohlbergs als Grundlage – offenbar nur eine Minderheit der Erwachsenen. In diesem Kontext ist auch von Interesse, welche Rolle das Kohlberg'sche Modell im Rahmen einer demokratischen Erziehung (vgl. Kohlberg 1987) spielen kann: "Welche Lernerfahrungen führen dazu, daß ein Individuum auf dem konventionellen Niveau 'steckenbleibt', welche begünstigen hingegen die Entwicklung hin zur postkonventionellen Moral?" (Tillmann 1995, 226) Nach Kohlberg hat die politische Bildung – etwa im Schulunterricht – auch stets eine moralische Erziehung zur Aufgabe. Das bedeutet, Heranwachsende sollten erzogen werden "zu dem analytischen Verstehen, den Wertprinzipien und der Motivation, die der Bürger einer Demokratie notwendig braucht, wenn Demokratie eine wirkungsvoller Prozeß sein soll." (Kohlberg 1987, 36) Nach Kohlberg sollte die Befähigung zur moralischen Urteilsfähigkeit auf Stufe 5 ein zentrales Ziel der öffentlichen Bildung darstellen; denn nur auf diesem Niveau könnten demokratische Prinzipien, wie etwa der Gleichheitsgrundsatz, adäquat rezipiert werden. So erfordere beispielsweise ein "aktives Verständnis" (ebd.) der amerikanischen Unabhängigkeitserklärung ein Denken auf der Stufe 5. Zur Förderung dieser angestrebten Entwicklung schlägt Kohlberg das schulische Mitbestimmungsmodell der "just community", der gerechten Gemeinschaft, vor. Hier bestimmen LehrerInnen und SchülerInnen gleichermaßen über Belange der Schule. (Vgl. ebd., 38ff.) Diese schulische Mitbestimmungsform hat sich – wie mehrjährige Beobachtungsstudien belegen – in Bezug auf das Anwachsen der individuellen Urteilskompetenz der beteiligten SchülerInnen als äußerst erfolgreich erwiesen. (Vgl. Higgins 1987, 69ff. und Oerter 1997, 43) Die Erfahrungen mit der "just community" legen also nahe, dass Partizipation sich positiv auf die moralische Entwicklung junger Menschen auswirkt. Damit fördert sie ebenfalls die Fähigkeit zur Teilnahme am politischen Leben und möglicherweise auch die Qualität politischer Beteiligung. Die Kompetenz zur politischen Partizipation könnte also durch eine Ausweitung schulischer Mitbestimmungsmöglichkeiten maßgeblich unterstützt werden.[32] Hier wird insgesamt deutlich, dass das für eine verantwortungsbewusste politische Partizipation wichtige kritische Potenzial, welches Untersuchungen Kohlberg zufolge auch längst nicht alle Erwachsenen entfaltet haben, durch eine demokratische Kultur der Beteiligung – sei es nun in der Schule, der Kommune oder auch der Familie – grundlegend gefördert werden kann. Insofern stellt eine altersangemessene Beteiligung von Kindern und Jugendlichen an Entscheidungsprozessen, in allen sie betreffenden Bereichen, ein zentrales Moment politischer Bildung dar.

---

32 Es liegt nahe, dass auch die Schule von der aktuellen Diskussion um die Mitwirkung von jungen Leuten nicht unberührt bleibt, zumal dem Thema Partizipation vor dem Hintergrund der aktuellen Auseinandersetzung um eine Neubestimmung von Handlungs- und Entscheidungskompetenzen der an Schule Beteiligten eine zentrale Bedeutung zukommt. Wenzel beschreibt diese Entwicklung als Paradigmenwechsel im Verständnis der Schule: "Das Leitbild der Schule verändert sich weg von einer nach bürokratischen [...] Idealen strukturierten und verwalteten Schule hin zu einer Schule, in der Probleme vor Ort mit den Beteiligten bearbeitet werden, die sich kooperativ eigene Ziele und ein eigenes Profil erarbeitet, die in der Gemeinde verankert ist und die für Kinder Lern- und Lebensort ist." (Wenzel 1998, 243) Im Zuge dieser Veränderungen werde eine gezielte Förderung von Kompetenzen zur aktiven Mitwirkung aller an Schule Beteiligten zunehmend relevanter. Die Lehrerbildung habe jedoch nach wie vor in ersten Linie auf der Vermittlung von Fähigkeiten zu einer inhaltlich und pädagogisch anspruchsvollen Unterrichtsgestaltung (vgl. ebd., 246). Die Entwicklung und Vermittlung kreativer, projektorientierter und zielgruppenadäquater Methoden zur Beteiligung von Schülern, Schülerinnen, Eltern, Lehrkräften und gegebenenfalls auch Anwohnern und Anwohnerinnen steckt für den Bereich Schule also noch in den "Kinderschuhen", ist aber mit Blick auf die Diskussion um die Öffnung von Schule sowie um die Stärkung von Schulautonomie und die damit verbundene Förderung der Eigenverantwortung und Gestaltungskompetenz der Einzelschule wichtiger denn je. Zur Partizipation in der Schule vgl. auch Kiper (1997 u.1998, 76ff.), Böhme/Kramer (2001) und Burdewick (1999 u. 2001b).

5. Konzeption der Studie

5.1 Forschungsprojekt zur politischen Partizipation von Mädchen und Jungen

Die Forschungsstelle für Schulgeschichte und regionale Schulentwicklung – 1985 gegründet von der Technischen Universität Braunschweig und dem Landkreis Gifhorn – hat von 1996 bis 1998 ein Forschungsprojekt zur politischen Partizipation von Kindern und Jugendlichen durchgeführt. Ziel des Projektes war es, die politischen Vorstellungen und Wünsche von Mädchen und Jungen am Beispiel der Arbeit eines der ersten niedersächsischen Jugendparlamente in der Stadt Wittingen (Landkreis Gifhorn) transparent zu machen. Im Mittelpunkt stand dabei die Frage, wie sich Jugendliche angesichts ihrer zunehmenden Distanzierung von der etablierten Politik adäquat an politischen Entscheidungsprozessen beteiligen lassen. Vor dem Hintergrund der bereits erwähnten unterschiedlichen Ausprägung politischen Interesses männlicher und weiblicher Jugendlicher sollten in diesem Zusammenhang geschlechtsspezifische Aspekte in besonderem Maße berücksichtigt werden. Methodisch verfolgte das Projekt einen mehrperspektivischen Ansatz. Es wurden sowohl quantitative Befragungen mit 11- bis 18-jährigen Jugendlichen, die berechtigt waren, das Wittinger Jugendparlament zu wählen, als auch problemzentrierte Interviews (Witzel 1982, 66ff. und Witzel 1985) mit den Mitgliedern des Jugendparlaments durchgeführt. Die quantitative Erhebung zielte darauf ab zu ermitteln, wie die WählerInnen des Jugendgremiums ihre Interessenvertretung beurteilen und in welchem Verhältnis diese Beurteilung zu ihrem allgemeinen politischen Interesse steht. (Vgl. Burdewick 1998a u. 2000) Intention der qualitativen Befragung war es, die subjektive Einstellung der jungen Abgeordneten zu ihrer Arbeit im Jugendparlament im Besonderen, aber auch ihr Verhältnis zur Politik im Allgemeinen näher zu erkunden. Wie bereits erwähnt sind die Ergebnisse des Forschungsprojektes bisher unter anderem in dem Sammelband "'Ein bißchen mehr Macht ...' Politische Partizipation von Mädchen und Jungen" (Neumann/Burdewick 1998) und einer gleichnamigen Sonderausstellung im Schulmuseum Steinhorst veröffentlicht worden. Die qualitativen Interviews wurden im Rahmen der zweijährigen Forschungsarbeit in erster Linie im Hinblick auf die Ausstellung ausgewertet.[33] Sie bilden die empirische Grundlage der vorliegenden qualitativen Analyse.

5.2 Theoretisch-methodischer Zugang

Wie bereits in der Einleitung erwähnt, will diese Studie einen Beitrag leisten zur Beantwortung der Frage, unter welchen Voraussetzungen Jugendliche adäquat am politischen Geschehen beteiligt werden können. In diesem Zusammenhang soll die subjektive Bedeutungsdimension politischer Einstellungen und partizipativer Prozesse aus der Perspektive von 11- bis 18-Jährigen, die sich in einem Jugendparlament engagieren, erschlossen werden. Dabei geht es darum, zu eruieren, welche Haltung die Abgeordneten des Jugendgremiums gegenüber der etablierten Politik einnehmen, wie sie die Prozesse im Jugendparlament beurteilen und inwieweit sie sich auf der Grundlage der in dem Gremium gemachten Erfahrungen vorstellen können, auch im Erwachsenenalter politisch aktiv zu sein.

Diese grundlegenden mit der Studie verbundenen Forschungsfragen implizieren die Wahl qualitativer Forschungsmethoden. Denn das Ziel ist es ja nicht – wie etwa in der quantitativen Untersuchung Hermanns (1996a) – zu ermitteln, ob die der Partizipationsform Jugendparlament zugeschriebenen Wirkungen vor dem Hintergrund entsprechender bereits bekannter Daten der empirischen Jugendforschung tatsächlich zutreffen. Sondern es soll herausgearbeitet werden, auf welchen Grundlagen – das heißt Orientierungen, Identifikationen, Interaktionen – sich die Haltungen Einzelner entwickelt und möglicherweise verändert haben. Bisher liegen keine vergleichbaren Unter-

---

33 Sie dienten hier der exemplarischen Darstellung empirischer Befunde zum Themenbereich Jugend und Politik. Um ein Beispiel zu nennen: Die Aussage *"Da hinten in Bonn, was die da machen, ist mir völlig egal"* (5: 12) wurde verwendet, um die Distanz Jugendlicher zur etablierten Politik darzustellen. Sie diente zugleich als Grundlage für eine Visualisierung dieser Entfernung in Form einer Inszenierung.

suchungen zu den Einstellungen, Motiven und subjektiven Veränderungsprozessen junger Menschen vor, die in einem Modell zur politischen Partizipation mitwirken. Insofern gilt es ein theoretisch noch wenig durchdrungenes Forschungsfeld empirisch zu erschließen. (Vgl. Flick/von Kardorff/Steinke 2000, 25) Dies kann mit qualitativen Forschungsmethoden am besten geleistet werden, da sie eine offene Datenerhebung und Auswertung ermöglichen und einen detaillierten Einblick in die Dynamik von Entwicklungsverläufen erlauben. (Vgl. Lamnek 1995a, 24f.)

Der Forschungsansatz dieser Studie ist im Rahmen einer handlungs- und subjektorientierten Wissenschaftstradition zu sehen. Er orientiert sich am interpretativen Paradigma, das Philipp Mayring wie folgt beschreibt:

"Der Grundgedanke ist, daß Menschen nicht starr nach kulturell etablierten Rollen, Normen, Symbolen, Bedeutungen handeln (normatives Paradigma), sondern jede soziale Interaktion selbst als interpretativer Prozeß aufzufassen ist: Der Mensch muß jede soziale Situation für sich deuten, muß sich klar werden, welche Rollen von ihm erwartet werden, ihm zugeschrieben werden und welche Perspektiven er selbst hat. Wenn soziales Handeln selbst schon Interpretation ist, dann muß der Wissenschaftler natürlich erst recht 'Interpret' sein." (Mayring 1990, 2)

Jegliche menschliche Handlung ist somit als verbunden mit einer Deutungsleistung zu betrachten, die Vorannahmen und Erwartungen bezüglich der sozialen Umwelt enthält. Was dies für den Vorgang des Interpretierens dieser Handlungen bedeutet, erläutern Hans-Georg Soeffner und Ronald Hitzler unter Bezugnahme auf Alfred Schütz:

"Das bedeutet vor allem, daß die 'Daten' des Sozialwissenschaftlers, anders als die Daten des Naturwissenschaftlers, *vorinterpretiert* sind, daß seine Konstruktionen eben Konstruktionen von Konstruktionen sind, die so beschaffen sein müssen, 'daß ein Handelnder in der Lebenswelt dieses typisierte Handeln ausführen würde, falls er völlig klares und bestimmtes Wissen von allen Elementen, und nur von diesen Elementen hätte, die der Sozialwissenschaftler als für sein Handeln relevant voraussetzt, und falls er die konstante Neigung hätte, die angemessensten zur Verfügung stehenden Mittel zur Erreichung seiner vermittels Konstruktionen definierten Zwecke einzusetzen' (Schütz 1971: 51). Kurz: der Sozialwissenschaftler entwirft Konstruktionen 'zweiter Ordnung'. Dies sind (wissenschaftstheoretisch auch formal modellhaft darstellbare) kontrollierte, methodisch überprüfte und überprüfbare, verstehende Rekonstruktionen der Konstruktionen 'erster Ordnung'" (Soeffner/Hitzler 1994, 33, Herv. i. Orig.)

Insofern wäre wissenschaftliches Interpretieren zum einen die alltägliche Praxis des Deutens von Wahrnehmungen, die auf einen ihnen zugrunde liegenden Sinn verweisen. Was aber den Verstehensprozess des Forschers oder der Forscherin von der Alltagspraxis unterscheidet, ist zum anderen der Umstand, dass die Voraussetzungen und Methoden des Verstehens reflektiert und transparent gemacht werden.

Noch ein Aspekt ist in diesem Kontext hervorzuheben: In der qualitativen Forschung geht es nicht um (statistische) Repräsentativität, sondern vielmehr um die Rekonstruktion sozialer Wirklichkeit anhand von Einzelfällen.[34]

"Methodisch kontrollierte Interpretation besteht zum einen darin, daß sie ihre Deutungsregeln und ihre Verfahren aufsucht, erprobt und absichert, und zum anderen darin, daß sie eben eine Struktur rekonstruiert und in dieser die Bedingungen und Konstitutionsregeln sozialer Erscheinungen und Gebilde in ihrer Konkretion, ihrer konkreten Wirksamkeit und Veränderbarkeit sichtbar macht. Schon daraus folgt, daß sozialwissenschaftliche Auslegung notwendig exemplarisch arbeitet." (Ebd., 39)

Mayring nennt in diesem Zusammenhang drei methodische Grundsätze qualitativer Untersuchungen: Erstens die Bezogenheit auf Einzelfälle, zweitens die Offenheit und drittens die Kontrolle des methodischen Vorgehens. (Vgl. Mayring 1990, 13)

Aber auch wenn die qualitative Analyse bei Einzelfällen ansetzt, ist es gleichwohl möglich über die Untersuchung der Einzelfälle hinausgehende fallübergreifende theoretische Aussagen zu formulieren. Zentral ist in diesem Kontext der unter anderem auf Max Weber (1956) zurückgehende Gedanke, dass sich das Allgemeine im Besonderen ausdrückt. (Vgl. dazu auch Schütz 1981, 11ff.) Wie bereits erläutert ist menschliches Handeln auf vorliegende Konstruktionen der sozialen Umwelt zu beziehen, die im Prozess des Handelns zum Aus-

---

34 Vgl. dazu Kelle/Kluge: "Die Auswertung qualitativer Daten ist zeitaufwendiger als statistische Datenanalyse, und kein qualitatives Forschungsprojekt kann deshalb hinsichtlich der untersuchten Fallzahlen auch nur annähernd mit einer quantitativen *Survey*-Studie konkurrieren. Das Ziel der qualitativen Stichprobenziehung kann dementsprechend nicht *statistische Repräsentativität* sein, vielmehr kann es nur darum gehen, daß die im Untersuchungsfeld tatsächlich vorhandene *Heterogenität* in den Blickpunkt gerät." (Kelle/Kluge 1999, 99, Herv. i. Orig.) Wenn im Rahmen der hier vorliegenden Studie bei der Ergebnisdarstellung zum Teil Häufigkeitsangaben, wie zum Beispiel die "Mehrzahl der Interviewten", verwendet werden, ist damit keine in irgendeiner Form statistisch zu interpretierende Menge gemeint. Eine derartige Formulierung soll lediglich einen Hinweis darauf geben, dass die Zahl der Fälle, bei denen sich ein bestimmter in der Interpretation identifizierter Aspekt zeigt, innerhalb der Untersuchungsgruppe relativ hoch bzw. relativ gering ist.

druck gebracht werden. "Dabei stellt sich der Handlungsbezug vor dem Hintergrund eines subjektiv gemeinten Sinns her, aber da dieser subjektiv gemeinte Sinn auf den vorhandenen Konstruktionen aufruht, entfaltet sich in diesem subjektiven Sinn eine objektive Sinnwelt, die dann Gegenstand der wissenschaftlichen Deutung wird." (Stolt 2000, 105) Nach Udo Kelle und Susann Kluge ist der "'objektive' Sinn sozialen Handelns [...] nichts anderes als jene 'sozialen Regeln' und 'Strukturen', auf deren Aufdeckung die soziologische Analyse zielt." (Kelle/Kluge 1999, 92) Eine Weise zur Erschließung dieser über den Einzelfall hinausgehenden sozialen Sinnstrukturen stellt im Rahmen einer qualitativen Analyse die Bildung von Typen dar. "Die Typenbildung erlaubt es, Einzelbeispiele zusammenzufassen, ohne sich die terminologischen und methodischen Probleme von Merkmalsklassifikationen einzuhandeln. Die Zusammenfassung von Einzelbeispielen zu einem 'Typ' basiert dabei auf verfahrensmäßig nicht standardisierbaren Ähnlichkeitsbeurteilungen." (Billmann-Mahecha 1990, 125) Kelle und Kluge beschreiben vier verschiedene Stufen im Prozess der Typenbildung am empirischen Material, zunächst "die Erarbeitung von relevanten Vergleichsdimensionen" (Kelle/Kluge 1999, 97), zweitens "die Gruppierung der Fälle und die Analyse empirischer Regelmäßigkeiten" (ebd.), drittens "die Analyse der inhaltlichen Sinnzusammenhänge" (ebd.) und schließlich "die Charakterisierung der Typen". (Ebd.) Ziel der Typenbildung sei das Auffinden und die Darstellung "sinnvolle[r] 'Muster' und 'Strukturen' im untersuchten Handlungsfeld" (ebd., 101). Der Forscher oder die Forscherin darf es allerdings nicht bei einer methodisch-technischen Herausarbeitung "von *'Unterschieden', 'Ähnlichkeiten'* und *'Zusammenhängen'* im Datenmaterial" (ebd., Herv. i. Orig.) bewenden lassen, sondern die gefundenen und beschriebenen Konstrukte bedürfen der theoretischen Einbettung:

"Die Grenze von einer nur deskriptiven hin zu einer 'verstehenden' und 'erklärenden' soziologischen Analyse ist aber erst dann überschritten, wenn auch die theoretische Bedeutung der so beschriebenen Strukturen und Muster aufgezeigt werden kann. Die 'Kategorien' bzw. 'Merkmale' und deren 'Subkategorien' bzw. 'Ausprägungen', die als zentrale Vergleichsdimensionen für die Fallkontrastierung dienen, müssen also stets auf ein übergreifendes theoretisches 'Dach' bezogen werden." (Ebd.)

Beachtet werden sollte auch, dass eine qualitative Untersuchung immer auch ein soziales Geschehen ist.

"Teilbereiche dieses sozialen Geschehens sind etwa, wie ein Forscher (oder eine Forscherin) das Vertrauen seiner Forschungspartner/innen gewinnt und aufrechterhält, wie geschickt oder ungeschickt er seine Gespräche einfädelt, inwieweit er auf dem Hintergrund seiner eigenen Erfahrungen die Mitteilungen des Informanten als fremd oder eher vertraut erlebt und entsprechend, wenn auch teilweise unbewußt, darauf in der Erhebungssituation reagiert." (Billmann-Mahecha 1996, 119)

Aber auch die Rolle des Informanten oder der Informantin ist im Rahmen dieses sozialen Geschehens zu sehen. Inwieweit versucht ein Informant beispielsweise Erwartungen, die er bei der Interviewerin vermutet, zu entsprechen? Bei Interviewerzählungen handelt es sich um subjektive Konstrukte, die auf Umdeutungen einer bestimmten Situation oder auch auf Legitimierungsbestrebungen der Interviewten basieren und nicht um objektive Daten oder Fakten. Dies sollte aber nicht dazu verleiten, sie als rein fiktionale Konstrukte zu sehen, sondern "sie stehen immer in irgendeinem Verhältnis zur Erfahrungs- und Vorstellungswelt des Erzählers". (Ebd., 124). Vor dem Hintergrund dieser Aspekte wird deutlich, dass eine Interviewinterpretation "prinzipiell sowohl den Textkontext als auch die situationalen und personalen Entstehungskontexte berücksichtigen" (ebd., 125) sollte.

5.3 Die Zielgruppe

In dem Projekt zur politischen Partizipation von Mädchen und Jungen wurden in einem Zeitraum von September 1996 bis Juni 1997 insgesamt sechzehn qualitative Interviews mit 11- bis 18-jährigen Jugendlichen geführt, und zwar mit allen Jugendlichen, die als Abgeordnete in das von November 1995 bis Dezember 1997 amtierende Wittinger Jugendparlament gewählt worden waren und bis Ende Juni 1997 an mindestens einer Sitzung des Parlaments teilgenommen hatten.[35]

---

35 Eine Abgeordnete war zwar bereits im April 1997 per Nachrückverfahren in das Jugendgremium eingetreten, hatte aber ausschließlich an der letzten Sitzung das Parlaments im September 1997 teilgenommen. Sie ist die einzige Abgeordnete des Jugendparlaments, die nicht interviewt wurde. Dies lag vor allem darin begründet, dass die Erhebungsphase aus zeitlichen Gründen bis Ende Juli 1997 abgeschlossen werden musste. Da die Einstellung zu den Sitzungsstrukturen eines der zentralen Themen der Interviews bildete, wurden nur Jugendliche befragt, die auf diesbezügliche Erfahrungen zurückgreifen konnten.

Zum Abschluss der jeweiligen Interviews wurden mittels eines halbstandardisierten Kurzfragebogens sozialstatistische Daten wie Alter, Schulbildung, Staatsangehörigkeit sowie Schulbildung und Beruf der Eltern erhoben. Auf Basis der hier ermittelten Daten lässt sich die Untersuchungsgruppe folgendermaßen beschreiben: 15 Interviewte haben die deutsche und einer die türkische Staatsangehörigkeit. Nimmt man James Youniss Periodisierung des Jugendalters als Grundlage, setzt sich die Gruppe aus zwei Präadoleszenten (11 bis 12 Jahre), neun Früh- und Mitteladoleszenten (13 bis 16 Jahre) und fünf älteren Jugendlichen (17 bis 19 Jahre) zusammen. (Vgl. Youniss 1994, 111) Wie die folgende Tabelle zeigt, ist der Anteil derjenigen Befragten, die das Gymnasium besuchen, überdurchschnittlich hoch.[36]
Von den 16 Interviewten gingen 8 Jugendliche zum Zeitpunkt des Interviews zum Gymnasium und die einzige Orientierungsstufenschülerin plante, auf das Gymnasium zu wechseln. Außerdem haben sich deutlich mehr Mädchen am Jugendparlament beteiligt als Jungen. Die Zielgruppe umfasst elf weibliche und fünf männliche Jugendliche.

---

[36] Daten des statistischen Bundesamtes zufolge besuchen in Deutschland 30% der SchülerInnen des Sekundarbereichs I (Klasse 6 bis Klasse 10) das Gymnasium, 24% die Realschule und 21% die Hauptschule. (Vgl. Statistisches Bundesamt 2000, 35). 27% der Schulentlassenen haben einen Hauptschulabschluss, 40% einen Realschulabschluss und 24% das Abitur. (Vgl. ebd., 36)

Tabelle 2: Alter und Schulbildung der Interviewten

Alter	Geschlecht	Schulbildung bzw. Berufsausbildung	(Angestrebter) Schulabschluss
11 Jahre	Weiblich	Orientierungsstufe	Abitur
12 Jahre	Männlich	Gymnasium	Abitur
13 Jahre	Weiblich	Gymnasium	Abitur
13 Jahre	Weiblich	Gymnasium	Abitur
13 Jahre	Weiblich	Gymnasium	Abitur
13 Jahre	Männlich	Gymnasium	Abitur
13 Jahre	Weiblich	Realschule	Realschulabschluss
14 Jahre	Weiblich	Realschule	Realschulabschluss
15 Jahre	Weiblich	Gymnasium	Abitur
15 Jahre	Weiblich	Hauptschule	Realschulabschluss
15 Jahre	Weiblich	Gymnasium	Abitur
17 Jahre	Männlich	Realschule	Realschulabschluss
17 Jahre	Männlich	Lehre als Metallgestalter	Realschulabschluss
17 Jahre	Männlich	Lehre als Zweiradmechaniker	Realschulabschluss
18 Jahre	Weiblich	Ausbildung zur Erzieherin	Realschulabschluss
18 Jahre	Weiblich	Gymnasium	Abitur

Um Aufschlüsse über das soziale Milieu der Interviewten zu gewinnen, wurden auch die jeweiligen Schulabschlüsse und beruflichen Tätigkeiten der Eltern erhoben. Dies geschah auch vor dem Hintergrund, dass Hermann in der bereits erwähnten quantitativen Untersuchung von Jugendgemeinderäten in Baden-Württemberg eine Überrepräsentanz junger Abgeordneter "mit Vätern aus Schichten höherer beruflicher Bildung" (Hermann 1996a, 208) registrierte.[37] Dies lässt sich für die Eltern der Interviewten nicht eindeutig feststellen. Auffällig ist, dass die Interviewten oftmals angaben, nicht über den Schulabschluss des Vaters, der Mutter oder beider informiert zu sein.

---

37 Die Tätigkeiten der Mütter wurden von Hermann nicht erhoben.

Tabelle 3: Schulabschluss und Beruf der Eltern

Schulabschluss		Beruf	
Mutter	*Vater*	*Mutter*	*Vater*
Abitur	*Abitur*	*Lehrerin*	*Lehrer*
Weiß nicht	Abitur	Betreibt ein Café (selbstständig)	Versicherung, Aktien u. Antiquitätenhandel (selbstständig)
Abitur	Abitur	Erzieherin	Elektrotechniker
Weiß nicht	Weiß nicht	Arbeitet im VW-Werk	Arbeitet im Dämmstoffwerk
Abitur	Weiß nicht	Anästhesieschwester	Weiß nicht
Hauptschulabschluss	Weiß nicht	Hausfrau	Beamter bei der Telekom
Haupt- oder Realschulabschluss	Hauptschulabschluss	Floristin	Arbeitet im VW-Werk/Landwirtschaft im Nebenerwerb
Hauptschulabschluss	Weiß nicht	Arbeitssuchend	Weiß nicht
Realschulabschluss	Abitur	Hausfrau	Polizist
Hauptschulabschluss	Hauptschulabschluss	Verkäuferin	Tischler (selbstständig)
Weiß nicht	Weiß nicht	Krankenschwester	Masseur (selbstständig)
Realschulabschluss	Haupt- oder Realschulabschluss	Altenpflegerin	Zugführer
Keinen Schulabschluss	Weiß nicht	Hausfrau	Koch
Realschulabschluss	Hauptschulabschluss	Sekretärin	Arbeitet im VW-Werk/Forschung u. Entwicklung
Hauptschulabschluss	Fachabitur	Buchhalterin	Rechtsanwalt (selbstständig)
Realschulabschluss	Hauptschulabschluss	Fleischereiverkäuferin	Arbeitet im Werksschutz

5.4 Die Erhebungsmethode

Für das Erhebungsverfahren wurde das Konzept des "problemzentrierten Interviews" von Andreas Witzel (1982/1985/1996) gewählt. Da hier ein deutlich eingegrenzter Themenbereich untersucht werden sollte, – das Verhältnis Jugendlicher zur etablierten Politik und ihre Einstellung zum Partizipationsmodell Jugendparlament – war es sinnvoll mit dieser Erhebungsmethode, statt beispielsweise mit einem narrativen Verfahren zu arbeiten.[38]

Beim problemzentrierten Interview handelt es sich um ein Erhebungsverfahren, das eine variable Bindung an einen Leitfaden vorsieht.[39] Der Leitfaden dient der Interviewerin dabei als Orientierungsrahmen und Gedächtnisstütze (vgl. Friebertshäuser 1997, 380 und Witzel 1996, 53 ff.). Er hat nicht die Funktion, ein festgelegtes Frage-Antwortschema vorzugeben, sondern den Interviewten wird ein möglichst weitgehender Artikulationsspielraum eingeräumt. Die Schwerpunktsetzung im Gespräch wird ihnen überlassen. Auf Basis der Erkenntnisse der empirischen Jugendforschung zum Themenkomplex Jugend und Politik und eigener Beobachtungen während der Sitzungen des Wittinger Jugendparlaments wurde ein themenzentrierter offener Leitfaden erarbeitet.[40] Er enthielt sowohl Fragen direkt zur Mitarbeit im Jugendparlament als auch zur Einstellung gegenüber der etablierten Politik und zu den Zukunftsvorstellungen der jungen Abgeordneten: Was hat die Jugendlichen dazu bewogen, für das Jugendparlament zu kandidieren? Wir wirkt sich die dortige Mitarbeit auf ihr Selbstwertgefühl aus? Was möchten sie durch ihre Arbeit im Parlament erreichen? Sind die Erwartungen, die sie an eine Mitwirkung in dem Jugendgremium hatten, aus ihrer Sicht erfüllt worden oder eher nicht? Wie beschreiben sie ihre Beziehung zu den im Parlament agierenden Erwachsenen? Welche politischen Interessen haben sie? Sehen

---

38 Narrative Interviews bieten sich eher bei Untersuchungen an, wenn ein weitgehend unbekanntes Feld bearbeitet werden soll oder in der biographischen Forschung. (Vgl. Friebertshäuser 1997, 387) Beides war hier nicht der Fall.
39 Auf die mit einer zu starren Bindung an den Leitfaden – "Leitfadenbürokratie" (Hopf 1978, 101) – verbundenen Probleme macht Christel Hopf aufmerksam. So könne der Leitfaden bei einer zu starren Handhabung eher zur Blockierung von Informationen als zu deren Gewinnung führen. (Vgl. ebd.)
40 Der Leitfaden ist dieser Studie als Anlage beigefügt.

sie Unterschiede im politischen Interesse von Mädchen und Jungen bzw. Männern und Frauen? Wie beschreiben sie ihr Verhältnis zur etablierten Politik? Können sie sich vorstellen, im Erwachsenenalter politisch aktiv zu sein? Welche Vorstellungen formulieren sie hinsichtlich ihrer privaten und beruflichen Zukunft?

Als Einstieg in das Gespräch formulierte die Interviewerin stets eine offene Impulsfrage, wie zum Beispiel: "Wenn du an die letzte Sitzung des Jugendparlaments denkst, was fällt dir dann zuerst ein?" Wann im Verlauf des Gesprächs die weiteren in den Leitfaden aufgenommenen Themenbereiche durch die Interviewerin angesprochen wurden, war abhängig von der Entwicklung des Gesprächs.

5.5 Durchführung der Interviews

Alle Interviews wurden von mir selbst durchgeführt. Ich war den Interviewten bekannt, da ich bei nahezu allen Parlamentssitzungen als teilnehmende Beobachterin anwesend war.[41] Die Wahl des Ortes, an dem das Interview stattfinden sollte, wurde den Interviewten freigestellt. 14 Gespräche fanden im jeweiligen Elternhaus der Jugendlichen, eines im Jugendhaus in Knesebeck[42] und eines in den Räumlichkeiten der Forschungsstelle für Schulgeschichte und regionale Schulentwicklung in Gifhorn statt. Bis auf eine Ausnahme waren die jungen Abgeordneten sofort zu einem Interview bereit. Ein dreizehnjähriger Junge hatte zunächst gezögert. Ihm wurde daraufhin Bedenkzeit gegeben. Nach einer Woche kam er dann von selbst auf mich zu, um mitzuteilen, dass er interviewt werden möchte. Bei den minderjährigen Jugendlichen wurde stets auch das Einverständnis der Eltern eingeholt. Zu Beginn der Treffen beschrieb ich noch einmal mein Vorhaben und sicherte den Jugendlichen zu, dass personenbezogene Angaben bei einer Veröffentlichung anonymisiert würden.

---

41 Dies geschah jedoch nicht im methodisch strengen Sinne einer "teilnehmenden Beobachtung" (vgl. dazu z.B. Becker/Geer 1979), sondern es ging darum, einen Eindruck bezüglich des Ablaufs der Sitzungen und der dortigen Atmosphäre zu gewinnen.
42 Knesebeck ist eine zu Wittingen gehörige Ortschaft.

Alle Interviews, die in der Regel eine Dauer von 60 bis 90 Minuten hatten,[43] sind mit einem Kassettenrekorder aufgenommen und vollständig transkribiert worden. Unmittelbar nach den jeweiligen Interviews habe ich meine persönlichen Eindrücke aus dem Gespräch in einem "Postskriptum" (Witzel 1982, 91, vgl. auch Lamnek 1995b, 98f.) festgehalten. Notiert wurde auch, wie das Gespräch zustande gekommen ist, wo es stattfand und ob der Gesprächsverlauf irgendwelche Besonderheiten aufwies (z.B. das Versagen der Aufnahmetechnik oder Unterbrechungen durch Dritte).

Insgesamt lässt sich sagen, dass die Interviewten in den Gesprächen sehr motiviert und konzentriert wirkten. Besonders die jüngeren Interviewten vermittelten den Eindruck an einer "wichtigen Sache" beteiligt zu werden. Ein 12-jähriger Interviewpartner antwortete zum Beispiel zum Abschluss des Interviews, auf meine Frage, wie er das Interview einschätzen würde: *"Also ich fand das sinnvoll. Ich glaub, das bringt auch was. Also dass man dann weiß, wie Jugendliche so denken."* (8: 14) Nicht zuletzt klingt hier – wie bei anderen Interviewten auch – ein gewisser Stolz mit, als "Experte" für die Einstellungen junger Leute angesprochen zu werden.[44]

5.6 Der Auswertungsprozess

Die Grundlage für die Auswertung bildeten die wörtlichen Interviewtranskripte. Die transkribierten Texte wurden in das Analyseprogramm "WINMAXprofessional" (Kuckartz 1997) für eine computergestützte Textanalyse eingearbeitet, das die Suche nach Textpassagen und Themenbereichen sowie die Systematisierung der Analyse erleichtert. Um einen Überblick über das umfangreiche Material zu erhalten, wurden zusätzlich von allen 16 transkribierten Texten Kurzfassungen angefertigt. Diese Zusammenfassungen geben den Inhalt

---

43 Ausnahmen bildeten ein Gespräch, das nach 30 Minuten beendet war und eines, welches eine Dauer von 180 Minuten hatte.
44 Von ähnlichen Erfahrungen verschiedener ForscherInnen im Hinblick auf Interviews mit Kindern berichtet Heinzel (1997, 405f.).

der Interviews rein deskriptiv in verkürzter Form wieder; sie enthalten keine interpretatorischen oder analytischen Aussagen.

5.6.1 Die Methode der Grounded Theory

Ausgewertet wurden die Interviews mit der Methode der Grounded Theory, die in den 60er Jahren von Anselm Strauss und Barney Glaser konzipiert und vor allem von Strauss weiterentwickelt wurde. Andreas Böhm bezeichnet die Grounded Theory als eine "Kunstlehre" (Böhm 2000, 476), deren Vorgehensweise nicht "rezeptartig" (ebd.) zu erschließen ist. Eine detaillierte Auseinandersetzung mit dem sehr komplexen Konzept der Grounded Theory würde eine gesonderte Arbeit erfordern, zumal es sich bei dieser Methodologie um kein einzelnes Verfahren handelt, sondern unter diesem Titel "mindestens drei deutlich unterscheidbare Konzepte firmieren" (Kelle 1996, 23).[45] Deshalb kann das entsprechende Vorgehen hier nur skizziert werden. Die folgende Zusammenfassung basiert in erster Linie auf den Darstellungen von Glaser und Strauss (1998), Strauss (1998) sowie Strauss und Juliet Corbin (1996).

Ziel des Auswertungsprinzips der Grounded Theory ist es, auf der Grundlage empirischer Forschung in einem bestimmten Untersuchungsbereich eine in den Daten verankerte (grounded) Theorie zu

---

45 Diese unterschiedlichen Konzepte stellt Kelle wie folgt dar: "1. Das erste und ursprüngliche dieser drei Konzepte wurde von den amerikanischen Soziologen Barney Glaser und Anselm Strauss 1967 in ihrer Monographie *'The discovery of grounded theory'* vorgestellt, die in den siebziger Jahren in den USA und spätestens mit Beginn der achtziger Jahre auch in Deutschland zu einer der grundlegenden programmatischen Schriften qualitativer Sozialforschung wurde. 2. 1978 legte Barney Glaser eine weitere Monographie unter dem Titel *'Theoretical Sensitivity'* vor. Dies war von ihm als eine vertiefende Erklärung dieses Begriffs konzipiert, der von ihm und Strauss bereits im *Discovery-Buch* entwickelt worden war. Allerdings enthielt *Theoretical Sensitivity* eine solche Menge neuer Ideen, Vorschläge und Begriffe, daß hier von einem neuen Konzept von Grounded Theory gesprochen werden kann. 3. 1987 schließlich legte Strauss ein eigenes Lehrbuch zur qualitativen Sozialforschung vor. In diesem wird ein Teil der von Glaser neu eingeführten Konzepte in veränderter Form übernommen; zusätzlich aber eine ganze Reihe weiterer Begriffe und Verfahrensvorschläge eingefügt. Dieses weitere Konzept der Grounded Theory wird 1990 schließlich noch einmal in didaktisch verbesserter Form und mit kleinen Modifikationen in einem von Strauss zusammen mit seiner Assistentin Juliet Corbin verfassten Lehrbuch vorgestellt." (Kelle 1996, 23, Herv. i. Orig.)

formulieren. Zur Auswertung können diverse qualitative Quellen, wie Briefe, Romane, Interviews oder auch historische Dokumente, herangezogen werden. (Vgl. Glaser/Strauss 1998, 167ff.) Auch quantitative Daten lassen sich nach dem Prinzip der Grounded Theory analysieren. (Vgl. ebd., 191ff.) Diese Methode wurde aus folgenden Gründen gewählt:

Zunächst war geplant, das Interviewmaterial mit dem Verfahren der qualitativen Inhaltsanalyse (vgl. Mayring 1996) auszuwerten. Dabei sollten gemäß der Fragestellung des Projekts der Forschungsstelle für Schulgeschichte und regionale Schulentwicklung zur politischen Partizipation von Mädchen und Jungen besonders geschlechtsspezifische Aspekte in den Blick genommen werden, und zwar aus der theoretischen Perspektive der durch die Untersuchungen Carol Gilligans ausgelösten Diskussion um eine weibliche Moral. (Vgl. dazu Gilligan 1996, Nunner-Winkler 1995a, Horster 1998a) Diese theoretische Fokussierung erschien mir jedoch nach einer ersten eingehenden Beschäftigung mit den Interviewtranskripten[46] als zu eng gefasst und dem Material nicht angemessen zu sein. Von daher hielt ich es für sinnvoll, zur Auswertung der Interviews ein Methode zu wählen, die nicht von vornherein bestimmte theoretische Zuspitzungen an das Material heranträgt,[47] sondern die es vielmehr ermöglicht, für einen bestimmten Gegenstandsbereich eine Theorie aus den empirischen "Daten" heraus zu formulieren.[48] Und genau dieses Verfahren bildet – wie die folgende Aussage Glasers und Strauss' verdeutlicht – ein zentrales Moment der Grounded Theory:

"Eine gegenstandsbezogene Theorie, die sich eng auf Empirie bezieht, kann nach unserer Überzeugung nicht dadurch formuliert werden, daß lediglich eine allgemeine formale Theorie auf einen bestimmten Bereich angewandt wird. Zunächst muß eine bereichsspezifische Theorie formuliert werden, um entscheiden zu können, welche der verschiedenen Theorien möglicherweise anwendbar sind, um

---

46 Dazu gehörten die Auswertung im Hinblick auf die Sonderausstellung im Schulmuseum Steinhorst und das Erstellen der Kurzfassungen.
47 Zweifellos lässt sich das Interviewmaterial mit der hier erwähnten theoretischen Zuspitzung auf eine geschlechtsspezifische Fragestellung auswerten und geschlechtsspezifische Aspekte spielen – wie ich in meiner Analyse zeigen werde – auch eine Rolle, aber sie zum zentralen Thema der Untersuchung zu machen, hätte die Aussagen der Interviewten in unangemessener Art und Weise auf eine bestimmte Thematik hin zugeschnitten.
48 Dass dabei nicht ohne jegliches theoretisches Vorwissen mit dem empirischen Material verfahren werden kann, wird von Kelle (1996) ausführlich erörtert.

eine gegenstandsbezogene Theorie weiterzuentwickeln." (Glaser/Strauss 1979, 108)

Hinzu kam noch der Aspekt, dass bisher keine qualitativen Untersuchungen vorliegen zu den Einstellungen, Motiven und subjektiven Veränderungsprozessen junger Menschen, die in einem Modell zur politischen Partizipation mitwirken, und die Studie von daher einen stark explorativen Charakter hat. Auch deshalb hielt ich es für angemessen, eine offenere Methode als die der qualitativen Inhaltsanalyse zu wählen.[49]

Da die Untersuchungsgruppe bereits festgelegt war, musste auf das im Kontext der Grounded Theory entwickelte theoretische Sampling verzichtet werden. Im Rahmen des theoretischen Samplings ist es vorgesehen, während der Analyse nach immer neuen kontrastierenden Fällen zu suchen. Dabei wird die Zahl der Fälle nicht vor Beginn der Studie festgelegt, sondern die Auswahl verläuft parallel zum Interpretationsprozess und wird so lange fortgeführt, bis keine neuen Aspekte mehr auftauchen. (Vgl. Glaser/Strauss 1998, 53 ff.) Ein Verzicht auf die Anwendung des theoretischen Samplings ist nach Hans Oswald freilich nicht anstrebenswert, aber "in der deutschen Forschungspraxis die Regel" (Oswald 1997, 81). Oswald hebt in diesem Zusammenhang unter anderem hervor, dass Strauss zwar der meist zitierte Autor in deutschen Lehrbüchern zur qualitativen Forschung ist, aber die von Strauss und seinem Team entwickelte Methodik, "insbesondere das theoretische Sampling [...] in Deutschland dagegen selten angewandt" (ebd., 80) werde.

5.6.2 Zum Vorgang des Kodierens in der Grounded Theory

Die Entwicklung einer Theorie anhand der Bildung und Verbindung von Kategorien aus dem empirischen Material bildet das "Herzstück" der Grounded Theory. Dabei wird der Prozess der Kategorienbildung in drei Teilschritte unterteilt.

---

[49] Vgl. dazu Mayring, der betont, dass die Methode der qualitativen Inhaltsanalyse für eine Untersuchung mit einem ausgeprägten explorativen Charakter und einer sehr offenen Fragestellung zu einschränkend sein kann und es in diesem Fall angemessener wäre, ein offeneres Auswertungsverfahren anzuwenden. (Vgl. Mayring 2000, 474)

1. Offenes Kodieren: Der erste Auswertungsschritt besteht im so genannten offenen Kodieren:

"Dabei handelt es sich um ein uneingeschränktes Kodieren der Daten. Dieses offene Kodieren geht so vor sich [...], daß das Beobachtungsprotokoll, ein Interview oder ein anderes Dokument sehr genau analysiert wird, und zwar Zeile für Zeile oder sogar Wort für Wort. Das Ziel dabei ist, Konzepte zu entwickeln, die den Daten angemessen erscheinen." (Strauss 1998, 57f.)

Dabei sollten keine Codes im Sinne von theoretischen Begriffen aus der wissenschaftlichen Literatur vergeben werden, sondern so genannte "In-vivo-Codes, die als umgangssprachliche Deutungen der Phänomene direkt aus der Sprache des Untersuchungsfeldes stammen." (Böhm 2000, 478, vgl. auch Strauss/Corbin 1996, 50)

2. Axiales Kodieren: Der auf das offene Kodieren folgende Untersuchungsschritt, das axiale Kodieren, dient der Differenzierung und Verfeinerung der bereits vorgefundenen Konzepte. Dies geschieht durch das Erstellen von Verbindungen zwischen den ermittelten Konstrukten. Dabei werden die Daten neu zusammengesetzt. (Vgl. Strauss/Corbin 1996, 75ff.) Das Vorgehen beim axialen Kodieren kann folgendermaßen skizziert werden:

"Eine Kategorie wird in den Mittelpunkt gestellt, und ein Beziehungsnetz wird um sie herum ausgearbeitet. [...] Ebenso wie das offenen Codieren wird das axiale Codieren auf sehr kurze Textsegmente (im Sinne einer Feinanalyse), auf größere Textabschnitte oder den gesamten Text angewendet. Für die Theoriebildung ist vor allem das Ermitteln von Beziehungen (Relationen) zwischen der Achsenkategorie und den damit in Beziehung stehenden Konzepten in ihren formalen und inhaltlichen Aspekten wichtig."(Böhm 2000, 479)[50]

Im Rahmen der hier beschriebenen Vorgehensweise kommt es auf eine genaue Definition der wirksamen Konzepte an. "Der Begriff Axiales Kodieren ist für diesen Vorgang zutreffend, weil sich die Analyse an einem bestimmten Punkt um die 'Achse' einer Kategorie dreht." (Strauss 1998, 63) Im Prozess des axialen Kodierens legt der Forscher oder die Forscherin allmählich eine Kernkategorie fest.

Um die Relationen zwischen Kategorien exakt bestimmen zu können, empfehlen Strauss und Corbin, nach dem folgenden Kodierparadigma vorzugehen:

---

50 Eine ausführlichere Darstellung, in der das Vorgehen beim axialen Kodieren Schritt für Schritt erklärt wird, findet sich bei Strauss/Corbin (1996, 75ff.).

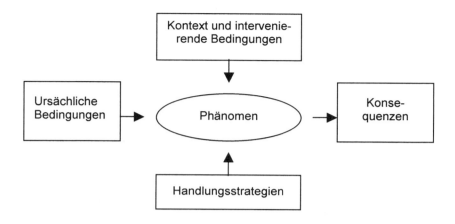

(Quelle: Böhm 2000, 479)

Strauss und Corbin beschreiben ihr Vorgehen mit Hilfe des Kodierparadigmas folgendermaßen:

"Beim axialen Kodieren liegt unser Fokus darauf, eine Kategorie (Phänomen) in Bezug auf die Bedingungen zu spezifizieren, die das Phänomen verursachen; den Kontext (ihren spezifischen Satz von Eigenschaften), in den das Phänomen eingebettet ist; die Handlungs- und interaktionalen Strategien, durch die es bewältigt, mit ihm umgegangen oder durch die es ausgeführt wird; und die Konsequenzen dieser Strategien." (Strauss/Corbin 1996, 76)

Strauss und Corbin nennen in diesem Kontext ein Beispiel: Analysiert man beispielsweise das Phänomen "Schmerz", könnte die Ursache (Bedingung) ein gebrochenes Bein sein. Zum Kontext würden die verschiedenen Eigenschaften eines gebrochenen Beines gehören, wie zum Beispiel der Aspekt, dass es sich um einen Splitterbruch handelt, aber auch die Bedingungen, unter denen die Handlungs- und Interaktionsstrategien stattfinden, mit denen auf ein bestimmtes Phänomen reagiert werden soll. "Wenn wir sagen: 'Unter Bedingungen von intensiven Schmerzen mit langer Dauer ergreifen wir die und die Maßnahme, um den Schmerz zu kontrollieren', dann ist es der Kontext, den wir beschreiben." (Strauss/Corbin 1996, 81) Intervenierende Bedingungen gehören nun zu dem mit einem Phänomen verbundenen "breiteren strukturellen Kontext" (Vgl. ebd., 82). Jemand kann sich beispielsweise ein Bein gebrochen haben, als er allein in den Bergen war und nicht im Beisein weiterer Personen etwa in einem Einkaufszentrum. Dies hätte voraussichtlich Auswirkungen auf die Zeit, in der jemand medizinische Hilfe und damit möglicherweise Schmerzerleichterung erhält. Aber auch das Alter der betroffenen Person oder ihre persönliche Krankengeschichte kann in diesem Zusammenhang eine Rolle spielen. Zu den Strategien könnte das Schienen eines Beines oder die Verabreichung von schmerzstillenden Medikamenten gehören. Eine Konsequenz, die aus dieser Handlung folgt, könnte die Schmerzerleichterung sein. (Vgl. ebd. 1996, 75ff.)

3. Selektives Kodieren: Beim selektiven oder auch theoretischen Kodieren werden schließlich die bisher entwickelten Kategorien mit einem "Basis-Konzept" (Wiedemann 1991, 444) bzw. der Kern- oder Schlüsselkategorie verknüpft. Hier findet eine Kodierung und Integration aller anderen Kodes im Hinblick auf die Kernkategorie statt (zum Beispiel mit Hilfe des Kodierparadigmas). Dabei geht es darum, den "roten Faden der Geschichte" (Strauss/Corbin 1996, 96) zu bestimmen. "Die zentrale Geschichte dreht sich um die Kernkategorie, entfaltet diese prägnant und zeigt die Zusammenhänge zu anderen wichtigen Kategorien." (Böhm 2000, 483)

5.6.3 Memos

Parallel zu den Kodierungsschritten werden Memos erstellt, in denen der Forscher oder die Forscherin Einfälle, Hypothesen und theoretische Reflexionen schriftlich festhält. (Vgl. Strauss 1998, 151ff.) Für meinen Auswertungsprozess spielten die Memos vor allem bei der Bestimmung der Kernkategorie eine zentrale Rolle. So wurden bereits vom ersten Kodierungsschritt an jeweils für die kodierten Passagen Memos geschrieben, die im Laufe der Auswertung immer weiter theoretisch verdichtet worden sind. Für die einzelnen Memos wurden dann wiederum Kategorien vergeben. Diese wurden dann miteinander und mit den Kategorien aus der ersten und zweiten Kodierungsphase in Beziehung gesetzt. Kategorien, die sich im Laufe dieses Prozesses immer weiter herauskristallisierten, waren Anerkennung bzw. verweigerte Anerkennung, Fremdheit gegenüber der etablierten Politik und Gegensatz der Generationen.

5.6.4 Die Kernkategorie

Letztlich zeigte es sich nach nochmaligem Vergleich der einzelnen Kategorien, dass das Thema Anerkennung als zentrales Phänomen in den Mittelpunkt der Analyse gestellt werden konnte. Alle Unterkategorien wurden nun zu diesem Themenbereich in Beziehung gesetzt. Zur Ermittlung der Relationen zwischen den einzelnen Kategorien und der Kernkategorie habe ich mich – wie auch beim axialen Kodieren – am Kodierparadigma orientiert. Ein Beispiel: Die Interviewten beschrieben unterschiedliche Formen verweigerter Anerkennung (Phänomen) im Bereich der Politik und nennen dafür selbst verschiedene ursächliche Bedingungen, zum Beispiel, dass die meisten Politiker zu alt sind, um junge Menschen zu verstehen (Gegensatz der Generationen). Zum Kontext und den intervenierenden Bedingungen des hier beschriebenen Phänomens gehören etwa der Aspekt, dass die Jugendlichen sich durchaus als politisch interessiert beschreiben (subjektive politische Kompetenz) und hohe Ansprüche an ihr politisches Interesse stellen, aber auch beispielsweise alters-, milieu- oder geschlechtsspezifische Unterschiede. Eine hier genannte Handlungsstrategie wäre die Distanzierung von der etablierten Politik, könnte aber auch ein Engagement im Jugendparlament sein.

In Bezug auf die Operationalisierung der Kernkategorie "Anerkennung" und den Aufbau dieser Arbeit – der erst entwickelt werden konnte, nachdem die Kernkategorie gefunden worden war – bin ich ähnlich vorgegangen wie Glaser und Strauss in Bezug auf das Konzept "Bewusstheit" in ihrer Untersuchung zur Betreuung von Sterbenden. (Glaser/Strauss 1995) Strauss und Corbin beschreiben das entsprechende Vorgehen folgendermaßen:

"Beispielsweise das Konzept ‚Bewußtheit' ist ein Substantiv, das eine bestimmte Art von Phänomen anspricht, nämlich verschiedene Bewußtheitstypen in spezifischen Zusammenhängen. Das Buch, in dem das Phänomen analysiert wird, zeigt Handeln und Veränderung auf und bringt Prozeßaspekte wie auch alle Elemente des Paradigmas ins Spiel. Es beschäftigt sich damit, wie verschiedene Bewußtheitstypen (Kontext) entstehen (Bedingungen für Handlung/Interaktion), wie sie aufrechterhalten werden (Strategien), wie sie sich verändern (Prozeß) und was das für die Betroffenen bedeutet (Konsequenzen). In der Darstellung ist Bewußtheit das Konzept, um das herum das Buch aufgebaut ist." (Strauss/Corbin 1996, 101)

Überträgt man nun dieses Modell auf mein Konzept der Anerkennung, so wird deutlich, dass im Rahmen der Arbeit die verschiedenen Formen gelungener und verweigerter Anerkennung unter Einbeziehung der spezifischen Situationen, in denen sie von den Interviewten erlebt werden, dargestellt werden. Weiterhin wird gefragt, welche Handlungen oder Interaktionen beispielsweise zu dem Eindruck, nicht anerkannt zu werden, geführt haben. Zudem wird berücksichtigt, wie die Betroffenen mit dieser Erfahrung umgehen und was erlebte Missachtung bzw. erfahrene Anerkennung für sie bedeutet. Zu den Bedingungen gehören auch Aspekte, wie sozioökonomischer Status, individuelle Biografie oder das Alter einer Person. (Vgl. ebd., 82) Sie müssen ebenfalls stets in Relation zur Kernkategorie gestellt werden: "Der Forscher sollte nicht grundsätzlich davon ausgehen, daß eine 'Etikettierung', d.h. eine Variable im herkömmlichen Sinn wie Alter, Geschlecht, Schichtzugehörigkeit, Rasse analytisch relevant ist, solange sich diese nicht als relevant erwiesen hat. Auch diese Variablen müssen ihren Weg in die Grounded Theory erst verdienen." (Strauss 1998, 62)

Auch wenn das Paradigma nicht immer konsequent auf meinen Untersuchungsbereich anwendbar war, hat es sich als hilfreich für die Gliederung und die Bestimmung der theoretischen Bezugspunkte dieser Arbeit erwiesen.

5.7 "Theoretische Sensibilität" und induktive Theoriegewinnung

Abschließend möchte ich betonen, dass ich eine rein induktive Theoriegewinnung aus den empirischen Daten, wie Glaser und Strauss sie zum Teil in ihrer 1967 erschienen Monographie "The discovery of grounded theory"[51] fordern – für nicht möglich und auch nicht für sinnvoll halte. Nach Kelle – dessen Einschätzung ich teile – ist ein solches Verfahren allein schon aus forschungspraktischen Gründen nicht durchführbar; "jeder Versuch, theoretische Konzepte allein aus

---

51 Deutscher Titel: Grounded Theory. Strategien qualitativer Forschung (1998)

den Daten emergieren zu lassen, wird letztendlich nur dazu führen, daß der Untersucher im Datenmaterial geradezu ertrinkt." (Kelle 1996, 32) Zudem ist die Annahme, theoretische Konzepte ließen sich auf rein induktive Weise, "also nur durch eine sorgfältige Verallgemeinerung von empirisch beobachteten Fakten" herausarbeiten (Kelle/Kluge 1999, 19) letztlich nicht haltbar: "WissenschaftlerInnen finden keine allgemeinen Begriffe, indem sie Beobachtungen aufzählen und zusammenfassen. Allgemeine Begriffe fassen Sachverhalte nicht zusammen, sie helfen, diese zu erklären und zu verstehen." (Ebd.) Nach Kelle und Kluge ist es außerdem nicht vorstellbar, dass ForscherInnen ihr theoretisches Vorwissen bei der Interpretation des empirischen Materials einfach ausblenden können. "Vielmehr sehen sie die Welt immer durch die Linsen bereits vorhandener Kategorien" (ebd.). Und auch Glaser und Strauss haben zwar einerseits – wohl vor allem aus forschungspolitischen Gründen[52] – auf einer rein induktiven Theoriegenerierung bestanden, aber anderseits betont, der Forscher oder die Forscherin solle sich die Daten mit "theoretischer Sensibilität" erschließen. "Theoretische Sensibilität stellt gewissermaßen die Fähigkeit des Forschers dar, über empirisch gegebenes Material *in theoretischen Begriffen* zu reflektieren." (Kelle 1996, 29, Herv. i. Orig.) Nach Glaser und Strauss ermöglicht die theoretische Sensibilität es dem Forscher "sich allmählich ein Instrumentarium von Kategorien und (materialen wie formalen) Hypothesen zurechtzulegen. Das ihm bereits zur Verfügung stehende theoretische Werkzeug hilft ihm dabei, die Angemessenheit und Relevanz seiner Daten zu beurteilen, d.h. eine möglichst spezifische Theorie zu generieren." (Glaser/Strauss 1998, 54)

Ein methodisches Konzept, "wie ein theoretisch sensibilisierter Forscher sein empirisches Material auf der Grundlage theoretischen Vorwissens strukturieren kann" (Kelle 1996, 29), entwickelt Strauss in seiner erstmals 1987 erschienenen Monographie "Qualitative Analysis for Social Scientists"[53] mit dem bereits dargestellten Kodierpara-

---

52 Hier ist der Streit zwischen Forschern und Forscherinnen, die eine deduktive quantitative Forschungspraxis präferieren, und denjenigen, die für die Verwendung qualitativer Forschungsmethoden eintreten, angesprochen. Vgl. dazu Kelle (1996). Zur Methodenkontroverse zwischen qualitativer und quantitativer Forschung vgl. auch Aschenbach/Billmann-Mahecha/Zitterbarth (1985).
53 In deutscher Übersetzung "Grundlagen qualitativer Sozialforschung" (1998).

digma.[54] Hier kommt auch zum Ausdruck, "daß ein Vergleich zwischen den Kategorien nur möglich ist, wenn *zuvor* relevante theoretische *Vergleichsdimensionen* festgelegt werden." (Kelle 1996, 36, Herv. i. Orig.; vgl. dazu auch Strauss 1998, 41) Nach Kelle und Kluge zeichnet sich eine gelungene qualitative Studie dadurch aus, dass im gesamten Untersuchungsprozess eine kontinuierliche "Integration von empirischen und theoretischen Arbeitsschritten" (Kelle/Kluge 1999, 37) stattgefunden hat.[55]

"Nur durch ein theoriegeleitetes qualitatives Vorgehen kann gewährleistet werden, daß die Merkmale und Kategorien, die der empirischen Analyse zugrunde liegen, auch für die Forschungsfrage relevant sind. Dabei müssen die verwendeten theoretischen Konzepte allerdings einen heuristischen Gehalt haben, so daß die Konstruktion von empiriefernen Konzepten, die lediglich Vorurteile der ForscherInnen repräsentieren, vermieden wird. Die Bildung von Typen [...] wird dabei zum Bindeglied zwischen Empirie und Theorie und damit zur Grundlage einer empirisch begründeten Theoriebildung." (Ebd.)[56]

---

54 Die Elemente des Kodierparadigmas lassen sich zwar im Aufbau der von Glaser und Strauss durchgeführten Untersuchung "Betreuung von Sterbenden" (1995, Orig. 1965) wiederfinden (vgl. Strauss/Corbin 1996, 101), das Paradigma wurde aber erstmals von Strauss (1998, Orig. 1987) als methodisches Konzept empfohlen und von Strauss und Corbin (1996, Orig. 1990) weiterentwickelt. Glaser und Strauss haben seit den siebziger Jahren nicht mehr zusammengearbeitet und Glaser hat sich von der von Strauss und Corbin entwickelten Konzeption auf Schärfste distanziert. Ausführlich beschrieben und bewertet wird dieser Konflikt bei Kelle (1996, 39ff.).
55 Zum Umgang mit theoretischem Vorwissen in qualitativen Analysen im Unterschied zur Verwendung theoretischen Wissens in quantitativen Forschungsprozessen vgl. Kelle/Kluge (1999, 25ff.).
56 Zur Typenbildung vgl. Kapitel 5.2 dieser Studie.

6. Ergebnisse der qualitativen Untersuchung (Teil 1) – Jugend und Politik

Im Folgenden werden die Ergebnisse der qualitativen Analyse dargestellt. Dabei geht es zunächst um das Verhältnis der Interviewten zur konventionellen Politik: Obwohl die in den Interviews befragten 11- bis 18-Jährigen im Jugendparlament mitarbeiten bzw. mitgearbeitet haben und bei ihnen von daher ein ausgeprägteres politisches Interesse und eventuell auch eine größere Nähe zur Politik zu erwarten ist als bei weniger engagierten jungen Menschen, beschreiben sie ihr Verhältnis zur Politik keineswegs durchgängig als positiv, sondern als äußerst ambivalent. Einerseits weisen sie eine deutliche Distanz gegenüber den Institutionen, Repräsentanten[58] der etablierten Politik auf, andererseits zeigen sie durchaus Interesse an politischen Themenbereichen. Die Grundprinzipien der demokratischen Gesellschaftsordnung, wie zum Beispiel das Prinzip der Gleichheit oder der Wahrhaftigkeit, erfahren eine hohe Akzeptanz. Die Sphäre des Politischen als solche, "in der riskant über Wohl und Wehe der Gesellschaft entschieden wird" (Habermas/Friedeburg/Oehler/Weltz 1961, 74), erhält bei den Befragten in der Regel ebenfalls eine große Wertschätzung, kritisiert wird dagegen der Missbrauch politischer Macht und das mangelnde Interesse der Politik an den Problemen von Kindern und Jugendlichen. Dieses mangelnde Interesse hat nach Ansicht der Interviewten verschiedene Ursachen: Zum einen seien die meisten Politiker zu alt, um die junge Generation verstehen zu können, und zum anderen zu egoistisch, um sich überhaupt auf andere Interessen als die eigenen einlassen zu können. In den Interviews kommt in diesem Kontext auch deutlich zum Ausdruck, dass die Befragten ein über-

---

58 Da die Interviewten, wenn sie allgemein von Akteuren und Akteurinnen im politischen Bereich reden, in der Regel die männliche Form benutzen, obwohl die Interviewerin meistens beide Formen verwandt hat, wird im Rahmen der Interviewinterpretation und -auswertung von Politikern und Politikerinnen entsprechend der Wortwahl der befragten Jugendlichen ausschließlich in der männlichen Form gesprochen. Dies geschieht in der Absicht, die Interviewaussagen nicht unzulässig zu verzerren. Nur in den folgenden drei Fällen sprechen die Befragten von Politikerinnen: Zwei Interviewte berichten über eine bestimmte Kommunalpolitikerin, die sie bei einer Veranstaltung in Wittingen erlebt haben und ein Interviewpartner verwendet in seiner Antwort auf die Frage, wie er sich einen idealen bzw. eine ideale Politikerin vorstellen würde, die weibliche Form.

wiegend moralisch-idealistisches Politikverständnis haben (vgl. dazu Dettling 1997 und Schmidtchen 1997) und politische Fragestellungen oftmals sehr emotional betrachten. (Vgl. dazu Palentien/Hurrelmann 1997b, 22) Vor allem Unehrlichkeit und "Machtbesessenheit" werden bei Politikern aufs Schärfste verurteilt. Auf Basis dieser Haltung stoßen die Interviewten auf große Defizite im Bereich der Politik.

6.1 Formen mangelnder Anerkennung im Bereich der Politik

Als zentrales Phänomen im Hinblick auf das Verhältnis der Interviewten zur konventionellen Politik ließ sich im Rahmen der qualitativen Analyse bei den befragten Jugendlichen der Eindruck identifizieren, im Bereich der Politik keine ausreichende Anerkennung als Subjekte mit spezifischen Problemen und Vorstellungen zu erhalten. Im Folgenden werden zunächst die unterschiedlichen Formen dieses Phänomens dargestellt, um im Anschluss daran die damit zusammenhängenden auf der Grundlage des Interviewmaterials rekonstruierten Faktoren herauszuarbeiten.

6.1.1 *Ausgrenzung*

Linda (15) hat mit ihrer Klasse eine Bundestagssitzung besucht. Sie schildert ihren Eindruck:

"Die [Politiker] brasseln ganz schön viel und schmeißen mit Fremdwörtern um sich. Und wir sitzen alle nur da 'Bahnhof! Abfahrt'. Es ist nicht so jugendverständlich." (3: 8)[59]

---

[59] Um das Leseverständnis zu erleichtern, sind die in dieser Studie dargestellten Interviewaussagen in eine weitgehend grammatisch korrekte Form gebracht und – wo es zum Verständnis des Textes erforderlich war – ergänzt worden. Diese Ergänzungen sind durch eckige Klammern gekennzeichnet und im Unterschied zum übrigen Interviewtext nicht kursiv gedruckt. Die wörtlichen Interviewtranskripte, auf deren Grundlage die Auswertung vorgenommen wurde, dokumentieren jede Äußerung, die auf dem Kassettenrekorder zu hören war, das bedeutet jedes Auflachen, jedes "Äh" und jedes unterstützende "Hm" der Interviewerin. Auch wenn Interviewerin und Interviewte/r gleichzeitig gesprochen haben, ist dies im Transkript gekennzeichnet worden. Diese Äußerungen und

Linda kritisiert, dass die Politiker inhaltlich nicht zu verstehen waren, weil sie so viele Fremdwörter benutzt haben. Die Sprache der Politik ist für sie fremd und unverständlich. Die Politiker *"brasseln ganz schön viel"*: "Brassel haben" bedeutet in der Jugendsprache unter anderem geschäftig sein bzw. viel um die Ohren haben (vgl. Ehmann 2001, 33). Die Politiker reden in der von Linda beobachteten Situation viel und möglicherweise "hektisch" innerhalb ihres internen Zirkels. Linda fühlt sich dadurch offenbar ausgeschlossen und überflüssig.

Politik ist eine Erwachsenendomäne. Dies drückt sich bereits in der Sprache aus. Linda beschreibt die Situation einer Zuschauerin, die ein Theaterstück gesehen hat, das nicht für ihre Altersgruppe geschrieben wurde und deshalb als weitgehend unverständlich und langweilig wahrgenommen wurde. Linda und ihre MitschülerInnen verstehen nur *"Bahnhof!"*. Der Zug fährt ohne sie ab. Politische Debatten rauschen an ihnen vorbei. Sie verstehen nicht, worüber dort geredet wird.[60]

Hier ist zunächst einmal eine grundlegende Dimension der wechselseitigen Anerkennung – die Aufmerksamkeit durch andere (vgl. Keupp u.a. 1999, 256) – strukturell nicht gegeben. Die Politiker agieren in der von Linda beschriebenen Situation nicht für ein (jugendliches) Publikum, sondern sie beziehen sich in ihrer Interaktion vor allem aufeinander. Zentral scheint mir in dem hier dargelegten Kontext das Gefühl des "Nicht-dazu-Gehörens" bzw. der Fremdheit zu sein. Die Schülerin beschreibt sich als Fremde im Raum der etablierten Politik. Sie und ihre MitschülerInnen sprechen eine andere Spra-

---

Hinweise werden im Rahmen dieser Studie nur dargestellt, wenn sie für die Nachvollziehbarkeit der Interpretation des entsprechenden Zitats wichtig sind. Fragen und Einwürfe der Interviewerin sind durch den Begriff "Frage" gekennzeichnet. Abgebrochene Sätze werden durch das Zeichen "..." dargestellt und Auslassungen durch "[...]". Die Namen der Interviewten sowie alle in den Zitaten vorkommenden Eigennamen wurden anonymisiert. Ortsnamen wurden nur dann verändert, wenn sie Rückschlüsse auf bestimmte Personen ermöglichen.

60 Die Aussage "Ich verstehe nur Bahnhof" stammt aus der Zeit des Ersten Weltkriegs. "Für die kriegsmüden Soldaten wurde der Bahnhof zum Symbol für den ersehnten Heimaturlaub. Wenn man sie nach etwas ansprach, antworteten sie mit der Floskel: Ich verstehe nur Bahnhof. Sie lehnten vor allem jedes dienstliche Gespräch ab, da sie sich nur für ihre Heimreise interessierten. [...] Auch heute noch wird dieser Satz im Sinne des Nichtverstehens gebraucht." (Berliner Morgenpost 2000)

che, zugespitzt ließe sich vielleicht sagen, sie leben in einer anderen Welt als die Akteure der Politik.

Mit Bezug auf eine anschließende Informationsveranstaltung des Referats für Öffentlichkeitsarbeit des Deutschen Bundestages kritisiert Linda die mangelnde Bereitschaft der dortigen Mitarbeiter, sich auf Jugendliche einzulassen:

"Zeigen einen Film und erzählen was. Und wenn wir was fragen, dann schweifen sie vom Thema ab, weil sie darauf wohl nicht programmiert waren. Dann ist es wieder vorbei." (3: 8)

Linda kritisiert, dass die Mitarbeiter des Referats für Öffentlichkeit bei unerwarteten Fragen das Thema wechseln. Die Interviewpartnerin gebraucht in diesem Zusammenhang den Begriff *"programmiert"*. Die Mitarbeiter waren auf bestimmte Fragen nicht programmiert. Sie funktionieren aus Lindas Perspektive ähnlich wie ein Computer, der nur Probleme lösen kann, deren Lösung im Programm gespeichert ist. Sie agieren also in gewissem Sinne wie Maschinen. Damit ist in dieser Situation ein für ein Anerkennungsverhältnis grundlegender formaler Aspekt, nämlich die Reziprozität, nicht gegeben. Die hier beschriebenen Erwachsenen "spulen ihr Programm ab", ohne auf die Bedürfnisse der anwesenden Jugendlichen einzugehen. Sind sie nicht in der Lage – dies wäre ja bei Maschinen der Fall – oder wollen sie die Fragen der Jugendlichen nicht beantworten? Sollten die Mitarbeiter des Referats für Öffentlichkeitsarbeit den Anliegen der Jugendlichen nach Lindas Einschätzung bewusst durch einen Themenwechsel ausweichen, ließe sich dieses Verhalten als Täuschungsversuch interpretieren, über den Linda sich ärgert, weil hier ihren normativen Verhaltenserwartungen nicht entsprochen wurde.

Aufschluss kann hier eine weitere Aussage Lindas geben: Sie setzt die von ihr bei den Mitarbeitern des Referats für Öffentlichkeit erlebte Haltung mit dem Verhalten vieler Politiker gleich: Auf die Frage, ob und wenn ja, inwieweit sie die Einschätzung vieler junger Menschen teilt, dass die Wünsche und Interessen von Kindern und Jugendlichen in der Politik nicht ernst genommen werden oder ob sie dies ganz anders sieht, antwortet sie:

"Ich denke halb, halb. Ich meine, wenn es Fragen oder Wünsche sind, die sie [die Politiker] *beantworten können und auf die sie vorbereitet sind, dann würde ich das nicht so sagen. Aber wenn ihnen mal jemand irgendeine Frage stellt von den*

Kindern oder so, die den Politikern nicht passt oder sie bloßstellt, dann schweifen sie ab. [....] Interessieren sich mehr für Diäten als für Jugendliche." (3: 12)

Ein Großteil der politischen Akteure lässt sich aus der Sicht Lindas lediglich innerhalb eines vorgegebenen Rahmens bzw. Programms auf die Interessen von Kindern und Jugendlichen ein. Wird dieser Rahmen zum Beispiel durch eine Frage gesprengt, wechseln die Politiker das Thema und vertuschen so ihre Unsicherheit oder Irritation. Damit versuchen sie, Kinder und Jugendliche über eigene Unzulänglichkeiten hinwegzutäuschen, und übergehen auf diese Art und Weise gleichzeitig die Anliegen junger Leute; denn Linda zufolge sind sie letztlich stärker an der Vermehrung ihres Einkommens interessiert als an den Wünschen und Vorstellungen junger Menschen. Linda unterstellt den politischen Akteuren also ein mehr oder weniger ausgeprägtes Desinteresse an den Belangen Jugendlicher. Den von Linda geschilderten Erfahrungen zufolge erfahren Jugendliche mit ihren spezifischen Vorstellungen und Fähigkeiten – auch wenn die Politik häufig etwas anderes signalisiert – keine ausreichende Wertschätzung. Sie findet ihre Identität im Dialog mit den Mitarbeitern des Referats für Öffentlichkeitsarbeit nicht vollständig anerkannt und setzt diese Haltung auch bei der Mehrheit der Politiker voraus.

Marco (17) kritisiert, dass die Politiker die Wünsche von Kindern und Jugendlichen oft nicht ernst nehmen würden. Dies mache sich daran bemerkbar, dass bei politischen Entscheidungen besonders in Bezug auf die Umweltpolitik und die Sicherung der Renten nicht an die Zukunft gedacht würde.

"Manchmal denken die Politiker einfach zu kurzsichtig. Die erhalten die Rohstoffe nicht für die Nachkommen. Weil ich weiß jetzt schon, dass ich, wenn ich fünfundsechzig bin, keine Rente mehr kriege. [...] Sie [die Politiker] denken bestimmt 'die Kinder, lass die reden' oder sie sagen, 'die Kinder haben keine Ahnung davon'." (10: 20)

Marco ist der Ansicht, dass Politiker nicht ausreichend Verantwortung für die Zukunft übernehmen und Kinder mit ihren Anliegen häufig einfach übergehen bzw. bei Kindern von vornherein ein mangelndes Wissen voraussetzen und ihnen deshalb nicht zuhören und damit auch deren Probleme nicht ernst nehmen. Marco drückt hier gleichzeitig seine Desillusionierung in Bezug auf die Zukunft aus. Er zweifelt an der Problemlösungskompetenz der Politiker sowohl was die zunehmende Ausbeutung der Umwelt als auch die Gefahr der mangelnden finanziellen Absicherung im Alter anbelangt. Die Politik ist nach Marco letztlich nicht in der Lage, diese Probleme zu lösen. Und dies sind Probleme, die besonders die nachwachsende Generation betreffen. Marco macht hier deutlich, dass er die Interessen seiner Generation durch die traditionelle Politik nicht gewahrt sieht.[61] Kinder fänden im politischen Bereich keinerlei Gehör. Sie würden damit weitgehend ignoriert.

Silke (18) stellt im Interview wiederholt heraus, dass sie wenig Interesse an der Bundespolitik hat. Indirekt macht sie in diesem Kontext deutlich, dass Jugendliche aus ihrer Sicht in der etablierten Politik keinerlei Berücksichtigung finden:

"Ich interessiere mich auch nicht für Politik, auf jeden Fall nicht für die Politik, die da immer im Fernsehen kommt. Und dann die Wahlen: Das guck ich mir nicht an, ist mir viel zu langweilig. Also ich hab' erst beim Jugendparlament auch gedacht. 'Oh Gott Parlament – das hört sich jetzt schon wieder nach Politik an!' Aber, es ist ja für die Jugendlichen. [...] Mich interessiert auch wenig, was außen [in der Bundespolitik] passiert. Da hinten in Bonn, was die da machen, ist mir völlig egal." (5: 12)

Interessant ist der Gegensatz, der hier zwischen dem Jugendparlament und der Bundespolitik konstruiert wird: Die Interviewpartnerin bringt ihre Distanz zur Politik der Bundesregierung deutlich zum Ausdruck. Diese Politik beschäftigt sich ihrer Meinung nach offenbar nicht mit den Wünschen und Interessen von Jugendlichen. Da im Jugendparlament die Interessen der jungen Generation thematisiert werden, kann hier – trotz der Bezeichnung Parlament – keine Beziehung zur Bundespolitik bestehen und gerade, weil diese Verbindung nicht für Silke existiert, kommt für sie ein Engagement im Jugendparlament überhaupt in Frage.[62]

---

61 Zu ähnlichen Ergebnissen kommt eine Untersuchung von Hurrelmann. Auch hier wird Jugendlichen ein ausgeprägtes Misstrauen gegenüber der Problemlösungskompetenz der Politiker diagnostiziert: "Die meisten Jugendlichen sind unsicher, ob die Politiker und Politikerinnen auch wirklich an einem Abbau der Umweltzerstörung und der wirtschaftlichen Krisen interessiert sind. Deshalb der Pessimismus gegenüber der zukünftigen Entwicklung, deshalb Gefühle von Unsicherheit und Angst." (Hurrelmann 1998, 12) Vgl. dazu auch Blank (1997, 44).
62 Zur Korrelation von allgemeinem politischen Interesse Jugendlicher in Wittingen und ihrem Interesse am Jugendparlament vgl. Burdewick (2000, S. 267f.).

Britta (13) beschreibt das Verhältnis der Politik zur Jugend als Vernachlässigungsverhältnis und fordert, dass die Politiker sich stärker um die Probleme von Jugendlichen *"kümmern"* sollten:

"Da [in der Politik] *passiert ja fast gar nichts, was die Jugendlichen angeht. Und ich weiß nicht, wieso. Ob die* [Politiker] *darüber keine Ahnung haben ... Also die sollten sich echt mehr darum kümmern." (14: 12)*

Auch hier wird Politik als ein Bereich beschrieben, in dem die Interessen von Jugendlichen so gut wie keinen Platz haben. Britta versucht zu erklären, welche Gründe die mangelnde Anerkennung von Jugendthemen im politischen Bereich haben könnte. Sie gibt zu bedenken, dass Politiker vielleicht zu wenig über die Vorstellungen und Wünsche von Jugendlichen wissen. An anderer Stelle verlangt Britta von den politischen Akteuren ein stärkeres Einfühlungsvermögen in Bezug auf Kinder und Jugendliche. Auf meine Frage, wie sie sich einen idealen Politiker oder eine ideale Politikerin vorstellen würde, antwortet sie *"... muss sich richtig reinfühlen können in die Kinder und Jugendlichen."* Demnach sollten die Politiker, was die Wünsche und Vorstellungen von Kindern und Jugendlichen anbelangt, mehr Empathie oder auch Fürsorglichkeit – *"die sollten sich echt mehr darum kümmern"* – entwickeln. Britta beschreibt ihre Idealbeziehung zwischen Jugendlichen und Politikern als Interaktion, die durch Verständnis und Einfühlung geprägt ist. Sie wünscht sich offenbar ein persönliches, emotionsgebundenes Verhältnis zwischen den politischen Akteuren und der jüngeren Generation, ein Verhältnis, das an eine Beziehung zwischen Eltern und ihren Kindern denken lässt und welches im Bereich der Politik so nicht einlösbar ist, allein schon, weil der auf rationalen Strukturen basierende politische Raum eine emotionsgebundene Sorge um das Wohlergehen anderer ausschließt.[63]

---

63 Zur Ausgrenzung von Werten wie Fürsorglichkeit und Intersubjektivität aus dem öffentlichen und damit auch aus dem politischen Bereich vgl. z.B. Benjamin (1996a, 177ff.) und Benhabib (1995, 161ff.).

6.1.2 Täuschung

Die bereits von Linda (15) kritisierte Unehrlichkeit vieler Politiker wird in den Interviews vielfach thematisiert. Britta (13) bemängelt zum Beispiel, dass die politischen Akteure häufig bluffen, um mangelndes Wissen zu vertuschen:

"Die meisten Politiker tun immer so, als ob sie eine Ahnung hätten, aber meistens wissen die gar nicht, was irgendwie abläuft." (14: 11)

Auch Nora (15) zweifelt an der Ehrlichkeit mancher Politiker:

"[...] wie sie [die Politiker] schon reden ... Dann denk ich schon immer: 'Na so was, das kann gar nicht ernst sein, was der da sagt.' Und so ist das halt, dass dich das nicht so begeistert." (9: 7)

Diesen Aussagen zufolge mangelt es Politikern in vielen Punkten an Wissen. Sie sind oft nicht darüber informiert, *"was irgendwie abläuft."* Dieses Defizit vertuschen sie, indem sie Wissen vortäuschen. Außerdem stehen sie häufig nicht hinter den Inhalten, die sie öffentlich vertreten, und täuschen damit ihre WählerInnen. Auffällig ist, dass nicht nur das Informationsdefizit von Politikern, sondern auch der Versuch, diesen Mangel zu verstecken, kritisiert wird. Indirekt bringen die Interviewten also einen hohen Anspruch an die moralische Integrität der politischen Akteure zum Ausdruck. Sie sollten ehrlich sein und nicht versuchen, die BürgerInnen zu täuschen. Dass viele politische Repräsentanten diesen Anspruch nicht zu erfüllen scheinen, wird als ein Grund für die Distanz zur traditionellen Politik genannt: *"... dass dich das nicht so begeistert."*

Hinzu kommt noch ein weiterer mit der Kritik an der Unglaubwürdigkeit zusammenhängender Aspekt: der Vorwurf, dass Politiker ihre Versprechen häufig nicht einhalten, dass zu viel geredet und zu wenig gehandelt wird. Dieser Aspekt kommt beispielsweise im Interview mit Silke (18) zum Ausdruck:

"Und die reden immer zu viel und machen dann irgendwie nichts. Die diskutieren dann Stunden über irgendeine Sache und nachher kommt gar nichts dabei 'raus.[...] Ich denk immer, dass die Politiker irgendwas sagen 'wir machen das' und dann machen sie es nicht." (5: 23)

Kyra (15) betont, dass sie einerseits durchaus an Politik interessiert ist, andererseits kritisiert sie den Egoismus und die damit verbundene Unaufrichtigkeit vieler Politiker:

"Im Grunde hab ich Interesse an der Politik. Aber es ist das, was die meisten haben, dass die das besser machen wollen in der Politik. Aber ich sehe da sowieso nichts. Im Grunde sind das alles nur Lügen, was da abgeht. Es wird einem das Blaue vom Himmel versprochen und was ist? Die Arbeitslosenzahl steigt immer weiter.[...] Ich interessiere mich schon dafür, aber es hat halt irgendwie keinen Sinn, sich da zu engagieren. Man kann es sowieso nicht besser machen.[...] Wenn ich mir diese dicken Oberleute im Bundestag angucke und die kriegen echt 'ne Masse Geld für irgendwelche Sitzungen, in die sie dann gar nicht gehen. Ich weiß nicht, man kann in diese Leute kein Vertrauen setzen. Es geht einfach nicht, weil man steht nur noch selber hilflos da. Man kann die ja auch gar nicht überführen diese Leute [...] Man kann überhaupt nichts machen." (12: 6f.)

Kyra fühlt sich offenbar durch die etablierte Politik bzw. die Politiker getäuscht. Ihrer Meinung nach werden Wahlversprechen nicht eingehalten. Sie charakterisiert die politischen Akteure und Akteurinnen als verantwortungslos: Letztere erhalten für ihre Tätigkeit ein hohes Einkommen, dem sie aber nicht gerecht werden, weil sie den Bundestagssitzungen fernbleiben. Deshalb führen sie ihre Arbeit nicht mit der ausreichenden Gewissenhaftigkeit durch bzw. mangelt es ihnen an dem zu erwartenden Engagement. Kyra scheint den Politikern unter anderem wegen dieses Verhaltens zu misstrauen. Sie ist offensichtlich verärgert, fühlt sich aber gleichzeitig ohnmächtig und hält es deshalb für sinnlos, sich politisch zu engagieren. Sie hält die Strukturen des politischen Systems für nicht geeignet, um sich darin wirkungsvoll engagieren zu können. Auffällig ist die Frustration, die in Kyras Aussagen zum Ausdruck kommt. Sie scheint empört und enttäuscht über das Verhalten der Politiker zu sein, äußert den Anspruch, hier etwas verändern zu müssen und fühlt sich gleichzeitig nicht in der Lage, die von ihr kritisierten Täuschungsversuche im Einzelnen zu durchschauen bzw. nachzuweisen – *"man kann die ja auch gar nicht überführen"* – und sieht dadurch für sich auch keine Möglichkeit, ihren Ansprüchen gemäß politisch aktiv zu werden.

Kyra charakterisiert die Bundespolitiker als *"dicke Oberleute"*. *"Oberleute"* stehen über anderen Menschen. Sie sind dick: Dies könnte bedeuten, dass sie sich alles einverleiben (Geld und Macht?) und dass sie aufgeblasen wirken. Hier wird ein Aspekt deutlich, der im Interview mit Kyra wiederholt zum Ausdruck kommt. Ihrer Ansicht nach geht es den Akteuren der Politik in erster Linie um den Erhalt und die Vermehrung von Macht und Geld.[64] Dieses tritt – so Kyra – allerdings nicht offen zutage, sondern wird unter dem Deckmäntelchen, sich für die Mitmenschen einzusetzen, verborgen. An anderer Stelle sagt Kyra:

> *"Ich hab das Gefühl, die Politiker tun nur so, als wenn sie sich für ihre Mitmenschen einsetzen. Die sagen immer: 'Wir machen das und das und alles wird besser, wenn wir erst mal an der Macht sind'. Aber im Grunde geht es nur um Macht. [...] Macht und Geld halt, wie es hier abläuft in der Gesellschaft." (12: 7)*

Kyra wirft den Politikern vor, die BürgerInnen über ihre egoistischen Motive – die Vermehrung von "Macht" und "Geld" – hinwegzutäuschen. Damit beschreibt sie letztlich Mechanismen, die an eine Verselbstständigung politischer Macht denken lassen; denn ihrer Ansicht nach gilt das Interesse der politischen Akteure und Akteurinnen summa summarum nicht dem "Wohl des Volkes" bzw. den *"Mitmenschen"*, sondern es geht ihnen vor allem um den Besitz und Erhalt von Macht und Geld. Macht und Geld bilden in diesem Zusammenhang für Kyra offensichtlich eine Einheit. Auf diese Form des Machtmissbrauchs reagiert die Interviewpartnerin mit Gefühlen wie Empörung, Ohnmacht und Distanz.

Die von Kyra aber auch von Linda, Britta, Nora und Silke beschriebene Unredlichkeit der Politiker stellt, wie die Ausgrenzung, eine Form mangelnder Wertschätzung dar: Wenn ich versuche, jemanden zu täuschen, akzeptiere ich ihn nicht als gleichwertiges Gegenüber und nehme ihn damit nicht ernst. Politiker, welche die BürgerInnen belügen oder auf eine andere Art und Weise täuschen, missachten die legitimen Ansprüche ihrer WählerInnen und untergraben demokratische Prinzipien wie Wahrhaftigkeit und Transparenz. Sie verletzen das Vertrauen, das die WählerInnen ihnen durch ihre Stimme entgegengebracht haben. Damit wird politische Beteiligung ad absurdum geführt.

Kyra nimmt eine klare Trennung zwischen der Politik als solcher und den realen Vorgängen und Verhaltensweisen in der Politik vor.

---

[64] Eine Einstellung, die Kyra – jedenfalls, was das von ihr diagnostizierte Verhältnis von Politikern zum finanziellen Reichtum – mit der Mehrheit der 13- bis 29-Jährigen in West- und Ostdeutschland zu teilen scheint: So waren knapp 84% der im Rahmen der Shell-Studie 1992 befragten jungen Menschen der Ansicht, dass es in der Politik nur "ums Geld geht". (Vgl. Kühnel 1992, 61)

Auf die Frage, ob sie es nachvollziehen kann, wenn Jugendliche die traditionelle Politik für *"ätzend"* und *"öde"* halten, oder ob sie selbst eine ganz andere Meinung vertritt, antwortet sie:

"So wie es abläuft, schon. Öde vielleicht nicht, aber ätzend ist es auf alle Fälle, weil sich die Politiker nicht wirklich engagieren." (12: 7)

Politik ist also demzufolge nicht grundsätzlich abzulehnen und auch nicht grundsätzlich langweilig bzw. *"öde"*: Für zutreffender hält sie den Begriff *"ätzend"*. Hieran lässt sich die bei Jugendlichen immer wieder diagnostizierte (vgl. z.B. Borchers 1995) Ambivalenz zwischen politischem Interesse einerseits und der Ablehnung dessen, was in der realen Politik geschieht, andererseits ablesen. Kyra fühlt sich offenbar von den politischen Akteuren betrogen. Deutlich wird an dieser Stelle erneut ihre Empörung darüber, dass sich die Politiker in ihren Augen nicht *"wirklich"* für das einsetzen, was sie ihren WählerInnen versprochen haben. Zugespitzt könnte man sagen: Aus Kyras Perspektive täuschen Politiker politisches Engagement lediglich vor; denn in Wirklichkeit geht es ihnen nur darum, Macht und ein hohes Einkommen zu erlangen.

Das mangelnde Engagement vieler Politiker beklagt auch Carola (18). Sie ist durchaus politisch interessiert und verfolgt des Öfteren Bundestagssitzungen im Fernsehen:

"Ich finde es halt immer ziemlich deprimierend, wenn man dann immer sieht, wie viel leere Plätze da doch sind. Dass da also wirklich so teilweise irgendwelche Politiker gar nicht da sind und sich das irgendwie gar nicht anhören. Das fand ich eigentlich immer ein bisschen komisch." (15: 11)

In Kyras und Carolas Aussagen tritt die Frustration Jugendlicher, wenig Einfluss auf die Politik nehmen zu können, und das damit verbundene Gefühl der Ohnmacht deutlich zu Tage: Es hat *"keinen Sinn"*, sich politisch zu engagieren. Kyra fühlt sich *"hilflos"* angesichts der mangelnden Redlichkeit der Politiker und Carola findet es *"deprimierend"*, wie wenig sich manche Politiker für ihr Amt einsetzen.[65]

---

65 Zu vergleichbaren Ergebnissen kommt auch eine Untersuchung von Schmidtchen: Seiner Ansicht nach sind junge Leute keinesfalls politikverdrossen, "sondern frustriert und empört. Sie hören, daß ihnen staatsbürgerliche Tugenden gepredigt werden, aber sie haben das Gefühl, politisch einflußlos zu sein." (Schmidtchen 1997, 32f.)

Politik wird in den Interviews häufig als ein "schmutziges Geschäft" beschrieben, als moralisch verwerflich, weil die legitimen Erwartungen von BürgerInnen insgesamt und von Jugendlichen im Besonderen nach Ansicht der Befragten nicht erfüllt werden. Die Jugendlichen beklagen, dass ihnen im Raum der Politik als Subjekten mit spezifischen Vorstellungen und Anliegen kein Platz eingeräumt wird. Erwartungen, eine Wertschätzung als autonome Interaktionspartner zu erhalten, kann damit nicht entsprochen werden. Sie reagieren auf die erfahrene Missachtung oftmals mit Gefühlen wie Empörung, Frustration und Distanz.

6.1.3 "Interessieren sich mehr für Diäten..." – Zusammenfassung

Insgesamt betrachtet kommen in den bisherigen Aussagen der Interviewten vier Aspekte zum Ausdruck, die ihr Verhältnis zur traditionellen Politik grundlegend zu prägen scheinen: Erstens das Gefühl der Fremdheit gegenüber dem etablierten politischen System, zweitens die Ansicht, dass Politiker sich nicht ausreichend auf die Belange der jungen Generation einstellen, drittens der Eindruck durch die politischen Akteure vernachlässigt zu werden und viertens die Kritik an der mangelnden Glaubwürdigkeit der Politiker. Deutlich wird in den Interviews auch, dass erlebte Missachtung ihrer spezifischen Interessen im Bereich der Politik zu einer Distanzierung von der Erwachsenenpolitik führen kann, die oftmals von negativen Gefühlen wie Empörung und Frustration begleitet ist.

6.1.4 Einflussfaktoren

6.1.4.1 Gegensatz der Generationen

Als zentrale Ursache für die von ihnen erlebte Missachtung im politischen Bereich geben die Interviewten die Zentriertheit der Politik auf ältere (männliche) Erwachsene an. Politiker werden in diesem Zusammenhang als ältere strenge Herren, die sich meilenweit von den Interessen und Problemen von Kindern und Jugendlichen entfernt haben, charakterisiert. Jasmin (13) antwortet auf die Frage, wie für sie ein idealer Politiker oder eine ideale Politikerin sein müsste:

"Politiker, so wie Kohl, die sind irgendwie so vornehm. Ich find' die irgendwie nicht so toll. Also, die müssten auch so 'n bisschen ... na ja, nicht so streng. Viele Leute gucken auch immer so streng und ganz komisch. [...] Na ja, fröhlicher und mehr für Jugendliche tun [...] Wenn man im Fernsehen sieht, wie die so was besprechen, dann schalt ich immer weg. Das interessiert mich nicht, weil es ist ja eigentlich nur für Erwachsene, was die angeht und so. [...] Das meiste sind ja so alte Herren." (6: 11)

Jasmin charakterisiert Politiker als vornehme, strenge und ältere Herren, die für sie offenbar nahezu unerreichbar sind und die mit ihrer Erfahrungswelt wenig zu tun haben. Sie beschreibt eine altersbedingte und vermutlich auch eine hierarchisch begründete Distanz zu den Politikern. Vornehmen Personen haftet etwas "Unnahbares" bzw. "Distanziertes" an. Damit könnte die Unerreichbarkeit von Politikern angedeutet sein. Als *"streng"* bezeichnet man eine Person, die eine übergeordnete Position einnimmt, die Verhaltens- oder Leistungsnormen setzt bzw. repräsentiert. Politiker verkörpern in Jasmins Augen offenbar die Erwachsenenwelt der Normen, Pflichten und der Ernsthaftigkeit. Dem stellt sie den Begriff der "Fröhlichkeit" gegenüber. Sie wünscht sich Politiker, die nicht steif in Fernsehdiskussionen vollkommen uninteressante Themen – *"so was"* besprechen, sondern eher locker und lebendig sind und die sich auf Jugendliche einlassen.

Die etablierte Politik repräsentiert Jasmins Aussagen zufolge ausschließlich Erwachsene. Diese Konzentration auf Erwachsene steht in kausalem Verhältnis zu dem Desinteresse Jasmins an Politik. *"Das interessiert mich nicht, weil es ist ja eigentlich nur für Erwachsene [...]"*. Sie fühlt sich durch die Politik nicht angesprochen.

Katrin (14) ist der Ansicht, dass jüngere Politiker sich stärker für Kinder und Jugendliche einsetzen würden. Außerdem würde sie sich wünschen, dass die politischen Akteure sich mehr für Kinder und das Jugendparlament einsetzen. Auf die Frage, wie sie sich einen idealen Politiker oder eine ideale Politikerin vorstellt, antwortet sie:

"Vom Alter her würde ich sagen, so ab zwanzig könnte man ja auch schon mal ... Die interessieren sich ja auch mehr für die Jüngeren. Und ich würd's halt auch gut finden, wenn die sich mehr dafür einsetzen, dass sie halt an Kinder denken und sich für das Jugendparlament interessieren." (13: 7)

Auch Merle (13) hat den Eindruck, dass Jugendliche mit ihren Vorstellungen in der Bundespolitik kaum berücksichtigt werden und führt dies unter anderem auf das Alter der Politiker zurück. Ihrer Ansicht nach halten die Akteure der Politik an althergebrachten Themen fest, die für Jugendliche wenig interessant sind. Aus diesem Grund sieht sie in der Herabsetzung des Wahlalters auf 16 Jahre eine Chance, um "neue" Fragestellungen in die Politik zu bringen:

"Weil dann nicht nur die Alten wählen, die dann an ihren tollen traditionellen Sachen hängen, sondern die Neuen, also die Jüngeren, die dann ein bisschen 'was Neues wollen." (16: 10)

Auf meine Frage, was sie sich unter *"traditionellen Sachen"* vorstellt, antwortet sie:

"Na ja, kein Geld, unser Staat hat kein Geld. Das ist irgendwie traditionell. Der Bundeskanzler ist fett – ist auch traditionell für mich. Was fällt mir noch ein? Alle Politiker sind alt. Das find' ich ganz schrecklich! Irgendwie sind da nur alte Opas. Die Gesetze sind zu streng, vor allem das Jugendschutzgesetz." (16: 11)

Laut Merle hängt die Politik an Alterhergebrachtem fest. Für die Politiker mag das *"toll"* sein. Merle hält dies für *"schrecklich"*. Sie beschreibt den Bereich der Politik als Welt der Opas, die unbeweglich an *"ihren tollen traditionellen Sachen hängen"*, und deshalb Dingen gegenüber, die für Merle interessant sein könnten, nicht aufgeschlossen sind. Für die Interviewpartnerin besteht eine riesige Kluft zwischen den Vertretern der traditionellen Politik und (weiblichen) Jugendlichen. Aus ihrer Perspektive sind die Politiker "uralt". Es sind Opas. Sie gehören also nicht einmal der Generation ihrer Eltern, sondern der Generation davor an. Das Interview mit Merle wurde Mitte 1997 geführt. Damals war Helmut Kohl bereits seit mehr als 14 Jahren Bundeskanzler. Merle hat also noch nie einen anderen Politiker in dieser Position erlebt. Sie beschreibt Kohl als *"fett"* und dies ist sicherlich keine wertfreie Aussage über die tatsächliche Leibesfülle des ehemaligen Bundeskanzlers. Der Begriff *"fett"* weckt negative Assoziationen wie schwerfällig und unattraktiv. In der Reihung mit Merles weiteren Charakterisierungen traditioneller Politik ließe sich vielleicht sagen: Die Bundespolitik ist für Merle nicht attraktiv; denn hier ist kein Platz und möglicherweise auch kein Geld für das Neue vorhanden, sondern es werden vor allem die Interessen alter Männer vertreten. Die immer wiederkehrende Klage über mangelnde finanzielle

Mittel scheint für Merle untrennbar zur traditionellen Politik zu gehören: *"[...] unser Staat hat kein Geld. Das ist irgendwie traditionell."* In der Politik passiert nichts Neues, sondern das immer Gleiche wird in unzähligen Wiederholungen besprochen. Lösungen für bestimmte Probleme, wie zum Beispiel die Misere leerer Kassen, sind nicht in Sicht.[66]

Merle empfindet die Politik der Erwachsenen offenbar auch als Einschränkung bzw. sieht darin eine Welt der Verbote. Sie verdeutlicht dies mit ihrem Hinweis auf das ihrer Ansicht nach zu strenge Jugendschutzgesetz. Dass sie sich in ihrem Status als Jugendliche eingeengt fühlt und gern mehr Freiheiten hätte, wird an einer anderen Stelle des Interviews deutlich. Dort stellt sie heraus, dass *"Leute ab dreizehn [...], weil das bin dann ich"* (16: 8) ihrer Ansicht nach bereits wie Erwachsene behandelt werden sollten; *"weil dann kann ich machen, was ich will."* (16: 9) Als ich sie daraufhin frage, welche Dinge sie gern tun würde, die ihr als Jugendliche nicht möglich seien, antwortet sie, nachdem ich ihr noch einmal[67] versichern musste, dass auf keinen Fall Informationen aus dem Interview an ihre Eltern weitergeben werden:

"Na ja, in aller Öffentlichkeit rauchen dürfen, wär' schon nicht schlecht. Alkohol, dass sie was trinken, die meisten Jugendlichen. Ja, das ist schon mal das Wichtigste für die Jugendlichen heutzutage. Eigene Wohnung, keine Eltern, die einem dauernd was verbieten und so was. Das wär' schon nicht schlecht." (16: 9)

Merle würde also gern in der Öffentlichkeit rauchen dürfen, was ihr laut "Gesetz zum Schutze der Jugend in der Öffentlichkeit"[68] verboten ist. In Bezug auf den öffentlichen Alkoholkonsum wählt sie eine Verallgemeinerung. Dies spiele für *"die Jugendlichen heutzutage"* eine wichtige Rolle. Merle wünscht sich und anderen Jugendlichen offen-

---

66 Entsprechend beklagt Merle sich im Verlauf des Interviews über die mangelnde Problemlösungskompetenz der Politiker: *"Also, die reden einen voll mit Problemen, die schon seit Anfang des Jahres da sind, und die sie irgendwie immer noch nicht lösen konnten [...]"* (16: 6) Auf diesen Aspekt werde ich im Kapitel "Strukturen traditioneller Politik" detaillierter eingehen.

67 Selbstverständlich wurde Merle – wie allen anderen Interviewten auch – zu Beginn des Gesprächs Anonymität zugesichert.

68 Laut "Gesetz zum Schutze der Jugend in der Öffentlichkeit" (vgl. Scholz 1999, 1ff.) darf Jugendlichen unter 16 Jahren der Verzehr von alkoholischen Getränken in der Öffentlichkeit nicht gestattet werden (§4). (Vgl. ebd., 12ff.) Gleiches gilt für das Rauchen (§9). (Vgl. ebd. 32f.)

sichtlich mehr Eigenständigkeit und Unabhängigkeit und entsprechend weniger Reglementierungen durch Eltern und Gesetze. Alkohol, Zigaretten aber auch eine eigene Wohnung stehen dabei als Synonyme für die Freiheit, selbst über ihre Handlungen entscheiden zu dürfen. Sowohl die Eltern als auch die Politik mit ihren zu strengen Gesetzen verkörpern in diesem Kontext soziale Kontrollinstanzen, welche die Funktion haben, Jugendliche einzuschränken. Merles Einstellung zur Politik spiegelt offenbar ihr Verhältnis zu den Eltern bzw. allgemeiner zur Welt der Erwachsenen wider. Sie fordert, dass Jugendlichen ihrer Altersgruppe, und damit auch ihr, die gleichen Rechte wie Erwachsenen eingeräumt werden. Da ihr diese Rechte aber verwehrt werden – wobei die Eltern und die Politik (per Jugendschutzgesetz) miteinander kooperieren – ist ihr Verhältnis zum Bereich der Erwachsenen, wozu für sie augenscheinlich auch die Politik gehört, ein konflikthaftes.

Es wird hier deutlich, dass Merle sich in einer Phase der Entwicklung befindet, in der sie gegen die Beschränkungen der Erwachsenenwelt rebelliert. Sie kämpft um die Ausweitung ihrer Autonomie. Von daher liegt es nahe, dass ihre Äußerungen über Alkohol und Rauchen – an anderer Stelle thematisiert sie den Drogenkonsum von Jugendlichen in der Schule – auch die Funktion haben, meine Reaktion als erwachsene Gesprächspartnerin zu testen. Erkenne ich sie als gleichwertiges Gegenüber an oder übernehme ich die von ihr kritisierte Position der Eltern und empöre mich beispielsweise über den Alkoholkonsum von Jugendlichen? Gleichzeitig versucht sie aber auch, mich zu beeindrucken, indem sie andeutet, dass sie sich durchaus in Bereichen auskennt, die Jugendlichen eigentlich per Gesetz verboten sind. Dafür spricht auch, dass sie sich im Rahmen des Interviews mit mir verbündet, indem sie mir ausdrücklich Dinge verrät, die ihre Eltern nicht wissen sollen.

Zentral ist in diesem Kontext meiner Ansicht nach, dass Merle sich in einer konflikthaften Auseinandersetzung mit den "Gesetzen" der Erwachsenen befindet. Sie fordert eine Ausweitung ihrer Autonomie und möchte gleichzeitig als gleichwertiges Gegenüber anerkannt werden.[69] Der Bereich der Politik mit seinen "*Opas*", seinen,

---

69 Zu diesem Spannungsverhältnis zwischen dem Bestreben nach Autonomie und

laut Merle, zu strengen Gesetzen und seinen für Jugendliche uninteressanten Themen stellt dabei einen Teil der Erwachsenenwelt dar, der für die Interviewpartnerin völlig unattraktiv ist. Sie charakterisiert die etablierte Politik als statisch. Es passiert nichts Neues. Insofern hat sie möglicherweise den Eindruck, dass ihre Vorstellungen und Autonomiebestrebungen sowie der damit verbundene Wunsch nach Anerkennung hier per se keinen Raum haben können.

Die mangelnde Berücksichtigung von Jugendlichen durch die Politik ist für Julian (17) untrennbar mit der Kluft verbunden, die seiner Meinung nach per se zwischen Jugendlichen und Erwachsenen besteht. Er ist der Ansicht, dass erwachsene Politiker Jugendliche zwangsläufig nicht ernst nehmen, weil sie sich allein schon durch ihr Alter sehr weit von den Interessenlagen der Jugendlichen entfernt haben:

"Das [Ernstnehmen von Jugendlichen in der Politik] *wird nie so sein ... weil wenn man erwachsen ist, vergisst man, dass man auch mal Jugendlicher war und man sagt immer: 'Als wir Jugendliche waren, hatten wir das Problem gar nicht, was die Jugendlichen heute haben.' Die hatten zwar andere Probleme, aber nicht die selben, wie wir. Und deswegen werden die Erwachsenen die Jugendlichen nie ernst nehmen, weil man vergessen hat, dass man auch Jugendlicher war." (4: 11)*

Dieser Aussage zufolge haben sich die Erwachsenen so weit von ihrer eigenen Jugend entfernt, dass sie sich gar nicht mehr daran erinnern können. Sie distanzieren sich von den Jugendlichen, obwohl sie selbst einmal zur Gruppe der Jugendlichen – wenn auch mit anderen Problemen als die heutige junge Generation – gehört haben. Sie sind demzufolge nicht bereit, sich mit den heutigen Problemen von Jugendlichen zu befassen, weil sie ihnen fremd sind. Sie haben ihre Jugend *"vergessen"*. Vergessen ist ein unbewusster Vorgang. Man vergisst etwas, was unwichtig war oder etwas, was verdrängt wurde.

Was hier mit Blick auf die bereits interpretierten Interviewaussagen letztlich zum Ausdruck kommt, ist der Eindruck wechselseitiger

---

Anerkennung durch den Anderen äußert sich Benjamin mit Bezug auf Hegel. Hegel habe in der Phänomenologie des Geistes herausgestellt, "wie der Wunsch des Selbst nach absoluter Autonomie mit seinem Wunsch nach Anerkennung durch den Anderen in Konflikt steht. Bei dem Versuch, sich selbst als unabhängige Entität zu setzen, muß das Selbst dennoch den Anderen als gleiches Subjekt anerkennen, um seinerseits vom Anderen anerkannt werden zu können.[...] Jedes Selbst will vom Anderen anerkannt werden und will doch seine Unabhängigkeit absolut erhalten können." (Benjamin, 1996b, S. 46f.)

Fremdheit. Die befragten Jugendlichen fühlen sich zum Teil – wie wir im Interview mit Linda gesehen haben – wie Fremde im politischen System. Demgegenüber wird aber auch den Erwachsenen ein Gefühl der Fremdheit gegenüber jungen Menschen diagnostiziert. Außerdem beschreiben sowohl Marco als auch Julian, dass Erwachsene ihre Vorstellungen und Probleme als absolut setzen und nicht in der Lage oder nicht willens sind, sich auf heutige Lebenslagen Jugendlicher einzustellen. Ihren Aussagen zufolge wird in der Politik der erwachsene Standpunkt als Norm gesetzt. Demgegenüber erscheinen Kinder und Jugendliche als defizitär.[70] Von daher haben die Befragten den Eindruck, dass ihnen die Anerkennung als ernst zu nehmende Interaktionspartner verwehrt wird.

Ähnlich argumentiert auch Britta (13). Sie ist der Meinung, dass Politiker sich allein schon auf Grund ihres Alters meilenweit von Kindern und Jugendlichen entfernt haben. Diese Kluft mache es für Politiker nahezu unmöglich, die junge Generation zu verstehen.

"... so richtig können die [Politiker] Jugendliche und Kinder gar nicht verstehen. Weil das waren ja eigentlich ganz andere Zeiten und so. Deswegen finde ich es auch gut, dass es halt das Jugendparlament gibt. Damit sich das dann mit den richtigen Politikern irgendwie in Verbindung setzen kann, mit den höher gestellteren." (14: 10)

Britta deutet in diesem Kontext an, dass zwischen den Akteuren der Politik und den sich im Jugendparlament engagierenden Jugendlichen ein asymmetrisches Verhältnis besteht. Sie stellt erwachsene Politiker den Jugendparlamentariern als die *"richtigen"* und *"höher gestellteren"* gegenüber und betont, dass ein Engagement im Jugendparlament die Chance in sich berge, die Kluft zwischen Politikern und Jugendlichen zu überbrücken, weil durch das Jugendparlament die Möglichkeit eingeräumt werde, sich *"irgendwie"* mit den Politikern in Verbindung zu setzen. Im Gegensatz zu den Aussagen Kyras ist hier nicht vom Missbrauch politischer Macht die Rede, sondern Britta beschreibt die Beziehung zwischen Jugendparlamentariern und Politikern als legitimes Dominanzverhältnis. Durch das Engagement im

---

70 Nach Julian werden Jugendliche in der Politik nicht ernst genommen und damit auch übergangen. Marco hatte verdeutlicht, dass Politiker bei Kindern mangelnde Kompetenzen im Hinblick auf Fragestellungen, welche zukünftige Lebensbedingungen betreffen, voraussetzen und sie von daher bei ihren Entscheidungen auch nicht berücksichtigen würden. (Vgl. Kap. 6.1.1)

Jugendparlament erhalten Jugendliche ihrer Ansicht nach einen Zugang zur politischen Macht.

Eine ganz andere Haltung kommt bei Carola (18) zum Ausdruck. Sie ist zwar der Meinung, dass in der Politik im Allgemeinen zu wenig für Jugendliche getan wird, gibt aber auch zu bedenken, dass es zurzeit dringendere Aufgaben für die Politik gibt, deren Bewältigung Vorrang vor der Beschäftigung mit den Problemen Jugendlicher haben sollte. Zu diesen dringenden Aufgaben gehören – wie sie im Verlauf des Interviews formuliert – für sie die Einführung des Euro und die Verschuldung des Bundes.

> *"In erster Linie sollte sich die Politik in Bonn jetzt eigentlich mehr um die größeren Probleme, wirklich wo es um den Staat geht, sei es um die Haushaltsprobleme und was es da alles gibt, dass sich wirklich verstärkt erst mal darum gekümmert wird. Die Jugendlichen sollten halt nicht vergessen werden, das ist klar, aber diese Probleme sind erst mal wichtiger und dann sollte man sich auch irgendwann um die Jugendlichen kümmern. Aber zur Zeit ist es ja wirklich so, dass sich darum eigentlich überhaupt nicht gekümmert wird." (15: 13)*

Carola ordnet die Jugendthemen den politischen "Erwachsenenthemen" unter. Man sollte zwar ihrer Ansicht nach, die Interessen von Jugendlichen – als Beispiel nennt sie an anderer Stelle die Einrichtung eines Jugendzentrums – keinesfalls ignorieren, aber für wichtiger hält sie die Beschäftigung mit *"größeren Problemen, wirklich wo es um den Staat geht"*. Der Staat repräsentiert das Ganze der Gesellschaft. Hier geht es also "um das Ganze", um *"die größeren Probleme"*, wie Carola es formuliert. Im Verlauf des Interviews wird deutlich, dass sie sich selbst stärker als Erwachsene denn als Jugendliche definiert.[71] Carola meint, sie kommt *"jetzt auch langsam aus dem Alter, wo es um Jugendliche geht"*. (15: 13) An einer anderen Stelle des Interviews betont sie, dass sie über Themen, die ihr wichtig sind – dazu gehören zum Beispiel ihre beruflichen Pläne – mit Gleichaltrigen nicht reden kann, weil letztere zum Teil noch gar keine Vorstellungen von ihrer beruflichen Zukunft hätten. Deshalb bespricht sie dieses Thema eher mit ihren Eltern, mit ihrem vier Jahre älteren

---

71 Vgl. dazu die Shell Studie '92. Hier wurden junge Menschen im Alter von 13 bis 29 Jahren in einer quantitativen Erhebung gebeten anzugeben, ob sie sich selbst eher als Jugendlicher oder als Erwachsener sehen würden: "Vom 16. bis zum 26. Lebensjahr steigt die Selbstdefinition als Erwachsener von 5% auf 90%" (Meulemann 1992, 107). In Carolas Alter – also mit 18 Jahren definierten sich circa 10% der Befragten als Erwachsene. (Vgl. ebd., 111)

Freund oder mit ihren älteren Bekannten, die bereits berufstätig sind oder studieren. Carola distanziert sich in diesem Zusammenhang vom Jugendalter. Es wird deutlich, dass sich in ihrer Haltung zur Politik, ihr Verhältnis zur Erwachsenenwelt spiegelt. Wo es um das Ganze, um den Staat geht, dorthin haben sich ihre Interessen verlagert. Von der Welt der Jugendlichen hat sie sich bereits entfernt.

6.1.4.2 Dominanz und Distanz

Das Verhältnis Politik und Jugend wird in den Interviews häufig als Dominanzverhältnis dargestellt. Kyra (15) hatte Politiker beispielsweise als *"diese dicken Oberleute im Bundestag"* charakterisiert, die letztlich nur egoistische Interessen, und zwar die Vermehrung von Macht und Geld, verfolgen würden. Britta (13) kennzeichnete das Verhältnis von Jugendparlamentariern und Politikern als legitimes Dominanzverhältnis: Durch das Engagement im Jugendparlament erhalten junge Leute ihrer Einschätzung zufolge die Möglichkeit, sich mit den *"höher gestellteren"* Politikern in Verbindung zu setzen. Außerdem machten die Interviewten wiederholt deutlich, dass Politiker ihren (Erwachsenen-)Standpunkt als Norm setzen (Julian und Lorenz, beide 17) und Interessen von Jugendlichen nur dann berücksichtigen würden, wenn es in ihr Konzept oder – wie Linda (15) möglicherweise sagen würde – in ihr "Programm" passe.

Im Erleben der Interviewten scheint demnach eine deutliche Diskrepanz zwischen den "mächtigen" Repräsentanten der Politik und Jugendlichen zu bestehen. Aber auch von den "ganz normalen Leuten" mit ihren alltäglichen Problemen haben sich die Akteure der Politik offenbar der Einschätzung meiner InterviewpartnerInnen zufolge weit entfernt. Nora (15) antwortet zum Beispiel auf die Frage, wie sie sich einen idealen Politiker oder eine ideale Politikerin vorstellt:

"Ich meine, dass sie auf die Mitmenschen eingehen müssten und dass sie mehr mit dem Volk zu tun haben sollten. Sie sollten sich mehr mit ihnen in Verbindung setzen und auch das tun, was die verlangen. Na ja, nicht nur das, was sie verlangen, aber sie sollten mehr auf die Leute eingehen und nicht immer groß tun und sagen: 'Ja, ich bin euer Bundeskanzler und ihr müsst jetzt machen, was ich sage.'" (9: 7)

Nora beschreibt das Verhältnis zwischen den Repräsentanten der Politik – für sie ist dies offenbar vor allem der Bundeskanzler – und dem

Volk als Dominanzverhältnis zwischen Regierenden und Regierten. Sie kritisiert, dass Politiker nicht ausreichend auf die Interessen ihrer WählerInnen eingehen, sondern versuchen, ihre Vorstellungen autoritär durchzusetzen. Nora beklagt hier indirekt eine Umkehrung demokratischer Ideale.[72] Politiker fungieren aus Sicht der Interviewpartnerin nicht als Repräsentanten der Belange des Volkes, sondern sie gehen nicht oder kaum auf die Vorstellungen der MitbürgerInnen ein. Im Gegenteil: Sie "tun groß". Sie sind also nicht groß oder vielleicht könnte man sagen überlegen, sondern sie geben vor, dies zu sein und nutzen diese angebliche Überlegenheit, um Entscheidungen dirigistisch durchzusetzen. Diesen von ihr diagnostizierten Umgang der Politiker mit den BürgerInnen hält Nora für falsch und sie fordert eine größere Nähe der politischen Akteure zum Volk.

Nils (12) ist der Ansicht, dass *"normale Leute"* mit ihren alltäglichen Problemen häufig in der Politik vernachlässigt werden. Seiner Meinung nach sollte ein idealer Politiker oder eine ideale Politikerin

"reden können und sich für normale Leute einsetzen und nicht nur so für irgendwelche anderen. Also auch mal auf so kleine Sachen eingehen, [...] Ampeln zum Beispiel [...]. So schnell kommen die Langsamen da gar nicht rüber." (8: 9)

Offenbar ist Nils der Ansicht, Politiker würden sich in erster Linie für "nicht-normale Leute" engagieren, für große Dinge. Die Probleme der *"Langsamen"* seien dagegen für die Politik wenig interessant. Wer sind nun diese *"Langsamen"*, die es nicht schaffen, während einer Grünphase der Ampel die Straße zu überqueren? Dies könnten alte Menschen, Gehbehinderte, Kranke aber auch kleine Kinder sein.

Es ist aber auch zu vermuten, dass Nils die *"Langsamen"* als Synonym für "die Schwachen" gebraucht, über deren Köpfe hinweg seiner Ansicht nach politische Entscheidungen getroffen werden. Folgt man dieser Interpretation, wären die *"Langsamen"*, diejenigen Personen, deren Probleme aus der Sicht des Interviewten in der Poli-

---

72 Zu der hier beschriebenen Umkehrung bzw. Verselbstständigung politischer Macht in einer demokratischen Gesellschaft vgl. Horster: "In einem demokratischen Staat geht alle Macht vom Volke aus. Da liegt der Ursprung legitimer Macht. Das Volk überträgt die legitime Macht an die drei Gewalten. Daß die Macht an Institutionen so übertragen werden kann, bedeutet ein ungeheure Entlastung für die Bürger.[...] In der Machtübertragung liegt aber auch eine Gefahr. Gerade in der Übertragung der Macht auf Institutionen und Funktionsträger liegt die Gefahr der Verselbstständigung der Macht". (Horster 1993, 65)

tik nicht ernst genommen werden. Zu dieser Gruppe von Personen gehörten dann eben nicht nur Alte und Gehbehinderte, sondern beispielsweise auch Kinder und Jugendliche. Insofern würde Nils sich hier mit den Schwachen oder auch den "Normalbürgern" identifizieren. Wenn er sich also an deren Stelle für die Berücksichtigung der Probleme der Schwachen stark macht, fordert er damit auch gleichzeitig die Anerkennung der Interessen seiner Altersgruppe.

Um das Verhältnis zwischen Politikern und "Normalbürgern" zu beschreiben, zieht Nora ein Bild der Über- und Unterordnung heran. Nils beschreibt eine Diskrepanz zwischen Schwachen und Starken, wobei er sich mit den Schwachen identifiziert. Beide diagnostizieren eine riesige Kluft zwischen den Politikern und ihren Mitmenschen und diese Distanz wird von den Interviewten nicht allein auf generationale Differenzen, sondern auch auf Dominanzverhältnisse zurückgeführt. Offenbar missachten die Politiker aus Sicht der Interviewten die Interessen der "kleinen Leute", der Benachteiligten, der Alten.

Weiteren Aufschluss gibt in diesem Zusammenhang das Ergebnis einer qualitativen Untersuchung – der Shell Studie '97.[73] Dort wird verdeutlicht, dass aus der Perspektive von Jugendlichen eine ausgeprägte Diskrepanz zwischen "'Denen da Oben' (= Wirtschaftsbosse, Technokraten, 'Reiche', staatliche Institutionen, Politiker, Parteien etc.) und 'Wir hier unten'" (Blank 1997, 52.) besteht. "'Wir hier unten' meint die Jugendlichen selbst, ihre Freunde, Clique und Familie, es sind die vom Staat unabhängigen, aktiven Einzelnen und Gruppen, Bürgerinitiativen, aber insbesondere auch Personen 'am unteren Rande' der Gesellschaft, wie Obdachlose, Arme, Alte etc." (Ebd.)

Diese Diskrepanz beschreiben die hier interviewten Jugendlichen in ähnlicher Form. Ihrer Ansicht nach setzen sich die Politiker zum Teil über die Interessen der Personen, die laut Shell-Studie von Jugendlichen als "Wir hier unten" betitelt werden hinweg. Dies erinnert an die Aussagen Kyras zur Täuschung durch Politiker. Ihr zufolge verfolgen die politischen Akteure vor allem egoistische Motive und eben nicht die Interessen ihrer *"Mitmenschen"*. Hier ist indirekt auch von einer Verselbstständigung der politischen Macht die Rede, eine

---

73 Im Rahmen dieser qualitativen Studie wurden 1996 insgesamt 60 Einzelinterviews, die eine Dauer von 90 bis 120 Minuten hatten, mit 13- bis 29-Jährigen geführt. (Vgl. Blank 1997, 36f.)

Verselbstständigung, die in einer Demokratie notwendig im Verborgenen geschehen muss, da die Demokratie sonst ihre Legitimation verlieren würde.[74]

6.1.4.3 Strukturen traditioneller Politik

Die Interviewten bringen wiederholt zum Ausdruck, dass sie sich nicht oder nur wenig mit der etablierten Politik beschäftigen, weil sie das, was dort passiert für langweilig halten. Als einen Grund für diese Langeweile geben sie an, dass Politik ihnen häufig nicht effektiv genug ist, dass bestimmte Themen beispielsweise immer wieder aufs Neue besprochen, aber nicht gelöst würden. Dazu gehört auch, dass ihnen die Zeit von der Formulierung politischer Beschlüsse bis zu deren Umsetzung häufig als unnötig lang erscheint. Julian (17) ist der Meinung, dass Jugendliche, wenn sie stärkere Mitspracherechte in der Politik erhalten würden, in vielen Fällen effektiver arbeiten könnten als erwachsene Politiker.

"Weil in der Politik, in der Demokratie alles so lange dauert. Wenn ein Junger das machen würde, was Erwachsene da machen, der würde von heute auf morgen das erledigen, was im Bundestag zwei bis drei Jahre oder zehn Jahre dauert. [...] Für die Jugendlichen dauert das viel zu lange." (4: 10)

Linda (15) fühlt sich dagegen angesichts der Langwierigkeit politischer Verfahrensweisen eher ohnmächtig. Im Unterschied zu Julian räumt sie ein, dass die Langsamkeit den Strukturen politischer Entscheidungsprozesse zwangsläufig anhaftet:

"Finde ich schon, dass es [in der Politik] *alles ziemlich lahmarschig ist. Aber kann man nichts gegen machen. Dass so viel Anträge rübergestellt werden und Beschlüsse und dann muss der das noch korrigieren und der muss sich das noch überlegen. Es dauert halt seine Zeit." (3: 5)*

Merle (13) antwortet auf meine Nachfrage, warum sie Politik für langweilig hält:

"Na ja, weil man einfach nur zugebräst wird. Also, die reden einen voll mit Problemen, die schon seit Anfang des Jahres da sind, und die sie irgendwie immer noch nicht lösen konnten, warum auch immer. Weil die, weiß ich auch nicht, das

---

74 Vgl. dazu Horster: "In einer Demokratie, in der dem Anspruch nach alle gleichwertig sind, muß der Machtkampf verdeckt und nicht offen geführt werden. Die demokratischen Regeln würden sich sonst disqualifizieren." (Horster 1993, 58)

nicht können. Und dann erzählen sie das irgendwie immer wieder von vorne und können es trotzdem nicht lösen." (16: 6)

Carola (18) kritisiert die mangelnde Problemlösungskompetenz der politischen Parteien:

"Die SPD oder auch andere Parteien sind ja teilweise wirklich so, dass die zu irgendwelchen Sitzungen aufrufen, wo eigentlich nur das wieder durchgekaut wird, was sie bei der letzten Sitzung halt durchgekaut haben. Und das find ich dann immer eher öde, wenn dann immer irgendwie so das Gleiche von den Leuten kommt."(15: 11)

Politik erscheint als *"lahmarschig"*, man wird *"zugebräst"* und bestimmte Themen werden immer wieder *"durchgekaut"*. Politik ist demnach langweilig und die Beschäftigung mit Politik macht wenig Spaß. Spaß ist aber bei Jugendlichen ein "hochbesetzter Wert" (Blank 1997, 42), der mit Spontaneität, Humor und Lebendigkeit in Verbindung gebracht wird.[75] Demgegenüber charakterisieren die Interviewten Politik als zäh, ermüdend, steif und abstrakt. Außerdem wird Politik als wenig effektiv beschrieben, da existentiell bedeutsame Probleme, wie Arbeitslosigkeit, Rentensicherung und Umweltschutz,[76] nach Ansicht der Befragten nicht gelöst, sondern lediglich zerredet werden.

Politische Auseinandersetzung basiert zum Großteil auf der Interaktion auf verbaler Ebene. Diesen rein verbalen Austausch zu verfolgen, ist erwartungsgemäß besonders für die jüngeren Interviewten wenig interessant. Katrin (14) beispielsweise beschreibt traditionelle Politik als vorwiegend langweilig. Auf die Frage, ob sie sagen könne, was genau sie daran langweilig findet, antwortet sie:

"Ja, es wird immer so viel geredet ..." (13: 7)

---

[75] Ähnliches ermittelte auch die bereits erwähnte qualitative Befragung des Jugendwerks der Deutschen Shell zum Thema Jugend und Politik. "Die Beschäftigung mit dem, was man herkömmlicherweise unter Politik versteht, macht Jugendlichen in der Regel keinerlei Spaß – und Spaß ist ein hochbesetzter Wert, der mit Lebendigkeit, Gefühl, Erlebnis und Intensität verbunden wird. 'Politik' gilt als trocken, langweilig, komplex, abstrakt, unüberschaubar, ohne klar vermittelte Orientierung und Werte, als mit großer Beliebigkeit. Langweilig und folgenlos erscheint Politik auch dadurch, daß Fortschritte in der Lösung existentiell bedeutsamer Probleme nicht zu erkennen sind, sondern daß über sie geredet und geredet wird." (Blank 1997, 42)

[76] Vgl. dazu die bereits zitierten Äußerungen Kyras (15): *"Es wird einem das Blaue vom Himmel versprochen und was ist? Die Arbeitslosenzahl steigt immer weiter."* (12: 6) und Marcos (17): Die Politiker *"erhalten die Rohstoffe nicht für die Nachkommen ... Weil ich weiß jetzt schon, dass ich, wenn ich fünfundsechzig bin, keine Rente mehr kriege."* (10: 20)

Auch Tobias (13) hält Politik für langweilig, weil es ihm keinen Spaß macht, den Reden von Politikern zuzuhören, zumal Kinder und Jugendliche häufig auch inhaltlich nicht verstehen würden, worum es bei politischen Debatten gehe. Entsprechend sollte ein idealer Politiker seiner Ansicht nach,

"weniger Fachausdrücke benutzen, die man gar nicht versteht und mehr so die Reden vielleicht lustiger machen, spannender und so. Nicht so eintönig, das wäre besser." (11: 10)

Im Unterschied zu Katrin kritisiert Tobias hier nicht, dass in der Politik überhaupt viel geredet wird, sondern ihm gefällt offenbar die Art und Weise des Redens nicht. Ähnlich wie Linda im Kapitel 6.1.1 macht er einerseits deutlich, dass er die Politiker inhaltlich nicht versteht. Andererseits wirkt das Sprechen der politischen Akteure auf ihn auch *"eintönig"*. Es fehlen sowohl die Spannungsmomente als auch lustige Passagen. Tobias bringt hier zum Ausdruck, dass ihm politische Reden zu sachlich und zu rational sind. Vermutlich fehlen ihm emotionale Aspekte, wie Spaß, Humor und Spannung.

Insgesamt zeichnet sich ab, dass die Jugendlichen die politischen Verfahrensweisen als fremd und weit entfernt von ihren eigenen Vorstellungen erleben. Sie fühlen sich ausgeschlossen, ohnmächtig und zum Teil auch abgewertet. Dieser letzte Aspekt wird deutlich, wenn Merle erklärt, sie fände Politik langweilig, weil man dort *"zugebräst"* oder – wie sie es auch bezeichnet – *"vollgeredet"* wird. Wenn ich eine Person oder auch eine Gruppe *"vollrede"*, überschütte ich sie mit Worten ohne ihre Reaktion auf das Gesagte zu berücksichtigen. Damit klammere ich den Standpunkt meines Gegenübers aus bzw. nehme ihn nicht ernst. Eine symmetrische Interaktion findet nicht statt. Was die Jugendlichen hier letztlich in unterschiedlichen Facetten beschreiben, ist eine strukturelle Ausgrenzung von Aspekten, die ihnen wichtig erscheinen. In der Art und Weise, wie Politik gemacht wird, finden Bedürfnisse nach Lebendigkeit, Spaß und Effektivität aus ihrer Sicht keine Entsprechung.

6.1.4.4 *"Irgendwie sind da nur alte Opas."* – Zusammenfassung

Als Faktoren, welche einen Einfluss auf die von den Interviewten hier geschilderten Erfahrungen des Nicht-dazu-Gehörens und der Missachtung haben, kristallisierten sich drei miteinander zusammenhängende Aspekte heraus. Der Gegensatz zwischen den Generationen, der aus Sicht der Jugendlichen im Bereich der Politik deutlich zu Tage tritt, politische Dominanzverhältnisse, die oftmals im Zusammenhang mit dem Eindruck der Distanz zwischen "Normalbürgern" und Politiker gesehen werden, und die zweckrationale Struktur politischer Entscheidungsprozesse.

Zusammenfassend lässt sich schließen, dass die Jugendlichen offenbar eine riesige Kluft zwischen der Erwachsenenwelt und dem eigenen Standpunkt bzw. zwischen der Politik und ihren Interessen verspüren. Politiker gelten als "jugendfreie Berufsgruppe" (Farin 2001, 215). Zudem stellen die Interviewten die Beziehung zwischen Politikern und jungen Leuten aber auch den *"normalen Leuten"* allgemein als ein asymmetrisches Verhältnis der Über- und Unterordnung dar. Politiker setzen demzufolge die Norm, nach der sich Jugendliche zu richten haben und machen ihren WählerInnen eher Vorschriften statt sich wirklich auf deren Anliegen einzulassen. Die Distanz der Jugendlichen zur etablierten Politik hängt offensichtlich auch mit den von ihnen diagnostizierten politischen Verfahrensweisen zusammen. Politik erscheint als langweilig, ineffektiv, rational und unlebendig und findet auf Ebenen statt, die den Befragten als unerreichbar und undurchschaubar erscheinen.

6.1.5 Weitere Einflussfaktoren

Zum Kontext und den intervenierenden Bedingungen (vgl. Strauss/ Corbin 1996, 75ff.) des von den Interviewten beschriebenen Eindrucks, im Bereich der Politik keine ausreichende Anerkennung zu erlangen, können Aspekte wie die subjektive politische Kompetenz der Interviewten, ihre Ansprüche an eine politische Informationsaktivität und ein politisches Interesse und die Art ihres politischen Interesses gezählt werden. (Vgl. Kap. 5.6) Mit welcher Selbsteinschätzung und Motivation beggnen die Interviewten politischen Fragestellungen? Halten sie sich für kompetent im Hinblick auf politische Themen? Bezeichnen sie sich selbst als politisch interessiert? Diese Fragestellungen stehen im Zentrum der folgenden Darlegungen.

6.1.5.1 Subjektive politische Kompetenz

Im Zusammenhang mit dem Aspekt der subjektiven politischen Kompetenz wird offenkundig, dass die befragten Jugendlichen sich zum Teil für inkompetent gegenüber den Inhalten der Politik halten. Sie geben an, nicht zu verstehen, worüber in der Politik gesprochen wird. Diese Defizite und Unsicherheiten, die sie an sich selbst wahrnehmen, begründen sie beispielsweise mit Versäumnissen der Parteien.

Silke (18) hat, als sie in der neunten Klasse war, gemeinsam mit ihren MitschülerInnen eine Sitzung des niedersächsischen Landtages in Hannover besucht. Sie beschreibt die Sitzung als *"echt total langweilig"*. (5: 12) Diese Langeweile führt sie vor allem auf ihr mangelndes Wissen über politische Zusammenhänge zurück.

"Ich wusste gar nicht über was die da reden." (5: 12)

Entsprechend sieht Silke die Distanz Jugendlicher zur Politik in der mangelnden Kompetenz junger Leute in Bezug auf politischen Themenstellungen und Verfahrensweisen begründet. Im Verlauf des Interviews äußert sie, dass die Bundespolitik für Jugendliche uninteressant sei. Auf die Frage, ob sie eine Idee habe, warum dies so sei, antwortet sie:

"Ich denke mal, dass sie nicht genug darüber wissen, über das, was da hinten so ist." (5: 12)

Silke macht hier indirekt deutlich, welche Konsequenzen ein Informationsdefizit für das politische Interesse haben kann. Inhalte, die wegen mangelnden Hintergrundwissens nicht verstanden werden, sind langweilig und scheinen in weiter Ferne zu liegen. Und noch ein Aspekt kommt hier zum Ausdruck: Silke stellt die Bundespolitik als einen Bereich dar, dem sie einen Ort zuweist, der sich *"da hinten so"* befindet. Wo der bundespolitische Raum genau zu verorten ist, scheint ihr nicht klar zu sein. Deutlich ist lediglich, dass sie ihn als weit entfernt, von dem Ort, an dem sie sich befindet, wahrnimmt. Die Formulierung *"da hinten so"* könnte auch als Synonym für einen unbekannten Bereich, über den man keine Kenntnisse besitzt, interpretiert werden. Damit stellt Silke heraus, dass sie wenig Bezug zur Bundespolitik hat. Insofern spricht sie hier indirekt auch ein Dilemma an: Je geringer der Bezug zu bestimmten Phänomenen und Bereichen erscheint, desto niedriger ist auch in der Regel die Motivation, sich darüber genauere Informationen zu verschaffen und je größer der Mangel an Kenntnissen ist, desto ausgeprägter wird die Distanz erlebt.

Carola (18) äußert sich zur Herabsetzung des aktiven Wahlalters auf sechzehn Jahre bei dem Kommunalwahlen. Sie hat dieses Recht bei der letzten Wahl noch nicht für sich in Anspruch genommen, weil sie sich nicht ausreichend informiert fühlte:

"Ich hab bei der ersten Wahl, als ich sechzehn war, auch noch nicht gewählt, weil ich halt wirklich von keiner Partei so richtig Informationen gekriegt habe. Also die haben nicht irgendwelche Veranstaltungen gemacht oder so. [...] Das hätte ich eigentlich erwartet. Ich bin der Meinung, wenn die Wähler haben wollen, dann sollten die auch ihr Programm vorstellen. Und wenn sie der Meinung sind, dass das Wahlalter schon auf sechzehn runtergesetzt wird, dann sollten die Politiker sich verstärkt um diese Leute zwischen sechzehn und zwanzig kümmern. [...] Dass denen dann halt wirklich das Programm erklärt wird. Weil, wenn man teilweise so Sachen liest in der Zeitung, die versteht man einfach noch nicht."
(15: 10)

Carola offenbart hier eine verantwortungsbewusste Herangehensweise an eine politische Partizipation durch das Wählen. Sie hat sich, obwohl ihr bereits das Recht dazu eingeräumt war, noch nicht an der letzten Kommunalwahl beteiligt, weil sie ein Informationsdefizit in Bezug auf die Programme der unterschiedlichen Parteien hatte. In diesem Zusammenhang wirft sie den Parteien vor, sich nicht ausreichend auf die jüngeren WählerInnen eingestellt zu haben. So hätten die Politiker versäumt, jungen Leuten ihre Parteiprogramme zu erklären. Carola beschreibt auch, dass der politische Diskurs an Jugendlichen vorbeigeht, weil ihnen zu bestimmen Themenbereichen die nötigen Hintergrundinformationen fehlten. Sie deutet damit ein Gefühl des Ausgeschlossenseins an, welches unter anderem in einem Informationsdefizit begründet ist, das die Parteien zu verantworten haben, weil sie ihre potenziellen jungen WählerInnen vernachlässigen bzw. sich nicht genug um diese Altersgruppe *"kümmern"* würden. Gleichzeitig misst Carola der politischen Einflussnahme durch das Wählen eine große Wertschätzung bei. Ihrem Anspruch zufolge, sollten junge Leute erst wählen, wenn sie ausreichend informiert sind. Eine Wahl ist damit für Carola keine Sache, an der man sich unabhängig vom Kenntnisstand beteiligen sollte, sondern eine Mitwirkung ist ihr zufolge erst angebracht, wenn die nötigen Hintergrundinformationen vorhanden sind.

In Bezug auf das Wählen äußert sich Linda (15) ähnlich wie Carola. Wenn Linda bei der letzten Kommunalwahl bereits sechzehn Jahre alt gewesen wäre, hätte sie nicht ihre Stimme abgegeben. Sie begründet dies folgendermaßen:

"Weil ich nicht wüsste, wen ich hätte wählen sollen. Weil ich weiß ja gar nicht, was sie alle wollen und was mir das bringen würde. [...] Von den Sechzehnjährigen ist ja kaum einer wählen gegangen. Also, hier in den Kreisen, die ich kenne, war keiner wählen." (3: 8)

Frage: *"Und was haben die gesagt? Warum wählen sie nicht?" (3: 8)*

"Tja, weil sie keinen blassen Schimmer davon haben." (3: 8)

Linda hätte bei den letzten Kommunalwahlen nicht gewusst, welcher Partei sie ihre Stimme geben sollte. Deshalb hat sie sich nicht an der Wahl beteiligt. Außerdem sind ihr die Ziele der einzelnen Parteien nicht deutlich gewesen und insofern wusste sie auch nicht, welchen Nutzen es für sie gehabt hätte zu wählen. Von ihren gleichaltrigen Bekannten hat sich ebenfalls niemand kompetent genug gefühlt, um sich an der Wahl zu beteiligen.

6.1.5.2 Politisches Interesse und politische Informationsaktivität als Anspruch

Auch wenn die Interviewten wie bereits ausgeführt, sich von der Erwachsenenpolitik und den Akteuren dieser Politik distanzieren, existiert bei ihnen so etwas wie eine moralische Einsicht, dass es unabdingbar ist, Informationen zu sammeln, und zwar vor allem, um politische Entscheidungen nachvollziehen und beurteilen zu können.

Für Lorenz (17) korrespondiert der Grad der Informiertheit über politische Zusammenhänge in großem Maße mit dem Interesse einer Person an Politik. Wenn man sich besser in der Politik auskennt, dann wächst seiner Meinung nach auch das politische Interesse und die politische Urteilsfähigkeit. Seine Informationen über Politik erhält er vor allem aus dem Radio, er würde sich aber gern noch umfassender informieren und plant deshalb, die Wochenzeitschrift "Der Spiegel" zu lesen. Damit verbindet er die Hoffnung, zusätzliche Informationen zu erhalten und vor allem eine bessere politische Urteilsfähigkeit:

> *"In der letzten Zeit überleg ich mir, den 'Spiegel' zu kaufen, weil da steht ja viel drin oder soll angeblich viel drin stehen. Aber anders rum: Kommt man denn überhaupt dazu das zu lesen? Aber erst mal gucken, wie der 'Spiegel' ist. Dann wird das vielleicht auch etwas anders. Dann können wir was sagen: 'Ja, die Politik, das ist so und so.' Das man sich damit besser auskennt, dann interessiert es mich vielleicht auch mehr, noch mehr als jetzt. [...] Weil irgendwie bin ich der Meinung, man braucht das* [Wissen um politische Zusammenhänge] *für die Zukunft."* (7: 12)

Lorenz formuliert hier ein Dilemma: Ist man nicht ausreichend über Politik informiert, fehlt die Kompetenz, politische Vorgänge und Entscheidungen adäquat zu beurteilen, und damit wäre auch die Fähigkeit zur politischen Mitsprache nur eingeschränkt vorhanden, aber um sich umfassend zu informieren benötigt man Zeit, und Lorenz ist nicht sicher, ob ihm diese Ressource in ausreichendem Maße zur Verfügung steht.[77] Er selbst bezeichnet sich als politisch interessiert und scheint den Anspruch zu haben, dass sich dieses Interesse durch eine Vermehrung seiner diesbezüglichen Kenntnisse noch vergrößert; weil er meint, dies sei eine zweckmäßig Grundlage für seine Entwicklung. Wie im Kapitel 8.4.1 noch ausführlicher dargestellt werden wird, kann Lorenz sich durchaus vorstellen, auch im Erwachsenenalter politisch aktiv zu sein. Dies deutet sich implizit auch bereits an dieser Stelle an: Lorenz betont, dass er es für sehr wichtig hält, über Politik informiert zu sein; denn er ist der Ansicht *"man braucht das für die Zukunft"*. Diese Aussage lässt sich vor dem Hintergrund, dass Lorenz ein politisches Engagement im Erwachsenenalter für sich in Betracht zieht, folgendermaßen interpretieren: Wenn man in der Politik mitwirken möchte, braucht man die entsprechenden Kenntnisse und deshalb ist es sinnvoll, sich ausreichend über Politik zu informieren. In Bezug auf seine politische Informationsaktivität sagt er an einer anderen Stelle des Interviews:

---

77 Vgl. dazu Himmelmann, der auf "die 'systematischen Grenzen' die 'personalen Mühen' politischer Partizipation" (1998, 52) aufmerksam macht. Er beschreibt in diesem Zusammenhang drei Faktoren als bestimmend für eine effektive politische Mitwirkung: Partizipation erfordere einen hohen Aufwand an Zeit, beispielsweise zur Informationsbeschaffung und -aufbereitung, ein großes Ausmaß an persönlicher Energie und Einsatzbereitschaft und eine ausgeprägte sachlich-inhaltliche Kompetenz. (Vgl. ebd., 47ff.)

"Man muss halt was machen, damit man dahin kommt, wo man hin will." (7: 10)

Lorenz offenbart hier ein intentionales Interesse in Bezug auf seine politische Informationsaktivität. Für ihn ist das Wissen um politische Zusammenhänge offenbar ein Mittel um seine Zukunftsvorstellungen verwirklichen zu können und dies scheint ihn zu motivieren, sich politisch zu informieren. Diese Motivation dürfte weitgehend mit den Charakteristika übereinstimmen, die Edward L. Deci und Richard M. Ryan (1993) für eines von vier Stadien extrinsischer Motivation festlegen, und zwar dem Typus der so genannten "identifizierten Regulation" (Deci/Ryan, 228). Deci und Ryan erläutern den Zusammenhang zwischen Motivation und Lernen auf der Grundlage einer Theorie des Selbst. Sie gehen davon aus, dass nicht nur intrinsische, sondern auch bestimmte Typen der extrinsischen Motivation[78] als selbstbestimmt erlebt werden und nehmen in diesem Kontext eine Differenzierung verschiedener Formen extrinsischer Motivation abhängig von dem jeweiligen Grad der Selbstbestimmung vor. Dabei unterscheiden sie 1. den Typus der "externalen Regulation" (ebd., 227), bei dem das Verhalten einer Person von außen gesteuert wird, zum Beispiel durch das Versprechen einer Belohnung oder die Androhung von Strafe, 2. den Typus der "introjizierten Regulation" (ebd.), auf den ich im nächsten Kapitel noch näher eingehen werde, 3. den Typus der "identifizierten Regulation" (ebd., 228), bei dem eine Person Dinge tut, die sie selbst für wichtig erachtet und schließlich 4. den Typus der "integrierte[n] Regulation" (ebd.): Die integrierte Regulation "ist das Ergebnis der Integration von Zielen, Normen und Handlungsstrategien, mit denen sich das Individuum identifiziert und die es in das kohärente Selbstkonzept integriert hat." (Ebd.) Die Haltung, die bei Lorenz in den hier zitierten Interviewpassagen zu Tage tritt, zeigt eine weitgehende Ü-

---

[78] Zur Unterscheidung von intrinsischer und extrinsischer Motivation vgl. Deci/Ryan: "Intrinsisch motivierte Verhaltensweisen können als interessenbestimmte Handlungen definiert werden, deren Aufrechterhaltung keine vom Handlungsgeschehen ‚separierbaren' Konsequenzen erfordert, d.h. keine externen oder intrapsychischen Anstöße Versprechen oder Drohungen. [...] Extrinsische Motivation wird dagegen in Verhaltensweisen sichtbar, die mit instrumenteller Absicht durchgeführt werden, um eine von der Handlung separierbare Konsequenz zu erlangen." (Deci/Ryan 1993, 225) Unter welchen Umständen nach Deci und Ryan extrinsisch motivierte Handlungen in selbstbestimmte Handlungen überführt werden, wird in Kapitel. 9.2.1 detaillierter erläutert.

bereinstimmung mit dem dritten Typus, der "identifizierten Regulation". Deci und Ryan beschreiben diese Form extrinsischer Regulation folgendermaßen:

"Das Stadium der identifizierten Regulation ist erreicht, wenn eine Verhaltensweise vom Selbst als persönlich wichtig oder wertvoll anerkannt wird. Man tut etwas nicht einfach deshalb, weil man das Gefühl hat, es tun zu sollen, sondern weil man es für wichtig hält. Diese persönliche Relevanz resultiert daraus, daß man sich mit den zugrunde liegenden Werten und Zielen identifiziert und sie in das individuelle Selbstkonzept integriert hat. Ein Beispiel für diesen Regulationsstil wäre ein Schüler, der sich auf das Abitur vorbereitet, weil er ein bestimmtes Universitätsstudium anstrebt, ein Ziel, das er sich selbst gesetzt hat. Das Gegenbeispiel wäre ein Schüler, der sich nur deshalb auf die Prüfungen vorbereitet, weil er meint, wie alle seine Freunde das Abitur machen zu sollen und sich ohne diesen Schulabschluß minderwertig vorkäme (introjizierte Regulation) oder weil seine Eltern es von ihm erwarten und entsprechenden Druck ausüben (externale Regulierung)." (Ebd., 228)

Lorenz möchte sich über Politik informieren, weil er ein Ziel vor Augen hat; er plant, sich auch später politisch engagieren. Insofern hätte die Handlung des sich Informierens eine instrumentelle Funktion. Der Interviewpartner weiß, dass er politische Kenntnisse benötigt, um diesem sich offenbar selbst gesteckten – jedenfalls finden sich im Interview keine Hinweise auf eine Fremdbestimmung – Ziel näher zu kommen. Er ist also durchaus motiviert, seine politische Kompetenz zu vergrößern.

Auch Kyra (15) verbalisiert politische Informationsaktivität als Anspruch, der jedoch angesichts ihrer Ablehnung dessen, was in der Politik geschieht, für sie schwer einzulösen ist.

"Irgendwas ist da, was mir sagt: 'Irgendwie musst du dich ein bisschen informieren, was in der Politik abgeht,' so was die Politiker da machen.' Aber im Grunde kann ich es nicht interessant finden, weil es wirklich alles nur Mist ist, was die da machen - vielleicht nicht alles, aber doch, ein großer Teil schon." (12: 7)

Kyra hält es offensichtlich für sinnvoll, sich mit Politik zu beschäftigen, um das Handeln der Politiker überprüfen bzw. kontrollieren zu können. *"Irgendwas ist da"* und sagt ihr, dass sie sich über Politik informieren sollte: Mehr oder weniger separiert von der Person Kyra existiert eine nicht genau bestimmbare Instanz – *"Irgendwas"* –, die von ihr ein gewisses Maß an politischer Informationsaktivität fordert. Der Anspruch, sich mit Politik zu befassen, wird von ihr offenbar als Anforderung, die sie an sich selbst stellt, empfunden. Er scheint aus ihrer ablehnenden Haltung gegenüber der etablierten Politik heraus eher als Zwang aufgefasst zu werden.[79] Sie misstraut den Politikern und fühlt sich deshalb genötigt, deren Handlungen zu überprüfen. Unter Bezugnahme auf die Überlegungen Decis und Ryans lassen sich aus der Aussage Kyras Rückschlüsse auf die Art ihrer Motivation zur politischen Informationsaktivität ziehen. Sie hat nicht, wie der in dem vorherigen Beispiel zitierte Lorenz, ein sich selbst gestecktes Ziel vor Augen, dass für sie den Anlass bietet, sich über Politik zu informieren, sondern politisches Interesse wird – so wie sie es formuliert – mehr oder weniger als eine lästige Pflicht erlebt.

Die Haltung Kyras dürfte in etwa dem Phänomen der "introjizierten Regulation" entsprechen, das Deci und Ryan als eine Ausprägung extrinsischer Motivation beschreiben: Im Gegensatz etwa zur "externalen Regulation" (ebd., 227), die von äußeren Faktoren, wie zum Beispiel die Androhung von Bestrafung, abhängig ist, wird die "introjizierte Regulation" durch innere Beweggründe bestimmt:

"Der Typ der introjizierten Regulation bezieht sich auf Verhaltensweisen, die internen Anstößen und innerem Druck folgen; sie beziehen sich auf Ereignisse, die für die Selbstachtung relevant sind. Man tut etwas, 'weil es sich gehört' oder weil man sonst ein schlechtes Gewissen hätte. Eine introjizierte Handlungsregulation ist insofern internal, als keine äußeren Handlungsanstöße mehr nötig sind, sie bleibt aber weiterhin vom individuellen Selbst separiert. Metaphorisch ausgedrückt: Regulator und Regulierter sind verschieden, obwohl sie beide ein und derselben Person innewohnen. Die introjizierte Regulierung beschreibt somit eine Form von Motivation, bei der die Verhaltensweisen durch innere Kräfte kontrolliert oder erzwungen werden, die außerhalb des Kernbereichs des individuellen Selbst liegen." (Ebd., 227f.)

Vor dem Hintergrund dieser Charakterisierung Decis und Ryans lässt sich die Haltung, die Kyra hier gegenüber einer politischen Informationsaktivität formuliert, als eine Einstellung fassen, die nicht durch äußere Faktoren, wie Zwang oder das Versprechen einer Belohnung, bestimmt wird, sondern die Kyra als moralischen Anspruch an sich selbst stellt und die eine Relevanz für ihre Selbstachtung besitzt. In der Interviewpassage kommt ein gewisser Ärger – *"weil es wirklich alles nur Mist ist, was die da machen"* – gegenüber den Handlungsweisen der Politiker zum Ausdruck. Insofern scheint der Anspruch,

---

79 Zur Kritik Kyras an der konventionellen Politik vgl. vor allem ihre Aussagen in Kapitel 6.1.2.

sich politisch zu informieren bei Kyra aus einer Position des Widerstands gegen ein von ihr als negativ empfundenes politisches Vorgehen zu resultieren: Die Interviewpartnerin signalisiert, dass sie nicht gewillt ist, die von ihr kritisierten Zustände (vgl. Kap. 6.1.2) einfach passiv hinzunehmen, und aus dieser kritischen Haltung heraus hält sie es für notwendig, sich zu informieren.

Nils (12) formuliert politisches Interesse ebenfalls als Anspruch, der aber von ihm letztlich nicht vollkommen eingelöst wird. Auf meine Frage, ob er sich allgemein für Politik interessiert antwortet er recht zögerlich und unentschlossen:

"Ja das ist wichtig, eigentlich, was die [Politiker] *auch sagen oder so. Ja doch, weil es eben wichtig ist, irgendwie ...* [...] *Also ich guck mir solche Verhandlungen* [im Bundestag] *nicht unbedingt an. Aber das ist schon manchmal interessant, was dabei rauskommt. Und es kommt auch oft Müll raus."* (8: 8)

"Eigentlich" ist Politik wichtig und deshalb sollte man sich dafür interessieren. Nils misst den Aussagen von Politikern eine große Bedeutung bei, macht aber gleichzeitig klar, dass er sich politische Debatten eher nicht anhört, auch wenn die Ergebnisse zwar manchmal ganz interessant, aber häufig auch für ihn nicht zufrieden stellend seien. Im weiteren Verlauf des Interviews nennt er die Erhöhung der Mehrwertsteuer als Beispiel für eine seiner Ansicht nach falsche politische Entscheidung; denn dadurch würde *"ja praktisch alles teurer"* (8: 13) werden. Insgesamt zeigt Nils hier eine ambivalente Haltung zur politischen Informationsaktivität. Er hält es *"irgendwie"* für wichtig sich politisch zu informieren und darunter versteht er offenbar unter anderem Bundestagsdebatten zu verfolgen. Dass er dies als 12-Jähriger nicht tut, mag nicht weiter verwundern. Bemerkenswert ist eher, wie vorsichtig er seine Ablehnung formuliert: Er schaut sich Bundestagsdebatten *"nicht unbedingt"* an. Nils scheint eine hohe Anspruchshaltung in Bezug auf sein eigenes politisches Interesse zu haben. Möglicherweise wird diese Haltung durch mich als erwachsene Interviewerin insofern noch verstärkt, als er annehmen könnte, ich würde von ihm als Mitglied des Jugendparlaments politisches Interesse erwarten. Von daher würde er auch einen gewissen Druck von außen verspüren und ein solches Interesse als wichtig bezeichnen, um Erwartungen zu entsprechen, die ich seiner Ansicht nach an ihn stelle. Dies könnte seine Ambivalenz erklären. Er weiß, *"irgendwie"* ist Politik wichtig

und Bundestagsdebatten sind seiner Ansicht nach Ausdruck von Politik. Er gibt zwar zu, dass er sich diese Debatten nicht anschaut, mag aber auf der anderen Seite der Interviewerin gegenüber nicht eingestehen, dass sie ihn wenig oder gar nicht interessieren.

Sowohl in den Aussagen Kyras als auch bei denen von Nils wird deutlich, dass der Anspruch an ihr eigenes politisches Interesse nicht frei von einem gewissen Druck ist. Beide bringen zum Ausdruck, dass sie sich eher nicht mit den Vorgehensweisen bzw. Ergebnissen der traditionellen Politik identifizieren können: Nach Kyra ist schließlich *"alles nur Mist, was die* [Politiker] *da machen"* und laut Nils erzielen die Politiker in ihren Verhandlungen oftmals Ergebnisse, die der Interviewpartner als *"Müll"* charakterisiert.

Ähnlich wie bei Kyra könnte auch bei Nils, nimmt man seine potenzielle Motivation, sich über politische Vorgänge zu informieren in den Blick, eine introjizierte Handlungsregulation vorliegen. Sein Anspruch an eigenes politisches Interesse lässt sich aber möglicherweise auch auf äußere Faktoren zurückführen, insofern er versucht, Erwartungen zu entsprechen, die er bei der Interviewerin vermutet. Von daher käme seine Haltung eher dem von Deci und Ryan bestimmten Typus der "externalen Regulation" (Deci/Ryan 1993, 227) zu. Politisches Interesse, bzw. die Motivation sich über Politik zu informieren, ist in diesem Fall von äußeren Anregungsfaktoren abhängig.

Carola (18) formuliert politisches Interesse ebenfalls als Anspruch, den sie an sich selbst aber auch an andere Jugendliche stellt. Sie antwortet auf die Frage, ob sie Interesse an Politik hat:

"Ja doch, mehr oder weniger. Ich bin der Meinung, man müsste eigentlich dann schon wissen, was in einem Staat oder auch in der Region so vor sich geht, also das sollte man schon wissen. [...] so im Allgemeinen eigentlich denk ich, dass man sich im gewissen Alter für Politik schon interessieren sollte. Ich denke, wenn man mit sechzehn auch wählen kann, dann sollte man nicht einfach so irgendwie zu 'ner Wahl hingehen, wie ich es jetzt häufig erlebt habe: Die kreuzen dann auf irgendwelchen Zetteln irgendwas an, wo sie absolut nicht wissen, was da überhaupt mit gemeint ist und wählen dann einfach." (15: 10)

Ähnlich wie Nils zeigt Carola eine ambivalente Haltung zur politischen Informationsaktivität: Sie interessiert sich *"mehr oder weniger"*. Für ihre Begründung wählt sie eine Verallgemeinerung *"man müsste eigentlich dann schon wissen, was in einem Staat [...] vor sich geht"*. Auch hier dürfte eine Anspruchshaltung vorliegen, die getrennt vom "inneren Selbst" (Deci/Ryan 1993, 227) existiert. Im Unterschied zu den beiden vorher zitierten Interviewten überträgt Carola diesen Anspruch auch auf andere Jugendliche. Sie hält es für falsch, politische Mitwirkungsrechte ohne die nötigen Hintergrundinformationen wahrzunehmen und grenzt sich von Jugendlichen ab, die dieses ihrer Ansicht nach tun. Ihr zufolge, sollte man erst politisch mitentscheiden, wenn man sich umfassend informiert hat bzw. wenn man informiert worden ist.

6.1.5.3 Interesse an politischen Themen

Durch ihr Engagement im Jugendparlament haben die Interviewten bereits politisches Interesse gezeigt. In vielen Interviews wird betont, dass durchaus Interesse an kommunalpolitischen Themen, an jugendpolitischen Fragestellungen und Umweltpolitik besteht, während die Aufmerksamkeit für Vorgänge in der Bundespolitik – erwartungsgemäß vor allem bei den jüngeren Befragten – eher gering ist.

Trotz ihrer distanzierten Haltung gegenüber der Realpolitik äußern die Interviewten also durchaus Interesse an politischen Themenbereichen. Britta (13) berichtet zum Beispiel, dass sie mit ihren Freundinnen über den Transport abgebrannter Brennelemente in das Endlager Gorleben diskutiert hat:

"Über den Castor haben wir uns auch aufgeregt, das hat zwar nicht viel mit Politik zu tun, aber ... na ja." (14: 14)

Frage: *"Dass sie die Transporte durchgeführt haben?" (14: 14)*

"Ja, dass sie das erlaubt haben. Also über die Entscheidung haben wir uns aufgeregt. [...] Weil das eigentlich ganz gefährlich ist. In der Nähe, das sind alles Luftkurorte und ich glaub ja nicht, dass das alles dicht ist. Wenn da mal was passiert wäre, oder es kann ja immer was passieren irgendwann, dann sind da alle sozusagen am Arsch. Und ich meine, da kann ja noch mal so was passieren, wie zum Beispiel in Tschernobyl. Also ich glaub, das ist ein zu großes Risiko." (14: 14)

Britta schildert, dass die politische Entscheidung, Castortransporte durchzuführen von ihr und ihren Freundinnen kritisiert wurde, und zwar haben die Mädchen sich darüber *"aufgeregt"*. Die Wahl der Verbs *"aufgeregt"* deutet darauf hin, dass dieses Thema eine emotionale Betroffenheit ausgelöst hat. Offenbar war die Kritik mit Empörung über einen aus Sicht Brittas verantwortungslosen politischen Beschluss verbunden. Britta hält diese Transporte für eine Gefahr und fürchtet, dass dabei radioaktive Strahlung frei werden könnte; denn sie bezweifelt, *"dass das alles dicht ist."* Insgesamt scheint die friedliche Nutzung der Kernenergie nach Ansicht der Interviewpartnerin ein nicht zu verantwortendes Risiko für die Bevölkerung in sich zu bergen. Britta schließt nicht aus, dass beispielsweise noch einmal eine Katastrophe wie in Tschernobyl passieren könnte. Aus dieser Haltung heraus zeigt sie indirekt Sympathie für die Demonstrationen gegen den Transport abgebrannter Brennelemente in das Endlager Gorleben. Sie hat sich zwar nicht selber an der Demonstration beteiligt, aber *"ein paar Freundinnen"* von ihr *"waren da auch"*. Auch wenn Britta hier nicht explizit deutlich macht, dass sie die Demonstration für richtig hält, dürfte dies im Rahmen ihrer Argumentation nahe liegen: Sie kritisiert die Durchführung der Castortransporte und hebt hervor, dass Personen, die ihr nahe stehen, gegen diesen Vorgang demonstriert haben.

Auffällig ist der hier formulierte Politikbegriff. Das Thema Castortransporte hat Brittas Ansicht nach *"nicht viel mit Politik zu tun."* Die Interviewpartnerin beschränkt hier das Politische auf die Aktivitäten des politischen Systems, alternative Formen politischer Meinungsäußerung gehören für sie offensichtlich in eine andere Kategorie. Sie sieht somit das, was bei ihr und ihren Freundinnen offenbar Betroffenheit erzeugt, nicht als politisch an. Ähnliches weist Kurt Möller als einen möglichen aktuellen Entwicklungstrend im Hinblick auf die politische Orientierung junger Leute aus. Auf Basis zahlreicher empirischer Befunde vermutet er einen Rückgang des politischen Interesses Jugendlicher im Hinblick auf alltagsferne Zusammenhänge und knüpft daran die Frage an, "ob sich darin nicht eher eine Veränderung des Politikverständnisses abbildet" (Möller 2000, 272) als eine generelle Abwendung von Politik. "Vielleicht verschiebt sich Politisches für die nachwachsende Generation mehr in Bereiche des unmittelbaren Lebensumfelds und der persönlichen Interessen, ohne daß diesbezügliche Ambitionen – auch von ihnen selbst – unbedingt 'politisch' konnotiert werden." (Ebd.)

Eine in diesem Kontext weiterführende Erklärung liefert Becks Konzept der "Risikogesellschaft". Britta rekurriert hier auf die Risiken des technischen Fortschritts und bezeichnet sie als nicht politisch. Beck geht nun davon aus, dass der Aspekt, den meine Interviewpartnerin hier als nicht politisch charakterisiert, in Zuge der industriegesellschaftlichen Entwicklung zu einem politischen geworden ist. Er spricht in diesem Kontext von einer "Entgrenzung der Politik" (Beck 1996, 300) durch den Einfluss des technischen Fortschritts, die er folgendermaßen charakterisiert: "Sozial anerkannte Risiken, wie dies am Beispiel der Auseinandersetzungen um das Waldsterben zum ersten Mal deutlich hervortritt, enthalten einen eigentümlichen politischen Zündstoff: Das, was bislang als *unpolitisch galt, wird politisch – die Beseitigung der 'Ursachen' im Industrialisierungsprozeß selbst.*" (Ebd., 31, Herv. i. Orig.)

Und besonders diese "als bislang unpolitisch" geltenden Themenbereiche treffen bei den Interviewten offensichtlich auf Interesse. Dies wird auch am Beispiel einer Aussage Marcos (17) deutlich. Auch er interessiert sich für Umweltpolitik, vertritt hier allerdings eine ganz andere Meinung als Britta:

"Ich setze auf Atomenergie. Atomenergie ist das Gesündeste, also das Sauberste, was es gibt. Es gibt keine Umweltbelastung. Bloß wir haben diesen Abfall dabei. [...] Aber wenn wir Energie haben wollen, müssen wir halt Atomenergie haben und wenn Abfall da ist ... Müssen wir halt haben." (10: 10)

Beiden Positionen ist das Argument des Risikos gemeinsam. Britta hält das Gesundheitsrisiko durch eine friedliche Nutzung der Kernenergie für zu groß, um diese Technik verwenden zu können. Marco knüpft an eine andere Argumentationslinie an: das Risiko eines drohenden Treibhauseffektes durch den verstärkten Ausstoß von Kohlendioxid bei der Verbrennung fossiler Energieträger kann durch den Einsatz von Kernenergie vermindert werden.[80] Für Marco ist die friedliche Nutzung der Kernenergie eine umweltschonende Methode, die vergleichsweise wenig Gesundheitsrisiken in sich birgt. Auch er spricht das Problem der Entsorgung abgebrannter Kernelemente an, sieht es aber als notwendige Folge der von ihm befürworteten Nutzung von Kernenergie, die man hinnehmen muss.

---

80 Zu diesen Argumentationslinien vor dem Hintergrund wissenschaftsethischer Aspekte vgl. Nunner-Winkler (1991, 64ff.).

Merle (13) zeigt ebenfalls Interesse für politische Themenbereiche. Sie beantwortet meine Frage, ob sie sich für Bundespolitik interessiert:

"Na ja, es interessiert mich nicht gerade, was die für eine Steuerreform und so was da haben. Weil da blickt man eh nicht durch. Aber im weitesten Sinne schon, irgendwie ja." (16: 5)

Als ich sie bitte, zu präzisieren, was sie mit im *"weitesten Sinne"* meint, sagt sie:

"Na ja jetzt mehr so rechte und linke Politik und so. [...] Ich mein, ich beschäftige mich nicht mit irgendwelchen Parteiprogrammen von den Rechten oder Linken oder so. Aber ich weiß schon, was im Großen und Ganzen, was die Parteien so tun, was die für Ziele haben." (16: 5)

Auf das Interesse an *"rechte[r] und linke[r] Politik"* kommt Merle im Verlauf des Interviews noch einmal zu sprechen. Sie ist der Ansicht, dass Jugendliche sich nicht für die Bundespolitik, *"sondern eben auch mehr für rechte und linke Politik"* (16: 7) interessieren. Weiterhin stellt sie heraus, dass Themen wie die friedliche Nutzung der Kernenergie ihre Aufmerksamkeit finden würden (vgl. Kap. 8.3.1). Außerdem sollten ideale Politiker sich nicht für *"Atomwaffen"* (16: 10) einsetzen und *"auf keinen Fall irgendwie Rechtsradikale oder so was"* (16: 10) sein, sondern sich *"dann doch mehr für Ausländer"* (16: 10) engagieren.

Merle bekundet hier ein geringes Interesse für die Programme der Parteien. Themenbereiche des rechten und linken politischen Spektrums finden dagegen durchaus ihre Beachtung, wobei sie sich stärker mit den Inhalten des linken Spektrums – Ablehnung von atomaren Waffen und Rechtsextremismus auf der einen und Unterstützung ausländischer BürgerInnen auf der anderen Seite – zu identifizieren scheint.

Carola (18) interessiert sich vor allem für Frauen- und Finanzpolitik sowie für Fragen der europäischen Union. Im Verlauf des Interviews wird deutlich, dass sie ein vergleichsweise großes Interesse an der Bundespolitik hat. Auf meine Frage, welche politischen Themen sie besonders ansprechen würden, antwortet sie:

"Ja eigentlich erst mal allgemein, was Frauen angeht, das interessiert mich eigentlich am meisten. Und was mich auch ziemlich interessiert, ist das mit der EG und wie das jetzt mit dem Euro weitergeht. [...] Aber ich denke, dass mir da

vielleicht teilweise noch das Verständnis fehlt für bestimmte Sachen. Jetzt irgendwie zu verstehen, warum Politiker so und so entscheiden, warum Gesetze so und so sind und wie das jetzt genau ablaufen wird." (15: 11)

Carola stellt hier ihr Interesse an bestimmten politischen Themenbereichen heraus und nimmt gleichzeitig eine Einschränkung vor. Zum Teil fehle ihr *"noch"* nötige Kompetenz zur Beurteilung politischer Entscheidungen und Abläufe.

6.1.5.4 *"Irgendwie musst du dich ein bisschen informieren, was in der Politik so abgeht ..."* – Zusammenfassung

In diesem Kapitel wurde deutlich, dass die Befragten sich zum Teil nicht für ausreichend kompetent in Bezug auf die Inhalte der Politik halten und dass sie hohe Ansprüche im Hinblick auf ihr politisches Interesse und ihre politische Informationsaktivität formulieren. Ihre Aufmerksamkeit finden vor allem Themen, welche die Sicherung zukünftiger Lebensbedingungen betreffen.

Mit Blick auf die Selbstbestimmungstheorie Decis und Ryans konnte gezeigt werden, dass die interviewten Jugendlichen die Motivation, sich mit der etablierten Erwachsenenpolitik zu befassen, in der Regel als wenig selbstbestimmt erleben. Sie fühlen sich zum Teil inkompetent gegenüber den Inhalten und Prinzipien von Politik, was von ihnen unter anderem auf mangelnde Bemühungen der Parteien zurückgeführt wird. Es existieren für sie wenig Anreize, sich zum Beispiel mit der Bundespolitik zu befassen, weil sie offensichtlich als weit entfernt von der eigenen Person erlebt wird. Andererseits besteht durchaus eine Nähe zu politischen Themenbereichen, wie Umweltschutz, Antirassismus oder auch Themen der Finanzpolitik.

7. Das Jugendparlament in Wittingen[81]

Bevor die Partizipation im Wittinger Jugendparlament im Rahmen der qualitativen Analyse thematisiert wird, sollen im folgenden Kapitel zum besseren Verständnis der in diesem Beteiligungsmodell ablaufenden Prozesse die Organisationsform und die personelle Zusammensetzung des Jugendgremiums in Augenschein genommen werden.

7.1 Organisationsform

Die Initiative zur Einrichtung des Wittinger Jugendparlaments geht auf ein Konzept des Jugendamtes der Kreisverwaltung Gifhorn zurück, das dem Jugendhilfeausschuss des Kreistages 1993 ein entsprechendes Modellprojekt vorgeschlagen hat. Nachdem der Verwaltungsausschuss der Stadt Wittingen[82] Ende 1994 beschlossen hatte, ein "Kinder- und Jugendparlament"[83] einzurichten, wurde zur Unterstützung des Vorhabens ein Beirat – bestehend aus je einer Lehrkraft der Wittinger Schulen und des außerhalb des Stadtgebietes angesiedelten Gymnasiums, dem Kreis- und Stadtjugendpfleger und einer wissenschaftlichen Begleitung von der Technischen Universität Braunschweig – eingerichtet. Der Beirat ist unter anderem mit der Vorbereitung von Informationsveranstaltungen und der Organisation der Parlamentswahlen befasst. Das Jugendgremium wurde im Herbst 1995 für eine "Legislaturperiode" von zwei Jahren durch geheime Stimmabgabe in den Schulen gewählt. Zuvor waren Kinder und Jugendliche

---

81 Den in diesem und dem folgenden Kapitel aufgeführten Informationen liegt eine Auswertung der gesamten Sitzungsprotokolle des ersten Wittinger Jugendparlaments, eigener Beobachtungsprotokolle, die ich unmittelbar nach den jeweiligen Sitzungen verfasst habe, und diverser Unterlagen, welche mir vor allem von der Kreisjugendpflege Gifhorn zur Verfügung gestellt wurden, zugrunde.
82 Die niedersächsische Kleinstadt Wittingen besteht aus 25 Ortschaften und hat insgesamt 12.408 EinwohnerInnen, wovon circa 5.500 in der Kernstadt Wittingen leben. (online am 31.12.1999) Im regionalen Raumordnungsprogramm ist Wittingen als Mittelzentrum ausgewiesen. Vgl. Wittingen online 2002.
83 Die jungen Abgeordneten haben in der ersten Parlamentssitzung beschlossen, das Gremium nicht als "Kinder- und Jugendparlament", sondern ausschließlich als "Jugendparlament" zu bezeichnen, weil sie der Ansicht waren, dass ihre Chancen, ernst genommen zu werden, so größer seien.

aus Wittingen in den jeweiligen Schulen sowohl durch die beiden Jugendpfleger als auch durch ihre Lehrkräfte über eine mögliche Kandidatur, die Modalitäten der Wahlen und die potenziellen Einflussmöglichkeiten des geplanten Parlaments informiert worden. Aktives und passives Wahlrecht besaßen insgesamt 967 Wittinger Kinder und Jugendliche im Alter von 10 bis 17 Jahren, unabhängig von der Staatszugehörigkeit. Die Wahlbeteiligung war mit 66% (vgl. Neumann 1996, 550) vergleichsweise niedrig,[84] was vor allem auf die geringe Beteiligung der SchülerInnen des Gymnasiums (26%) zurückzuführen ist.

Die konstituierende Sitzung des Jugendparlaments fand im November 1995 unter erheblicher Medienpräsenz statt. Fast alle Lokalzeitungen, eine überregionale Zeitung und zwei Rundfunksender berichteten über die Sitzung. Schließlich handelt es sich bei dem Wittinger Parlament um das erste in geheimer Wahl bestimmte niedersächsische Gremium dieser Art.[85]

Für das Jugendparlament existiert eine von der Gifhorner Kreisjugendförderung entworfene in der ersten Gremiensitzung von den jungen Abgeordneten einstimmig akzeptierte Geschäftsordnung, in welcher beispielsweise der Ablauf der Sitzungen, die Wahl eines "Präsidenten" oder einer "Präsidentin" und die Protokollführung geregelt werden. Die Sitzungen des Parlaments sind öffentlich. Sie finden dort statt, wo auch der Wittinger Stadtrat tagt, nämlich im großen Sitzungssaal des Rathauses. Der Präsident bzw. die Präsidentin leitet die Sitzungen mit Hilfestellung des Geschäftsführers. Bis zum fünften Treffen im September 1996 hatte der Gifhorner Kreisjugendpfleger die Geschäftsleitung inne, die dann im Dezember des gleichen Jahres vom Wittinger Stadtjugendpfleger übernommen wurde. Neben der Mithilfe bei der Sitzungsleitung, hat er die Funktion, die jungen ParlamentarierInnen bei inhaltlichen Fragen zu beraten und sie im Hinblick auf verwaltungstechnische Belange zu unterstützen.

---

84 Vgl. dazu Hermann, der in seiner quantitativen Untersuchung zum Thema Jugendgemeinderat zu dem Ergebnis kommt, dass die Wahlbeteiligung in Schulen bei durchschnittlich 90% lag (1997, 316).

85 Die niedersächsische Stadt Cloppenburg hatte bereits 1994 ein Jugendparlament eingerichtet. Die ca. 120 (!) Abgeordneten wurden aber nicht durch ein freies, geheimes Wahlverfahren bestimmt, sondern als Delegierte der Schulen in das Jugendgremium entsandt. (Vgl. Ulf Neumann 1998, 166f.)

Allen Abgeordneten kommt ein Stimmrecht zu. Beschlüsse können nur mit der Mehrheit der Stimmen gefasst werden. Rederecht besitzen neben den Abgeordneten der Bürgermeister der Stadt Wittingen, der Geschäftsführer des Parlaments und ein Mitglied des Beirates. Wenn zu bestimmten Themen BerichterstatterInnen von der Verwaltung oder anderen Stellen eingeladen werden, haben auch sie das Recht, sich zu dem betreffenden Tagesordnungspunkt zu äußern. Der Bürgermeister nimmt eine zentrale Vermittlungsfunktion im Jugendgremium ein: Ihm kommt sowohl die Aufgabe zu, die Forderungen der jungen Abgeordneten je nach Zuständigkeit entweder an den Stadtrat oder die jeweiligen Verwaltungssauschüsse weiterzugeben, als auch den Parlamentsmitgliedern in den Sitzungen zu berichten, was mit ihren Anliegen geschehen ist.

Die Organe der Stadt haben sich verpflichtet, über die Parlamentsbeschlüsse zu beraten und sie – wenn möglich – umzusetzen. Dies bedeutet, dass Beschlüsse, die im Parlament gefasst werden als "Empfehlungen" in die entsprechenden Fachausschüsse der Stadt eingehen müssen. Fordern die Abgeordneten zum Beispiel eine Verbesserung der Busverbindungen, so ist der Verkehrsausschuss verpflichtet, sich mit diesem Thema zu beschäftigen.[86] Die jungen Abgeordneten erhalten eine "Aufwandsentschädigung" von DM 5,- pro Sitzung. Außerdem wurde dem Parlament jeweils ein Betrag von DM 1000,- vom Landkreis Gifhorn und der Stadt Wittingen zur freien Verfügung gestellt.

Während der Amtszeit des ersten Wittinger Parlaments fanden insgesamt neun Sitzungen statt. Die jungen Abgeordneten kritisierten in dieser Zeit zum Beispiel das Fehlen von Fahrradwegen, mangelhafte Busverbindungen oder den schlechten Zustand vieler Spielplätze in Wittingen und Umgebung. Sie forderten die Sanierung der Turnhalle oder die Verbesserung der öffentlichen Beleuchtung in Wittingen, damit sich Kinder und Jugendliche bei Dunkelheit sicherer fühlen. Themen, die über die direkten regionalen Belange hinausgingen, wie etwa "Schutz vor Drogen" oder auch Antirassismus, wurden zwar von

---

86 So sieht es ein entsprechendes Konzept vor, das gemeinsam von der Kreisjugendpflege Gifhorn und der Wittinger Stadtjugendpflege verfasst und vom Verwaltungsausschuss der Stadt Wittingen akzeptiert wurde. (Kreisjugendpflege Gifhorn/Stadtjugendpflege Wittingen 1995)

einigen Abgeordneten bei ihrer Kandidatur als Vorhaben angegeben (siehe Tabelle 4), aber im Parlament nicht behandelt. Im Laufe der zweijährigen Amtszeit konnten die jungen ParlamentarierInnen durchaus Erfolge für sich verbuchen. So wurden zum Beispiel einige Spielplätze umgestaltet und bekamen neue Spielgeräte; die "Graffiti-Szene" erhielt die Möglichkeit, eine Wand zu gestalten; eine Turnhalle wurde renoviert, mehrere Fahrradwege sollten früher gebaut werden als ursprünglich von der Stadt geplant und die Stadtbibliothek passte ihre Öffnungszeiten dem Tagesablauf der SchülerInnen an. Nach Ablauf der zweijährigen Amtszeit ist im Dezember 1997 in Wittingen ein neues Jugendparlament gewählt worden und mittlerweile amtiert bereits das dritte Jugendparlament der Stadt.

7.2 Die Abgeordneten des Jugendparlaments

Für eine Kandidatur zum Jugendparlament konnten sich interessierte Wittinger Kinder und Jugendliche im Alter von 10 bis 17 Jahren aufstellen lassen. Sie mussten zuvor einen "Kandidatenschein", mit mindestens drei Unterschriften von wahlberechtigten SchülerInnen, die sie bei der Kandidatur unterstützen, eingereicht haben. Bis zum Abgabeschluss dieses Scheines hatten sich 31 AnwärterInnen auf ein Mandat im Parlament gefunden. Um sich bei ihren potenziellen WählerInnen bekannt zu machen, haben die KandidatInnen jeweils auf einem "Wahlflugblatt" der Schulöffentlichkeit mitgeteilt, wie alt sie sind, welche Hobbys sie haben und für welche Anliegen bzw. Bereiche sie sich als Abgeordnete im Parlament einsetzen würden. Als Themen gaben sie vor allem verschiedene Belange der Schulen, die Verbesserung der Verkehrsverbindungen und eine Ausweitung der Freizeitangebote für Jugendliche an.

Gewählt wurden elf Abgeordnete und zwar acht Mädchen und drei Jungen. Ein ungewöhnliches Ergebnis – hat doch beispielsweise die bereits erwähnte, von Hermann durchgeführte Untersuchung parlamentarischer Beteiligungsmodelle ergeben, dass hier die Mädchen deutlich in der Minderheit waren. (Vgl. Hermann 1996a, 172)[87] Zehn der neu gewählten ParlamentarierInnen hatten die deutsche Staatsangehörigkeit und einer die türkische. Das Durchschnittsalter der jungen Abgeordneten lag am Tag der Wahl bei etwa vierzehn Jahren. Auffällig ist, dass sich die Altersstruktur vom Zeitpunkt der Wahl im Herbst 1995 bis zum Dezember 1996, also nach mehr als einem Jahr, kaum verändert hatte; denn es sind mehrere ältere Abgeordnete ausgetreten und für sie sind überwiegend jüngere nachgerückt. Bis zur sechsten Sitzung im Dezember 1996 hatten bereits drei mittlerweile 17-Jährige – darunter auch der Präsident des Parlaments – und eine 15-jährige Abgeordnete (die Vizepräsidentin) das Parlament wieder verlassen. Nachdem der 17-jährige Präsident im Mai 1996 zurückgetreten ist, wählten die JugendparlamentarierInnen ein 11-jähriges Mädchen zur Präsidentin. Im Dezember 1996 trat dann auch die 15-jährige Vizepräsidentin zurück. Ihre Funktion übernahm ein 12-jähriger Junge. Am Tag der Wahl besuchten drei Abgeordnete die Orientierungsstufe, zwei die Hauptschule, drei die Realschule und ebenfalls drei das Gymnasium. Diese recht ausgewogene Verteilung auf die verschiedenen Schulformen hat sich nach gut einem Jahr vor allem zugunsten des Gymnasiums verschoben. Im Dezember 1996 gingen fünf Abgeordnete zum Gymnasium, zwei zur Hauptschule, eine zur Realschule und eine zur Orientierungsstufe. Eine Parlamentarierin besuchte mittlerweile eine Fachschule und eine Abgeordnete hatte eine Ausbildung begonnen. Eine zahlenmäßiges Übergewicht von GymnasiastInnen parlamentarischen Beteiligungsmodellen stellt auch Hermann fest: Hier lag der Anteil der SchülerInnen eines Gymnasiums bei knapp 65%. (Vgl. Hermann 1996a, 208)[88]

---

87 Nach Hermann kommen auf durchschnittlich zehn weibliche Mitglieder in Jugendgemeinderäten (in der Untersuchung wurden 17 Gemeinderäte berücksichtigt) sechzehn Jungen. (Vgl. Hermann 1996a, 172) Eine bundesweite Erhebung des Deutschen Jugendinstituts kommt zu dem Ergebnis, dass in über der Hälfte der hier einbezogenen repräsentativen Beteiligungsmodelle (n = 29) der Mädchenanteil unter 50% lag. (Vgl. Bruner/Winklhofer/Zinser 1999, 45)
88 Hermann befragte in diesem Kontext im Rahmen seiner quantitativen Untersuchung insgesamt 107 Mitglieder von Jugendgemeinderäten. (Vgl. Hermann 1996)

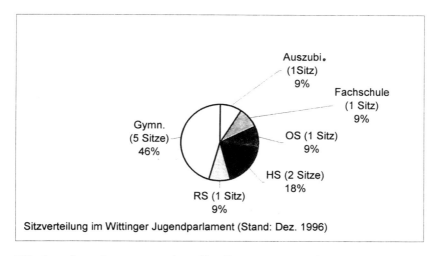

Sitzverteilung im Wittinger Jugendparlament (Stand: Dez. 1996)

Wie bereits erläutert wurden die dieser Untersuchung zugrunde liegenden Interviews mit allen Abgeordneten des ersten Wittinger Jugendparlaments geführt, die bis zum Juni 1997 an mindestens einer Parlamentssitzung teilgenommen hatten. Jeweils zwei weibliche und zwei männliche Interviewte waren zum Zeitpunkt der jeweiligen Gespräche bereits wieder aus dem Gremium ausgeschieden. Die beiden weiblichen Jugendlichen gaben als Grund für ihren Rücktritt Zweifel an der Effektivität des Parlaments an, ein männlicher Befragter war aus formalen Gründen gezwungen, sein Mandat niederzulegen, und der andere schilderte im Interview, dass ihm die Parlamentssitzungen wegen ihrer übertriebenen *"Bürokratie"* nicht gefallen hätten und er deshalb zurückgetreten sei. Ein Interviewter formulierte während unseres Gesprächs die Absicht, sein Mandat aus zeitlichen Gründen niederzulegen und tat dies dann in der folgenden Sitzung. Für die ausgeschiedenen MandatsträgerInnen sind jeweils neue Abgeordnete nachgerückt.[89] Die folgende Tabelle gibt eine Übersicht über die "Amtszeit" der von mir interviewten JugendparlamentarierInnen und die Themen, die sie bei ihrer Kandidatur angegeben haben.

---

89 In einem Fall sind für einen ausgeschiedenen Jugendparlamentarier zwei Mandatsträgerinnen nachgerückt, weil sie die gleiche Anzahl von Stimmen für sich verbuchen konnten. Seit diesem Zeitpunkt hatte das Parlament 12 Abgeordnete.

Tabelle 4: Themen bei der Kandidatur und die "Amtszeit" der Interviewten

Alter[90]	Wenn ich in das Jugendparlament gewählt werde, mache ich mich stark für:	Mitarbeit im JP seit:	Austritt aus dem JP
(11/12)	Keine Angaben	November 1995	
(11/12)	Verbesserungen im Wittinger Schwimmbad, Sicherheit im Straßenverkehr, mehr Spaß für Jugendliche, Verbesserungen auf den Spielplätzen, gegen Ausländerfeindlichkeit	Juni 1996	
(13/14)	Verbesserungen im Wittinger Schwimmbad, die Orientierungsstufe Wittingen, das Kino in Wittingen, mehr Veranstaltungen für Jugendliche	Dezember 1996	
(13/14)	Mehr und bessere Spielplätze, mehr Münztelefone in der Innenstadt und in Kinonähe	April 1997	
(13/14)	Schulhofverschönerungen und "alles, was anfällt"	November 1995	
(13/14)	Bessere Unterrichtsversorgung, die Belange der Schule, die Renovierung der Turnhalle, "Politiker wachrütteln"	November 1995	
(13/14)	Bessere Busverbindungen	November 1995	
(13/14)	Tempo 30 in Wittingen, Radwege, mehr Freizeitmöglichkeiten	April 1997	

---

90 Um die Anonymität der Interviewten zu gewährleisten, wurden hier keine Namen genannt – auch nicht die anonymisierten – und stets zwei Altersstufen zusammengefasst. Die Altersangaben beziehen sich auf das Alter der Abgeordneten zur Zeit des Interviews.

(15/16)	Alle Belange der Kinder und Jugendlichen, sichere Verkehrswege für Kinder und Jugendliche	November 1995	
(15/16)	"Die Schule so gestalten, dass die Schüler sich wohlfühlen", "Schüler/innen fördern (z.B. Organisation von Nachhilfe)", "Lehrer/innen in Zusammenarbeit mit der Schülermitverwaltung"	November 1995	
(15/16)	Keine Angaben	November 1995	Dezember 1996
(17/18)	Den Bau von Radwegen, die Einrichtung von Jugendtreffs, bessere Schulbusverbindungen, mehr Veranstaltungen für Jugendliche, den Schutz vor Drogen, die SV-Arbeit an den Wittinger Schulen	November 1995	Juni 1996
(17/18)	Verbesserungen im Schwimmbad, mehr Angebote für Jugendliche, die Säuberung von Spielplätzen, Umweltschutz, Verbesserungen an Schulen	November 1995	Ende 1996[91]
(17/18)	Das Jugendzentrum	Juni 1996	April 1997
(17/18)	Sichere Verkehrswege, Hilfen für ausländische Mitbürger (Hausaufgaben etc.), Schülerbeförderungen	November 1995	Juni 1996
(17/18)	Radwege, Schulhoferneuerung, "keine Hunde auf Spielplätzen"	November 1995	

---

[91] Der "offizielle" Parlamentsaustritt dieses Parlamentsmitglieds ist in keinem der mir vollständig vorliegenden Sitzungsprotokolle verzeichnet. Zum Zeitpunkt unseres Interviewgesprächs im Januar 1997 war es bereits zurückgetreten und eine Interviewpartnerin berichtet schon im Dezember 1996 von seinem Rücktritt.

8. Ergebnisse der qualitativen Untersuchung (Teil 2) – Politische Partizipation im Jugendparlament

Nachdem der Fokus der Interviewinterpretation in Kapitel 6 auf der Analyse des Verhältnisses der interviewten Jugendlichen zur konventionellen Politik lag, soll im Folgenden ihre Einstellung zum Wittinger Jugendparlament näher betrachtet werden. Dabei geht es um ihre Motive für die Kandidatur zum Jugendparlament, um Anerkennungsprozesse im Jugendparlament, um Erfahrungen mangelnder Wertschätzung, welche die Interviewten im Hinblick auf die Mitarbeit in dem Jugendgremium beschreiben und schließlich, um ihre Motivation, sich auch im Erwachsenenalter politisch zu engagieren.

8.1 Motive für die Kandidatur zum Jugendparlament

Britta (13) erläutert, warum sie sich als Kandidatin für das Jugendparlament hat aufstellen lassen. Zum Zeitpunkt ihrer Kandidatur besuchte sie noch die Orientierungsstufe (OS) in Wittingen. Mittlerweile ist sie Schülerin des Gymnasiums:

"Ich hab davon gehört, dass es auch sehr viel bewirken soll. Und wir waren ja alle nicht sehr zufrieden damals auf der OS. Also was da alles so ablief. Na ja, deswegen dachte ich, damit könnte man vielleicht was verändern." (14: 1)

Auf die Frage, womit sie konkret in der Schule nicht zufrieden war, antwortet Britta:

"Mit den ganzen Umständen: Mit der Unterdrückung von den Jüngeren, weil das war auch ganz schön Mist, was die Realschüler[92] da gemacht haben und Älteren. [...] Da hieß es immer 'Oh, die schrecklichen Fünftklässler und Sechstklässler'. Na ja immer so lief das ab, ganz schön extrem war das. Ich glaub, das ist jetzt eigentlich immer noch so, ich weiß es nicht so genau . [...] Aus meiner Klasse wurden auch schon welche mit dem Messer bedroht oder wurden welche verprügelt, aber meistens war es nur so ... halt gespottet." (14: 1)

Britta ist die einzige Interviewte, die auf die Frage nach den Motiven für eine Kandidatur im Jugendparlament eine konkrete Situation

---
92 Die Orientierungsstufe und die Realschule in Wittingen sind im selben Gebäude untergebracht.

nennt, die sie verbessern möchte. Sie hatte vor, sich gegen die von ihr wahrgenommen Missstände in der Schule zu wehren. Demnach sah sie durch ihre Mitarbeit im Jugendparlament die Chance, sich gegen die *"Unterdrückung"* ihrer Altersgruppe durch Ältere zur Wehr zu setzen. Dieses Ziel scheint die Interviewpartnerin allerdings mit ihrem Wechsel von der Orientierungsstufe zum Gymnasium aus den Augen verloren zu haben; denn sie ist unsicher, ob sich diesbezüglich an icher ehemaligen Schule etwas verändert hat. Deutlich wird hier, dass Brittas persönliche Betroffenheit eine Rolle bei der Kandidatur gespielt hat. Durch den Schulwechsel hat sich ihre persönliche Situation verändert und das Thema Unterdrückung der Orientierungsstufenschülerinnen durch Ältere ist für sie offenbar nicht mehr so wichtig. Die Formulierung *"Ich hab davon gehört, dass es auch sehr viel bewirken soll"* macht transparent, dass den Jugendlichen während der Informationsveranstaltungen in Aussicht gestellt wurde, durch eine Mitarbeit in dem Jugendgremium größere Einflussmöglichkeiten zu erlangen. Diese Chance wollte Britta offenbar nutzen, um gegen einen von ihr wahrgenommenen konkreten Missstand vorzugehen.

Für Julian (17) gaben sein grundsätzliches politisches Interesse und der Aspekt, etwas verändern und möglicherweise auch an Einfluss gewinnen zu können, den Ausschlag für seine Entscheidung, sich als Kandidat für das Jugendparlament aufstellen zu lassen. Im Unterschied zu Britta nennt Julian keine konkrete Situation als Auslöser für sein Engagement. Er berichtet, dass ein Mitglied des Wittinger Stadtrates ihn auf des Jugendparlament aufmerksam gemacht hat:

"Ich hab mich von Anfang an für Politik interessiert und Herbert [ein Politiker aus Wittingen], *wir waren gut befreundet und so, hat mir erzählt, es gäbe ein Jugendparlament. [...] Und er hat mir erzählt, was wir alles machen können. Da hab ich sofort ja gesagt, natürlich." (4: 1)*

Nachdem Julian erfahren hatte, wie groß die potenziellen Wirkungsmöglichkeiten des Jugendparlaments sind, bestanden für ihn offenbar keine Zweifel daran, sich als Kandidat aufstellen zu lassen. Er ist offensichtlich an der Erweiterung seiner politischen Einflussmöglichkeiten interessiert und erhofft sich durch die Mitarbeit im Jugendparlament dazu die adäquaten Mittel an die Hand zu bekommen. Wichtig ist demnach der Aspekt durch ein Engagement im Jugendgremium an

– wie er es selbst im Verlauf des Interviews bezeichnet – *"Macht"*[93] zu gewinnen.

Lorenz (17) nennt die Lust, sich politisch zu engagieren bzw. in einer Interessenvertretung mitzuwirken, als einen Beweggrund für das Jugendparlament zu kandidieren:

"Ich habe im Vorfeld ziemlich mit der SV zu tun gehabt, also Schülervertretung. Und es hat mir eigentlich ziemlich viel Spaß gemacht. Dann bin ich letztes Jahr nicht wieder gewählt worden und dachte: 'Na ja, irgendwie ganz ohne kann es dann doch nicht'. Und da hat Herr Müller [ein Lehrer] mich darauf angesprochen, ob ich das machen möchte. [...] Ich hab zwar nicht geglaubt, dass ich reinkomme, aber hat dann doch glücklicherweise funktioniert." (7: 1)

Tobias (13) betont, dass er zum einen aus Neugierde für das Jugendgremium kandidiert hat und zum anderen auch im Auftrag seiner Klasse:

"Der Lutz [Stadtjugendpfleger] war bei uns in der Schule. Und der hat dann gesagt, wie das so geht und so was. Und dann wollt ich da mal gucken, wie das ist. Und dann hab ich mich gleich aufstellen lassen. [...] Ich war ja auch Klassensprecher und dann haben welche gesagt: 'Mach das mal lieber, damit wir wissen, wie das ist. Ob wir da auch rein können.'" (11: 1)

Tobias beschreibt sich hier als mutigen Vorreiter, der das Engagement im Jugendparlament für die anderen testet. Ihm wird durch Gleichaltrige die Kompetenz zugeschrieben, beurteilen zu können, ob eine Mitarbeit im Parlament seinen Mitschülern und -schülerinnen adäquat ist bzw. ob man es wagen kann, dort mitzuarbeiten.

Für Silke (18) spielten ihre verbalen Fähigkeiten eine Rolle für die Kandidatur. Sie berichtet, dass ihre MitschülerInnen sie nach einer Informationsveranstaltung in der Schule motiviert haben, zu kandidieren:

"Und dann haben die aus meiner Klasse gesagt, 'Mensch, du bist doch genau die Richtige dafür. Du laberst doch sowieso immer so viel.' Ja und da hab ich mich entschlossen, das einfach zu machen. Dann hab ich halt die Zettel ausgefüllt und mir überlegt, was ich machen könnte und dann noch gefragt, was die sich wünschen, was wir da machen könnten. Dann hab ich gesagt, 'das wollen wir machen.'" (5: 1)

---

93 Vgl. dazu eine andere Stelle des Interviews mit Julian, auf die ich im nächsten Kapitel noch genauer eingehen werde: *"Da [im Jugendparlament] hat man auch ein bisschen mehr Macht. Auch wenn es nur ein bisschen ist, aber immerhin"*. (4: 3)

Silke ist von ihren Mitschülern und -schülerinnen vor allem auf Grund ihrer verbalen Kompetenz darin bestärkt worden, sich als Kandidatin für das Jugendparlament aufstellen zu lassen. Auf Basis dieser Unterstützung hat sie sich *"entschlossen"*, zu kandidieren und ist dann verantwortungsbewusst mit dieser Kandidatur umgegangen. Nachdem sie darüber nachgedacht hat, für welche Themen sie persönlich sich im Jugendparlament gern einsetzen würde, hat sie, bevor sie sich auf die Liste der KandidatInnen gesetzt hat, die Wünsche der anderen abgefragt.

Linda (15) hat die Anregung zu kandidieren durch ihren Lehrer und ihre MitschülerInnen erhalten:

"Unbedingt sollte einer aus unserer Klasse. Ich war nicht die Einzige, sondern ein Junge aus der Klasse hat sich auch aufstellen lassen. Die [MitschülerInnen] meinten: 'Wenn das einer kann, dann du'. Ich hab 'ne ganz schön große Schnauze auch. Ich sag, was ich denke." (3: 1)

Linda beschreibt, wie ihre MitschülerInnen ihr die für eine Mitarbeit im Jugendparlament nötige Kompetenz zugesprochen haben und nimmt dies gleichzeitig als Anlass zur Selbstreflexion: Sie ist eine Person, die sich traut, ihre Meinung zu sagen und diese Eigenschaft befähigt sie dazu, ein "politisches Mandat" zu übernehmen. Sie betrachtet sich damit selbst aus der Perspektive ihrer MitschülerInnen. Ihrer Ansicht nach, sprechen die anderen ihr die nötige Kompetenz für die Mitarbeit im Jugendgremium zu, weil sie – wie sie selbst weiß – eine *"große Schnauze"* hat. Linda findet sich damit augenscheinlich in ihrem Selbstwertgefühl bestätigt. Eine wichtige Rolle dürfte in diesem Kontext die soziale Anerkennung spielen, die sie hier durch Gleichaltrige erfährt. Zum einen wird die Mitarbeit im Jugendparlament als schwierige Aufgabe dargestellt: *"Wenn das einer kann ..."* bedeutet schließlich auch, das können nur wenige und Linda zählt – wie sie hier berichtet – in den Augen ihrer Klassenkameraden und -kameradinnen zu diesen wenigen. Sie wird folglich als Person anerkannt, welche die Fähigkeit besitzt, die Gruppe der Gleichaltrigen im Parlament zu vertreten. Interessant ist auch, wie Linda die Einflussnahme durch den Lehrer darstellt: *"Unbedingt sollte einer aus der Klasse".* Der Lehrer insistiert darauf, dass eine Person aus der Klasse kandidiert und übt damit einen gewissen Druck aus. Linda stellt sich also einer (durch die Lehrkraft gestellten?) Aufgabe, die nach Ansicht ihrer MitschülerInnen nur sie erfüllen kann.

Carola (18) berichtet, wie die Lehrkräfte an ihrer Schule versucht haben, SchülerInnen zur Kandidatur zu überreden:

"Und dann meinte unser Sozialkundelehrer. 'Ja, ihr müsst euch mal vorstellen, was für ein gutes Bild das für die Schule ist, wenn ihr im Jugendparlament seid.' [...] Und als ich dann ausgetreten bin, als ich ihm dann aber auch erklärt hatte, dass das nicht mehr geht und warum ich da ausgetreten bin, wurde ich ganz patzig von ihm angemacht, wie das denn für die Schule wäre, wenn da jetzt so wenige vom Gymnasium sind. Weil für ein Gymnasium ist es ja immer wichtig, dass da in solchen Sachen viele Schüler vertreten sind. Und das fand ich dann halt auch irgendwie ein bisschen daneben, dass er das nachher wirklich nur so gesehen hatte, dass wir da hingehen, um die Schule praktisch zu vertreten und nicht eigentlich das, was uns Jugendliche angeht." (15: 4)

Carola kritisiert, dass die Kandidatur für das Parlament in erster Linie dem Renommee der Schule dienen sollten und es den Lehrkräften aus ihrer Sicht im Grunde genommen nicht um die Interessen von Jugendlichen ging, sondern um das Image der Schule. Damit hätte die Kandidatur für die LehrerInnen lediglich Alibicharakter.

Merle (13) distanziert sich von ihrer Kandidatur. Sie hat sich aufstellen lassen, weil die anderen dies auch getan haben. Auf die Frage, wie sie darauf gekommen ist zu kandidieren antwortet sie:

"Weiß ich auch nicht, war so eine Idee. Es ging so rum und alle haben das gemacht und dann hab ich es auch gemacht." (16: 1)

Die Interviewpartnerin deutet an, dass das Drängen einer Lehrerin eine Rolle bei ihrer Kandidatur gespielt hat. Als sie gefragt wird, ob sie durch irgendwen motiviert wurde, sich zur Wahl zu stellen, sagt sie:

"Nee, das war auf so 'ner SV-Sitzung. Ich war Klassensprecherin, als ich gewählt wurde. Da hat uns unser SV-Lehrerin vollgequatscht: 'Könnt ihr ja mal machen' und so." (16: 1)

Merle drückt aus, dass sie sich wenig Gedanken über ihre Kandidatur gemacht hat. Sie stellt sich als eine Person dar, die, eher aus einem spontanen Einfall und weil dies "alle" getan haben als aus einer Überlegung heraus, kandidiert hat. Sie macht indirekt deutlich, dass ihr das Jugendparlament weitgehend gleichgültig ist. Eigentlich weiß sie gar nicht, warum sie sich zur Wahl gestellt hat. Eine Lehrerin hat sie *"vollgequatscht"*: "Vollquatschen" impliziert das Überschütten mit

Worten, wobei man in der Regel nicht nach der eigenen Meinung gefragt wird. Eine Person, die vollgequatscht wird, ist nicht aktiv am Gespräch beteiligt, sondern findet sich meist unfreiwillig in die Rolle des Zuhörers oder der Zuhörerin gedrängt. Hier klingt bereits an, dass Merle sich mittlerweile von ihrer Arbeit im Jugendparlament distanziert und ihr relativ gleichgültig ist, was dort geschieht. Im Verlauf unseres Gespräches macht sie dann auch deutlich, dass die Jugendparlamentssitzungen sie langweilen und sie die dort besprochenen Themen für weitgehend irrelevant hält.[94] Andere Dinge – sie nennt hier im Verlauf des Interviews beispielsweise das Einkaufen[95] – haben für sie wesentlich mehr Gewicht als ihre Abgeordnetentätigkeit. Und sie hält das Parlament für ineffektiv: Im Verlauf des Interviews frage ich noch einmal nach, ob sie denn schon bei ihrer Kandidatur der Ansicht war, dass das Gremium eigentlich nichts bewirken würde. Sie antwortet:

"Nee, da hab ich gedacht, das bringt alles was. Und dann ist mir aufgefallen – es bringt irgendwie gar nichts." (16: 3)

Diese Aussage lässt darauf schließen, dass der von Merle herausgestellten Gleichgültigkeit auch eine gewisse Enttäuschung zugrunde liegt, denn die Interviewpartnerin verdeutlicht, dass die Erwartungen, die sie mit einer Arbeit im Jugendparlament verbunden hatte, nicht erfüllt worden sind.

Kyra (15), die als sie interviewt wurde, bereits wieder aus dem Jugendparlament ausgetreten war, bringt gleich zu Beginn des Interviews zum Ausdruck, dass sie sich in den Sitzungen des Jugendparlaments gelangweilt und nicht ernst genommen gefühlt hat. Auf die daran anschließende Frage, welche Hoffnungen sie mit ihrer Kandidatur verbunden hat und was ihr erster Gedanke war, als sie sich hat aufstellen lassen, antwortet sie:

"Ich hab einfach gar nichts gedacht. Unser Klassenlehrer hat gesagt: 'Ja, da ist was mit dem Jugendparlament'. In der Schule wurde es vorgestellt und dann hab ich halt überlegt: 'Ja, kannst ja noch mal hinrennen'. Die Sitzung war schon im

---

94 Auf diese Punkte werde ich im Lauf der Untersuchung noch genauer eingehen.
95 Merle hatte oft keine Zeit zu den Sitzungen zu kommen und begründet dies folgendermaßen: *"Es ist immer an den ungünstigsten Zeitpunkten diese Parlamentssitzung, immer dann, wenn ich was anderes vorhab. Das letzte Mal war ich gerade einkaufen. Ist irgendwie immer ungünstig. Immer dann, wenn irgendwer Stress hat – ich oder 'ne Freundin, und die braucht dann Beistand ... na ja, 'Ich muss erst mal Politik machen!'" (16: 16)*

Gange und dann bin ich halt so 'ne Viertelstunde später reingekommen. Es hörte sich halt gar nicht mal so schlecht an, als sie das da erzählt haben. Dann hab ich überlegt: 'Ja kannst ja mal versuchen mit dem Kandidieren. Du kannst dir das ja mal angucken, wie es ist und dann ... Na ja, war halt nicht so mein Ding." (12: 1)

In Kyras Aussagen zur Kandidatur wird ihre Skepsis gegenüber dem Parlament deutlich. Ihre Hoffnungen, dass es interessant sein könnte, im Jugendparlament mitzuwirken – *"Es hörte sich gar nicht mal so schlecht an."* – haben sich offensichtlich im Nachhinein nicht erfüllt. Auch die Formulierung *"kannst ja noch mal hinrennen"* zeugt von einer gewissen Distanz. Kyra ist eher beiläufig *"noch mal hingerannt"*, zur Informationsveranstaltung.[96] Die Veranstaltung war für sie dann offenbar – wider Erwarten? – so interessant, dass sie sich zur Kandidatur entschlossen hat. Ähnlich wie bei Merle zeugen die Aussagen Kyras auch von enttäuschten Hoffnungen: Die Interviewte betont, dass sie nicht viel erwartet hat, sie ist eher beiläufig noch mal zur Informationsveranstaltung gegangen, ja sie ist sogar zu spät gekommen. Hier schwingt auch mit, dass sie alles nicht so ernst genommen hat. Es hörte sich zwar nicht *"schlecht"* an, aber es hat sich jedenfalls für Kyra als *"schlecht"* erwiesen. Es war nicht *"ihr Ding"*. Wie bereits ausgeführt, ist Kyra einerseits durchaus politisch interessiert, anderseits weist sie eine deutliche Distanz gegenüber den Strukturen des politischen Systems auf. Möglicherweise war ihre Kandidatur mit der Hoffnung verknüpft, im Jugendparlament einen angemessenen Artikulationsrahmen für ihr politisches Interesse zu finden. Dieser Erwartung wurde aber – wie im weiteren Verlauf des Interviews noch sehr deutlich wird – letztlich nicht entsprochen. Im Gegenteil: Sie ist der Meinung, den jungen Abgeordneten werde nur vorgegaukelt, dass sie mitbestimmten könnten, denn über die Beschlüsse des Jugendparlaments hätten letzten Endes Erwachsene entschieden. Unter anderem deshalb bezeichnet sie das Gremium im Interview auch als *"Kaspertheater"* (12: 4).[97] In Kyras Aussage zu ihrer Kandidatur kommt auch eine gewisse Scham zum Vorschein. Möglicherweise ist es ihr peinlich bei diesem *"Kaspertheater"* mitgewirkt zu haben und deshalb lässt sie anklingen, dass sie die Kandidatur von

---

[96] Ob dies vor allem im Auftrag des Lehrers geschehen ist oder ob hier vor allem eigene Motive und Interessen eine Rolle spielten, wird aus der Interviewpassage letztlich nicht deutlich.
[97] Auf diesen Punkt werde ich im Verlauf der Analyse noch detaillierter eingehen.

vornherein nicht so ernst genomen hat. Insofern würde sie versuchen, ihre Enttäuschung hinter der von ihr herausgestellten Gleichgültigkeit zu verbergen. Kyras Erwartungen, im Gremium ernst genommen zu werden – der Begriff *"Kaspertheater"* legt schließlich auch die Assoziation "Kinderkram" nahe – wurden aus ihrer Sicht offensichtlich nicht erfüllt.

8.1.2 *"Ich hab 'ne ganz schön große Schnauze auch."* – Zusammenfassung

Bis auf Julian sind alle von mir interviewten Jugendlichen in der Schule, entweder durch eine Lehrkraft bzw. durch die gemeinsam von der Stadtjugendpflege und der Kreisjugendförderung organisierte Informationsveranstaltung auf die Möglichkeit, für das Jugendparlament zu kandidieren, hingewiesen worden. Als Motiv für die Kandidatur geben die Interviewten verschiedene Gründe an: Neugierde und das Bestreben, sich mit ihren spezifischen "politischen" Kompetenzen auszuprobieren sowie die Hoffnung, durch die Mitarbeit im Jugendparlament ganz allgemein Verbesserungen für Kinder und Jugendliche herbeiführen zu können. Julian (17) nennt außer seiner Hoffnung, größere Mitwirkungsmöglichkeiten zu bekommen auch sein politisches Interesse als einen Auslöser für die Kandidatur. Lorenz (17) gibt an, dass sein Spaß am politischen Engagement ein Grund dafür war, sich aufstellen zu lassen und Britta erwähnt einen konkreten Veränderungswunsch als Motiv, sich zur Wahl zu stellen. Zum Ausdruck kommt auch, dass sich mehrere Interviewte[98] bereits in der Schülervertretung, einem Mitwirkungsorgan der jeweiligen Schulen, engagiert haben und von daher schon auf Erfahrungen als VertreterInnen von Jugendinteressen zurückgreifen konnten.

Deutlich wird, dass die Einrichtung des Parlaments nicht von den Jugendlichen angeregt wurde, sondern auf Erwachseneninitiative beruht. Alle sechzehn InterviewpartnerInnen wurden zunächst bis auf eine Ausnahme durch Erwachsene – durch Lehrkräfte und die beiden Jugendpfleger – motiviert und zum Teil wohl auch überredet zu kan-

---

98 Von den sechzehn Interviewten haben fünf im Laufe des Interviewgesprächs herausgestellt, dass sie in der Schülervertretung, zum Beispiel als Klassensprecher bzw. Klassensprecherin, aktiv sind oder es einmal waren.

didieren. Für viele war es aber offenbar ebenfalls von Bedeutung, zusätzliche Unterstützung durch Gleichaltrige zu erhalten: Diese Bestärkung hat sich beispielsweise darin geäußert, dass MitschülerInnen die Interviewten in ihrer Kompetenz für ein "politisches Amt" bestätigt haben. Insofern wird sowohl die Anerkennung durch Erwachsene als auch durch Gleichaltrige eine Rolle bei der Kandidatur gespielt haben. Nicht zuletzt schwingt in einigen Interviewaussagen ein gewisser Stolz mit, etwa wenn Tobias (13) erwähnt, dass er als Klassensprecher den Auftrag erhalten hat, das Jugendparlament zu testen. Die Mitarbeit im Jugendparlament wird zum Teil als schwierige Aufgabe dargestellt, für die man bestimmte Kompetenzen benötigt. Insofern erhalten die Gewählten ein hohes Maß an sozialer Anerkennung. Sie werden in ihrem Selbstwertgefühl bestärkt indem man ihnen indirekt attestiert, dass sie die notwendigen Kompetenzen besitzen, um als Vertretung der Gruppe der Jugendlichen agieren zu können. Merle (13), Kyra (15) und auch Carola (18) distanzieren sich in den mit ihnen geführten Interviews von ihrer Arbeit im Jugendparlament. Ihre Skepsis gegenüber dem Gremium scheint bereits in ihren Berichten über die Kandidatur durch. Merle und Kyra betonen unter anderem ihre Gleichgültigkeit gegenüber dem Parlament und bringen so ihre Distanz zum Ausdruck.

Hinter dieser vermutlich zur Schau gestellten Gleichgültigkeit dürften sich aber auch enttäuschte Hoffnungen und im Gremium erlebte Missachtungserfahrungen verbergen.[99]

8.2 Anerkennungsprozesse im Jugendparlament

In diesem Kapitel kommen Jugendliche zu Wort, die zum Ausdruck bringen, dass das Jugendparlament ihrer Ansicht nach insgesamt die Möglichkeit bietet, Jugendinteressen zu formulieren und durchzusetzen und die der Auffassung sind, sowohl durch die Kommunalpoliti-

---

99 Vgl. dazu auch Todorov, der betont, dass besonders bei Kindern und Jugendlichen oftmals der Impuls zu beobachten ist, Enttäuschungen "hinter dem Panzer der Gleichgültigkeit zu verbergen" (Todorov 1998, 119) um so künftigen Enttäuschungen auszuweichen.

ker als auch durch Eltern, Lehrkräfte und Gleichaltrige in ihrer Tätigkeit als Abgeordnete anerkannt zu werden. Deutlich wird, dass dieser Eindruck mit einem Zuwachs an Selbstwertgefühl und politischer Engagementbereitschaft verbunden sein kann.

8.2.1 Das Jugendparlament. Ein Artikulationsrahmen für die Interessen Jugendlicher

Britta (13) hat den Eindruck, durch ihre Arbeit im Jugendparlament die Chance zu erhalten, ihre Wünsche besser durchsetzen zu können. Seit sie in dem Gremium mitwirkt, traut sie sich eher, ihre Anliegen vorzubringen. Auf die Frage, ob sich bei ihr irgend etwas verändert hat, seit sie Abgeordnete im Parlament ist, antwortet sie:

"Ja vielleicht schon ... Wenn ich irgendwas ändern möchte, dann versuch ich da eher so richtig drauf zuzugehen und das auch wirklich zu schaffen. Weil früher, da war ich immer so ein bisschen pessimistisch. Jetzt hat sich das eher geändert, dass ich überall optimistisch rangehe. Und ich trau mich auch mit irgendwelchen Leuten zu reden, um irgendwas zu erreichen. Das hab ich früher auch nicht gemacht." (14: 7)

Frage: *"Und du meinst, das hat was mit dem Jugendparlament zu tun?" (14: 7)*

"Ja sicher. Es gibt einem das Gefühl, dass man irgendwie auch was schaffen kann und dass man nicht immer nur so ...: 'Ach, die kleinen Kinder, die können ja gar nichts'" (14: 7)

Offensichtlich ist Britta überzeugt davon, durch ihre Mitarbeit im Jugendparlament etwas erreichen zu können und dies wirkt sich positiv auf ihr Lebensgefühl aus. Sie geht Dinge optimistischer an. Britta fühlt sich nicht mehr als kleines Kind, dem jegliche Kompetenz abgesprochen wird, sondern als Person, die etwas bewirken kann und Einfluss hat. Ihrem neu gewonnen Optimismus stellt sie ihre "frühere", eher pessimistische Haltung gegenüber. Dieser Pessimismus war offenbar mit dem Gefühl verbunden, nichts verändern zu können und als "kleines Kind", dem nichts zugetraut wird, wahrgenommen zu werden. Sie übernimmt hier die Perspektive von Interaktionspartnern, die Kinder ihrer Ansicht nach in der Regel als inkompetent einstufen. Das Jugendparlament beurteilt sie als Institution, die jungen Menschen zu einer größeren Wertschätzung aus der Sicht eines potenziellen (erwachsenen) Gegenübers verhilft. Die Mitarbeit im Jugendparlament hat augenscheinlich positive Auswirkungen auf Brittas Selbstwertgefühl. Jedenfalls ist sie der festen Überzeugung – *"ja sicher"* steht ihr Optimismus im Zusammenhang mit dem Jugendparlament –, hier etwas *"schaffen"* zu können. Sie hat offenbar den Eindruck, als Person mit spezifischen Fähigkeiten Anerkennung zu finden und dies gibt ihr den Mut, sich für ihre Belange einzusetzen.

Charlotte (11) begreift das Parlament als eine Instanz, die den Anliegen von Kindern einen höheren Stellenwert verleiht:

Frage: "Es gibt ja die Meinung, das sagen auch viele Kinder und Jugendliche, dass sie von den Politikern nicht ernst genommen werden. Findest du das auch oder siehst du das ganz anders?" (2: 7)

"Also, wenn die Kinder jetzt direkt zu den Erwachsenen gehen, ich glaub, das wird nicht so ernst genommen. Aber wenn das vom Jugendparlament weitergegeben wird an die Erwachsenen, dann wird das ernst genommen." (2: 7)

Auffällig ist, wie klar die jüngste Interviewpartnerin, Charlotte, auf meine recht abstrakte Frage antwortet. Ich spreche sie hier als Expertin zum Thema Jugend und Politik an und bitte sie, über eine Meinung nachzudenken, zwischen zwei unterschiedlichen Antwortmöglichkeiten abzuwägen und letztlich ihre persönliche Einschätzung zu formulieren. Charlottes Ansicht nach werden Kinder normalerweise von Erwachsenen – und damit auch von Politikern – nicht sonderlich ernst genommen. Insofern stimmt sie der von mir zur Disposition gestellten Meinung zu, um dann eine Einschränkung vorzunehmen. Das Jugendparlament ist eine Instanz, die Kindern dazu verhilft, ernst genommen zu werden. Deshalb kann Charlotte der hier vorgetragenen Einstellung nur bedingt zuzustimmen: In der Regel werden die Anliegen von Kindern nicht wertgeschätzt, aber wenn sie die Möglichkeit haben, sich in einem Gremium wie dem Jugendparlament zu engagieren, dann – so die Überzeugung der jungen Abgeordneten – finden sie Beachtung.

Dies unterstreicht die Interviewpartnerin noch an einer anderen Stelle des Gesprächs. Dort macht Charlotte deutlich, dass sie seit ihrem Engagement im Jugendparlament ein größeres Durchsetzungsvermögen gegenüber den Lehrkräften ihrer Schule hat. Auf die Frage, ob sich seit ihrer Arbeit in dem Jugendgremium etwas verändert hat, antwortet sie:

"Ich setze mich jetzt auch mehr in der Schule ein, für andere Sachen und so. Wir sind ein paar Mädchen und wir sind jetzt auch schon zu Lehrern gegangen und haben uns beschwert. Also wir setzen uns jetzt auch mehr durch." (2: 6)

Der Eindruck durch das Engagement im Parlament ernst genommen zu werden, ermutigt Charlotte offensichtlich dazu, ihre Interessen gegenüber Erwachsenen – hier sind es die Lehrkräfte – vorzubringen. Über diese neue Erfahrung berichtet die Interviewpartnerin nicht ohne Stolz. Charlottes Darstellung lässt sich als Anzeichen eines gewachsenen Selbstwertgefühls interpretieren, das sich in einem gesteigerten Engagement für die eigenen Interessen artikuliert. Zudem wird die Erfahrung, ernst genommen und damit wertgeschätzt zu werden, auf andere Bereiche, die Schule, übertragen und kollektiv – gemeinsam mit anderen Mädchen – umgesetzt. Charlotte hat offensichtlich den Eindruck, dass die Arbeit als Abgeordnete ihr dazu verhilft, von Erwachsenen als ernst zu nehmende Interaktionspartnerin anerkannt zu werden. Und auf Basis dieser Erfahrung traut sie sich, die Anliegen von Kindern gegenüber Erwachsenen zu formulieren und durchzusetzen.

Nora (15) berichtet, was ihr in den Sitzungen des Jugendgremiums besonders gut gefallen hat:

"Ich meine, dass man über alles offen reden kann, dass nichts verheimlicht wird. Also von wegen: 'Da muss dies gemacht werden und da muss das gemacht werden.' Dass man uns auch zuhört, uns Jugendlichen, und nicht zur Seite schiebt: 'Das kann man später besprechen' und so." (9: 1)

Aus Noras Perspektive können im Jugendparlament Dinge ohne Einschränkungen besprochen werden. Hier klingt an, dass dies für sie keine Selbstverständlichkeit ist. Scheinbar hat die Interviewpartnerin auch schon erlebt, dass die Anliegen von Jugendlichen kein Gehör finden bzw. beiseite geschoben oder verborgen werden: Die Akteure oder Akteurinnen dieser Aktion würden Argumente – *"da muss dies gemacht werden und da muss das gemacht werden"* – vorschieben, die im Grunde genommen den Zweck hätten, Jugendinteressen ins Abseits zu stellen. Dass der Interviewten im Jugendparlament ermöglicht wird, eine andere Erfahrung zu machen, bewertet Nora als positiv. Offenbar werden aus ihrer Perspektive im Parlament Jugendthemen nicht auf später verschoben oder sogar ganz fallen gelassen, sondern sie stehen im Vordergrund des dortigen Interesses. Insofern erhalten die Anliegen junger Menschen nach Ansicht der Interviewpartnerin im Parlament eine vergleichsweise große Wertschätzung.

Zu einem späteren Zeitpunkt des Interviews verwendet Nora ähnliche Formulierungen wie in der eben vorgestellten Gesprächspassage: Sie berichtet über das allgemeine politische Interesse in ihrem Bekanntenkreis. Ihre Freunde und Freundinnen würden sich in der Regel kaum für Politik interessieren. Und wenn dort jemand Interesse hätte, seien das meistens Jungen. Auf die Frage, ob sie eine Idee hätte, warum dies so sei, antwortet sie:

"Ich denk 'mal die Mädchen haben Angst, dass sie da [in der Politik] *nicht respektiert werden, dass man sie zur Seite schubst und sagt: 'Du kannst uns später deine Meinung sagen. Erst kommen die anderen dran.' Dann merkst du halt, dass die Jungs bevorzugt werden." (9: 11f.)*

Demnach haben Mädchen die Befürchtung oder auch bereits die Erfahrung bzw. Beobachtung – *"Dann merkst du halt"* – gemacht, im Bereich der Politik nicht genügend geachtet und männlichen Jugendlichen gegenüber benachteiligt zu werden. Im Jugendparlament sammelt Nora offensichtlich andere Erfahrungen. Sie fühlt sich als weibliche Jugendliche ernst genommen. Nicht zuletzt erwähnt sie im Verlauf des Interviews, dass dort ihrer Ansicht nach *"alle gleich ernst genommen"* (9: 11) würden. *"Jeder darf sagen, was er will, egal ob's ein Mädchen oder ein Junge ist."* (9: 11) Eine Benachteiligung von Mädchen im Bereich der Politik, die Nora hier als Befürchtung weiblicher Jugendlicher darstellt, ist also aus ihrer Sicht im Jugendparlament nicht gegeben.

Julian (17) hatte das Jugendparlament zum Zeitpunkt des Interviews aus formalen Gründen bereits wieder verlassen müssen. Er hebt hervor, was ihm an seiner Arbeit als Abgeordneter gefallen hat:

"Was eigentlich gut war: Wenn ich nicht im Jugendparlament gewesen wäre, hätte ich gar nicht das Gefühl gehabt, auch mal was zu sagen zu haben. Dass einem zugehört wird von den anderen, auch wenn es selbst nur Jugendliche sind." (4: 15)

Durch seine Mitwirkung im Jugendparlament hat Julian erlebt, wie es ist *"etwas zu sagen zu haben"* und zwar gegenüber den anderen jugendlichen Abgeordneten. Dieses bewertet er als positive Erfahrung, die er, ohne die Möglichkeit in dem Gremium zu agieren, nicht gemacht hätte. Im Unterschied zu Britta, Charlotte und Nora, die wohl eher die Artikulationsmöglichkeit gegenüber Erwachsenen hervorheben, auch wenn allein Charlotte dies explizit formuliert, hat Julian an dieser Stelle Jugendliche als InteraktionspartnerInnen im Blick. Er fühlt sich offenbar von den anderen Abgeordneten respektiert. Die jungen ParlamentarierInnen sind zwar *"selbst nur Jugendliche"* – noch besser wäre es offenbar in der gleichen Weise von Erwachsenen akzeptiert zu werden – aber ihre Wertschätzung zu erleben, kann als wichtiger Schritt zur Stärkung seines Selbstwertgefühls verstanden werden.

8.2.2 Wertschätzung des Jugendparlaments in der Kommunalpolitik

Nach Tobias (13) haben die im Jugendparlament engagierten Jugendlichen Einfluss auf die Entscheidungen in der Kommunalpolitik. Dies führt er unter anderem auf den Stellenwert des Gremiums als Erstes dieser Art in Niedersachsen zurück. Auf die Frage, ob er meint, dass die Wittinger Politiker die Forderungen des Parlaments ernst nehmen würden, antwortet er:

"Ich glaub' schon, dass die Politiker uns ernst nehmen, sicher: das Erste in Niedersachsen. Ich glaub' schon, dass sie uns ernst nehmen, dass nicht einfach so gedacht wird, dass wir hier nur so was abstimmen und das dann zum Bürgermeister sagen ... Das könnte ja jeder machen." (11: 6)

Tobias hebt hier unter anderem die Besonderheit des Gremiums hervor. Meiner Ansicht nach argumentiert er folgendermaßen: Wenn überhaupt ein derartiges Jugendgremium eingerichtet wird und dann ist es auch noch das erste in Niedersachsen, müssen die dort gefassten Beschlüsse ernst genommen werden. Das Parlament wäre ja sinnlos, wenn die Abgeordneten lediglich über irgendwelche Themen abstimmen würden, um die Ergebnisse dann zwar dem Bürgermeister mitzuteilen, aber die Forderungen letztlich wirkungslos im Sande verliefen. Die Stellung des Parlaments verleiht den Anliegen der hier engagierten Jugendlichen gegenüber den Kommunalpolitikern ein Gewicht, das Jugendinteressen normalerweise nicht haben. Ansonsten könnte das *"ja jeder machen"*. Tobias scheint aus diesem Grunde davon überzeugt zu sein, als Abgeordneter im Parlament Einfluss auf die Kommunalpolitik zu haben und folglich mit seinen Wünschen und

Interessen eine größere Wertschätzung durch die Wittinger Politiker zu bekommen, als wenn er sich nicht in dem Gremium engagieren würde.

Auch Linda (15) ist der Meinung, dass das Jugendgremium ernst genommen wird. Ihrer Ansicht nach hängt dies auch mit der Berichterstattung durch die Presse zusammen.

Frage: *"Hast du das Gefühl, dass ihr durch das Jugendparlament für euch in Wittingen schon ganz konkret etwas verändert habt?" (3: 5)*

"Ich denke mal, dass dadurch, dass es auch in die Zeitung kommt, die Wittinger Politiker also darüber reden müssen, denk ich schon, dass sie Jugendliche so 'n bisschen erster nehmen, eventuell." (3: 5)

Bemerkenswert ist, dass Linda auf die Frage nicht mit konkreten Veränderungsbeispielen, wie dem geplanten Bau einer Mini-Ramp oder die Verbesserung der Busverbindungen, antwortet, sondern auf potenzielle Wertschätzung von Jugendlichen durch die Kommunalpolitiker eingeht. Ähnlich wie Tobias führt auch Linda die von ihr vermutete Anerkennung durch die Akteure der Kommunalpolitik auf den Stellenwert des Jugendgremiums in der Öffentlichkeit zurück: Durch des Interesse der Medien ist das Gremium so bekannt, dass die Politiker sich nicht erlauben können, es zu ignorieren. Linda stellt heraus, dass die politischen Akteure in Wittingen sich mit dem Parlament befassen *"müssen"*. Sie tun dies also nicht in jedem Fall aus freien Stücken, sondern auch auf einen gewissen Druck der Öffentlichkeit hin. Auffällig ist, wie vorsichtig sich die Interviewpartnerin hier ausdrückt: Jugendliche werden ein *"bisschen"* ernster genommen, *"eventuell"*. In diesem Kontext sei daran erinnert, dass Linda der Bundespolitik ein mehr oder weniger stark aus-geprägtes Desinteresse an den Belangen Jugendlicher attestiert hatte. (Vgl. Kap. 6.1.1) Sie zeigt auch hier eine gewisse Skepsis, was die Wertschätzung von Jugendinteressen anbelangt, glaubt aber, dass junge Menschen in Wittingen seit der Existenz des Parlaments zumindest eine größere Beachtung im Bereich der kommunalen Politik erfahren, als dies vorher der Fall war.

Nils (12) antwortet auf die Frage, ob sich seiner Meinung nach durch die Arbeit des Jugendparlaments etwas verändert hat:

"Ja, auf jeden Fall. Also im Rathaus, ich glaub schon, dass die Leute da manchmal über uns reden. Wenn Herr Mischke [der Geschäftsführer des Parlaments] loszischt und irgendwas über irgendwelche Zebrastreifen fragt und so. Ich

glaub' schon, dass die sich dann nach Dienstschluss auch über uns unterhalten."
(8: 7)

Nils ist der festen Überzeugung, dass die Wittinger Politiker sich seit der Einrichtung des Jugendparlaments mit den Anliegen junger Menschen befassen. Dies war seiner Meinung nach offenbar vorher nicht so. Bemerkenswert ist, welche zentrale Position dabei der Geschäftsführer das Parlaments erlangt. Aus Sicht des Interviewpartners ist Herr Mischke derjenige, der ins Rathaus "zischt" und die Politiker auf die Themen des Parlaments hinweist. Nils hatte sich bei einer Sitzung des Gremiums für die Errichtung eines Zebrastreifens an einer bestimmten Straßenkreuzung im Wittinger Stadtgebiet eingesetzt. Er vertraut offenbar darauf, dass der Geschäftsführer dieses Anliegen den Kommunalpolitikern gegenüber zur Sprache bringt bzw. durch gezieltes Nachfragen für eine Diskussion über dieses und andere im Parlament vorgebrachten Anliegen sorgt. Damit spricht er Herrn Mischke eine Vermittlungsfunktion zwischen den jungen Abgeordneten und zum Beispiel dem Stadtrat zu, die laut Geschäftsordnung des Jugendgremiums eigentlich der Bürgermeister innehat. Die angenommene Intervention des Geschäftsführers geht aber offensichtlich auch über das bloße neutrale Vermitteln hinaus: Herr Mischke "zischt los": Diese Formulierung weckt Assoziation von Dynamik und Engagement und eventuell auch Durchsetzungskraft. Sie legt nahe, dass Nils in dem Geschäftsführer einen engagierten Vertreter seiner Interessen sieht, der die Politiker an die Beschlüsse der jungen Abgeordneten erinnert, der nicht "locker lässt" und möglicherweise auch dabei hilft, die Forderungen des Parlaments durchzusetzen. Aus dieser Perspektive trägt also ein Erwachsener Sorge dafür, dass die Kommunalpolitiker sich mit den Anliegen der jungen Abgeordneten beschäftigen. Herr Mischke als Mittelsmann kümmert sich darum, dass die politischen Akteure sich mit dem Jugendparlament befassen.

Und zwar tun die Politiker dies *"dann nach Dienstschluss"*. Hier muss offen bleiben, was Nils letztlich mit dieser Formulierung verbindet. Messen die Politiker seiner Meinung nach dem Parlament eine so große Wichtigkeit bei, dass sie sich "sogar" nach Dienstschluss noch über die Anliegen der Jugendlichen unterhalten oder nehmen sie das Gremium im Grunde genommen doch nicht sonderlich ernst und beschäftigen sich deshalb "nur" damit, wenn sie nicht ihrer offiziellen politischen Tätigkeit nachgehen? Einiges spricht allerdings für die erste Variante: Die Verwendung des Adverbs des Raumes *"da"* im ersten und des Adverbs der Zeit *"dann"* im dritten Satz lässt darauf schließen, dass Nils die Ansicht vertritt, die Politiker würden sich zunächst *"da"* im Rathaus und *"dann"* auch noch nach Beendigung des "Dienstes" mit den jungen Abgeordneten befassen.[100]

Die Kommunalpolitiker unterhalten sich nach Beendigung ihrer offiziellen politischen Tätigkeit *"auch"* über das Jugendparlament. Durch die Wahl des Adverbes *"auch"* macht der Interviewpartner deutlich, dass er vermutet, Belangen des Jugendgremiums würde gleichrangig neben anderen Themen in den Gesprächen der politischen Akteure ein Platz eingeräumt. Auf jeden Fall scheint Nils insgesamt von der Effektivität des Jugendparlaments recht überzeugt zu sein. So macht er beispielsweise an einer anderen Stelle des Interviews deutlich, dass er nach Ablauf seiner Amtszeit wieder kandidieren möchte und begründet dies folgendermaßen:

"Weil ich denke schon, dass wir was erreichen und dass das auch hilft." (8: 3)

Laura (13), Nora (15), Silke (18) und Lorenz (17) sind sich zwar nicht ganz sicher, ob sie von allen Wittinger Kommunalpolitikern akzeptiert werden, aber sie vertreten die Überzeugung, dass zumindest der Bürgermeister der Stadt Wittingen das Parlament ernst nimmt. Silke äußert sich zum Beispiel folgendermaßen:

Also, von Herrn Bremer [der Bürgermeister] *ist es ernst genommen worden. Und so von den anderen. Weiß ich auch nicht, ob die sich dafür interessieren, die da noch in der Stadt sind. Aber so von Herrn Bremer ... ist ja schon mal ganz gut." (5: 17)*

---

100 Und noch eine Bedeutung könnte die Formulierung implizieren: Kommunalpolitiker, wie zum Beispiel die Mitglieder des Stadtrates, sind gewählte Volksvertreter, die für ihre politische Arbeit zwar eine Aufwandsentschädigung erhalten, aber in der Regel noch einer anderen beruflichen Tätigkeit nachgehen. Insofern üben sie ihr politisches Amt tatsächlich nach Beendigung des "Dienstes" aus. Sollte Nils dies im Blick haben, würde "nach Dienstschluss" schlicht "im Rahmen ihrer politischen Arbeit" bedeuten.

8.2.3 Wertschätzung der Abgeordnetentätigkeit durch Eltern, Lehrkräfte und Gleichaltrige

Die jungen Abgeordneten wurden in den Interviews stets gefragt, wie ihr soziales Umfeld insbesondere Gleichaltrige, Eltern und Lehrkräfte auf ihre Mitgliedschaft im Jugendparlament reagieren würden. Insgesamt betrachtet lässt sich sagen, dass insbesondere Gleichaltrige sich aus Sicht der Interviewten selten ausdrücklich positiv gegenüber ihrer Arbeit im Parlament äußern.[101] Anerkennende Reaktionen kommen dagegen häufig von Lehrkräften. So machten Letztere den Abgeordneten gegenüber direkt deutlich, dass sie ihr Engagement als positiv beurteilen würden. Britta (13) beschreibt dies folgendermaßen:

"Also mein Klassenlehrer, der hat mich schon ein paar mal darauf [auf die Arbeit im Jugendparlament] *angesprochen und so. Also der findet es auch gut, der hat eine gute Einstellung dazu." (14: 8)*

Durch dieses ausdrücklich positive Werturteil erfährt Britta eine Aufwertung durch ihren Lehrer. Er heißt ihr Engagement gut und signalisiert ihr damit auch, dass sie seiner Meinung nach das Richtige tut.

Auch indirekt wird das Engagement aus Sicht der Interviewten durch die Lehrkräfte geachtet. So werden die jungen ParlamentarierInnen oftmals im Unterricht gebeten, entweder über die Arbeit im Gremium zu berichten oder sich auch zu allgemeinen politischen Themen zu äußern. Dies schildern immerhin 10 der 16 Interviewten. Auf die Frage, ob er manchmal mit Freunden über seine Arbeit im Jugendparlament redet, antwortet beispielsweise Julian (17):

"Ja, es wurde in der Klasse vom Lehrer angesprochen, wie wir unsere Arbeit halt machen. Zum Beispiel in Sozialkunde, als wir Politik und Wahlen hatten, meinte der Lehrer zu mir: 'Ey Julian, wie habt ihr das denn gemacht? Wie regelt ihr denn eure Probleme?' und so..." (4: 9)

---

101 Insgesamt sechs Interviewte beklagen, dass Gleichaltrige sich nicht oder kaum für das Jugendgremium interessieren würden, drei erzählen von negativen Reaktionen durch andere Jugendliche und zwei Interviewte stellen heraus, dass ihr Engagement von Gleichaltrigen positiv bewertet wird. Sechs Abgeordnete sind schon mal in irgendeiner Form von Wittinger Jugendlichen auf ihr Engagement angesprochen worden. In diesem Kontext wurden sie meist gebeten, sich für die Durchsetzung eines bestimmten Anliegens einzusetzen.

Auch Nora (15) ist anlässlich der anstehenden Kommunalwahlen von ihrer Sozialkundelehrerin gebeten worden, sich zu äußern:

"Also es war in Sozialkunde. Da haben wir gerade Kommunalwahlen durchgenommen und da hat uns dann unsere Lehrerin gefragt, ob wir darüber was wüssten. Und dann hat halt keiner was gesagt. Da meint sie so: 'Ja, Nora, du kannst doch bestimmt was dazu sagen, bist doch im Jugendparlament.' Ja, und dann hab ich dazu was gesagt, was wir da so machen und so." (9: 10)

Sowohl Julian als auch Nora machen deutlich, dass die Lehrkräfte ihnen als Mitglieder im Jugendparlament eine spezifische Kompetenz beimessen. Julian stellt sich hier als eine Person dar, die als Fachkraft für politische Fragen angesprochen wird. Er wird nach Strategien zur Problemlösung gefragt: *"Wie regelt ihr denn eure Probleme."* Julians Schilderung zufolge zieht die Lehrkraft eine Parallele zwischen der jugendparlamentarischen Arbeit und der Tätigkeit in etablierten politischen Entscheidungsgremien: Aus einem Bericht über spezifische Problemlösungsmuster im Jugendparlament soll man sich dieser Argumentation zufolge die Funktionsweisen traditioneller Politik erschließen können. Der Interviewte erfährt – so wie er es schildert – eine Wertschätzung durch seinen Lehrer, der ihn mit einem "vollwertigen" Akteur der etablierten Politik gleichsetzt.

Und auch Nora wird eine spezifische Kompetenz zugesprochen: Der Umstand, dass sie als Abgeordnete im Parlament mitwirkt, hat die Lehrerin veranlasst, sie im Unterricht als kompetente Ansprechpartnerin in Bezug auf politische Themen auszuwählen.

Silke (18) macht indirekt deutlich, dass die Lehrkräfte ein Engagement im Jugendparlament positiv beurteilen. Sie thematisiert im Interview, dass eine Abgeordnete schon bei mehreren Treffen der Parlamentsmitglieder gefehlt hat und vermutet, letztere habe sich möglicherweise nur aufstellen lassen, um gute Noten in der Schule zu bekommen:

"Also die hat wohl gar keine Lust. Ich weiß auch nicht. Vielleicht hat sie's nur gemacht, um eine gute Zensur zu kriegen. Ja, manche Lehrer sind dann ja so. Wenn sie das dann hören, dann geben sie gleich eine gute Zensur dafür." (5: 19)

Silke kritisiert hier eine Abgeordnete, die ihrer Ansicht nach möglicherweise nicht im Parlament mitwirkt, weil sie *"Lust"* dazu hat, sondern eher aus taktischen Gründen, nämlich weil die Chance bestehen könnte, von manchen Lehrkräften mit guten Schulnoten für ein derartiges Engagement belohnt zu werden. Indirekt wirft sie der von ihr kritisierten Parlamentarierin Bestechlichkeit vor: Letztere ist womöglich in Wirklichkeit gar nicht motiviert, sich für die Interessen Jugendlicher zu engagieren, sondern sie erhofft sich dadurch eine Wertschätzung durch die Lehrkräfte, die sich in besseren Schulnoten ausdrückt. Insofern wäre das Interesse der hier kritisierten Abgeordneten an einer Mitarbeit in dem jungen Gremium möglicherweise nur zustande gekommen, weil Lehrkräfte eine solche Beteiligung hoch bewerten. Ihr Engagement würde damit eher auf einer Anpassung an die Werturteile Erwachsener als auf einem selbstbestimmten Interesse[102] basieren. Dass Silke die Möglichkeit, durch eine Mitwirkung im Parlament in dieser Form in der Schule belohnt zu werden, überhaupt in Erwägung zieht, zeigt auch, wie stark sich aus ihrer Sicht manche Lehrkräfte für eine Mitwirkung ihrer SchülerInnen in dem Jugendgremium einsetzen. Sie sind laut Silke sogar bereit, dafür gute Noten zu verteilen.

Mit ihren Eltern unterhalten sich die Abgeordneten nach eigener Auskunft insgesamt recht wenig über das Jugendparlament. Wenn aber solche Gespräche stattfinden, sind die Eltern offenbar in der Regel[103] recht interessiert und machen zum Teil auch explizit deutlich, dass sie das Engagement ihrer Tochter bzw. ihres Sohnes für gut heißen. Katrin (14) und Charlotte (11) betonen zum Beispiel, dass ihre Väter sich in der Kommunalpolitik engagieren und sich wohl allein von daher schon für ihre Arbeit im Parlament interessieren würden.[104] Jasmins (13) Eltern haben ebenfalls Interesse an ihrer Arbeit:

"Die fragen mich auch immer: 'Ja, was habt ihr denn besprochen?' und 'Wie war das?'" (6: 7)

---

102 Vgl. dazu auch die Kapitel 9.2.1, in denen der Zusammenhang von Selbstbestimmung und bestimmten Formen extrinsischer sowie intrinsischer Motivation erörtert wird.
103 Ausschließlich Marco berichtet von einer eher negativen Reaktion seiner Eltern auf seine Mitarbeit im Parlament.
104 Katrin (14):*"Mein Vater ist ja auch in der SPD. Der fragt mich dann schon mal, was wir da machen."* (13: 6) Charlotte (11) frage ich, ob sie manchmal mit ihren Eltern über das Parlament redet, sie antwortet: *"Ja, mein Vater steht ja selber im Moment noch zur Wahl."* (2: 5). Sicherlich wäre es interessant, noch näher auf die politischen Aktivitäten der Eltern in Verbindung mit dem Engagement ihrer Söhne oder Töchter im Jugendparlament einzugehen. Darauf muss aber verzichtet werden, weil die Interviewten sonst zu leicht zu identifizieren wären.

Und Carola (18) erzählt, dass ihre Eltern ihre Mitarbeit im Jugendparlament ausdrücklich als positiv beurteilen:

"Die [Eltern] fanden das auch ganz gut. Mein Vater war da ziemlich begeistert. Also der findet so was besonders toll." (15: 19)

Britta (13) ist eine der wenigen Interviewten, die verdeutlicht, dass ihre Freunde und Freundinnen ihr Engagement im Parlament ausdrücklich positiv werten.

Frage: *"Und kriegst du 'mal Reaktionen von Freundinnen oder Mitschülerinnen oder Mitschülern?" (14: 6)*

"Ja sehr oft, also meistens nachdem wir irgendwie in der Zeitung waren. Dann werde ich drauf angesprochen. Und ich werde auch manchmal gefragt, was man da so richtig macht. Und dann werde ich auch oft darauf angesprochen, dass ich mal irgendwas sagen soll, also einen Antrag stellen oder irgendwas. [...] Also alle meine Freunde und alle, von denen ich darauf angesprochen werde, die finden das gut." (14: 6)

Aus Brittas Perspektive reagieren Gleichaltrige äußerst positiv auf ihr Engagement im Jugendparlament. Sie interessieren sich für die Inhalte und Formen ihrer Arbeit als Abgeordnete und nehmen die Interviewte in ihrer Funktion als Delegierte ernst. Sie geben Britta Themenanregungen mit auf den Weg ins Parlament. Damit signalisieren sie der jungen Abgeordneten auch, dass sie das Parlament für effektiv halten. So wie sie es darstellt, erfährt Britta in ihrer Funktion als Jugendparlamentarierin also ein großes Maß an Anerkennung durch Gleichaltrige. Sie fühlt sich als Abgeordnete von Gleichaltrigen akzeptiert. Es scheint, dass sie die Aufmerksamkeit genießt, – nicht zuletzt ist hier von einem Zeitungsbericht über das Parlament die Rede – die ihr durch ihr Engagement zukommt. Wie auch schon in Kapitel 8.2.1 angedeutet, hat sie den Eindruck als Mitglied des Jugendparlaments ernst genommen zu werden und etwas bewirken zu können und dies wirkt sich offensichtlich positiv auf ihr Selbstwertgefühl aus.

8.2.4 Einflussfaktoren

Im vorherigen Kapitel wurde deutlich, in welcher Form, die jungen Abgeordneten sich in Bezug auf ihre Arbeit im Jugendparlament als anerkannt und ernst genommen erfahren. Im Folgenden werden die

Faktoren dargestellt, die im Zusammenhang mit der Auffassung im Jugendparlament anerkannt zu werden, offenbar eine wichtige Rolle spielen: das Gefühl, durch eigenes Engagement positive Veränderungen für Jugendliche herbeiführen zu können und der Eindruck durch die Tätigkeit im Jugendparlament an Macht und Einfluss zu gewinnen.

8.2.4.1 Ein Zugewinn an Macht und Einfluss durch die Mitarbeit im Jugendparlament

Julian (17) ist der Ansicht, durch sein Engagement im Jugendparlament allgemein etwas bewirken zu können. Er betont, dass es ihm Spaß bereitet hat, in dem Gremium mitzuarbeiten und bedauert, dass er sein Mandat aus formalen Gründen niederlegen musste.

"Ja, das hat mir wirklich Spaß gemacht. Da hat man auch ein bisschen mehr Macht. Auch wenn es nur ein bisschen ist, aber immerhin. War also nicht leicht, damit aufzuhören." (4: 3)

Julians Freude an der Arbeit im Jugendparlament ist offenbar mit seinem Eindruck verknüpft, dort *"ein bisschen mehr Macht"* erlangt zu haben. Zwar war es aus seiner Sicht nur ein wenig Macht, die ihm im Parlament zukam, aber auch dieser eingeschränkte Zugewinn scheint für den jungen Abgeordneten durchaus erstrebenswert zu sein. In Kapitel 8.2.1 hatte er verdeutlicht, dass das Gefühl, *"was zu sagen zu haben"* und *"dass einem zugehört wird"* für ihn eine wichtige positive Erfahrung im Jugendparlament gewesen ist. Das Gremium ist demnach in den Augen des Interviewpartners ein Ort, wo er gehört wird, wo er damit auch über Einfluss verfügt und wo er als ernst zu nehmender Interaktionspartner Beachtung findet. Dies ist für sein Erleben offenbar nicht selbstverständlich: Betonte er doch, dass diese Erfahrung ihm erst durch das Parlament ermöglicht wurde. Macht zu haben scheint in diesem Kontext zu bedeuten, durch das "Instrument" Jugendparlament etwas bewirken zu können und Einfluss zu haben.[105] Das Gremium war für Julian offensichtlich ein geeigneter Artikulationsrahmen, um diesem Ziel ein Stück weit näher zu kommen. Und

---

[105] Vgl. dazu Weiß, der den Begriff von Macht, welcher dem Alltagsverständnis weitgehend entspricht, handlungstheoretisch "als instrumentell verstärkte praktisch-technische Wirkmöglichkeit" (Weiß 2001, 282) fasst. Diese Definition dürfte weitgehend mit Julians Vorstellungen von Macht übereinstimmen.

noch ein Aspekt ist hier angesprochen, Julian sieht sich nicht per se als "mächtige Person", sondern seine Macht war gekoppelt an seine Tätigkeit im Parlament. Insofern büßt er mit dem Verlassen des Gremiums auch gleichzeitig den hier erlangten Teil seiner Macht ein.[106] Das bedeutet auch, dass die von Julian im Parlament erlebte Macht an seine Tätigkeit, andere zu repräsentieren, gebunden war.

An einer anderen Stelle des Interviews fordert Julian eine Ausweitung der Machtbefugnisse des Jugendparlaments. Er kritisiert in diesem Zusammenhang, dass Kommunalpolitiker im Grunde genommen über die Inhalte der Jugendparlamentssitzungen urteilen und dem Gremium schon von daher nur ein eingeschränkter Einfluss zukommt:

"Wenn wir unsere Tagesordnungspunkte durch haben, kommen diese erst mal vor die Ratsherren. Und die gucken sich das halt an und sagen, was für ein Quatsch wir geredet haben und was da gut war. Ich meine, wir sollten selber was richtig bestimmen. Dass wir unsere Macht haben, wie die anderen, wie die Ratsherren, sag ich mal." (4: 12)

Was der Interviewpartner hier fordert, ist eine rechtliche Gleichstellung der jungen Abgeordneten mit den Kommunalpolitikern. Er wünscht sich die gleichen Entscheidungsbefugnisse, wie sie beispielsweise den Mitgliedern des Stadtrates zukommen und bemängelt folglich, dass die "richtigen" Abgeordneten das Recht haben, über die Beschlüsse des Parlaments zu urteilen. Julian stellt sich hier auf eine Stufe mit den *"anderen"* Politikern. Er traut sich vermutlich durchaus zu, politische Entscheidungen zu treffen und kritisiert die Beschränkung der Einflussmöglichkeiten des Parlaments. Im Grunde genommen würden die jungen Abgeordneten nämlich nicht *"selber was richtig bestimmen"*. Sein Wunsch ist es, dass das Jugendgremium mit "echten" Machtbefugnissen ausgestattet wird. Es ist zu vermuten, dass Julian die im Jugendparlament gemachten Erfahrungen, wie Anerkennung als gleichwertiger Interaktionspartner in den Sitzungen und Spaß an der Macht, anspornen gegen eine aus seiner Sicht ungerechtfertigte Beschränkung vorzugehen und selbstbewusst für seine Rechte einzustehen.

---

[106] Vgl. dazu Arendt, die Macht definiert als "Fähigkeit, nicht nur zu handeln oder etwas zu tun, sondern sich mit andern zusammenzuschließen und im Einvernehmen mit ihnen zu handeln. Über Macht verfügt niemals ein Einzelner; sie ist im Besitz einer Gruppe und bleibt nur solange existent, als die Gruppe zusammenhält." (Arendt 1975, 45)

Auch Lorenz (17) fordert – auch wenn er dies nicht wie Julian explizit so bezeichnet – eine Ausweitung der Machtbefugnisse des Jugendparlaments. Dies ist seiner Ansicht nur erreichbar, wenn sich das Engagement in Jugendparlamenten verbreitet, wenn es zu einer sozialen Bewegung wird, die vom *"riesigen Staat"* nicht mehr ignoriert werden kann. Er antwortet auf die Frage, was das Jugendparlament aus seiner Sicht bisher erreicht habe:

"Ja, bis auf, dass wir ein paar mal in der Zeitung standen und jetzt im Kalender,[107] haben wir vielleicht das erreicht, dass es vielleicht mehr davon gibt in Zukunft. Dass dann andere Landkreise nachziehen. Dann könnte es eventuell wieder was bringen, wenn wir nicht alleine dastehen würden, sondern wirklich im Landkreis Uelzen, Celle, überall so Hannover ... alles. Wenn die dann auch ein Parlament haben und man sagen könnte: 'Wir finden uns zusammen.' Dann zeigen wir den Politikern mal, wo es lang geht, wo wir meinen, dass es besser geht. Aber sonst, so alleine ... Also da wirken wir wie so 'n Kleiner gegen so einen riesigen Staat da. Wir alleine ... Wird wohl ziemlich gering sein, was wir ausmachen können." (7: 6)

Lorenz geht zunächst auf die Resonanz der Medien auf das Jugendparlament und damit auf das öffentliche Interesse an dem Gremium ein. Demnach hat des Parlament aus seiner Sicht erstens erreicht, in der Öffentlichkeit zu stehen. Zweitens wäre es anstrebenswert, dass dem Gremium auch eine multiplikatorische Funktion zukommen würde. Dies könnte dazu führen, dass weitere Landkreise sich entschlössen, ein derartiges Vertretungsorgan einzurichten. Damit spricht er dem Wittinger Jugendgremium einen potenziellen Modellcharakter zu: Es kann anderen Regionen als Vorbild dienen. Gleichzeitig reflektiert Lorenz die beschränkten Einflussmöglichkeiten des Wittinger Parlaments. Ein Jugendgremium allein kann ihm zufolge nicht viel gegen die Übermacht des Staates ausrichten und aus diesem Grund ist es wichtig, dass immer mehr Regionen politische Jugendvertretungen einrichten, die dann zusammen arbeiten und so ihren Forderungen mehr Schlagkraft verleihen können, um dann letztlich nicht mehr den aussichtslosen Kampf eines Zwerges *"gegen so einen riesigen Staat"* führen zu müssen, sondern mit ihren Verbesserungsvorschlägen ernst genommen werden. Ähnlich wie Julian wirkt auch Lorenz sehr selbstbewusst: Er möchte den Politikern den richtigen Weg weisen. Gleich-

---

[107] Im Gifhorner Kreiskalender ist ein Beitrag über das Jugendparlament veröffentlicht worden.

zeitig weiß er aber, dass er hiermit nur Erfolg haben kann, wenn er die Chance erhält, dies gemeinsam mit vielen Jugendlichen zu tun.

Lorenz nimmt die öffentliche Wirksamkeit als Messlatte für den Erfolg des Parlaments. Dies macht auch die folgende Interviewpassage deutlich:

Frage: *"Und meinst du, dass ihr hier in Wittingen schon ganz konkret etwas verändert habt?" (7: 6)*

"Also, eine Mini-Ramp kriegen wir. Wenn wir die haben, dann heißt es vielleicht schon: 'Ja, das hat das Jugendparlament gemacht.' Da können wir dann eventuell drauf bauen, dass dann vielleicht auch die Jugend sagt: 'Ja, guck mal, das haben die gemacht.' Dann können wir vielleicht mal mehr drauf setzen. Also alle anderen Sachen, wegen der Spielplatzverschönerung, weiß ich nicht, was daraus geworden ist. Doch teilweise ist was daraus geworden. Aber es fällt eben nicht so auf. Vor allen Dingen, die ganz Kleinen, die da auf den Spielplätzen sind, die wissen das ja eh kaum. Die haben vielleicht mal kurz was mitgekriegt, aber vergessen das meistens wieder. Sie haben so eine Hütte da wieder reinbekommen. Früher oder später hätte die Stadt es sowieso gemacht. Also es muss was sein, was alle mitkriegen. Sonst wird das wahrscheinlich auch wieder unter den Tisch fallen. Haben sie es gemacht und dann war es das." (7: 6)

Aus Lorenz Perspektive sind Veränderungen durch des Jugendgremium nur wirklich effizient, wenn sie von Gleichaltrigen ausreichend zur Kenntnis genommen werden. Es geht ihm offensichtlich nicht ausschließlich um die bloße Durchsetzung der Parlamentsbeschlüsse, sondern auch um die Aufmerksamkeit "der Jugend". Folglich ist es für ihn wichtig, dass die Erfolge des Jugendparlaments von anderen auch als solche wahrgenommen und weitergetragen werden. *"Ja, guck mal, das haben die gemacht"*. Da *"die ganz Kleinen"* seiner Ansicht nach nur eingeschränkt in der Lage sind zu realisieren, welche Verbesserungen sie dem Jugendparlament zu verdanken haben, ist es – zugespitzt ausgedrückt – im Hinblick auf das öffentliche Ansehen nicht sonderlich effektiv, sich für kleinere Kinder einzusetzen. Wegen der Aufmerksamkeit durch die Öffentlichkeit hält er es für wichtig, spektakuläre Dinge *"was alle mitkriegen"* durchzusetzen. Insofern ist es seiner Meinung nach auch nicht besonders wirksam, wenn auf einem Spielplatz durch das Engagement des Jugendgremiums ein Hütte errichtet wird, die sowieso irgendwann auf Initiative der Stadt gebaut worden wäre. In Lorenz Aussage scheint auch eine gewisses Maß an Frustration durch. Er spricht hier die Umgestaltung der Wittinger Spielplätze an, die vom Jugendparlament initiiert wurde. Offenbar hat diese Aktion seiner Meinung nach nicht dazu beigetragen, dem Parlament in der (jugendlichen) Öffentlichkeit genügend Aufmerksamkeit zu verschaffen. Lorenz nimmt an, dass die geplante Einrichtung einer Mini-Ramp auf eine wesentlich größere Resonanz bei Jugendlichen treffen wird und sich dies von daher positiv auf die Anerkennung des Jugendparlaments auswirken müsste. Lorenz offenbart hier ein recht taktisches Verhältnis zu seiner politischen Aktivität. Wichtig ist für ihn, dass das Parlament Furore macht. Deutlich wird in diesem Kontext auch, dass er die Anerkennung durch Gleichaltrige sucht und meint, diese schwerlich durch ein Engagement für Kinderinteressen zu erhalten.

Laura (13) bewertet die durch das Jugendparlament initiierte Umgestaltung der Spielplätze in der Stadt Wittingen und den dazugehörigen Ortschaften wesentlich positiver als Lorenz. Zunächst geht sie in der folgenden Aussage auf eine Aktion des Jugendparlaments ein, die ihr im Zusammenhang mit dem Thema Spielraumumgestaltung sehr viel Freude bereitet hat: Die Abgeordneten hatten im April 1996 insgesamt 13 Spielplätze in Wittingen und Umgebung inspiziert und gemeinsam bestimmt, was auf den einzelnen Plätzen verbessert werden müsste. Auf meine Frage, was ihr an ihrer Arbeit im Parlament gefällt, antwortet sie:

"Das mit den Spielplätzen hat mir total Spaß gemacht. Nicht nur, weil wir da zu jedem Spielplatz gefahren sind, sondern ich fand auch total gut, dass wir da auch mal was machen konnten, was eigentlich dem ganzen Umkreis von Wittingen hilft. Weil das mit den Figuren auf dem Marktplatz. Das geht dann nur Wittingen an, nicht Vorhop[108] und so. Sondern, das fand ich gut, dass das für fast jeden Ort war." (1: 3)

Für Laura scheint es von Bedeutung zu sein, dass die Aktivitäten des Parlaments nicht auf das Stadtgebiet Wittingen beschränkt bleiben, sondern auch die umliegenden Ortschaften von der Arbeit der jungen Abgeordneten profitieren können. Diesem Ziel ist das Gremium aus ihrer Sicht offenbar durch das Engagement für die Spielplätze etwas näher gekommen. Mit Skepsis betrachtet sie dagegen die Beschäftigung des Parlaments mit den Figuren auf dem Wittinger Marktplatz. Zwei Abgeordnete, die im Stadtgebiet wohnen, hatten in einer Sitzung des Parlaments erklärt, dass ihnen die Bronzefiguren in der Stadt nicht

---

108 Vorhop ist eine zu Wittingen gehörige Ortschaft.

gefallen würden und sie es deshalb nicht einsehen könnten, warum dafür Geld ausgegeben wird; denn andere Bereiche hätten die finanziellen Mittel wesentlich nötiger. Laura macht hier implizit deutlich, dass sie es für egoistisch hält, wenn Abgeordnete aus der Stadt Wittingen sich allein für die Belange "der Stadtbewohner" einsetzen. Ihre Kritik lässt sich folgendermaßen umschreiben: Es ist nicht richtig nur die eigenen Bedürfnisse im Blick zu haben und sich, wie in dem hier geschilderten Fall, ausschließlich für die Anliegen der Jugendlichen aus der Stadt einzusetzen; denn das Jugendparlament hat sich auch für die dazugehörigen Orte zu engagieren. Laura möchte etwas machen, was allen *"hilft"* und die Umgestaltung der Spielplätze ist für sie eine Aktion, mit der sich dies in ihren Augen erreichen lässt. Sie zeigt damit auch, dass sie von ihren individuellen Interessen zu abstrahieren vermag – Laura wohnt zwar nicht im Stadtgebiet, aber auch nicht, wie man jetzt denken könnte, in Vorhop – und in der Lage ist, sich verantwortlich für die Interessen ihrer WählerInnen einzusetzen. Insofern wird an ihrem Beispiel deutlich, dass Jugendliche in ihrem Alter durchaus die Fähigkeit besitzen können, für die Interessen anderer einzutreten.

Im Unterschied zu den beiden älteren Jugendlichen Julian und Lorenz scheint Laura zufrieden mit den Möglichkeiten des Engagements im Jugendparlament zu sein. Das Angebot entspricht offenbar ihren Bedürfnissen.

Auch die jüngste Abgeordnete, Charlotte (11), äußert sich optimistisch, was den Einfluss des Parlaments anbelangt:

Frage: *"Hast du das Gefühl, dass das Parlament hier in Wittingen was bewirkt?"* (2: 2)

"Das bewirkt auf jeden Fall was. Vor allen Dingen im Umkreis Wittingen. Spielplätze wurden erneuert, die GHS [Grund- und Hauptschule] *wurde erneuert. Ähm ... ich hatte ja noch was. Also, auf jeden Fall wurde ganz schön viel erneuert und renoviert. Und jetzt soll ja vielleicht auch eine Mini-Ramp oder ein Half-Pipe nach Wittingen kommen. Da hab ich mir schon Unterlagen besorgt."* (2: 2)

Es ist zu vermuten, dass Charlotte sich vor dem Interview bereits Gedanken darüber gemacht hat, was das Parlament erreicht hat. Sie beginnt Erfolge des Gremiums aufzuzählen und versucht sich dann zu erinnern, was für Punkte sie sich noch zurechtgelegt hatte, aber es fällt ihr nicht ein. Sie ist aber *"auf jeden Fall"* sicher, dass das Gremium bereits viele positive Veränderungen für Wittingen und Umgebung herbeigeführt hat. Offensichtlich möchte Charlotte Effektivität vorweisen und rechtfertigt damit auch ihre Tätigkeit als Abgeordnete: Sie signalisiert der Interviewerin, dass sie und ihre MitstreiterInnen dem Auftrag ihrer WählerInnen gerecht werden, indem sie schon viele Verbesserungen für Kinder und Jugendliche in Wittingen herbeigeführt haben.

Charlotte macht auch deutlich, dass sie sich Hintergrundinformationen zu einem Vorhaben, für welches die Abgeordneten sich einsetzen, beschafft hat. Hier kommt nicht nur zum Ausdruck, dass sie von der Wirksamkeit das Parlaments überzeugt ist und sondern auch dass sie stolz darauf ist, dort mitzuarbeiten. Und es ist anzunehmen, dass nicht zuletzt dieses Gefühl sie anspornt, selbst aktiv zu werden, sich *"Unterlagen"* zu einem bestimmten Thema zu besorgen, um sich auf dieser Grundlage dann beispielsweise für eine Mini-Ramp einzusetzen.

Mit Blick auf das gesamte Interviewmaterial lässt sich sagen, dass es, bis auf die Ausnahme Marco (17), vor allem die jüngeren Abgeordneten (Jasmin/13, Britta/13, Laura/13, Charlotte/11) sind, die das Parlament für uneingeschränkt effektiv halten.[109] Besonders prägnant bringt Britta (13) dies zum Ausdruck:

"Ich bin fest davon überzeugt, dass es hilft. Ich meine, das hat man ja schon ganz oft gesehen. Zum Beispiel hier am Spielplatz. Ja auch wo sie die Mauer besprüht haben. Das sieht toll aus und da sprüht niemand anders mehr." (14: 2)

---

[109] Marco (17) hebt zum Beispiel heraus, dass das Jugendparlament bereits vielen Bereichen positive Veränderungen gebracht habe. Dazu gehören für ihn die Umgestaltung von Spielplätzen und die bessere zeitliche Abstimmung der öffentlichen Verkehrsmittel auf den Alltag von Schülern und Schülerinnen. Er lobt in diesem Zusammenhang die jungen Abgeordneten. *"Haben sie toll gemacht, haben sie das auch."* (10: 14) Marco ist kurz nach dem Interview aus dem Parlament ausgetreten. Indem er die Arbeit der anderen Abgeordneten positiv hervorhebt und sich dabei nicht einbezieht, offenbart er gleichzeitig, dass er sich bereits von dem Jugendgremium distanziert hat. Jasmin (13) hebt die Restaurierung der zur Grundschule gehörigen Turnhalle als positives Ergebnis der Parlamentsarbeit hervor. Laura (13) und Charlotte (11) wurden im Kontext dieser Themenstellung bereits zitiert.

8.2.5 "Dass wir unsere Macht haben..." – Zusammenfassung

In diesem Kapitel wurde zunächst deutlich, dass das Jugendparlament für die hier zitierten Abgeordneten ein geeigneter Artikulationsrahmen ist, um die Anliegen Jugendlicher gegenüber Erwachsenen vorzubringen und auch um während der Parlamentssitzungen von den anderen Abgeordneten anerkannt zu werden. Dieser Eindruck, eigene Interessen artikulieren zu können und dabei ernst genommen zu werden, scheint in der Regel mit einem Zuwachs des Selbstwertgefühls verbunden zu sein, das sich wiederum in einem gesteigerten Engagement für die Belange von Gleichaltrigen ausdrückt. Die Befragten schildern in diesem Zusammenhang ein Differenzerlebnis: Durch ihre Mitarbeit im Jugendparlament haben sie die Erfahrung machen können, von Erwachsenen und den anderen Abgeordneten als Personen mit spezifischen (politischen) Vorstellungen und Fähigkeiten anerkannt und gehört zu werden. Dies ist für sie offenbar keinesfalls selbstverständlich: So hatte Britta (13) vor ihrem Engagement das Gefühl als Kind, dem nichts zugetraut wird, betrachtet zu werden. Charlotte (11) betont, dass die Belange von Kindern und Jugendlichen normalerweise in der Politik keine Beachtung finden und erst wenn junge Leute ihre Anliegen aus dem Parlament heraus vorbringen, werden sie ihrer Ansicht nach wertgeschätzt. Auch für Nora (15) ist es offenbar eine neue Erfahrung, dass die Vorstellungen von jungen Menschen – und sie bezieht sich hier insbesondere auf weibliche Jugendliche – ernst genommen werden. Für Julian (17) stellt sich schließlich, das Erlebnis von den anderen Abgeordneten respektiert zu werden, als eine wichtige Erfahrung heraus, die sich offenbar positiv auf sein Selbstwertgefühl auswirkt.

Tobias (13), Linda (15) und Nils (11) sind der Ansicht, dass das Jugendgremium auch in der Kommunalpolitik angemessen zur Kenntnis genommen wird. Tobias führt dies auf den Stellenwert des Parlaments als erstes Gremium dieser Art in Niedersachsen und Linda auf das recht große Interesse der Medien zurück. Offensichtlich hat das Parlament es in ihren Augen zu einer gewissen Berühmtheit gebracht und deshalb können die Kommunalpolitiker es sich ihrer Meinung nach gar nicht erlauben, die Forderungen der jungen Abgeordneten zu ignorieren. Auch Nils ist davon überzeugt, dass die Beschlüsse des Parlaments in der Kommunalpolitik beachtet werden und bringt dies unter anderem mit dem starken Engagement eines Erwachsenen – des Stadtjugendpflegers – als Mittelsmann zwischen Wittinger Politikern und den jungen Abgeordneten in Verbindung. Außerdem heben mehrere Interviewte hervor, dass sie sich von dem Bürgermeister, der ja laut Geschäftsordnung des Jugendgremiums eine Vermittlungsposition zwischen dem Stadtrat bzw. den Ausschüssen und den jungen Abgeordneten einnimmt, ernst genommen fühlen.

Auch von Eltern und Lehrkräften fühlen sich die Interviewten in ihrem Engagement für das Parlament anerkannt. So werden sie im Schulunterricht von Lehrkräften als ExpertInnen zum Thema Politik angesprochen. Zum Teil äußern sich die LehrerInnen dem Engagement der Abgeordneten gegenüber ausdrücklich positiv. Silke vermutet sogar, dass Lehrkräfte die Mitarbeit im Jugendparlament mit guten Schulnoten belohnen würden. Eltern zeigen ebenfalls Interesse an der Arbeit ihrer Töchter oder Söhne und sprechen ihnen zum Teil direktes Lob aus. Aber nur wenige Abgeordnete stoßen bei Gleichaltrigen auf eine ausdrücklich positive Anerkennung.

Im letzten Teil dieses Kapitels wurden Interviewte zitiert, die auf die potenziellen und realen Einflussmöglichkeiten des Jugendgremiums eingehen. Für Julian (17) war das Parlament offensichtlich ein geeignetes "Instrument", um ganz allgemein größere Machtbefugnisse zu erhalten. Lorenz (17) macht deutlich, dass er es begrüßen würde, wenn das Parlament anderen Regionen als Vorbild dienen könnte. Potenziell trägt es damit aus seiner Perspektive, die Möglichkeit in sich, so etwas wie eine Initialzündung für die Verbreitung des politischen Engagements Jugendlicher zu geben, und wenn dies funktionieren sollte, bliebe den Politikern – zugespitzt formuliert – nichts anderes übrig als Jugendinteressen zu berücksichtigen. Er hebt wohl nicht zuletzt aus diesem Grunde heraus, wie wichtig ihm die Öffentlichkeitswirksamkeit des Gremiums ist. Laura (13), Charlotte (11) und Britta (13) gehen in erster Linie auf konkrete vom Jugendparlament bereits durchgeführte Projekte bzw. geplante Vorhaben ein. Bei Laura stellt sich dabei implizit heraus, dass sie entschlossen ist, die Pflichten, die sie mit ihrem Mandat übernommen hat, auch verantwortungsbewusst zu erfüllen. Charlotte und Britta unterstreichen, dass das Parlament ihrer Ansicht nach schon viele positive Veränderungen gebracht hat. Im Unterschied zu den beiden jüngeren Mädchen weisen Julian und Lorenz auch auf die Beschränkungen des Parlaments hin. Julian kritisiert, dass die Kommunalpolitiker in letzter Instanz über die Beschlüsse des Parlaments entscheiden und dem Gremium keine "wirkliche" Macht zukommt. Lorenz ist der Meinung, das Wittinger Parlament "allein" sei im Grunde genommen viel zu unbedeutend, um einen nennenswerten Einfluss auf die "große" Politik zu erlangen. Außerdem sind ihm einige Aktionen des Parlaments nicht öffentlichkeitswirksam genug gewesen, um den Anliegen der jungen Abgeordneten ausreichend Gehör zu verschaffen.

Hier sind bewusst die Aussagen von zwei vergleichsweise jungen Abgeordneten und zwei älteren gegenübergestellt worden. Auffällig ist das erwartungsgemäß unterschiedliche Abstraktionsniveau und die damit zusammenhängende unterschiedliche Einschätzung der Effektivität des Jugendgremiums. Die beiden älteren Interviewten gehen ganz allgemein auf eine potenzielle Ausweitung ihrer Machtbefugnisse und Einflussmöglichkeiten ein, während die beiden jüngeren Mädchen sehr stark das konkret Erreichte in den Vordergrund stellen. So hat es Laura *"total Spaß"* gemacht, die Spielplätze zu inspizieren und sich in diesem Zusammenhang für die Interessen ihrer WählerInnen einzusetzen, während es Julian *"Spaß"* bereitet hat, durch das Parlament *"ein bisschen mehr Macht"* zu erlangen. Und Lorenz nimmt die Frage, was das Parlament aus seiner Sicht bisher konkret erreicht hat, als Anlass zur Reflexion darüber, welche Aktion spektakulär genug ist, um in der jugendlichen Öffentlichkeit Furore zu machen, während Charlotte auf eine ganz ähnliche Frage, mit der Aufzählung von Erfolgen des Gremiums antwortet.

An dieser Stelle liegen folgende Schlussfolgerungen nahe: Die jüngeren Abgeordneten – etwa im Alter von 11 bis 14 – geben sich in der Regel[110] mit den Einflussmöglichkeiten des Parlaments zufrieden. Sie entsprechen genau ihren Interessen, sich für überschaubare Projekte, die lokal angesiedelt sind, zu engagieren. Die Unterstützung und Beratung durch Erwachsene nehmen sie in diesem Kontext gern in Anspruch. (Vgl. Nils in Kap. 8.2.2) Sie haben das Eindruck, im

---

110 Eine Ausnahme bildet hier, wie im Verlauf der Untersuchung noch dargelegt werden wird, Merle (13).

Parlament etwas bewirken zu können, dadurch wird ihr Selbstwertgefühl gestärkt und sie werden motiviert, sich für andere einzusetzen. Durch die Mitarbeit im Jugendparlament erfahren sie soziale Wertschätzung, die ihnen das Gefühl gibt, Leistungen erbringen zu können, die von anderen Jugendlichen und Erwachsenen als wertvoll anerkannt werden. Das Jugendparlament kann ihnen also potenziell zu einer größeren sozialen Anerkennung verhelfen. Die älteren Interviewten nehmen dagegen sehr schnell auch die Beschränkungen des Parlaments wahr. Wenn sie aber, wie Lorenz und Julian, trotzdem positive Erfahrungen, wie beispielsweise das Gefühl an Macht und Einfluss zu gewinnen, im Parlament sammeln konnten, fühlen sie sich offenbar ermutigt, für eine Ausweitung ihrer Befugnisse einzutreten.

Und noch eines wird deutlich: Wie am Interviewbeispiel Laura ausgeführt, sind auch die jüngeren Abgeordneten durchaus in der Lage, sich verantwortungsbewusst für die Interessen anderer zu engagieren.

8.3 Formen mangelnder Anerkennung im Jugendparlament

Nachdem im vorherigen Kapitel Formen und Einflussfaktoren erlebter Anerkennung dargestellt wurden, sollen im Folgenden Aussagen der Interviewten in Augenschein genommen werden, in denen sowohl explizit als auch implizit unterschiedliche Typen fehlender bzw. eingeschränkter Wertschätzung im Hinblick auf ihre Mitarbeit in dem Jugendgremium beschrieben werden, um danach die mit dem Phänomen mangelnder Wertschätzung verbundenen Aspekte zu beleuchten.

8.3.1 Die jungen Abgeordneten als "Spielbälle" der Erwachsenen

Als Merle (13) für das Parlament kandidiert hat, war sie noch davon überzeugt, dass man durch das Gremium etwas bewirken könnte. Mittlerweile vertritt sie eine andere Meinung. Ich frage sie, wodurch sich ihre Einstellung verändert hat. Sie sagt daraufhin:

"Es fing an, dass die da mit den Radwegen angefangen haben zu reden. Und dann irgendwann fiel mir auf: Wo sind die eigentlich, die Radwege? Und dann hab ich den Lutz [Jugendpfleger] *gefragt und der meinte dann: 'Ja, haben wir irgendwie drüber geredet' oder so. Ja toll, drüber geredet, auch nicht schlecht."* (16: 3)

Frage: *"Meinst du, dass die im Jugendparlament gar nicht konkret wissen, was sie wollen, oder?"* (16: 3)

"Nee, die wissen schon, was sie wollen. Aber ich meine, das ist denen allen egal, was die wollen, den Bürgermeistern und Stadträten." (16: 3)

Merle ist erst im Frühjahr 1997 für einen zurückgetretenen Abgeordneten ins Parlament nachgerückt. Mit dem Jugendpfleger hatte sie schon gesprochen, als sie noch nicht in dem Gremium mitgearbeitet hat. Sie war demnach bereits vor ihrer tatsächlichen Tätigkeit als Abgeordnete sehr skeptisch, was die realen Einflussmöglichkeiten des Parlaments anbelangt. Auf meine Frage, warum sie denn trotz aller Vorbehalte dort überhaupt noch eingetreten sei, erzählt sie, dass zum einen der Jugendpfleger sie überredet hätte[111] und es ja zum anderen auch Sitzungsgeld gäbe. Merle war also, als sich das Parlament mit dem Ausbau von Fahrradwegen befasst hat, noch gar nicht Mitglied in dem Gremium, sondern sie hat nur gehört, dass dieses Thema dort besprochen wurde. Aus ihrer Sicht hat sich durch die verbale Kommunikation im Parlament nichts Greifbares verändert, sondern es sind eben nur wirkungslose Gespräche geführt worden. Aus ihrer ironischen Kommentierung *"ja toll geredet, auch nicht schlecht"* lässt sich auch eine gewisse Verärgerung über die mangelnde Effektivität des Gremiums ablesen.

Die von ihr konstatierte Wirkungslosigkeit kann laut Merle keinesfalls auf eine fehlende Zielstrebigkeit der jungen Abgeordneten zurückgeführt werden; denn *"die wissen schon, was sie wollen"*. Sie sei eher mit der Ignoranz der Kommunalpolitiker verknüpft; denn die würden sich letztlich nicht für die Anliegen der JugendparlamentarierInnen interessieren. Insofern lässt sich schließen, dass es aus Mer-

---

111 Sie sagt in diesem Kontext: *"Er* [der Jugendpfleger] *meinte dann: 'Du bist jetzt dran mit Nachrücken' und so. Und dann meinte ich: 'Ich hab keine Lust, ich möchte nicht'. Dann hat er mich angemacht, von wegen da aufstellen lassen, aber dann nicht mehr wollen und so. Dann hab ich gesagt, 'Na gut, dann mach' ich das doch' und bin reingegangen."* (16: 3)

les Perspektive völlig unerheblich ist, was im Parlament thematisiert wird, es findet sowieso keine wirkliche Beachtung in der Kommunalpolitik und folglich hat das Engagement der jungen Abgeordneten auch wenig Sinn. Wie Merles ironische Bemerkung zeigt, macht sie diese Situation offenbar wütend. Möglicherweise ist sie im Nachhinein ärgerlich, dass sie sich hat überreden lassen, bei einem ihr derartig sinnlos erscheinenden Unterfangen mitzuwirken.

Nachdem Merle hier auf die mangelnde Anerkennung des Jugendparlaments durch die Kommunalpolitik eingegangen ist, macht sie im Verlauf des Interviews deutlich, dass sie die im Parlament besprochenen Themen für belanglos hält: Aus ihrer Sicht sind die Parlamentssitzungen *"total langweilig"* (16: 15). Dort würden *"irgendwelche kleinkarierten Probleme von irgendwelchen kleinen Leuten"* (16: 15) thematisiert, wie zum Beispiel die mangelnde Beleuchtung einer Straße oder die Beschädigung der Wartehäuschen an den Wittinger Bushaltestellen. *"Irgendwelche komischen Miniprobleme, Kleinstadtprobleme, interessiert mich nicht."* (16: 15) Auf die an diese Aussagen anschließende Frage, ob Merle denn denken würde, das Parlament sei so etwas wie eine Spielwiese, antwortet sie:

"Wohl mehr Beschäftigungstherapie. So, damit die Jugend was Sinnvolles zu tun hat." (16: 15)

Frage: *"Und wer sagt, dass die Jugendlichen da was Sinnvolles zu tun haben sollen?" (16: 15)*

"Ja weiß ich auch nicht. Also, wenn das 'ne Beschäftigungstherapie sein soll ... Ich mein, wir beschäftigen uns auch so genug. [...] Ich find, dass es auch keinerlei Wirkung auf die Jugend hat. Wenn wir uns sechs mal im Jahr da hinsetzen und immer wieder über das Gleiche reden oder auch nicht. Das ist doch egal. Da kümmert sich doch eh keiner drum." (16: 15f.)

Merle stellt das Jugendparlament als eine überflüssige und wirkungslose Einrichtung dar, als eine *"Beschäftigungstherapie"* für die keine Notwendigkeit besteht, da die Jugendlichen durchaus wissen, wie sie sich beschäftigen sollen. Offensichtlich will sie damit ihre Lustlosigkeit und mangelnde Motivation, sich aktiv in dem Gremium zu beteiligen, noch bekräftigen. Beschäftigungstherapie hat auch den Anklang, dass etwas rein zum Selbstzweck geschieht und eben nicht darauf angelegt ist, etwas nach außen hin zu bewirken. Vermutlich hat es deshalb aus Merles Sicht auch keine Wirkung auf die Jugend. Es wird weder von der Jugend noch in der Kommunalpolitik zur Kenntnis genommen, sondern die jungen Abgeordneten kreisen während ihrer wenigen Treffen um die immer gleichen Themen, die von Außenstehenden gar nicht wahrgenommen werden. Sie schmoren ohne jegliche Außenwirkung im eigenen Saft. Der Begriff "Beschäftigungstherapie" suggeriert auch, dass es hier einen Therapeuten oder eine Therapeutin gibt, welcher oder welche die Jugendlichen in der Absicht, sie etwas Sinnvolles tun zu lassen, beschäftigt. Damit wird ein asymmetrisches Verhältnis beschrieben. Als "Therapeuten" dürfte Merle den Geschäftsführer des Parlaments im Blick haben, der ihrer Ansicht nach in den Sitzungen immer so *"von oben herunter"* (16: 16) redet. Sie gibt dafür ein Beispiel:

"So hier: 'Ich bin der große Oberbonzi. Ihr seid die kleinen Kinder, die da unten rumkriechen und eure Fahrradwegbeleuchtung da belabern müsst.'" (16: 16)

Wie bereits im Kapitel "Gegensatz der Generationen" herausgearbeitet, scheint Merle sich in einer Phase der Entwicklung zu befinden, in der sie gegen die Beschränkungen der Erwachsenenwelt rebelliert, für eine Ausweitung ihrer Autonomie kämpft und gleichzeitig die Anerkennung durch Erwachsene wünscht. Meiner Ansicht nach signalisiert sie an dieser Stelle des Interviews, dass sie keine Lust (mehr) hat, sich von Erwachsenen vorschreiben zu lassen, was eine sinnvolle Tätigkeit ist und was nicht. Sie tritt einerseits recht vehement für ihre Autonomie ein, anderseits ist aber auch die Enttäuschung und Wut über die aus ihrer Perspektive nicht vorhandene Wertschätzung spürbar. Das Parlament wird in diesem Kontext von ihr als ein Ort abgewertet, an dem Jugendliche, obwohl sie durchaus *"wissen [...], was sie wollen"*, nicht als ernst zu nehmendes Gegenüber anerkannt, sondern im Gegenteil, wie "unmündige Kinder" von Erwachsenen beschäftigt werden und im Grunde keinerlei Mitspracherechte haben.

Sie distanziert sich zudem von den *"kleinkarierten Problemen"* im Parlament und dadurch indirekt auch von den anderen Abgeordneten, die diese Themen auf die Tagesordnung bringen. Insofern reproduziert sie die Abwertung des Parlaments, die sie den Kommunalpolitikern unterstellt, zum Teil durch ihre eigene Haltung; denn in gewissem Sinne wertet sie Anliegen anderer JugendparlamentarierInnen als völlig unbedeutend und kleinlich ab. Gleichzeitig legitimiert sie damit ihre mangelnde Motivation.

Mit dieser Herabsetzung der im Parlament besprochenen Themen, will sie vermutlich auch verdeutlichen, dass ihr Horizont über regionale Belange hinausgeht. Sie signalisiert der erwachsenen Interviewerin, dass sie sich nicht mit so "unbedeutenden" Dingen wie Fahrradwegbeleuchtungen zufrieden gibt, sondern sich lieber – wie sie anderer Stelle deutlich macht – für aus ihrer Sicht *"wichtigere"* Themen wie zum Beispiel gegen die friedliche Nutzung der Kernenergie engagieren würde.[112]

Das Jugendparlament ist für Merle keine Spielwiese; denn schließlich agieren hier aus ihrer Sicht keine spielenden Kinder, sondern Jugendliche, die durchaus wissen, was sie erreichen wollen. Die jungen Abgeordneten haben jedoch der Interviewten zufolge keine Chance, mit ihren Forderungen, die Merle zudem für "kleinkariert" hält, anerkannt zu werden.

Auch Kyra (15) zweifelt daran, dass die jungen Abgeordneten im Jugendparlament ernst genommen werden. Sie geht in der folgenden Aussage auf die Situation in den Sitzungen des Jugendgremiums ein:

"Es kam mir immer irgendwie vor, wie so ein Theater, wie so ein Kaspertheater. Die Jugendlichen haben so eine Tagesordnung vorgekriegt und haben sich gefreut: 'Wir sind so wie die Erwachsenen.' Aber sind sie im Grunde doch nicht. Die Tagesordnung war irgendwie nur so ein Spiel, fand ich." (12: 4)

Kyra vergleicht das Parlament mit einem Kaspertheaterspiel. In den Sitzungen wurde ihrer Ansicht nach bei den Abgeordneten die Illusion erweckt, dass sie Erwachsenen gleichwertig seien. Sie hätten wie die erwachsenen Politiker in ihren Gremiumssitzungen eine Tagesordnung erhalten und sich unter anderem wegen dieser Parallele zu den Formen der Erwachsenenpolitik eingebildet, als Erwachsene anerkannt zu werden. Nach Kyra haben sich die Abgeordneten dabei in

---

112 Merle erklärt im Interview, dass sie keine Lust hätte, sich in einer politischen Partei zu engagieren, sondern lieber in einer Bürgerinitiative, weil es in einer solchen Gruppierung im Gegensatz zu einer Partei um die *"mehr oder weniger wichtigen Probleme"* (16: 6) gehe. Als ich sie daraufhin bitte zu präzisieren, was für sie in diesem Zusammenhang wichtige Probleme sind, antwortet Merle: *"Mein Gott, so ne' Umgehungsstraße oder so was würde mich nicht gerade interessieren, aber nehmen wir mal an, gegen Atomkraftwerke oder Atommülllager, das finde ich schon irgendwie besser."* (16: 7)

ihren Illusionen verfangen und gar nicht gemerkt, dass sie die Akteure und Akteurinnen bei einem Spiel sind. Indirekt ist hier auch von einer Fremdbestimmung die Rede. Die Abgeordneten haben eine Tagesordnung *"vorgekriegt"*, sie ist also nicht von ihnen selbst entworfen sondern von außen festgelegt worden.[113] Außerdem redet Kyra hier nicht nur von einem Theater, sondern von einem *"Kaspertheater"*, also einem Theater für Kinder, bei dem Erwachsene mittels von ihnen gelenkten Puppen etwas vorführen. Das Parlament scheint in Kyras Augen so etwas wie eine Spielstätte für Kinder zu sein, die nicht merken, dass ihnen Mitbestimmung nur vorgegaukelt wird und sie letztlich von Erwachsenen gelenkt werden. Und weil sie diesen Mechanismus nicht durchschauen, sind sie der irrigen Ansicht, sie könnten agieren wie erwachsene Politiker. Mit anderen Worten: Ihnen wird nicht deutlich, dass sie in einem Stück mitspielen, dass von Erwachsenen geschrieben wurde, sondern sie denken, das Theater sei die Realität.

Lorenz (17) berichtet im Interview von einer Situation im Jugendparlament. Einige Abgeordnete, darunter auch Lorenz, hatten in einer Sitzung das Verhalten des Wittinger Bademeisters kritisiert und waren daraufhin vom Bürgermeister mit der Begründung, man dürfe eine Person nicht öffentlich diffamieren, immerhin sei die Presse anwesend, in die Schranken verwiesen worden. Das Thema wurde in den Sitzungen nie wieder aufgegriffen. Für Lorenz war diese Situation ein Beispiel dafür, dass die Abgeordneten nicht ernst genommen werden:

"Dass wir nicht ernst genug genommen werden von den Erwachsenen. Ja, daran kann man das auch sehen. Es steht halt noch 'Jugend' drüber und solange 'Jugend' drüber steht und das heißt nicht richtiges Parlament, wird sowieso meistens gelacht. Vielleicht so: 'Ja die Kleinen, lass die mal reden. Ob die da was sagen ... Ja toll, dass sie mal ihre Spielplätze da ein bisschen verschönern und das war's. Na ja, dann lassen wir sie einfach machen und wenn sie was Größeres haben wollen ... Ja haben wir hier so ein paar Zettel, können wir mal kurz drüber sprechen und dann lassen wir es unter den Tisch fallen.'" (7: 4)

Lorenz macht hier deutlich, dass in dem Parlament seiner Ansicht nach letztlich nur Themen eine Chance haben, die von den Erwachsenen problemlos akzeptiert werden können. Schon die Überschrift "Jugendparlament" veranschauliche, dass hier nicht wirklich entschieden werde, wie in einem "richtigen" Parlament, sondern das Gremium

---

113 Die Tagesordnung wird vor den Sitzungen gemeinsam vom Präsidenten bzw. der Präsidentin und dem Geschäftsführer des Parlaments festgelegt.

werde nicht ernst genommen, ja sogar verspottet. Die Art und Weise, wie mit der Kritik am Bademeister umgegangen worden war, sei dafür ein gutes Beispiel. Wenn es im Parlament um "größere" Dinge gehe, würde den Abgeordneten zwar die Möglichkeit gegeben, ein kurzes Gespräch darüber zu führen, aber dann ließe man einfach alles *"unter den Tisch fallen"*. Von daher fänden die Jugendlichen im Parlament letztlich keine Anerkennung als ernst zu nehmende Interaktionspartner. Im Gegenteil sie würden verlacht und zum Teil auch von den Erwachsenen getäuscht. Den Abgeordneten werde unter Zuhilfenahme von *"ein paar Zettel*[n]*"* Ernsthaftigkeit vorgespiegelt. Die jungen ParlamentarierInnen bekommen also "Unterlagen" und dies verleiht ihrem Tun eine Wichtigkeit, die wohl nach Julian zum Teil nur gespielt ist; denn *"was Größeres"* hätte gar keinen Raum im Parlament. Den Abgeordneten wird somit "richtige" Beteiligung vorgespielt. Lorenz ist offenbar der Ansicht, dass insbesondere die jüngeren Abgeordneten dieses Spiel nicht durchschauen und dieser Umstand von den Erwachsenen für ihre Zwecke ausgenutzt wird. Somit würden also wohl vor allem die jüngeren ParlamentarierInnen, eben diejenigen die Interesse an der Verschönerung *"ihre*[r] *Spielplätze"* hätten, von den Erwachsenen instrumentalisiert ohne dies selbst zu realisieren.

Deutlich wird, dass Lorenz die Kommunikation im Parlament als asymmetrisch empfindet: Letztlich entscheiden die Erwachsenen, welche Themen weiter verfolgt werden sollen und welche nicht. Gleichzeitig würde die ältere Generation versuchen, diesen Umstand zu vertuschen und den Abgeordneten weiß zu machen, die Entscheidungsmacht läge bei den Jugendlichen.

Alle drei hier zitierten Interviewten bringen zum Ausdruck, dass ihren Erwartungen als gleichwertige Interaktionspartner im Jugendparlament anerkannt zu werden, letztlich nicht entsprochen wurde. Die ihnen in Aussicht gestellte politische Mitbestimmung hat sich aus ihrer Perspektive offenbar als Illusion entpuppt, auch wenn die im Parlament agierenden Erwachsenen bestrebt seien, etwas anderes zu suggerieren.

8.3.2 Die Instrumentalisierung des Jugendparlaments

Carola (18), Kyra (15) und Julian (17) sind der Ansicht, dass das Jugendparlament von vielen Politikern vor allem aus Imagegründen unterstützt wird und es dort im Grunde nicht um die Interessen von Jugendlichen geht.

Carola (18) kritisiert dies, wie bereits im Kapitel zur Kandidatur erläutert, auch in Bezug auf einige Lehrkräfte am Gymnasium. Letztere haben ihrer Ansicht nach vor allem für die Kandidatur ihrer SchülerInnen geworben, um das öffentliche Ansehen der Schule zu erhöhen. Die Belange der Jugendlichen seien ihnen dabei letztlich egal gewesen. Ähnliche Interessen unterstellt Carola auch einigen Politikern:

"Irgendwie hab ich das Gefühl gehabt, dass dieser Bernd Bremer [der Bürgermeister] *und auch die anderen, dass die einfach nur sagen wollten: 'Ja, wir haben jetzt ein Jugendparlament.' Und dass es nur irgendwie so aussehen sollte, als ob was für die Kinder getan wird, als ob die Kinder irgendwie ernst genommen werden. Und ich hatte dann nachher das Gefühl, dass es gar nicht mehr so ist. Deswegen dachte ich eigentlich auch erst, dass ich da mitmachen wollte. Weil ich halt wirklich dachte, wir werden da ernst genommen und die beschäftigen sich auch damit. Aber ich hab irgendwie das Gefühl gehabt, dass es nur darum ging, halt so zu tun, als ob man was für die Jugendlichen tut." (15: 3)*

Carola formuliert den Eindruck, dass das Jugendparlament vom Bürgermeister der Stadt Wittingen letztlich nur aus Imagegründen unterstützt wird. Der Öffentlichkeit solle durch die Existenz eines solchen Gremiums signalisiert werden, dass der Bürgermeister *"und auch die anderen"* sich für Jugendliche einsetzen. Aus der Interviewpassage ist nicht ganz ersichtlich, wer diese *"anderen"* sind. Denkt Carola hier an die im Parlament agierenden Erwachsenen oder an die Kommunalpolitiker? Auf jeden Fall ist sie recht überzeugt davon, dass den jungen Abgeordneten die Anerkennung ihrer Interessen nur vorgespielt wird. Erwachsene instrumentalisieren ihrer Ansicht nach das Parlament vor allem für ihre eigenen Zwecke. Nach Carolas Einschätzung werden die Abgeordneten aber über die wahren Beweggründe der Erwachsenen hinweggetäuscht. Die Interviewte signalisiert, dass sie diese von ihr vermutete Täuschung durchschaut und das Parlament offenbar aus diesem Grund wieder verlassen hat. Sie deutet an, dass sie Interesse hatte, in dem Gremium mitzuwirken, weil sie anfänglich der Ansicht war, dort würden *"Kinder"* und Jugendliche – *"wir"* – ernst genommen. Dies hat sich aus ihrer Sicht als Irrtum erwiesen.

Auch Kyra (15) meint, dass das Parlament in der Kommunalpolitik trotz anders lautender Aussagen nicht ernst genommen wird.

"Die haben zwar alle geredet: 'Ja, wir nehmen das Jugendparlament ernst' und so. Aber ich glaub' das nicht. Das hat garantiert keiner ernst genommen. Ich denk das nicht, weil Jugendliche sind in dieser Gesellschaft sowieso ... Die haben, wenn man sich so die Ansichten von vielen Älteren anhört [...]: 'Die Jugendlichen sind was Schlechteres als die Erwachsenen und so.' Hab ich schon von vielen gehört. Und ich denke auch nicht, dass das irgendwie was gebracht hat. Vielleicht, dass die Politiker mal zeigen: 'Ja, ja wir tun was für die Jugendlichen', aber es im Grunde doch nicht tun." (12: 4)

Aus Kyras Perspektive verwehren Erwachsene Jugendlichen von vornherein die soziale Anerkennung. Eine symmetrische Wertschätzung ist nach Kyras Einschätzung zwischen Jugendlichen und Erwachsenen nicht vorhanden. Im Gegenteil: die Erwachsenen vermitteln den Jugendlichen ein abwertendes Bild ihrer selbst. Von daher hält Kyra es für ausgeschlossen, dass das Parlament von Erwachsenen ernst genommen wird. Diese Einstellung könnte auch erklären, warum Kyra sich insgesamt so skeptisch in Bezug auf das politische Engagement Jugendlicher zeigt. (Vgl. Kap. 6.1.2) Wenn junge Menschen – wie Kyra vermutet – per se durch Erwachsene abgewertet werden, besteht für sie schwerlich eine Chance in der etablierten Politik, die ja eine Domäne Erwachsener ist, anerkannt zu werden. Insofern ist es nicht erstaunlich, dass Kyra den Sinn traditionellen politischen Engagements für sich in Frage stellt. Ein Engagement im Jugendparlament scheint sie ebenfalls mittlerweile[114] als aussichtslos einzuschätzen. Ähnlich wie Carola vermutet Kyra, dass die Politiker das Parlament für ihre Zwecke missbrauchen; denn sie würden nur vorgeben, sich für Jugendliche einzusetzen, aber dem Parlament im Grunde genommen keine Wertschätzung entgegenbringen.

Auch aus Julians (17) Perspektive engagieren sich manche Politiker vor allem um ihres öffentlichen Ansehens willen für das Jugendgremium. Im Interview mit ihm wird das Für und Wider der Herabset-

---

[114] Die Aussagen Kyras zur Kandidatur in Kapitel 8.1 lassen darauf schließen, dass sie mit einer Mitarbeit im Jugendparlament die Hoffnung verbunden hatte, hier einen angemessenen Artikulationsrahmen für ihre politischen Interessen zu finden.

zung des Wahlalters auf 16 Jahre bei den Kommunalwahlen in Niedersachsen thematisiert. Auf meine Frage, ob er dies für einen angemessenen Schritt der Politik in Richtung Jugend hält, antwortet er:

"Man präsentiert sich dabei ja mehr selber. Das soll man ja nicht vergessen. Ich sag mal, Herr Bremer ist ja auch immer dabei. Der hätte das gar nicht machen müssen, dass er immer dabei wär. Ich meine, das könnte auch ein anderer machen. Warum gerade unser Bürgermeister? Damit er sich präsentiert und so. Werbung halt." (4: 11)

Julian gibt zu bedenken, dass erwachsene Politiker, wenn sie sich für Jugendliche einsetzen, dies möglicherweise auch tun, um sich positiv in Szene zu setzen. Insofern zweifelt er wohl auch daran, dass es den Politikern bei der Herabsetzung des Wahlalters auf 16 Jahre tatsächlich um die Interessen der jungen Generation geht. Dieses Misstrauen hegt Julian ebenfalls den sich für das Jugendparlament engagierenden politischen Akteuren gegenüber. Er nennt ein Beispiel: Es wäre doch erstaunlich, dass ausgerechnet der Bürgermeister bei allen Parlamentssitzungen anwesend sei; denn seine Funktion könnte genauso gut ein anderer ausfüllen. Julian deutet an, dass Herr Bremer sich für das Parlament engagiert, um für sich als Bürgermeister zu werben.

Nach Ansicht Carolas, Kyras und Julians engagieren sich Kommunalpolitiker also vor allem für das Jugendparlament, um der Öffentlichkeit zu signalisieren, dass sie sich für Jugendliche einsetzen. Demnach hätte das Parlament also für Politiker vor allem eine Alibifunktion. Die Interessen Jugendlicher seien ihnen letztlich egal.

8.3.3 Spott und Desinteresse von Gleichaltrigen

Wie in Kapitel 8.2.3 erläutert, reagieren Eltern und Lehrkräfte meist mit Interesse und Bestätigung auf das Engagement der jungen Abgeordneten. Gleichaltrige sind dagegen nach Ansicht der Interviewten häufig nicht am Parlament interessiert, ja zum Teil machen sie sich sogar über die jungen Abgeordneten lustig.

Kyra (15) hatte das Parlament – wie bereits erläutert – als Kaspertheaterspiel charakterisiert, in dem die Entscheidungen der jungen Abgeordneten mehr oder weniger von Erwachsenen gelenkt werden. Ihrer Ansicht nach durchschauen viele JugendparlamentarierInnen dieses Spiel nicht, sondern meinen, hier eine "echte" Mitbestimmungsmöglichkeit zu erhalten. Als ich Kyra frage, ob ihre *"Mitschüler und Mitschülerinnen"* (12: 5) sie manchmal auf ihre Arbeit im Parlament ansprechen und ihr beispielsweise Themenanregungen geben, sagt sie:

"Nein, die kamen dann an: 'Hi hi, bist im Jugendparlament! Ist ja Scheiße!' und so. Davon hab ich mich aber nicht beeinflussen lassen. Ich fand es selbst ja von mir aus Scheiße. [...] Ich meine, ich hab gedacht, man kann ja mal gucken. Man muss ja offen sein für so Sachen. Und hätte ich mich von meinen Freunden beeinflussen lassen ... Die haben ja von Anfang an gesagt, das wäre Scheiße, das Jugendparlament, dann wäre ich sicher nicht am Anfang da gewesen." (12: 5f.)

Frage: *"Und warum haben die gesagt: 'Es ist Scheiße!'?" (12: 6)*

"Ja halt auch aus den gleichen Gründen. Die denken, das ist albern. Dass sie [die jungen Abgeordneten] sowieso nichts durchbringen können und dass die Erwachsenen letztendlich halt doch das Sagen haben." (12: 6)

Aus Kyras Sicht haben ihre MitschülerInnen also eine ähnliche Haltung wie sie selbst: Sie spotten über die mangelnde Effektivität des Parlaments. Sie halten – so Kyra – ein Engagement in dem Gremium für sinnlos oder *"albern"*, weil sich dort nichts erreichen lässt und die Entscheidungsbefugnisse letztlich bei den Erwachsenen liegen.[115] Kyra betont aber auch, dass sie bei ihrer Kandidatur für das Parlament eine eigenständige Entscheidung gefällt hat. Die *"Unkenrufe"* ihrer Freunde konnten sie nicht von einer Kandidatur abhalten. Sie ist der Ansicht, dass man *"offen sein"* sollte *"für so Sachen"*. Ihre Freunde waren dies offenbar nicht. Kyra hat sich also trotz der negativen Einstellung Gleichaltriger zum Parlament dort engagiert, weil sie es offenbar im Grunde richtig findet, sich für *"so Sachen"* einzusetzen. Sie hat das Parlament also geprüft, gibt aber im Endeffekt ihren Freunden Recht. Bereits aus Kyras Schilderungen zu ihrer Kandidatur konnte man schließen, dass sie offenbar gehofft hat, im Parlament einen angemessenen Artikulationsrahmen für ihr durchaus vorhandenes politisches Interesse zu finden. Diese Hoffnung wurde aus ihrer Perspektive enttäuscht. Nicht zuletzt deshalb scheint sie sich im Nachhinein so vehement von ihrem Engagement zu distanzieren. Von daher dürften in ihrer drastischen Ablehnung des Parlaments – es war *"Scheiße"* –

---

[115] Vgl. dazu auch Kyras Aussagen zur Dominanz der Erwachsenen, die im folgenden Kapitel interpretiert werden.

Gefühle von Ärger, Enttäuschung und Frustration mitschwingen: Enttäuschung und Frustration darüber, hier nichts bewirken zu können und Ärger über die von ihr diagnostizierte Dominanz der Erwachsenen.

Eine etwas andere Haltung offenbart Linda (15). Sie stellt fest, dass Gleichaltrige wenig Interesse für die Arbeit des Jugendparlaments zeigen und kritisiert dies. Die Interviewpartnerin bemängelt, dass sie so gut wie keine Themenanregungen von ihren WählerInnen für das Jugendparlament bekommt. Sie wird diesbezüglich *"relativ selten"* (3: 6) angesprochen. Ihre ironische Folgerung lautet:

"Sind ja wohl alle wunschlos glücklich. Oder was Politik betrifft oder Jugendarbeit oder so. Man will damit ja nicht sehr viel zu tun haben [...] Na ja, dass die nichts stört und nichts ihnen gefällt ... Ich meine, ich bin das ja nicht alleine, die da ist. Ich repräsentiere halt die ganzen Jugendlichen. Wenn da nichts kommt, dann ist das auch doof. Dann weiß ich auch nichts." (3: 6)

Linda beklagt, dass Wittinger Jugendliche so gut wie gar nicht auf das Jugendparlament reagieren. Sie teilen ihr weder mit, wenn sie etwas stört noch was ihnen möglicherweise gefällt.[116] Die Interviewte führt dieses Desinteresse auf die Distanz der Jugendlichen gegenüber Politik oder Jugendarbeit zurück. Damit wollten sie *"nicht sehr viel zu tun haben"*. Gleichzeitig macht sie deutlich, dass sie sehr verantwortungsbewusst mit ihrer Aufgabe als gewählte Vertreterin von Jugendinteressen umgeht. Sie vertritt die Interessen ihrer WählerInnen und weiß offenbar nicht recht, wie sie dieser ihr übertragenen Aufgabe gerecht werden soll, da sie keinerlei Rückmeldung von den Wittinger Jugendlichen erhält.

Auch Silke (18) kritisiert das mangelnde Interesse bei ihren WählerInnen.

"Was ich ein bisschen blöd finde, dass fast gar keine Jugendlichen zu den Sitzungen kommen." (5: 11)

Frage: *"Und weißt du woran das liegen könnte?"* (5: 11)

"Ja, die interessiert das einfach nicht. Die haben einfach gar keine Lust dazu. Ich glaub, die haben immer 'Parlament' ... gleich so Politik und in der Schule immer und wie man wählt und wer Bundeskanzler ist und so ..." (5: 11)

---

116 Zum geringen Interesse der Wittinger Jugendlichen am Jugendparlament vgl. auch Burdewick (1998b, 223).

Ähnlich wie Linda führt auch Silke das Desinteresse ihrer WählerInnen auf die Distanz der Jugendlichen zur Politik zurück. Sie meint offenbar, allein die Bezeichnung "Parlament" könnte bei Gleichaltrigen negative Assoziationen wecken. Sie würden dabei gleich an traditionelle Politik denken und an den Schulunterricht im Fach Politik, wo den SchülerInnen beispielsweise die Art und Weise des Wählens vermittelt werde. In Kapitel 6.1.1 hatte Silke bereits verdeutlicht, dass sie sich nicht für die Bundespolitik interessieren würde und sie von daher, bei der Bezeichnung *"Parlament"* auch erst skeptisch gewesen sei, ob ein Engagement in dem Jugendgremium für sie das Richtige sei. Aber weil es im Parlament schließlich um Jugendinteressen gehe, könne es mit der langweiligen Bundespolitik nicht viel gemein haben. Silke versetzt sich hier in ihre WählerInnen und kann deren Distanz zum Gremium auf der einen Seite auch verstehen. Auf der anderen Seite kritisiert sie, dass keine Jugendlichen zu den Parlamentssitzungen kommen.

Die ablehnende Haltung Gleichaltriger gegenüber der etablierten Politik stellt sie auch an einer anderen Stelle des Interviews heraus. Sie berichtet, dass sie mit ihrem (kommunal)politischen Interesse bei ihren Freundinnen auf wenig Verständnis trifft:

Frage: *"Und redest du manchmal mit deinen Freundinnen und Freunden über Politik. Zum Beispiel, ob die Lust haben, Politik zu machen?" (5: 13)*

"Nee, gar nicht, wenn die das Wort 'Politik' nur hören, dann springen sie mir in den Nacken. Wir haben so 'nen blöden Politiklehrer, der einem das nicht so nah bringt, dass es vielleicht auch mal Spaß machen könnte." (5: 14)

Silke beschreibt eine Situation, in der die bloße Erwähnung des Wortes Politik offenbar äußerst unangenehme Assoziationen bei ihren Freunden und Freundinnen erweckt und Aggression gegen diejenige, die das missliebige Thema anspricht, auslöst. Diese Ablehnung führt sie vor allem auf die Qualität des Politikunterrichtes zurück. Dort würde keinerlei Aufmerksamkeit für Politik geweckt werden. Silke scheint die Haltung der Gleichaltrigen zu akzeptieren bzw. in einigen Punkten, wie die Ablehnung der Bundespolitik, sogar zu teilen. Insgesamt wird deutlich, dass ihre Aufmerksamkeit für Politik und dazu gehört wohl auch ihr Engagement im Jugendparlament bei ihren Freundinnen und Freunden auf wenig Verständnis trifft und die Interviewpartnerin sich durch ihr spezifisches Interesse und Engagement von den anderen unterscheidet. Diese Differenz macht sie also auch zu etwas Besonderem.

In allen drei in diesem Kapitel zitierten Interviewaussagen ist von der Haltung Gleichaltriger gegenüber dem Jugendparlament die Rede. Im Folgenden soll mit Blick auf diese Aussagen noch einmal differenziert werden, wie hier Bezug auf andere Jugendliche genommen wird.

Silke dürfte sich in der zuletzt zitierten Passage auf Gleichaltrige im Sinne von Peergruppenmitgliedern beziehen. Bei der so genannten "Peergruppe" (Oerter/Dreher 1998, 373) oder auch "Gleichaltrigengruppe" (Selman 1984,161) ist eine spezifische Form sozialer Interaktion impliziert. Krappmann differenziert in diesem Kontext zwischen dem "peer" (Krappmann, 1998, 364) und einem "gleichaltrige[n] Gefährten" (ebd.): "Für den Begriff "peer" fehlt eine angemessene Übersetzung, denn gemeint ist nicht nur der gleichaltrige Gefährte, sondern Gleichheit der Stellung im Verhältnis zueinander. Ein Peer ist der als Interaktionspartner akzeptierte Gleichaltrige [...]." (Ebd., ohne die Herv. d. Orig.) Oerter und Dreher bezeichnen Gleichaltrige im Kontext von Peergruppen auch als "Gleichgesinnte [...]" (Oerter/Dreher 1998, 369). In der Interviewfrage an Silke ist von Freunden und Freundinnen die Rede. Ergebnissen der Entwicklungspsychologie zufolge spielen Freundschaftsbeziehungen eine wichtige Rolle innerhalb der Peergruppenkontakte. (Vgl. ebd., 376) Freundschaften werden von Peerbeziehungen durch die Qualität der Kontakte unterschieden. Sie sind stets auf bestimmte Personen bezogen. (Vgl. ebd. und Krappmann 1998, 364) Da Silke hier nicht von einer spezifischen Freundin oder einem spezifischen Freund redet, ist es nahe liegend, dass sie hier in erster Linie die Gruppe der Gleichaltrigen[117] im Blick hat und nicht beispielsweise eine bestimmte Freundin. Ähnlich verhält es sich bei Kyra. Auch sie berichtet von der Reaktion ihrer "Freunde" und bezieht sich dabei nicht auf eine bestimmte Person. Linda spricht dagegen ganz allgemein über das Desinteresse der WählerInnen des Jugendparlaments. Sie bezieht sich damit zwar auf andere Jugendliche, aber offenbar nicht im Sinne von Peergruppenmitgliedern.

---

117 Die Gruppe der Gleichaltrigen kann aus einer so genannten Clique (zwei bis 9 Mitglieder) oder einer größeren Gruppe bestehen. (Vgl. Coleman 1980, 417)

In der gegenwärtigen Forschung wird immer wieder betont, wie zentral die Anerkennung der Gruppe der Gleichaltrigen für das Selbstverständnis Jugendlicher ist.[118] Sollte politisches Interesse und politisches Engagement im Jugendparlament von Jugendlichen bei der Gruppe der Gleichaltrigen tatsächlich in dem Maße auf Ablehnung oder Desinteresse stoßen, wie Kyra und Silke dies andeuten, ließe sich vermuten, dass dies negative Auswirkungen auf das Selbstwertgefühl der Interviewten haben könnte. Es entspräche nicht den normativen Standards der Gleichaltrigen[119] und würde sich folglich negativ auf das soziale Ansehen der jeweils politisch interessierten und engagierten Person innerhalb der Gruppe auswirken. Dies scheint aber weder bei Kyra noch bei Silke der Fall zu sein. So hebt Kyra nicht ohne Stolz heraus, dass sie trotz der ablehnenden Haltung der Gleichaltrigengruppe gegenüber dem Jugendparlament dort mitgearbeitet hat. Und auch Silke scheint sich in ihrem Interesse für (Kommunal-) Politik nicht sonderlich von Gleichaltrigen irritieren zu lassen. Wie lassen sich die Haltung Kyras und die Einstellung Silkes interpretieren?

---

118 Oerter und Dreher (1998) unterscheiden mit Blick auf zahlreiche Befunde der Entwicklungspsychologie zwischen vier wichtigen Funktionen der Peergruppe: "(a) Sie kann zur Orientierung und Stabilisierung beitragen und emotionale Geborgenheit gewähren. Insbesondere hilft sie das Gefühl der Einsamkeit überwinden, das viele Jugendliche aufgrund der einsetzenden Selbstreflexion und der Erkenntnis der Einmaligkeit entwickeln. (b) Sie bietet sozialen Freiraum für die Erprobung neuer Möglichkeiten im Sozialverhalten und läßt Formen von sozialen Aktivitäten zu, die außerhalb der Gruppe zu riskant wären. (c) Sie hat eine wichtige Funktion in der Ablösung von den Eltern und bietet Unterstützung durch die normierende Wirkung einer Mehrheit (z.B. beim abendlichen Ausgang: 'Die anderen dürfen auch so lange wegbleiben.'). (d) Sie kann zur Identitätsfindung beitragen, indem sie Identifikationsmöglichkeiten, Lebensstile und Bestätigung der Selbstdarstellung bietet." (Oerter/Dreher 1998, 370) Die Gruppe der Gleichaltrigen spielt demnach ein wichtige Rolle bei der Ablösung vom Elternhaus und für die Entwicklung des Selbstwertgefühls. Insofern bildet die Einbindung in die Peer-Gruppe einen wichtigen Aspekt für Anerkennungsprozesse im Jugendalter. Oerter und Dreher vertreten die Hypothese, dass besonders Freundschaften in Form von Zweierbeziehungen "die eigentlich zentrale Funktion im Rahmen der Peergruppenkontakte haben." (Ebd., 376) Jugendliche, die sich vor dem Hintergrund der im Jugendalter einsetzenden Selbstreflexion als etwas Besonderes empfinden würden, bedürften eines Gegenübers, mit dem sie sich austauschen können. Dies seien zu Beginn wohl noch vor allem die Eltern, aber im Zuge der Entwicklung würden Gleichaltrige in diesem Zusammenhang eine immer größere Rolle spielen, da sie die spezifische Situation des Freundes oder der Freundin besser nachvollziehen könnten. (Vgl. ebd.).
119 Vgl. dazu auch Montada zur "Normvermittlung durch Peergruppen" (Montada 1998b, 870f.).

Näheren Aufschluss kann in diesem Zusammenhang das Entwicklungskonzept Robert L. Selmans geben. Selman orientiert sich an Piagets strukturalistischer Theorie der kognitiven Entwicklung. Er geht auf der Grundlage eigener empirischer Untersuchungen von einer stufenförmigen Entwicklung sozialen Verstehens aus. Im Zentrum seines Interesses steht dabei die Fähigkeit zur sozialen Perspektivübernahme. In diesem Kontext arbeitet Selman fünf Phasen (Niveau 0 bis 4) der Perspektivübernahme heraus, wobei das dritte Niveau für Jugendliche im Alter von etwa 10 bis 15 Jahren und das vierte ab einem Alter von ungefähr zwölf bis ins Erwachsenenalter festgestellt werden kann. (Vgl., Selmann 1984, 47ff.) Da das Interesse dieser Untersuchung dem Jugendalter gilt, interessieren hier vor allem Selmans Befunde zur Entwicklung sozialen Verstehens in Gleichaltrigengruppen ab einem Alter von etwa zehn Jahren (Niveau 3 und 4). Deshalb werde ich mich im Folgenden auf die Darstellung des Niveaus 3 und 4 beschränken. Jugendliche auf Stufe 3 betrachten nach Selman "(a) die Gruppe als soziales Ganzes bzw. abstrakte Struktur, die (b) als Gemeinschaft mit gemeinsamen Interessen und Überzeugungen zusammenhält, und in der (c) ein Konsensus über Konventionen und generalisierte Erwartungen besteht." (Ebd. 1984, 166, o. Herv. d. Orig.) In dieser Phase wird ein starkes Gewicht auf den Gruppenkonsens gelegt, was zum einen eine feste Basis für homogene Wertvorstellungen in der Gruppe bietet, aber anderseits auch unterschiedliche Interessen einebnen kann. "Auf Stufe 3 ist Verbindlichkeit synonym mit Konformität gegenüber den konventionellen Überzeugungen und Werten der Gruppe: Es wird angenommen, daß Gruppen zerfallen oder sich auflösen, weil etwas geschieht, das den von jedem Gruppenmitglied geteilten Gemeinschaftssinn erschüttert." (Ebd. 167) Jugendliche auf dieser Stufe würde die Ablehnung vom Gruppenkonsens abweichenden Interesses durch die Peergruppe also durchaus vor Probleme stellen. Möglicherweise würden sie es leugnen oder gar nicht erst entwickeln. Dies scheint bei Silke und Kyra nicht der Fall zu sein. Sie bringen ihr differierendes Interesse durchaus überzeugt zum Ausdruck. Diese Haltung weist in Bezug auf die Einstellung zur Gruppe der Gleichaltrigen Parallelen zu Selmans Entwicklungsstufe 4 auf, was auch dem Alter der beiden Interviewten entsprechen würde.

Hier wird die Gruppe als "pluralistische Organisation" (ebd. 167) begriffen, in der differierende Meinungen durchaus ihren Platz haben:

> "Die Gruppe wird als ein pluralistisches kollektives System verstanden, in dem individuelle Differenzen nicht um der Homogenität der Wertvorstellungen willen unterdrückt werden. Es herrscht ein explizites oder implizites 'demokratisches Prinzip', wonach unterschiedliche Interessen oder Standpunkte nicht nur toleriert, sondern auch unterstützt werden." (Ebd., 168)

Da in der Gruppe nicht immer ein Konsens erzielt werden kann, sind sich ihre Mitglieder "der 'politischen' Kompromißbildungen bewußt, bei denen individuelle Unterschiede in ein einheitliches Ganzes integriert werden." (Ebd., 168, o. Herv. d. Orig.)

Mit Blick auf Silkes (18) und Kyras (15) Alter lässt sich unter Bezugnahme auf die Ergebnisse Selmans schließen, dass ihr spezifisches Interesse also durchaus in die Gruppe integrierbar ist.[120] Silke berichtet zwar von einer Ablehnung ihrer Aufmerksamkeit für Politik durch ihre Freunde und Freundinnen, scheint dies aber zu akzeptieren, ja sie teilt diese Distanz zur Politik sogar in einigen Punkten. Offenbar fühlt sie sich der Gruppe trotz ihres zum Teil differierenden Interesses zugehörig. Kyra betont, dass sie trotz der ablehnenden Haltung der Gleichaltrigengruppe gegenüber dem Jugendparlament für das Parlament kandidiert hat. Sie macht also deutlich, dass sich sie bei ihrer Entscheidung nicht durch die Gruppe hat beeinflussen lassen, obwohl sie dem Urteil der Gruppe im Nachhinein Recht gibt. Beide Inter-

---

[120] Ähnliches wird im Übrigen auch im Hinblick auf Freundschaftsbeziehungen angenommen: So stellt Coleman unter Bezugnahme auf Untersuchungen Douvans und Adelsens fest, das Freundschaften besonders in der mittleren Adoleszenz (14 bis 16 Jahre) auf einem starken Bedürfnis nach Verständnis, Vertrauen und Loyalität beruhen würden. Während die Wechselseitigkeit und Tiefe der Beziehungen in der frühen Adoleszenz noch nicht so eine große Rolle spiele. Und auch in der späten Adoleszenz (17 Jahre und älter) hat die Freundschaft nicht mehr eine so zentrale Funktion wie in den Jahren davor. (Ebd. 1980, 410). Was bedeutet es nun, wenn eine Person eine andere Haltung vertritt als ein Freund oder eine Freundin? Folgt man den Ausführungen Colemans zum Thema Freundschaftsbeziehungen, dürfte dies ab einem Alter von etwa 17 Jahren durchaus auf Akzeptanz treffen. "Although being able to share confidences is important, by this time there is a greater emphasis on the friend's personality and interests – on what she can offer to the relationsship – and a greater degree of appreciation of individual differences." (Ebd., 410f.) Coleman äußert sich an dieser Stelle nicht explizit zum Umgang mit individuellen Differenzen in früheren Entwicklungsphasen; aber die vorherigen Ausführungen legen nahe, dass zumindest in der mittleren Adoleszenz der Stellenwert der Übereinstimmung in Freundschaftsbeziehungen größer sein dürfte als in einem späteren Alter.

viewpartnerinnen verdeutlichen damit auch, dass sie durchaus den Mut haben, eine Überzeugung zu vertreten, die nicht dem Gruppenkonsens entspricht. Tzvetan Todorow beschreibt die Unterscheidung von anderen als eine Möglichkeit, um Anerkennung zu erhalten: "entweder will ich anders als die anderen erscheinen oder als gleichgeartet wahrgenommen werden. Wer hofft, sich als der Beste, Stärkste, Schönste und Hervorragendste zu zeigen, möchte sich natürlich von den anderen unterscheiden; diese Haltung ist besonders häufig in der Jugendzeit." (Todorov 1998, 98)

Die beiden Interviewpartnerinnen signalisieren, dass sie sich in ihrem politischen Interesse und Engagement von anderen abheben und dadurch etwas Besonderes sind. Sie machen also der Interviewerin gegenüber deutlich, dass sie sich trotz der Ablehnung Gleichaltriger politisch engagieren bzw. engagiert haben. Damit signalisieren sie auch, dass sie sich von den "politikverdrossenen" Jugendlichen unterscheiden. Möglicherweise suchen sie dadurch auch Ansprüchen zu entsprechen, die sie bei der Interviewerin vermuten.

8.3.4 Einflussfaktoren

In den vorherigen Kapiteln wurden verschiedene Typen von Missachtung, welche die Interviewten im Rahmen ihrer Tätigkeit im Jugendparlament erlebt haben, herausgearbeitet. Im Folgenden soll nun auf Faktoren, die strukturell mit diesem Eindruck verknüpft sind, eingegangen werden. Dazu gehören die von den Informanten und Informantinnen geschilderte Dominanz der im Jugendparlament agierenden Erwachsenen, Ohnmachtserfahrungen während der Parlamentssitzungen, die sich besonders bei den jüngeren Abgeordneten rekonstruieren lassen, die Distanzierung der älteren von den jüngeren Abgeordneten und die Strukturen, der von den Interviewten meist als "bürokratisch" und langweilig empfundenen Jugendparlamentssitzungen.

8.3.4.1 Die Dominanz der Erwachsenen

Kyra (15) berichtet im Interview, dass sie aus dem Jugendparlament ausgetreten ist, weil sie gemerkt hat, dass diese Form des Engagements nicht ihr *"Ding"* ist. Daraufhin frage ich sie, ob sie eine Idee habe, was man hätte anders machen können, damit es für sie im Parlament spannender gewesen wäre. Sie antwortet:

"Die Themen an sich, die wir besprochen haben, waren nicht schlecht. Wir haben darüber geredet über die Probleme von unseren Leuten, also von Jugendlichen. Aber letzten Endes haben es die Erwachsenen entschieden. Es war also nicht unsere Entscheidung, die berücksichtigt wird, sondern die von den Erwachsenen, also von denen, die in dem großen Gremium da sitzen." (12: 1f.)

Kyra zufolge wurden im Parlament durchaus jugendspezifische Belange thematisiert. Dies bewertet sie als positiv. Kritik übt sie dagegen an den aus ihrer Sicht bestehenden Machtstrukturen. Die Entscheidungsgewalt liege letztlich bei den Erwachsenen in dem *"großen Gremium"*. Auf die anschließende Frage, was sie mit dem großem Gremium meint, verdeutlicht sie, dass sie dabei vor allem an den Stadtrat denkt. Kyra bemängelt, dass letztlich durch eine übergeordnete mit erwachsenen Politikern besetzte Instanz über die Beschlüsse des Jugendparlaments entschieden wird. Letztlich deutet sie damit auch an, dass die jungen Abgeordneten über keine wirklichen Mitbestimmungsbefugnisse verfügen. Sie sind dem Urteil der Stadtratsmitglieder mehr oder weniger ausgeliefert. Als im Verlauf des Interviews die potenziellen Einflussmöglichkeiten des Jugendgremiums thematisiert werden, äußert Kyra sich ähnlich:

"Selber ausrichten können sie [die jungen Abgeordneten] *nichts Aber die können eventuell die Erwachsenen beeinflussen. Aber im Grunde haben sie da auch keinen Einfluss drauf. Das liegt halt an den Erwachsenen, ob die sich beeinflussen lassen oder nicht." (12: 4)*

Kyra beschreibt die im Parlament agierenden Jugendlichen letztlich als Spielbälle der Kommunalpolitiker. Sie deutet zwar auch an, dass die Jugendlichen mittels der Erwachsenen durchaus Einfluss nehmen könnten. Dies hinge jedoch davon ab, inwieweit Letztere sich auf die Forderungen der jungen Abgeordneten einlassen würden. Grundsätzlich sei die Möglichkeit zu wirklicher Mitbestimmung im Jugendparlament nicht gegeben, da die Durchsetzung der dortigen Beschlüsse vom Urteil Erwachsener abhinge.

Ähnliches beschreibt Carola (18). Sie betont sofort zu Beginn des Interviews, dass Erwachsene im Parlament dominiert haben. Ihrer Ansicht nach waren nicht, wie zu erwarten wäre, Kinder und Jugendliche die wichtigsten Personen in dem Gremium, sondern der Bürgermeister. Außerdem hätten Erwachsene letztlich über die Inhalte der Parlamentssitzungen bestimmt: Themenvorschläge seien zwar durchaus von den Jugendlichen formuliert worden, aber welche Themen dann näher besprochen werden sollten, hätten im Grunde genommen die Erwachsenen entschieden.

Frage: *"Wenn du dich an deine Arbeit im Jugendparlament zurückerinnerst, was fällt dir zuerst dazu ein?" (15:1)*

"Dass die Vorschläge von uns allen kamen, aber dass das näher Besprochene, dass das eigentlich von den Erwachsenen gekommen ist, so. – Das war ganz extrem. Ich glaube, Bernd Bremer [der Bürgermeister], war das. Dass der irgendwie die Hauptperson da war. Dass das gar nicht mal so die Kinder waren oder die Jugendlichen, sondern mehr er." (15: 1)

Auch Julian (17) geht im Interview auf den Einfluss der Erwachsenen in den Parlamentssitzungen ein. Er schlägt unter anderem vor, einige Treffen des Jugendgremiums ohne Erwachsene durchzuführen, weil er ihre Anwesenheit zum Teil als Einschränkung empfindet:

"Wenn wir unter uns sind, da reden wir ganz anders. Sind wir ganz andere Leute. Wenn da irgendein Erwachsener sitzt, dann fühlen wir uns so bedrängelt." (4: 7)

Im Verlauf des Interviews bedauert er, dass mehrere ältere Abgeordnete das Parlament verlassen haben und für sie zunehmend jüngere Jugendliche nachgerückt sind. Insbesondere die 11-jährige Präsidentin sei viel zu jung, um ihre Position angemessen ausfüllen zu können. Seiner Meinung nach bekämen dadurch die Erwachsenen im Parlament zu viel Macht:

"Da wird von den Erwachsenen die Macht gemacht. Die Erwachsenen machen sich da gut. Die jungen Leute sagen irgendwas, plappern Reden vor sich hin und Herr Groß [der Kreisjugendpfleger] und die anderen machen das, was sie für am besten halten. Wenn sie [die Präsidentin] einen Tagesordnungspunkt beschließen will, dann meint Herr Groß bestimmt, das wäre am besten so und so und dann wird das schon geändert." (4: 19)

Julian beschreibt hier eine Situation, in der Erwachsene ihre Überlegenheit nutzen, um die jungen Abgeordneten zu beeinflussen und Beschlüsse in ihrem Sinne umzuformulieren. Die jüngeren Parlamentarier – vermutlich hat er die 11- und 12-Jährigen im Blick[121] – sind

---

121 Wie er an einer anderen Stelle des Interviews betont, hält er es für besser, das passive Wahlrecht für das Jugendparlament auf 13 Jahre zu erhöhen.

seiner Ansicht nach entweder gar nicht in der Lage, dies zu realisieren oder nicht fähig, sich dagegen zu wehren. Insofern wäre die Gefahr, dass Erwachsene die im Gremium agierenden Jugendlichen dominieren, vor allem bei den ganz jungen Abgeordneten am größten.

8.3.4.2 Die Ohnmacht der jungen Abgeordneten

Die Bearbeitung der Themen in den Parlamentssitzungen erfolgte ausschließlich in verbaler Form. Methoden aus der außerschulischen Jugendbildung, wie etwa den Einsatz von Moderationstechniken oder auch die Durchführung von Zukunftswerkstätten, kamen nicht zur Anwendung. (Vgl. dazu auch Hermann 1996, 288) Es waren keine flankierenden pädagogischen Maßnahmen vorgesehen, welche es den jungen Abgeordneten beispielsweise erleichtern könnten, das Wort zu ergreifen. Diese Situation macht es besonders für die jüngeren Abgeordneten schwer, sich gegen verbale Strategien von Erwachsenen zu wehren. Besonders prägnant tritt dies in den Aussagen von Nils (12), Laura (13) und Tobias (13) zutage:

Nils (12) erzählt im Interview, dass er die Sitzungen des Parlaments immer *"ganz gut und interessant"* (8: 1) gefunden hat. Allerdings gab es aus seiner Sicht eine Ausnahme. Die Abgeordneten hatten einen Vertreter der örtlichen Verkehrsbetriebe eingeladen. Er sollte Stellung zu Problemen beim Bustransport von Schülern und Schülerinnen nehmen. Nils hatte sich in der Sitzung einige Kritikpunkte aufgeschrieben, die er in diesem Zusammenhang vorgebracht hat. Der Interviewte kritisiert das Verhalten des Erwachsenen:

"Er [der Vertreter der Verkehrsbetriebe] hat sehr viel erzählt und wir sind zum Schluss doch zu nichts gekommen. Er meinte ja gleich zu Anfang, wir sollten aufschreiben, was wir an den Bussen nicht o.k. finden oder an den Fahrern. Und dann hat er nur noch irgendwas anderes erzählt und wir saßen echt alle gelangweilt da. [...] Also nach dem Motto: 'Ja, sabbel ich ein bisschen voll und dann ist das Thema uninteressant. Dann kann ich gehen.'" (8: 1f.)

Statt einen direkten Bezug zu den Beschwerden der jungen Abgeordneten herzustellen, hat der Vertreter der Verkehrsbetriebe offenbar solange über Dinge geredet, die aus Nils Sicht nichts mit seinen Kritikpunkten zu tun hatten, bis die Abgeordneten sich dermaßen gelangweilt haben, dass sie sich offensichtlich gar nicht mehr auf das Gesagte konzentrieren konnten. Diesen Mechanismus, nämlich so lange am Thema vorbeizureden, bis sich niemand mehr für das Gesagte interessiert, hat der Erwachsene Nils zufolge bewusst eingesetzt, um sich nicht ernsthaft mit der Kritik der Abgeordneten auseinander setzen zu müssen. Damit unterstellt der Interviewpartner dem Erwachsenen ein taktisches Verhalten. Der Vertreter der Verkehrsbetriebe hat – so wie der Interviewte es schildert – gar nicht versucht, sich auf die Jugendlichen einzustellen, sondern beschlossen, die jungen Leute mit Worten zu überschütten, um seinen Termin im Parlament möglichst "reibungslos" hinter sich zu bringen. Die Langeweile der Abgeordneten wäre in diesem Fall von dem Erwachsenen einkalkuliert gewesen. Als ich Nils frage, ob er eine Idee hätte, was man gegen das viele Reden des Erwachsenen hätte tun können, sagt er:

"Vielleicht mal sagen: 'Also, das hat jetzt nichts gebracht, was Sie erzählt haben'; aber ... Ist auch schwierig, weil keiner hat sich getraut. Aber er wollte noch mal wieder kommen. Ich glaub, wenn der wieder so was macht, werden wir das schon sagen." (8: 2)

Nils macht deutlich, dass es den jungen Abgeordneten schwer fällt, sich gegen verbale Strategien von Erwachsenen, wie er sie hier beschreibt, zu wehren. Die im Parlament agierenden Jugendlichen haben seiner Ansicht nach nicht den nötigen Mut aufgebracht, um sich gegen das Vorgehen des Vertreters der Verkehrsbetriebe zu wehren. Deshalb waren sie gezwungen, den Redeschwall des Erwachsenen über sich ergehen zu lassen. Nils Einschätzung zufolge muss sich diese Situation jedoch nicht zwangsläufig wiederholen. Formuliert er doch die Hoffnung, dass die jungen Parlamentarier bei einem möglichen Folgebesuch des Erwachsenen gegen die hier kritisierte verbale Strategie vorgehen werden. Implizit benennt Nils hier ein Dilemma, in dem sich die jungen Abgeordneten zum Teil befinden. Sie wollen ihre Forderungen durchbringen, haben aber bei Interessenkonflikten mit dem im Parlament agierenden Erwachsenen geringe Chancen, dies auch zu erreichen.

Laura (13) berichtet ebenfalls, dass sie sich während der Sitzungen manchmal langweilt und führt dies auch darauf zurück, dass die Erwachsenen oft so lange reden würden. Daraufhin frage ich sie:

Frage: *"Wenn du das Gefühl hast, der redet schon wieder so lange und das will ich mir gar nicht mehr anhören, sagst du das dann in der Sitzung oder sagst du es lieber nicht?" (1: 4)*

"Uff, wenn ich fast vor dem Einschlafen bin, dann werd' ich das wohl sagen, aber sonst ... Den Bericht vom Bürgermeister, den kann man ja nicht einfach abbrechen und sagen: 'Das ist zu langweilig, hör jetzt auf.' Weil dann weiß man ja nicht, was da so passiert ist, mit dem was man eigentlich anders haben wollte. Wenn jetzt Lutz [Stadtjugendpfleger] *oder Hans* [Kreisjugendpfleger] *irgendwas sagen, das ist ja meistens auch was Wichtiges für die Themen. Dann kann man ja das nicht einfach unterbrechen, meine ich." (1: 4)*

Meine anschließende Frage, ob sie die Erwachsenen denn manchmal gern unterbrechen würde, beantwortet sie lachend mit *"ja"*. (1: 5)

Laura langweilt sich zwar, wenn die Erwachsenen so lange reden. Sie verweist aber gleichzeitig auf die Notwendigkeit durch die Erwachsenen informiert zu werden. Insofern könne man beispielsweise einen Bericht des Bürgermeisters nicht unterbrechen. Außerdem würden die Erwachsenen meistens etwas Wichtiges sagen. Deshalb wäre es nicht angebracht, ihren Redefluss einfach zu stoppen. Merkbar ist, dass die Antwort Laura anstrengt: *"Uff"*. Ich denke, sie hat die Möglichkeit die im Parlament agierenden Erwachsenen in der hier angesprochenen Form zu unterbrechen, für sich noch nicht in Erwägung gezogen. Sie hält das, was die Jugendpfleger oder der Bürgermeister im Parlament thematisieren, für wichtig, auch wenn es sie langweilt. Von daher lässt sie vermutlich den Redeschwall beispielsweise eines Bürgermeisters über sich ergehen. Lauras Aussage weist darauf hin, dass sie die im Parlament agierenden Erwachsenen als Autoritäten betrachtet. Sie respektiert die Autorität und ist bestrebt sich entsprechend dieser Autorität "gut" zu verhalten.[122] Damit dürfte es ihr aber schwer fallen, das Verhalten der älteren Generation zu hinterfragen.

Auch Tobias (13) langweilt sich angesichts des Redeflusses eines Erwachsenen oftmals in den Jugendparlamentssitzungen. Er berichtet zwar, dass es ihm gefällt, wenn er in den Sitzungen über *"irgendwas"* abstimmen kann, aber für *"nicht so aufregend"* (11: 1) hält er die *"Berichte"* (11: 1) des Bürgermeisters.

Frage: "Und hast du eine Idee, wie man das anders machen könnte. Also, dass das zum Beispiel spannender ist mit den Berichten?" (11: 1)

---

122 Diese Haltung findet eine Entsprechung im Kolberg'schen Stufenschema der moralischen Entwicklung und stimmt in etwa mit den Charakteristika für die Stufe 3 des konventionellen Niveaus überein; denn hier zeigt sich Lauras Bestreben, sich den "Regeln und [..] Autoritäten; die ein stereotypes 'gutes' Verhalten rechtfertigen" (Kohlberg 1997, 129) gemäß zu verhalten. Ich werde darauf in Kapitel 9.3.2 noch differenzierter eingehen.

"Ja aber die Berichte müssen ja eigentlich gemacht werden, weil wir wollen ja auch wissen, was da überhaupt gemacht wurde. Und das ist dann eigentlich schon notwendig." (11: 1)

Tobias deutet an, dass er Respekt vor der Aufgabe des Bürgermeisters hat. Die Berichterstattung des Erwachsenen ist seiner Meinung nach zwar manchmal langweilig, aber Tobias hält sie für notwendig, um überhaupt darüber informiert zu sein, was mit den Entscheidungen des Jugendparlaments passiert ist. Vor allem Laura und Tobias weisen in den zitierten Interviewpassagen auf einen offenbar für sie unlösbaren Konflikt hin. Begründet findet sich dieser Konflikt in der informellen Struktur des Jugendgremiums. Laura und Tobias machen deutlich, dass sie auf die Informationen der im Parlament agierenden Erwachsenen, vor allem die des Bürgermeisters, angewiesen sind. Ohne beispielsweise den Bericht des Bürgermeisters, wären sie einerseits in der Regel nicht über den Umgang mit ihren Beschlüssen in der Kommunalpolitik unterrichtet. Andererseits sind sie offenbar durch die Schilderungen des Erwachsenen manchmal so gelangweilt, dass sie Schwierigkeiten haben dürften, überhaupt zuzuhören. Eine Lösung zur Verbesserung der Situation fällt ihnen nicht ein, weil es ihnen unter anderem schwer zu fallen scheint, die Strukturen, die sie im Parlament vorfinden, zu hinterfragen. Sie haben Respekt vor dem Amt und/oder der Person der im Parlament agierenden Erwachsenen und achten sie folglich als Autoritäten.[123] Sie akzeptieren damit auch eine Überlegenheit der Erwachsenen.[124] Es ist sicher nicht zufällig, dass diese Ohnmacht gegenüber der Rolle der im Parlament agierenden erwachsenen Personen besonderes bei den jüngeren Interviewten zu Tage tritt. Wenn sie sich mit dem Jugendparlament weitgehend identifizieren können und dem Gremium nicht wie Merle (13) von vornherein ablehnend gegenüberstehen, dürfte es ihnen allein schon auf Grund

---

[123] Zum Begriff der Autorität vgl. Arendt. Ihrer Definition zufolge kann Autorität "sowohl die Eigenschaft einer Person sein – es gibt persönliche Autorität z.B. in der Beziehung von Eltern und Kindern, von Lehrern und Schülern – als auch einem Amt zugehören, wie etwa dem Senat in Rom (auctoritas in senatu) oder den Ämtern der katholischen Hierarchie (auch ein betrunkener Priester kann vermöge der Autorität des Amtes gültige Absolution erteilen). [...] Autorität bedarf zu ihrer Erhaltung und Sicherung des Respekts entweder vor der Person oder dem Amt." (Arendt 1975, 46f.)

[124] Vgl. dazu auch Heinrich Popitz: "Wer anderen Autorität über sich gibt, erkennt eine Überlegenheit des anderen an. Er sieht als Unterlegener zu ihm auf. Der andere, so können wir auch sagen, hat für ihn Prestige." (Popitz 1986, 14)

ihrer altersbedingten kognitiven Entwicklung schwer fallen, das Verhalten der Erwachsenen im Parlament zu kritisieren. Dies macht die hier zitierten 11- bis 14-Jährigen aber auch abhängig vom Wohlwollen und den pädagogischen Fähigkeiten Erwachsener. Ist beispielsweise der Bürgermeister gewillt oder in der Lage, ihnen die notwendigen Informationen so zu vermitteln, dass sie interessiert folgen können? Sollte dies nicht der Fall sein, werden die Abgeordneten in die Rolle des passiven und gelangweilten Zuhörens gedrängt, die sie aus eigener Kraft, also ohne eine entsprechende pädagogische Unterstützung, nur schwer verlassen können.

8.3.4.3 Der Altersunterschied zwischen den Abgeordneten

In einigen Interviewaussagen wurde bereits deutlich, dass ältere Abgeordnete eine gewisse Skepsis an den Tag legen, ob die jüngeren ParlamentarierInnen in der Lage sind, ihr Amt adäquat auszufüllen. Einige Interviewte äußern sich recht ausführlich zu diesem Thema:

Julian (17) zufolge ist die amtierende zum Zeitpunkt des Interviews 11-jährige Präsidentin zu jung, um dieses Amt auszufüllen.

"Weil für ein Kind ist es noch nicht so weit. Ich meine, es war auch schon zu früh, dass sie 10-Jährige ins Parlament reingenommen haben. Man hat das ja auch schon gesehen bei Jungen und Mädchen, die um die 10 Jahre herum alt waren, die gar nichts gesagt haben. Das war einfach, die saßen dann nur da und am Ende der Sitzung gingen sie nach Hause. [...] Wenn ein Präsident so jung ist. Das kommt ja bei den anderen Leuten nicht so gut an, finde ich. Ich meine, sitzen sie zu Hause und sagen: 'Guck mal, ein Kind regiert uns da' oder so." (4: 18)

Julian bekundet, dass die jüngeren Abgeordneten des Parlaments aus seiner Sicht mit der politischen Arbeit überfordert waren. Sie haben sich zu den in den Sitzungen besprochenen Themen nicht geäußert, sondern saßen nur passiv an ihrem Platz, um dann nach Beendigung des Termins nach Hause zu gehen. Von daher konnten sie sich offenbar in den Sitzungen nicht aktiv einbringen. Julian bezeichnet die jüngeren Abgeordneten als Kinder und geht dabei auch auf die Außenwirkung des Parlaments ein. Ein zu junger Präsident würde von *"den anderen Leuten"* nicht in einem ausreichenden Maße akzeptiert werden. Mit den hier erwähnten anderen Personen hat Julian wohl zum einen die jungen ParlamentarierInnen selbst im Sinn, die zu Hause, also aus einer gewissen Distanz heraus, über ihre Situation im Parlament reflektieren[125] und möglicherweise zum anderen auch die WählerInnen des Parlaments, eben diejenigen, die durch die Abgeordneten vertreten werden. "[E]*in Kind regiert uns da"*: Die Präsidentin hat die Leitung der Parlamentssitzungen inne, insofern kommt ihr dort eine gewisse Machtposition gegenüber den anderen Abgeordneten zu; sie *"regiert"* die jungen MandatsträgerInnen. In ihrer Funktion ist die Präsidentin eine Repräsentantin des Gremiums nach außen, und damit auch eine Vertreterin der Interessen wesentlich älterer Jugendlicher, also junger Leute, die so alt sind wie Julian.[126] Die hier vom Interviewpartner gewählte Formulierung lässt an ein Kind denken, das auf einem Thron sitzt und die Leitung der politischen Geschäfte Jugendlicher übernimmt, ein Bild, dass eine gewisse Absurdität in sich birgt. Offenbar hält Julian es für widersinnig, dass eine Elfjährige die Interessen von beispielsweise Siebzehn- und Achtzehnjährigen vertritt und geht davon aus, dass zumindest die älteren WählerInnen dies ähnlich beurteilen und von daher auch Schwierigkeiten haben, sich mit dem Parlament, als einem Gremium, im dem es um ihre Interessen geht, zu identifizieren. Ein Kind, das über Ältere herrscht, wäre letztlich nicht ernst zu nehmen und die älteren Abgeordneten selbst würden sich, bleibt man in dem von Julian gewählten Bild, der Lächerlichkeit preisgeben, wenn sie die Regierung einem *"Kind"* überließen. Julian spricht hier auch die negative Außenwirkung an, die seiner Ansicht nach mit einer so jungen Präsidentin verbunden ist: *"Das kommt ja bei den anderen Leuten nicht so gut an [...]"* Ein Kind verfügt offenbar aus seiner Perspektive nicht über die notwendige Autorität, um dem Jugendparlament zu einem positiven Bild in der (jugendlichen) Öffentlichkeit zu verhelfen.

Auch Kyra (15) hält die Parlamentspräsidentin für zu jung. Letztere ist von den Abgeordneten auf diesen Posten gewählt worden, nachdem der vorherige 17-jährige Präsident zurückgetreten war. Kyra begründet, warum der ältere Abgeordnete das Präsidentenamt aus ihrer Sicht besser ausfüllen konnte.

"[...] der war wenigstens richtig engagiert. Und der war auch schon älter; den nimmt man ernst. Aber wenn ich mir die Präsidentin angucke – nichts gegen die

---

125 Darauf deutet die Verwendung des Personalpronomens "uns" hin.
126 Von daher könnte Julian das Personalpronomen *"uns"* auch auf Personen, die sein Alter haben, beziehen.

Präsidentin persönlich – aber das ist mir zu jung. Ich denke, dass so junge Leute mit der Politik noch nicht viel zu tun haben können. Wenn es vielleicht um Spielplätze verbessern geht, oder so, dann kann man vielleicht schon ... [...] Da kann man vielleicht mit Zwölfjährigen[127] schon darüber reden. Aber ich find, das ist einfach nichts für Zwölfjährige. Ich meine, so viel älter bin ich ja jetzt auch nicht, aber es ist halt nicht so passend. Ich habe eine Cousine in dem Alter und ich weiß nicht, denen kann man so viel Verantwortung noch nicht geben." (12: 2)

Kyra ist der Ansicht, dass die aktuelle Präsidentin allein schon auf Grund ihres Alters nicht ernst genommen wird. Sie selbst meint, derartig junge Menschen hätten noch keine nennenswerte Verbindung zu Politik und sie könnten auch die Verantwortung, die ihnen durch ein Mandat im Parlament übertragen wird, noch nicht angemessen übernehmen. Kyra macht aber auch eine Einschränkung, möglicherweise könnten die jüngeren Abgeordneten sich schon adäquat für Belange, wie die Verbesserung von Spielplätzen einsetzen, aber für *"richtige Politik"* hätten die Kleinen noch kein Interesse. Deshalb würde Kyra Jugendlichen auch erst ab fünfzehn Jahren ein passives und aktives Wahlrecht für das Jugendparlament einräumen:

"Ab fünfzehn würde ich es vielleicht machen. Da kommt eventuell schon Interesse für das Jugendparlament, also für richtige Politik auf, aber mit zehn, nee. Das ist ja absolut ... Das versteh ich eben nicht." (12: 3)

Als ich Kyra frage, was sie unter richtiger Politik versteht, macht sie deutlich, dass sie sich gewünscht hätte, im Parlament würden neben den direkten regionalspezifischen Belangen der Jugendlichen auch bundespolitische Themen angesprochen, zum Beispiel *"was jetzt in dem großen Parlament passiert ist, in Berlin und so"* (12: 3).[128] Aus Kyras Sicht sind die jüngeren Abgeordneten zwar in der Lage, sich für konkrete Anliegen, wie die Gestaltung von Spielplätzen einzuset-

---

127 Die Präsidentin hatte zum Zeitpunkt des Interviews mit Kyra bereits ein Alter von zwölf Jahren erreicht. Als die Gespräche mit dem vorher zitierten Julian und mit Silke, deren Aussagen im folgenden Beispiel wiedergegeben werden, stattfanden, war die Präsidentin noch ein Jahr jünger.

128 Die hier im Text partiell zitierte Interviewpassage lautet vollständig: Frage: *"Und was wäre für dich richtige Politik? Also was hättest du gern im Jugendparlament besprochen?"* (12: 3) Kyra: *"Nein, die Politik da war ja schon gut. Die haben ja richtig auch so darüber gelabert, über die Politik. Also über so Sachen, wie was die Jugendlichen halt stört und so. Ob man sich einsetzen konnte. Es war schon in Ordnung. Aber ich finde, man hätte in dieses Parlament auch noch zwischendurch einbringen können, was da jetzt irgendwie in dem großen Parlament passiert ist, in Berlin und so. Das wäre halt besser. Also ich würde es besser finden, wenn man auch über die Politik der richtigen Politiker geredet hätte."* (12: 3)

zen, aber politische Fragestellungen, die über solche direkten, lokalen Interessen hinausgingen, ließen sich mit ihnen nicht thematisieren. Insofern ist es für Kyra in einem gewissen Maße einschränkend mit Zehn- bis Vierzehnjährigen zusammenzuarbeiten, weil Letztere ihre Interessen nur zum Teil nachvollziehen können. Von daher hält Kyra die altersbedingte Kluft zwischen den Abgeordneten des Parlaments für zu groß.

"Ja, und vor allem Dingen, das find ich so dumm, weil ich denke, dass zehn und siebzehn – das sind zu große Welten. Ich denke zwischen zehn und siebzehn, die können nicht gut miteinander kommunizieren. So fünfzehn bis achtzehn oder neunzehn, die kommen schon besser miteinander klar. Weil zehn, das sind zum Teil noch OS-Leute und siebzehn, die haben schon fast Abitur in der Tasche. Das sind einfach total verschiedene Welten. Die kann man nicht zusammen in ein Parlament setzen." (12: 3)

Kyra kritisiert hier auch die Konzeption des Parlaments. Es werden Jugendliche, die altersbedingt vollkommen unterschiedliche Interessen haben und die sich auch in ihren Fähigkeiten miteinander zu kommunizieren sehr stark voneinander unterscheiden, *"zusammengesetzt"*. Dies hält sie für falsch. Sie deutet auch an, dass die von ihr diagnostizierte altersgemäße Kluft zumindest bei der Erstellung der Konzeption für das Parlament ignoriert wurde. Diese Distanz mache es jedoch fast unmöglich, die unterschiedlichen Interessen der älteren und jüngeren in dem Gremium ausreichend zu berücksichtigen. Die einen würden sich für *"richtige Politik"* interessieren, die anderen für Spielplätze. Nach Kyra leben Zehn- und Siebzehnjährige in verschiedenen *"Welten"* und aus ihrer Sicht scheint es absurd zu sein, anzunehmen, eine so zusammengesetzte Gruppe könnte gemeinsame, d.h. von allem Mitgliedern getragene, Beschlüsse fassen. Deutlich wird auch, dass Kyra eine große Distanz zu den jüngeren Abgeordneten verspürt und sich eher an Älteren orientiert. So entspricht die von der Interviewpartnerin vorgeschlagene untere Altersgrenze für das passive Wahlrecht zum Parlament ihrem eigenen Alter. Die obere Begrenzung würde sie dagegen auf achtzehn oder neunzehn Jahre heraufsetzen.

Im Interview mit Silke (18) kommt der Altersunterschied zwischen den Abgeordneten ebenfalls zur Sprache. Silke resümiert, dass zu Beginn des Parlaments noch vergleichsweise viele Abgeordnete mitgearbeitet haben, die eher in ihrem Alter waren. Nach deren Austritt aus dem Gremium sind eher jüngere dazukommen. Dadurch gehört sie mittlerweile zu einer Minderheit von älteren Abgeordneten im Parlament. Sie nennt zunächst vier Abgeordnete im Alter von fünfzehn bis achtzehn Jahren, die alle bis zum Zeitpunkt des Interviews von ihrer Mitgliedschaft im Jugendparlament zurückgetreten waren. Für diese vier sind ausschließlich 11- bis 14-Jährige nachgerückt.

"Zu Anfang waren da ja noch Lorenz und Julian, Carola und Kyra ... Es waren eigentlich ganz viele da, die ein oder zwei Jahre jünger waren als ich. Jetzt sind da wirklich ziemlich Kleine dazugekommen, aber mich stört 's eigentlich nicht. Solange Linda noch da ist, geht's noch. Wenn dann die auch noch weggeht, dann sind 's vielleicht bisschen zu junge. Ich weiß nicht, ob ich irgendwann auch die Interessen verfolgen könnte, die die haben. Wenn sie dann irgendwie 'ne Spielplatzerneuerung haben wollen. Na ja, ich meine, ist ja auch für die anderen Kinder hier im Gebiet. Aber manchmal wenn ich die Präsidentin reden höre, denk ich immer, sie macht es nur für sich, irgendwie so Sachen, die sie will. Oder denkt manchmal gar nicht an die anderen, für die wir das überhaupt machen. Weil sie ist erst elf. Ich weiß nicht ob sie es manchmal überhaupt weiß." (5: 18)

Ähnlich wie Kyra geht auch Silke auf die unterschiedlich gelagerten Interessen der verschiedenen Altersgruppen ein. Sie zweifelt daran, die Anliegen der Jüngeren *"irgendwann"* noch adäquat vertreten zu können. *"[I]rgendwann"* bedeutet in diesem Kontext vermutlich, wenn die bisherige Entwicklung – ältere Jugendliche legen ihr Mandat nieder und dafür rücken jüngere nach – weiter voranschreitet. Wenn dies geschehen sollte und wenn dann auch noch Linda (15), eine ältere Abgeordnete, der Silke sich verbunden fühlt, austreten sollte, dann wären die ParlamentarierInnen der Interviewpartnerin insgesamt zu jung. Vermutlich würde sie sich in diesem Falle in dem Gremium deplatziert und möglicherweise auch isoliert fühlen.[129] Der altersbedingte Abstand zwischen ihr und der Mehrheit der Abgeordneten wäre zu groß. Nach Silkes Einschätzung könnte es sein, dass die Themen der *"Kleinen"* ihr *"irgendwann"* zu fern sind. Das Anliegen *"Spielplatzerneuerung"* nennt sie zunächst als Beispiel für einen solchen Themenbereich der Jüngeren, schränkt dann aber ein, dies sei immerhin noch eine Forderung, welche auch die anderen Kinder in

---

129 In diesem Zusammenhang sollte auch berücksichtigt werden, dass zum Zeitpunkt des Interviews mit Silke (Dez. 1996) außer der Interviewpartnerin von den älteren Abgeordneten nur noch Marco (17), Nora (15) und Linda (15) im Parlament mitarbeiten. Marco war erst im Juni 1996 nachgerückt und bis zum Interviewtermin mit Silke nur bei einer Sitzung dabei gewesen. Silke ist zudem mittlerweile die einzige Jugendliche in der Gruppe der 17- und 18-Jährigen, die in dem Gremium von Beginn an mitgearbeitet hat.

der Wittinger Region betreffen würde. Aber die junge Präsidentin setze sich manchmal vermutlich nur für Dinge ein, die sie ausschließlich persönlich interessieren würden. Silke bezweifelt in diesem Zusammenhang, dass die elfjährige Präsidentin in der Lage ist, dem Repräsentationsanspruch des Jugendparlaments gerecht zu werden und von ihren eigenen Bedürfnissen abzusehen.

8.3.4.4 Sitzungsstrukturen

Die Mehrzahl der Interviewten kritisiert den formalen Ablauf der Jugendparlamentssitzungen. Bemängelt werden vor allem die starke Reglementierung des Sitzungsverlaufes und die oft fehlende Möglichkeit zur Diskussion.

Marco (17) charakterisiert den formalen Ablauf der Sitzungen als *"abgehackt"*. Er geht in diesem Kontext auf die Vorgehensweise bei Abstimmungen ein. Wie bereits erläutert, können Parlamentsbeschlüsse nur mit der Stimmenmehrheit der jungen Abgeordneten gefasst werden. Für das Abstimmungsverfahren wurden den Parlamentariern und Parlamentarierinnen drei verschiedenfarbige Karten mit den Aufschriften "Ja", "Nein" und "Enthaltung" ausgehändigt:

"Also ein bisschen abgehackt ist das schon. Das 'Ja', 'Nein' und so." (10: 2)

Frage: *"Was meinst du mit 'abgehackt'?" (10: 2)*

"Ich meine, da kommen Fragen, Themen werden vorgestellt, dann wird immer gesagt 'Abstimmen'. Dann wird immer abgestimmt. Es traut sich keiner, irgendwie 'n Kommentar dazu zu sagen. Wir haben da ja drei Zettel liegen, 'ja', 'nein' oder 'enthalte mich'. Zack, zack geht das nur." (10: 2)

Nach Marcos Einschätzung finden in den Parlamentssitzungen offenbar zu wenig Diskussionen statt. So wie er es beschreibt kommen Fragen und Themen zur Sprache, die dann aber nicht weiter inhaltlich erörtert, sondern gleich zur Abstimmung gestellt werden. Niemand brächte den Mut auf, die Themen weiter zu kommentieren. Marco fehlt damit eine Diskussion und Erläuterung der im Parlament aufs Tapet gebrachten Inhalte. Die Behandlung der Themen ist strukturell vorgegeben. Das von dem Interviewpartner verwendete Bild weckt Assoziationen von Abstimmungen in fließbandartiger Manier: Es wird ein Thema herausgegeben, dann müssen *"zack, zack"* die entsprechenden Meinungskärtchen in die Höhe gereckt werden, schon kommt der nächste Abstimmungspunkt auf die Tagesordnung, die ganze Prozedur wiederholt sich dann mit dem nächsten Thema und so geht es immer weiter. Durch dieses Verfahren werden die Inhalte in Stücke zerschnitten – *"abgehackt"*. Es fehlt eine verbindende Kommentierung der einzelnen zur Abstimmung gestellten Punkte. So wie Marco es beschreibt, überlagert die formale Struktur des Gremiums die inhaltliche Diskussion und macht sie zum Teil sogar unmöglich.

Auch Carola (18) vermisst eine inhaltliche Erörterung der in den Sitzungen zur Abstimmung gestellten Punkte.

"Irgendwie fand ich die Abstimmungen so 'n bisschen einfach. Dass man da halt gefragt wurde: 'Ja, wer will das?' Und dann haben sich alle gemeldet oder halt nicht gemeldet. [...] Und ich hätte das eigentlich mehr so gedacht, dass das mehr besprochen wird. Dass man dann auch wirklich darüber richtig diskutiert. Das war nicht so der Fall da." (15: 1)

Carola deutet an, dass ihre Erwartungen an das Jugendgremium nicht erfüllt wurden. Sie hatte offenbar die Vorstellung, dort würde in stärkeren Maße über einzelne Themen diskutiert werden. Doch dies ist ihrer Einschätzung zufolge nicht geschehen. Es fanden nur Abstimmungen über verschiedene Punkte statt. Eine "wirkliche" Diskussion dieser Punkte blieb aus. Dieses Verfahren charakterisiert die Interviewpartnerin als *"einfach"*. Carola deutet damit an, dass sie das Vorgehen in den Sitzungen als reduziert betrachtet: Das, worum es ihr eigentlich geht, eine Auseinandersetzung mit bestimmten Themen findet nicht statt; übrig bleibt ein "banales" eine inhaltliche Diskussionen ausschließendes Gerüst formaler Verfahrensweisen.

Ähnlich wie Marco und Carola thematisiert auch Britta (13) ein Diskussionsvakuum während der Parlamentssitzungen. Im Gegensatz zu Marco und Carola macht sie dies jedoch nicht an der äußeren Form der Sitzungen fest, sondern bezieht es auf Ratlosigkeit der Abgeordneten. Durch den Gebrauch des Pronomens *"man"* stellt sie in einer von sich selbst distanzierenden Form heraus, dass ihr nach Abschluss eines Themas oft kein Redebeitrag einfällt. Es wäre schwer, dann zum nächsten Punkt zu kommen und so entstünden Pausen, in denen die Abgeordneten sich langweilen würden:

Frage: *"Was fällt dir zuerst ein, wenn du an die Sitzungen des Jugendparlaments denkst?"* (14: 2)

"Ich weiß nicht, wenn ein Thema abgeschlossen ist, da weiß man immer nicht was man dann sagen soll. Das ist immer schwer, dann den nächsten Punkt zu besprechen. Und dann sind da immer halt so Pausen, in denen alles ganz schön langweilig ist, den Jugendlichen und so." (14: 2)

Im Verlauf des Interviews berichtet Britta von einer Aktion des Jugendparlaments, die ihr besonders viel Spaß gemacht hat: Die Abgeordneten hatten beschlossen, dass die Wartehäuschen an den Wittinger Bushaltestellen ansprechender gestaltet werden sollten. Sie sind daraufhin gemeinsam mit dem Stadtjugendpfleger herumgefahren, um den Zustand der einzelnen Häuschen zu überprüfen. Ich frage sie, ob sie der Meinung ist, dass die Abgeordneten häufiger ähnliche Aktionen durchführen sollten. Sie antwortet:

"Ja, das ist mehr so ... Ich hab meistens in den Sitzungen das Gefühl, als ob da gar nichts getan wird oder dass auch alles schrecklich lange dauert. Und so was, find ich, wenn man dann so richtig sieht, da tut sich was, das baut einen irgendwie auf." (14: 4)

Britta nimmt hier eine Gegenüberstellung vor: Es hat ihr Freude bereitet, aktiv zu sein und die einzelnen Bushäuschen zu inspizieren, weil sie dabei offenbar erlebt hat, konkret etwas tun zu können, während sie in den Sitzungen häufig einen gegenteiligen Eindruck gewinnt. *"Ja, das* [die Inspektion der Bushäuschen] *ist mehr so ..."* An dieser Stelle kommt zum Ausdruck, dass die Interviewpartnerin während der Gremientreffen oft ein Gefühl von Passivität und Ohnmacht hat. Im Gegensatz zu der beschriebenen konkreten Aktion wirken die Sitzungen auf Britta eher einschläfernd, aber sie weiß nicht recht, wie sie dieser Langeweile entrinnen kann. Dies zeigt sich besonders prägnant in der folgenden Interviewpassage. Ich frage die Interviewpartnerin, ob sie eine Idee hätte, wie man die Sitzungen anders gestalten könnte. Sie antwortet:

"Ja, das ist auch so eine Sache. Ich meine, da traut sich fast niemand, was zu sagen. Oder es kommt nur ganz leise. Weiß nicht, es liegt irgendwie an der Atmosphäre. Ich weiß echt nicht wie, aber irgendwie würde ich auch schon was ändern, wenn ich das könnte." (14: 4f.)

Frage: *"Und wenn du dir das jetzt aussuchen könntest. Du könntest bestimmen, wie so eine Sitzung ablaufen sollte. Weißt du, was du machen würdest? Würdest du es genauso machen, wie es jetzt ist oder würde dir etwas anderes einfallen?" (14: 5)*

"Also ich würde auf jeden Fall einen anderen Ort wählen, wo das alles nicht so streng und so was ist und so kalt irgendwie ... Na ja, wenn man sich einfach irgendwie zusammensetzt, zum Beispiel. Ich könnte mir das gut vorstellen. Wir treffen uns ja ab und zu für irgendwelche anderen Projekte im Jugendhaus. Das muss gemütlich sein. Ich war noch nie dabei, aber das muss schön sein. Man müsste die ganze Sache ein bisschen mehr von der lustigen Seite sehen [...] Ich mein, Politik muss doch nicht immer so ernst sein. Man kann das doch auch ein bisschen witziger sehen." (14: 5)

Frage: *"Und was meinst du, woran es liegt, dass es so ernst ist?" (14: 5)*

"Erst mal daran, dass man im Hinterkopf hat 'das ist eine Verpflichtung' irgendwie ‚ich bin jetzt im Jugendparlament, jetzt hab ich da irgendwie ... Weil das klingt auch schon so 'Parlament' und so. Deswegen halt!" (14: 5)

Nachdem Britta zunächst keine Möglichkeit einfällt, wie man der von ihr beschriebenen Langeweile in den Sitzungen entkommen könnte, äußert sie nach nochmaliger Nachfrage der Interviewerin, man sollte für die Sitzungen vielleicht einen anderen Ort als das Wittinger Rathaus wählen, und zwar einen Ort, *"wo das alles nicht so streng [...] und so kalt"* ist. Sie wünscht sich offenbar einen Raum, in dem es zwangloser und *"witziger"* zugeht und in dem Politik mit mehr Spaß betrieben werden kann. Die Interviewpartnerin schlägt in diesem Kontext, obwohl sie selbst noch nicht dort war, das Jugendhaus in Wittingen als Sitzungsort vor. Einiges spricht dafür, dass diese Raumfrage für Britta symbolischen Charakter hat. Das Rathaus steht für den Bereich traditioneller Erwachsenenpolitik, welche für die Interviewpartnerin die Welt der Ernsthaftigkeit, der Strenge, der Kälte und der Verpflichtungen repräsentiert. Diese Atmosphäre nimmt sie während der Gremiensitzungen wahr, in denen sie sich offenbar als passiv, gehemmt und ohnmächtig erlebt. Die aus der traditionellen Politik entnommene Bezeichnung des Jugendgremiums als "Parlament" scheint diesen Eindruck noch zu verstärken. Britta hofft, dass sich die von ihr beklagte Situation durch einen Wechsel der Räumlichkeiten verändern lässt. Sie wünscht sich offenbar einen eigenen Raum für Jugendliche, in dem sie ihre jugendkulturellen Bezüge entfalten kann und nicht einen Ort, an dem traditionellerweise Erwachsene ihrer politischen Tätigkeit nachgehen. Wohl von daher schlägt sie das Jugendhaus vor, also ein Territorium, das per se Jugendlichen zur Verfügung steht. Ich denke hinter diesem Wunsch verbirgt sich auch die Vorstellung, in einem spezifischen Jugendraum gelöster agieren zu können, sich nicht in dem Maße den Formen des erwachsenen Umgangs mit Politik, wie sie ihn im Jugendparlament erlebt, anpassen zu müssen, sondern sich hier stärker mit ihren eigenen Verhaltensweisen und Anliegen einbringen zu können. In den hier zitierten Aussagen Brittas wird auch deutlich, dass der formale auf eine rein verbale Interaktion reduzierte Verlauf der Sitzungen auf die Interviewpartnerin einschränkend und unlebendig wirkt. Wohl nicht zuletzt deshalb stellt sie der Atmosphäre im Rathaus eine konkrete Aktion, wie die Inspektion der Bushäuschen, als eine gelungene Maßnahme, die ihr Freude bereitet hat, gegenüber. Für sie ist es attraktiv, etwas zu tun.

Die Aussagen Brittas, die bereits an anderer Stelle zitiert wurden, verdeutlichen, dass sie das Jugendparlament insgesamt durchaus als positiv beurteilt. Im Kapitel "Gegensatz der Generationen" hatte sie formuliert, dass Kinder und Jugendliche durch das Parlament die Chance hätten, eine sonst nicht bestehende Verbindung zu erwachsenen Politikern herzustellen. Später erklärt sie, durch die Mitgliedschaft sei ihr Mut gestiegen, ihre Interessen gegenüber Erwachsenen vorzubringen, ja sie habe durch das dortige Engagement sogar eine optimistischere Lebenseinstellung gewonnen. (Vgl. Kap. 8.2.1) Zudem ist Britta von der Effektivität der Jugendgremiums überzeugt (vgl. Kap. 8.2.4.1) und sie hebt die Anerkennung ihrer Abgeordnetentätigkeit durch ihren Klassenlehrer sowie durch Gleichaltrige positiv hervor. (Vgl. Kap. 8.2.3) Betrachtet man diese Aspekte, wird deutlich, dass Britta offenbar den Eindruck hat durch ihr Engagement in vielen Bereichen eine Wertschätzung durch die ältere Generation und durch Gleichaltrige zu erhalten. Sie fühlt sich mit ihren Interessen in größeren Maße ernst genommen und dies scheint ihr, den Mut zu geben, ihre Anliegen Erwachsenen gegenüber vorzutragen. Wie bereits erläutert, wirkt sich die Mitgliedschaft im Parlament förderlich auf Brittas Selbstwertgefühl aus. Erwachsene und Gleichaltrige signalisieren ihr, dass sie ihr Engagement gutheißen. Dies bestätigt sie in ihrem Wert und dürfte ihr zu einem selbstsicheren und akzeptierenden Verhältnis zu ihrer eigenen Person verhelfen.

In den Sitzungen des Parlaments erlebt Britta aber offenbar etwas anderes. Hier hat sie Hemmungen, sich zu äußern. So wie sie es beschreibt, macht die dortige Atmosphäre es ihr schwer, ihre eigenen Interessen zu formulieren. Aber die Interviewpartnerin hat durchaus

Spaß daran, sich für konkrete Projekte, wie die Verschönerung des Bushäuschens einzusetzen. Offenbar nimmt sie dafür die *"schrecklich"* langweiligen Sitzungen in Kauf. Deutlich wird, dass es für Britta noch motivierender sein könnte, sich stärker projektorientiert zu engagieren, also bei der Planung und Umsetzung konkreter Vorhaben, wie zum Beispiel der Umgestaltung eines Schulhofes oder dem Bau einer Skate-Board-Bahn.

Ähnlich wie Britta hat auch Nora (15) in den Parlamentssitzungen manchmal Hemmungen, sich zu äußern:

"Ziemlich oft trau ich mich gar nicht, was zu sagen. [...] Weil manchmal, wenn so viele Leute da sind, auch von der Presse, dann wird mir immer so 'n bisschen mulmig im Bauch und so 'n bisschen komisch." (9: 3)

Auf Nora wirkt die öffentliche Aufmerksamkeit für das Parlament scheinbar häufig einschüchternd. Dies hat zur Folge, dass sie manchmal nicht den Mut findet, sich während der Sitzungen zu äußern. Sie hat offenbar angesichts der Präsenz einer aus ihrer Sicht breiten Öffentlichkeit während der Parlamentssitzungen Ängste, die sich in körperlichen Reaktionen zeigen und die eine eigenständige freie Meinungsäußerung behindern. In Kapitel 8.2.1 hatte sie das Parlament dagegen durchaus als einen angemessenen Artikulationsrahmen für die Interessen Jugendlicher beschrieben. Hier fänden Jugendthemen Gehör. Scheinbar hält sie es einerseits für positiv, dass die Interessen Jugendlicher durch das Jugendparlament überhaupt eine Beachtung finden, die sie keinesfalls als selbstverständlich ansieht, anderseits hat sie Probleme, hier ihre Meinung uneingeschränkt zu artikulieren.

Nimmt man die Aussagen, vor allem Brittas und Noras, aber auch bei Marco ist es angedeutet,[130] zusammen, zeigt sich, dass die Rahmenbedingungen des Jugendparlaments auf die jungen Abgeordneten einschüchternd wirken. Kaum jemand scheint sich zu trauen, die vorgegebenen Bahnen zu verlassen und gegen die als einschränkend oder langweilig empfundenen Strukturen vorzugehen. Deutlich wird hier auch, dass diese den Verfahrensweisen traditioneller Erwachsenenpolitik entlehnten Formen von den Abgeordneten als fremdbestimmt

---

130 Vgl. die in diesem Kapitel zitierte Aussage Marcos: *"Es traut sich keiner, irgendwie 'n Kommentar dazu zu sagen."* (10: 2)

wahrgenommen werden und auf diese Fremdbestimmung reagieren sie mit Langeweile, Ratlosigkeit und zum Teil sogar mit Angst.

Den Abgeordneten wird damit ein Gerüst traditioneller politischer Umgangsformen oktroyiert, dass sie (scheinbar) den erwachsenen Politikern angleicht und bei ihnen möglicherweise auch den Eindruck erweckt, ähnliche Einflussmöglichkeiten wie die Erwachsenen zu haben. Von daher erfährt ihre Arbeit durch diese Art der Angleichung an die traditionellen politischen Vorgehensweisen der älteren Generation eine Aufwertung und es liegt die Vermutung nahe, dass nicht zuletzt aus diesem Grund diese Formen trotz aller genannten Einschränkungen, von vielen Abgeordneten hingenommen werden.

Aufschlussreich sind in diesem Zusammenhang auch die Aussagen von Lorenz (17). Er kritisiert zwar zum einen die Verfahrensweisen während der Parlamentssitzungen, zum anderen begreift er sie aber auch als Übungsfeld für ein mögliches späteres politisches Engagement: Den weitgehend reglementierten Ablauf der Sitzungen empfindet Lorenz als Einschränkung, die offenbar ein Grund für seinen Rücktritt aus dem Parlament war.

"Darum hab ich eigentlich wieder aufgehört, die Bürokratie. Also es war zu viel Schreibkram, zu kompliziert gedacht. Für ein Parlament gehört das vielleicht ... Aber nicht unbedingt so in dem Maße. Zu Anfang durch die ganzen Festsetzungen [...] Man fühlt sich dadurch auch gleich eingeengt, weil man nur Vorschriften hat: 'Das darfst du nicht. Das sollst du ...' Da an so Richtlinien sich zu halten, das ist ganz schön schwer." (7: 2f.)

Frage: *"Und hast du eine Idee, wie man das besser machen könnte?" (7: 3)*

"Weiß ich nicht. Also da reicht meine Erfahrung nicht aus. Ich war noch niemals im Bundestag, wie das da ist. Also dazu kann ich nichts sagen." (7: 3)

Lorenz kritisiert die formale Struktur der Sitzungen als einschränkend. Dort ginge es übertrieben bürokratisch zu. Die vielen *"Vorschriften"* empfindet er als Beschränkung. Mit dem Begriff Bürokratie lässt sich ein Übermaß an Verwaltungshandeln assoziieren; Papierberge werden hin- und hergewälzt, Vorschriften spielen dabei eine große Rolle. Dafür nennt Lorenz im Verlauf des Interviews ein Beispiel. Zu Beginn der Sitzungen wird stets eine Liste herumgegeben, auf der jeder bzw. jede Abgeordnete hinter dem bereits vorgedruckten Namen mit einer Unterschrift seine bzw. ihre Anwesenheit bestätigen soll. Weil er dieses Verfahren für zu zeitaufwendig hält, hatte Lorenz in einer Sitzung hinter seinen Namen drei Kreuze statt einer Unterschrift gesetzt. Dafür wurde er von einem der anwesenden Erwachsenen gerügt, was den Interviewten sehr geärgert hat.[131] Für Lorenz wird offenbar in den Sitzungen zum einen durch umständliches Verwaltungshandeln unnötig viel Zeit vertan und zum anderen empfindet er das Insistieren der Erwachsenen auf dieser formalen Struktur als Einengung. Ähnlich wie Britta zieht auch er eine Verbindungslinie zwischen den Verfahrensweisen im Jugendgremium und der traditionellen Politik. Allein die Bezeichnung *"Parlament"* legt diese Verknüpfung für ihn offenbar nahe. Bezeichnend ist in diesem Zusammenhang, dass er, nach Verbesserungsmöglichkeiten gefragt, angibt, dazu nichts sagen zu können, weil er noch nie im Bundestag war. Dies bedeutet, das Modell des Bundestages dient aus seiner Sicht als Vorbild für das Jugendparlament. Wenn er sich dort besser auskennen würde, hätte er möglicherweise Ideen, wie sich das Vorgehen in den Jugendparlamentssitzungen optimieren ließe. Damit könnte die traditionelle Erwachsenenpolitik aus seiner Sicht eine positive Orientierung für das Jugendgremium bieten.

An späterer Stelle des Interviews kommt Lorenz noch einmal auf die Sitzungsstrukturen zu sprechen:

"Ich kann mich damit abfinden, mit so was Drögem ab und zu mal. Weil es wird ja später auch nicht anders ... Aber wirklich in die richtige Politik einsteigen, das ist es ja auch nicht großartig anders. Da wird 's im Gegenteil, würde ich mal behaupten, da wird es ja noch mehr Papierkrieg." (7: 9)

Lorenz deutet hier bereits an, was er im Verlauf des Interviews dann noch ausdrücklich bestätigen wird: Er kann sich vorstellen, später *"in die richtige Politik"* einzusteigen. Er signalisiert an dieser Stelle, dass er sich diesbezüglich keine Illusionen macht. Auch dort wird es genau wie im Jugendparlament sicher häufig "dröge" zugehen, aber dies würde er offenbar in Kauf nehmen. Lorenz akzeptiert, dass Politik ein bürokratisches "Geschäft" ist, ein *"Papierkrieg"*, die strenge Handhabung vorgeschriebener Formalien im Jugendparlament hält er jedoch

---

131 Lorenz drückt seinen Ärger folgendermaßen aus: *"Da wäre ich beinahe an die Decke gegangen. [...] Weil man hätte doch eine Spalte machen können 'Anwesend – ja, nein' kurz ankreuzen. Nicht mal zwei Minuten hätte das gedauert, dann wären wir doch durch gewesen." (7: 3)*

für übertrieben. Dennoch betrachtet er das Parlament als eine Art Übungsfeld, für ein späteres politisches Engagement. [132]

8.3.5 "Da wird von den Erwachsenen die Macht gemacht." – Zusammenfassung

In diesem Kapitel wurden Interviewaussagen vorgestellt, in denen die jungen Abgeordneten sowohl explizit als auch implizit unterschiedliche Formen fehlender bzw. eingeschränkter Wertschätzung im Jugendparlament darstellen. Dies führen sie unter anderem auf die Dominanz von Erwachsenen im Jugendparlament zurück. Deutlich wurde auch der Einfluss bestimmter struktureller Bedingungen des Jugendparlaments auf das Gefühl der Abgeordneten, in dem Gremium nicht ausreichend anerkannt zu werden. Zu diesen Bedingungen gehören die informelle Struktur des Parlaments, die starke Orientierung der Sitzungen an Formen der etablierten Politik, aber auch die divergierenden Ansprüche von jüngeren und älteren Abgeordneten

Insgesamt ließen sich in diesem Kapitel ähnliche Missachtungserfahrungen und damit zusammenhänge Aspekte rekonstruieren, wie sie zum Teil bereits für das Verhältnis der jungen Generation zur traditionellen Politik der Erwachsenen identifiziert werden konnten. Die hier zitierten Jugendlichen beschreiben, dass sie im Jugendparlament wenig Beachtung durch die Kommunalpolitik erfahren, dass sie von den Politikern getäuscht werden und sie fühlen sich von den im Parlament agierenden Erwachsenen dominiert. Sie kritisieren den Ablauf der Jugendparlamentssitzungen als bürokratisch und langweilig. Bestimmte Strukturen, die sie für das allgemeine Verhältnis zwischen Jugend und Politik und der jungen Generation und Erwachsenen diagnostiziert hatten, scheinen in ihren Augen in dem Jugendgremium lediglich reproduziert zu werden. Die älteren Interviewten machen aber auch deutlich, dass aus ihrer Sicht nicht nur zwischen Erwachsenen und Jugendlichen eine generationsbedingte Distanz besteht, son-

---

[132] Auf meine Frage, ob ihn die Arbeit im Jugendparlament in irgendeiner Weise darin bestärkt hätte, sich auch im Erwachsenenalter politisch aktiv zu betätigen, antwortet er: *"Ja, Übung macht den Meister ... Irgendwie so klein anfangen und dann irgendwann ins Große übergehen."* (7: 10) Auf dieses Zitat werde ich in Kapitel 8.4.1 noch näher eingehen.

dern auch zwischen den jüngeren, den etwa 11- bis 14-jährigen, und älteren, den ab 15-jährigen Abgeordneten. Nicht zuletzt kommt in den Interviews zum Ausdruck, dass die älteren Jugendlichen sich von den jüngeren abgrenzen. So halten die älteren die jüngeren für nicht in der Lage, die von ihnen herausgestellten Täuschungen der Erwachsenen zu durchschauen. Außerdem wird deutlich, dass die Interessen der jüngeren als *"Kinderkram"* abgewertet werden. Letztere finden in ihrer Differenz zu den älteren Jugendparlamentariern und -parlamentarierinnen von den Älteren nur in einem eingeschränkten Maße Wertschätzung. Auf der anderen Seite wird aber auch deutlich, dass die älteren Jugendlichen es zum Teil offenbar als Herabsetzung erleben, mit den jüngeren zusammenarbeiten zu müssen. Und noch ein weiterer Aspekt konnte in diesem Kapitel identifiziert werden: Auf das beschriebene Desinteresse der Gleichaltrigen an der Parlamentsarbeit und auch ihre ablehnende Haltung gegenüber dem politischen Engagement im Jugendparlament reagieren die Interviewten zum Teil mit Frustration und zum Teil mit Stolz, der sich darin ausdrückt, dass sie betonen anders zu sein als die anderen.

8.4 Perspektiven politischer Partizipation

Wie bereits erläutert, werden Jugendparlamente unter anderem mit dem Ziel eingerichtet, junge Leute an ein (späteres) politisches Engagement heranzuführen. Um zu eruieren, inwieweit dies für die Interviewten zutreffen könnte, wurden sie gefragt, ob sie sich vorstellen könnten, im Erwachsenenalter politisch aktiv zu sein[133] und welche Rolle in diesem Zusammenhang aus ihrer Sicht die Mitwirkung im Jugendparlament spielt bzw. gespielt hat. Im Folgenden soll auf

---

133 Hier sei darauf hingewiesen, dass aus den Vorstellungen über eine zukünftige Tätigkeit natürlich nicht umstandslos auf ein tatsächliches politisches Engagement im Erwachsenenalter geschlossen werden kann. Geißel stellt beispielsweise in einer qualitativen Studie mit Parteipolitikerinnen fest. "daß viele der Befragten als Jugendliche und junge Erwachsene (partei-)politisch nicht interessiert waren." (Geißel 1999, 92) Von daher liegt es nahe, dass die von Geißel interviewten Frauen, wären sie im Jugendalter zu einem potenziellen politischen Engagement im Erwachsenenalter befragt worden, aller Wahrscheinlichkeit nach nicht angegeben hätten, dass sie sich später in einer politischen Partei engagieren wollten.

Grundlage entsprechender Interviewaussagen dargelegt werden, welche Perspektiven die jungen Abgeordneten im Hinblick auf ihre (politische) Zukunft entwickeln.

8.4.1 Vorstellungen im Hinblick auf ein zukünftiges politisches Engagement

Julian (17) kann sich gut vorstellen, später selbst politisch zu arbeiten.[134] Er hat außerdem den Eindruck, dass eine Mitwirkung im Jugendparlament einen positiven Einfluss auf die spätere politische Engagementbereitschaft der jungen Abgeordneten haben könnte.

"Ja und die Jugendlichen werden auch gleich in die Politik hineingerissen. Das ist auch ganz gut; das bringt auch was in Wittingen, weil da so alte Leute sind, also Ratsherren und so. Sind nicht viele junge Leute dabei. [...] Und einige Leute werden sich nach ihrer Zeit im Jugendparlament hoffentlich auch im Stadtrat beteiligen." (4: 5)

Nach Julian wird Jugendlichen durch die Mitwirkung im Jugendparlament ein politisches Engagement im Erwachsenenalter näher gebracht. Diese vom ihm diagnostizierte Funktion des Gremiums, nämlich Jugendliche nachhaltig zur politischen Partizipation zu motivieren, bewertet er als positiv. Der Interviewpartner geht in diesem Kontext auf den konkreten Nutzen für den Wittinger Stadtrat ein. Der Rat ist aus seiner Sicht ein aus überwiegend alten Personen zusammengesetztes Gremium. Julian hofft, dass junge Leute dort nach ihrem Ausscheiden aus dem Jugendparlament mitarbeiten werden, um so der Überalterung des Rates entgegenzuwirken. Er beschreibt den Vorgang der Motivierung zum politischen Engagement als "Hineingerissenwerden". Die Jugendlichen sind in diesem Bild passiv. Sie treffen nicht selbstständig den Entschluss, sich politisch zu beteiligen, sondern sie werden in die Politik gezogen und dies geschieht nicht etwa langsam durch eine allmähliche Heranführung, sondern schnell und fast gewaltsam. Reißen bedeutet auch von etwas anderem abtrennen. Die Jugendlichen werden aus einem anderen Bereich in die Politik gerissen; sie sind also plötzlich quasi ohne Vorbereitung mittendrin

---

[134] Julians Antwort auf die Frage, ob er sich auch im Erwachsenenalter politisch engagieren möchte, kann hier nicht zitiert werden, da sie Informationen enthält, die eindeutige Rückschlüsse auf seine Person ermöglichen würden.

im politischen Geschehen. Dies hält Julian offenbar für eine angemessene Methode, um jungen Leuten ein politisches Engagement näher zu bringen. In Kapitel 8.2.4.1 hatte Julian herausgestellt, dass in seinen Augen dem Jugendparlament auch die Funktion zukomme, Macht und Einfluss zu erlangen. Außerdem hatte er sich für die Ausweitung der Entscheidungsbefugnisse der jungen Abgeordneten eingesetzt: *"Dass wir unsere Macht haben, wie die anderen, wie die Ratsherren"* (4: 12). Es ist zu vermuten, dass Julian insgesamt für eine Vergrößerung der (kommunal-)politischen Einflussmöglichkeiten junger Leute eintritt – also um eine Ausweitung der Anerkennung junger Menschen in der Politik kämpft – und das Jugendgremium als eine Einrichtung begreift, die dieses Anliegen unterstützen kann.

Auch Lorenz (17) würde sich gern zukünftig politisch engagieren. Auf die Frage, ob er sich vorstellen kann, auch im Erwachsenenalter politisch aktiv zu sein, antwortet er:

"Ja, dachte ich eigentlich schon so. Also, ich wollte nicht mein ganzes Leben lang unbescholtener Arbeiter bleiben, der irgendwie seine Kohle verdient und dann nach Hause geht und sich dann über die Politiker aufregt und dabei sein Bier genüsslich trinkt und sagt: 'Ja die können sowieso nichts. Ich geh nächstes Jahr nicht mehr wählen.' Also von daher möchte ich schon was machen; denn das ist viel zu wichtig, dass man irgendwie selber was macht da. Denn man hört die Leute alle nur schimpfen: 'Ja, das haben sie gemacht, das haben sie gemacht und das haben sie gemacht!' 'Und was machst du dagegen?' 'Gar nichts!' 'Ja, weil du zu faul bist! Und andere Leute das besser machen lassen ...' Man sieht nur noch das Schlechte, das Gute sieht man nicht. Von daher möchte ich selber..." (7: 9)

Lorenz möchte später politisch aktiv sein und nicht wie ein *"unbescholtener Arbeiter"* jegliche Verantwortung abgeben, um dann aus einer passiven Position des Müßigganges heraus – *"genüsslich"* Bier trinkend – die Handlungen der Politiker zu kritisieren. Der Interviewpartner hält es für wichtig, *"selber"* etwas zu unternehmen. Er grenzt sich von der Position des passiv Nörgelnden ab, der aus Bequemlichkeit nicht gegen die vom ihm kritisierten Missstände vorgeht, sondern sich aus der Politik zurückzieht und beschließt, sich nicht mehr an Wahlen zu beteiligen. Die hier zitierte Interviewpassage enthält einen fiktiven Dialog: Eine Person zählt Handlungen von Politikern auf, die sie für kritikwürdig hält, und eine zweite Person fragt, was die erste Person gegen die kritisierten Punkte unternehmen würde. Als Person eins antwortet, dass sie nichts unternehme, wirft Person zwei ihr Faulheit und auch ein gewisses Maß an Verantwortungslosigkeit – die Verantwortung abgeben, indem andere Leute vorgeschickt werden – vor. Der zweite Dialogpartner dürfte Lorenz Meinung wiedergeben: Er plädiert für Aktivität versus Bequemlichkeit und für Verantwortungsübernahme versus Rückzug aus dem politischen Geschehen. Allerdings ist Lorenz selbst, was sein potenzielles politisches Engagement in der Zukunft anbelangt auch ein wenig zögerlich, worauf bereits sein erster Satz in der hier zitierten Passage – *"dachte ich eigentlich schon"* – verweist. Weitere Hinweise geben in diesem Kontext die anschließenden Interviewpassagen. Auf die Frage, ob er schon eine Vorstellung hat, was er später einmal in der Politik machen möchte, antwortet Lorenz:

"Nee, also im Moment nicht. Wenn ich da rein möchte, dann informiere ich mich. Jetzt ist es für mich ein bisschen jung dazu. Hab ich eigentlich auch nicht die Zeit, weil ich meine Lehre erst mal beenden muss. Aber ... Ja, wenn ich vierzig bin, weiß nicht, ob es da schon zu spät ist. Na ja, man muss halt mit der Politik noch ein bisschen Abstand halten. Mal gucken, wenn ich der Meinung bin, es ist so weit, dass ich da rein möchte, dann mach ich das." (7: 9)

Nimmt man die beiden Interviewpassagen zusammen, lässt sich Lorenz Haltung wie folgt umschreiben: Vorgehabt hatte er eigentlich schon, sich politisch zu engagieren, weil er aktiv sein und die Politik mitgestalten möchte, aber vorläufig setzt er andere Prämissen. Zunächst möchte er seine Berufsausbildung abschließen und vorerst etwas Distanz zur Politik halten. Außerdem fühlt er sich noch ein wenig zu jung, um in die Politik einzusteigen. Andererseits gibt er zu bedenken, dass es vielleicht auch nicht ratsam wäre, allzu lange, bis er beispielsweise ein Alter von vierzig erreicht hat, zu warten. Insgesamt zeigt der Interviewpartner eine ambivalente Haltung. *"Eigentlich"* wollte er schon politisch tätig sein, aber jetzt möchte er erst einmal warten, bis die richtige Zeit dafür gekommen ist. Jedenfalls – und hier scheint Lorenz sehr entschlossen zu sein – wird er sich, wenn der ihm angemessen erscheinende Zeitpunkt gekommen ist, die nötigen Informationen beschaffen und sich in der Politik engagieren. Das Jugendparlament sieht Lorenz in diesem Zusammenhang als Übungsfeld:

Frage: *"Hat dich das Jugendparlament noch darin bestärkt, später politisch arbeiten zu wollen, oder hatte das keinen Einfluss?" (7: 10)*

"Ja, Übung macht den Meister ... Irgendwie so klein anfangen und dann irgendwann ins Große übergehen." (7: 10)

Dieses deutsche Sprichwort,[135] stellt eine spezifische Art und Weise der Übung oder auch des Lernens da, nämlich eine Form, die mit Arbeit verbunden ist. Um ein Meister im Bereich der Politik zu werden, muss man sich offenbar einem manchmal anstrengenden Lernprozess unterziehen. Nicht zuletzt hatte Lorenz im Kapitel zu den Sitzungsstrukturen im Jugendparlament geschildert, dass er sich mit den von ihm als "dröge" diagnostizierten Verfahrensweisen im Parlament abfinden könne, weil es später in der "richtigen Politik" ja oft genauso sei. Ähnlich wie Julian war Lorenz in Kapitel 8.2.4.1 für die Ausweitung der Einflussmöglichkeiten von Jugendlichen eingetreten. Er äußerte den Wunsch, sich mit Jugendparlamentariern und -parlamentarierinnen aus anderen Regionen zusammenzuschließen, um dann den Politikern zu zeigen, *"wo es lang geht, wo wir meinen, dass es besser geht."* (7: 6)

Julian und Lorenz hatten das Jugendparlament als ein Gremium beschrieben, das es ihnen ermöglicht, mehr Macht und Einfluss zu erhalten.(Vgl. Kap. 8.2.4.1) Insofern könnte diese positive Erfahrung sie noch in ihrem Interesse an einem zukünftigen politischen Engagement bestärkt haben.

Auch Tobias (13) kann sich vorstellen, später politisch zu arbeiten. Er möchte allerdings nicht, wie zum Beispiel der ehemalige Bundeskanzler Kohl, in die "große Politik" einsteigen, sondern sich in *"kleineren Bereichen"* kommunalpolitisch engagieren, vielleicht als Bürgermeister:

"Ja ich könnte es [sich im Erwachsenenalter politisch zu engagieren] *mir schon vorstellen, was zu machen. Vielleicht Bürgermeister oder so was." (11: 8)*

Frage: *"Dann eher hier so in Wittingen?" (11: 8)*

"Ja, in kleineren Bereichen. Nicht so gerade groß, wie Kohl oder so was." (11: 8)

---

135 Vgl. dazu Harenbergs Lexikon der Sprichwörter und Zitate (1997, 1237). Vgl. dazu auch den Ausspruch Wilhelm Tells in Schillers gleichnamigem Schauspiel: "Früh übt sich, was ein Meister werden will." (Schiller 2000, 58). Hier geht es darum, dass junge Männer sich frühzeitig in der Kunst des Schießens üben sollten.

Der Wittinger Bürgermeister ist eine Person, die Tobias konkret im Jugendparlament erlebt hat. Möglicherweise orientiert er sich in Bezug auf ein potenzielles späteres politisches Engagement an dieser Person. Wie in Kapitel 8.3.4.2 dargestellt, ist Tobias in den Sitzungen des Parlaments zwar manchmal durch die Berichte des Bürgermeisters gelangweilt, aber zeigt auch Respekt vor der Aufgabe des Kommunalpolitikers.

Carola (18) möchte sich später eventuell in einer politischen Partei engagieren, aber erst nachdem sie ihre persönlichen beruflichen Ziele erreicht hat:

Frage: *"Kannst du dir vorstellen, später politisch zu arbeiten, also zum Beispiel in einer Partei oder einer Bürgerinitiative oder einer anderen politischen Gruppe?" (15: 14)*

"Nee, ich weiß nicht. Also, ich hab halt bestimmte Vorstellungen, was ich machen will. Und wenn ich weiß, dass ich das geschafft habe, dass ich mich dann so nebenbei dafür engagiere [...] Aber erst mal möchte ich das erreichen, was ich mir vorgenommen habe, wirklich jetzt alleine nur für mich. Und dann würde ich doch, glaub ich, zusehen, dass ich was für die Allgemeinheit tun kann, also sprich für die Jugendlichen oder für Frauen oder halt bestimmte Sachen. Aber erst mal möchte ich das für mich erreichen, meinen Schulabschluss und dann meine Lehrstelle, eventuell studieren. Und wenn ich das dann so für mich habe, dass ich dann vielleicht auch irgendwie Zeit habe, was für andere zu tun." (15: 14)

Frage: *"Und kannst du schon sagen, was dich eher interessieren würde, also eher in einer Partei zu arbeiten oder eher in einer Bürgerinitiative oder einer anderen außerparlamentarischen Gruppe?" (15: 14)*

"Also wenn, würde mich doch eher die Politik reizen so wirklich, also so in der Partei. Das wäre eigentlich das, was mich am meisten reizen würde. Ich glaube in so 'ner Partei, da kann man eigentlich mehr bezwecken. [...] Das man doch versucht, sich hochzuarbeiten in gewissen Parteien und dass man dann da halt wirklich auch was bewirken kann." (15: 14)

Ähnlich wie Lorenz stellt Carola ihre persönlichen Ziele in Vordergrund, wenn sie über ein mögliches späteres politischen Engagement nachdenkt. Zunächst möchte sie ihre Berufsausbildung abschließen. Danach könnte sie sich vorstellen, sich *"nebenbei"* für die *"Allgemeinheit"* zu engagieren. Auf jeden Fall ist ihr die Partizipation in einer politischen Partei näher als beispielsweise eine Mitwirkung in einer Bürgerinitiative. Im Vordergrund steht dabei Carolas Orientierung am potenziellen Erfolg. Für sie wäre die Partei Mittel zum

Zweck, nämlich um etwas im ihrem Sinne zu bewirken. Die Interviewpartnerin ist der Ansicht in einer Partei einen größeren Einfluss gewinnen zu können als in einer außerparlamentarischen politischen Gruppierung. Carola würde eine politische Tätigkeit aber nicht in den Mittelpunkt ihres Lebens stellen, sondern es vorziehen *"nebenbei"* politisch aktiv zu sein. Der Aspekt, etwas bewirken zu können, spielt offenbar für Carola ähnlich wie für Julian und Lorenz eine wichtige Rolle. Wie das folgende Zitat deutlich macht, hatte sie aber im Gegensatz zu den beiden männlichen Interviewten nicht den Eindruck, dass eine Mitwirkung im Jugendparlament ihr dieses Ziel näher bringen konnte, im Gegenteil:

"Also ich finde, da [im Jugendparlament] *haben wir nichts erreicht. Es wurde nur irgendwas beschlossen und es wurde irgendwie immer alles weiter geschoben."* (15: 3)

Das Jugendparlament scheint für Carola eher ein Beispiel für mangelnde Effektivität zu sein, als für eine wirksame politische Partizipation junger Menschen. Anders als bei Julian und Lorenz stellt das Gremium für sie also offenbar kein Übungsfeld für eine mögliche politische Beteiligung im Erwachsenenalter dar, sondern es dient ihr eher als Gegenmodell effektiver politischer Partizipation. Ihre Mitwirkung in dem Gremium hat aber nicht – wie von Kritikern und Kritikerinnen dieses Beteiligungsmodells angenommen – zu einer Abkehr von etablierten Formen des politischen Engagements geführt, sondern entweder keinerlei Einfluss auf ihre Vorstellungen von einer zukünftigen politischen Einflussnahme gehabt oder sie sogar noch in ihrer parteipolitischen Engagementbereitschaft bestärkt. Einen weiteren Interpretationshinweis bietet in diesem Zusammenhang die folgende Interviewpassage:

Frage: *"Und hast du das Gefühl, dass sich an deinem politisches Interesse durch die Mitarbeit im Jugendparlament etwas verändert hat?"* (15: 10)

"Nee, eigentlich nicht. […] Gerade das Interesse an Politik, das hat mich ja irgendwie darauf gebracht, da halt mitzumachen. Aber dass sich da groß was verändert hat, würde ich nicht sagen. Das Interesse ist eigentlich immer noch das gleiche." (15: 10)

Carola führt ihre Mitgliedschaft im Parlament auf ein bei ihr bereits vorhandenes politisches Interesse zurück. Dieses Interesse ist durch die Arbeit in dem Jugendgremium ihrer Ansicht nach kaum berührt worden. Dies legt die Vermutung nahe, dass Carolas Abgeordnetentätigkeit, die zudem nur für sieben Monate bestand, wahrscheinlich ebenfalls wenig Einfluss auf ihre Vorstellungen in Hinblick auf ein zukünftiges politisches Engagement hatte.

Silke (18) hätte Interesse, sich weiterhin in der Kommunalpolitik zu engagieren. Ihre Mutter scheint ihr in diesem Zusammenhang als Vorbild zu dienen:

"Kommunalpolitik finde ich ganz gut. Wollte ich auch vielleicht mal später weiter machen, irgendwie in die Kommunalpolitik gehen. Ich hab es irgendwie von meiner Mutter, so 'n bisschen die Richtung, die wollte eigentlich in Hofmannsthal kandidieren, aber da sind wir ja weggezogen." (5: 11f.)

Das Engagement im Jugendparlament hat auf diese Einstellung offenbar wenig Einfluss gehabt; denn als ich Silke frage, ob sie den Eindruck hat, dass ihre Arbeit im Jugendparlament Auswirkungen auf ihr Interesse an der Kommunalpolitik hatte, sagt sie:

"Nee, glaub ich nicht. Da hab ich mich eigentlich vorher schon dafür interessiert, so für Kindergärten und Spielplätze." (5: 21)

Silke hätte sich also auch für Kommunalpolitik interessiert, wenn sie nicht als Abgeordnete in das Jugendgremium gewählt worden wäre. Bemerkenswert ist, dass der vergleichsweise großen Nähe der Interviewpartnerin zu kommunalpolitischen Fragestellungen eine ausgeprägte Distanz zur Bundespolitik gegenübersteht. So hatte sie in mehreren Interviewpassagen ihr geringes Interesse an der Bundespolitik betont: *"Da hinten in Bonn, was die da machen, ist mir völlig egal."* (5: 11) Von daher ist es nicht erstaunlich, dass sie die Frage, ob sie sich auch vorstellen könnte, im Bereich der Bundes- und Landespolitik aktiv zu werden, verneint. Dafür gibt sie folgende Begründung:

"Da hat man ja gar keine Zeit mehr für die Familie. Die Martina Winter [eine Landtagsabgeordnete]*, die war letztens auch in der Wallpassage,[136] war so ein Smalltalk. Da haben sie irgendwie so drei Frauen eingeladen. Und die hat gesagt, die ist also wirklich selten zu Hause und der Mann, Herr Winter, der macht dann schon öfter mal Theater und sagt, die soll aufhören. Und die haben auch ein großes Haus und Pferde ... Und dann mit seinen Söhnen und seiner Tochter was machen ... Nee, das könnt ich auch gar nicht! Da ist man ja nie zu Hause. Entweder man ist in Bonn oder in Hannover oder irgendwo. Am Wochenende dann nur mal zu Hause und dann rufen ständig Leute an. Wollen was wissen.*

---

[136] Eine Einkaufspassage in Wittingen

Nee, das will ich nicht. Da hätte ich auch keinen Bock zu. Wenn man Kinder hat, geht's gar nicht. Die sind schon älter jetzt die Kinder. Die sind, glaub ich, schon 19 und 22 oder so. Dann geht das noch, aber wenn man so kleine hat. Das will ich nicht machen. Da hab ich auch keine Lust zu. [...] Wie gesagt, vielleicht nur Kommunalpolitik, aber weiter dann auch nicht." (5: 13)

Silke orientiert sich, wenn sie über eine mögliche spätere politische Beteiligung nachdenkt, an einer politisch engagierten Person, die sie bereits konkret erlebt hat. Sie grenzt ihre eigene biografische Orientierung von dem Tätigkeitsprofil der Landtagsabgeordneten ab. Silke kann sich überhaupt nicht vorstellen später das Leben einer Politikerin, wie Frau Winter, zu führen; denn dies würde bedeuten, so gut wie nie zu Hause zu sein und im Grunde auch dort keine Ruhe zu erlangen, weil man ständig Telefonate zu beantworten habe. Um das große Haus, die Pferde und Kinder müsse sich vor allem der Ehemann, der sich zudem öfter beschwere, kümmern. Ein solches Familienleben ist für Silke offensichtlich nicht akzeptabel und von daher hat sie auch keine Lust, in die Bundes- oder Landespolitik einzusteigen. Nach Silkes Einschätzung steht eine traditionelle Politikerinnenkarriere also im Widerspruch zu einer Familienorientierung. Die Interviewpartnerin möchte später mehr Zeit für die Familie aufbringen als Frau Winter dies ihrer Ansicht nach kann. Ein späteres politisches Engagement in einem kleineren überschaubaren Bereich wie der Kommunalpolitik kann Silke sich dagegen recht gut vorstellen. Auch hier orientiert sie sich an einer anderen weiblichen Person, nämlich an ihrer Mutter. Silke schildert, dass sie durch deren kommunalpolitisches Interesse an diesen Politikbereich herangeführt worden sei. Ihre Mitwirkung im Jugendparlament habe in diesem Zusammenhang wenig Einfluss. Von daher dürfte ihr Elternhaus eine größere Wirkung auf ihre politische Engagementbereitschaft gehabt haben als das Jugendparlament.

Auch wenn Silke eine Familienorientierung als konkurrierendes biografisches Modell zu einer politischen Karriere darstellt, wertet sie die Orientierung auf eine private Reproduktionstätigkeit nicht höher als eine berufliche Perspektive, sondern sie strebt an, beides miteinander zu vereinbaren: So macht die Interviewpartnerin an einer anderen Stelle deutlich, dass sie später, wenn sie *"einen passenden Mann"* (5: 7) findet, mindestens zwei Kinder haben möchte. Bis ihr Kind alt genug wäre, um einen Kindergarten besuchen zu können, würde sie wahrscheinlich Erziehungsurlaub nehmen oder in einer Teilzeitstelle arbeiten. Möglicherweise könnte auch der Vater, wenn das Kind das Alter von einem Jahr erreicht hätte, die Erziehungsarbeit übernehmen.

"Ich würde erst mal, bis das Kind im Kindergarten ist, zu Hause bleiben oder so von acht bis zwölf oder so arbeiten. Aber immer zu Hause, ich glaub, das kann ich auch nicht. [...] Vielleicht kann ich mir auch gut vorstellen, dass der Mann zu Hause bleibt und ich geh' arbeiten. Vielleicht nicht gerade, wenn das Kind noch ganz klein ist, aber so dann nach einem Jahr, wenn das Kind dann so 'n bisschen selbstständig ist, dann könnte man eigentlich auch mal arbeiten gehen." (5: 7f.)

Insgesamt äußert sich Silke jedoch eher vage in Bezug auf die hier beschriebene angestrebte Balance zwischen Berufstätigkeit und Familienarbeit. Sie leitet Sätze mit *"vielleicht"* ein und verwendet den Konjunktiv *"könnte"*. Möglicherweise ist sie nicht sicher, ob sie ihre doppelte Perspektive – Berufstätigkeit einerseits und private Reproduktionstätigkeit andererseits – später realisieren kann oder will.[137]

Linda (15) möchte sich im Erwachsenenalter ebenfalls nicht in der traditionellen Politik engagieren. Sie begründet dies allerdings anders als Silke:

"Ich hab andere Zukunftspläne. Nee, es ist nicht so, das ich das machen möchte. O.k., verdiene ich vielleicht nicht schlecht Geld, aber trotzdem ... Das ist, viel zu viel Verantwortung. Das glaub ich, würde ich nicht schaffen." (3: 12)

Frage: *"Und das wäre der Hauptgrund, dass es dir zu viel Verantwortung wäre?" (3: 12)*

"Ja ... Na ja, so im Moment ist es ja noch nicht so viel, aber wenn dann wer zum Beispiel Abgeordneter irgendwo im Bundestag ist oder so. Es wäre mir viel zu viel. Dann hätte ich viel zu viel Angst." (3: 12)

Linda gibt zwar zu bedenken, dass das Einkommen bei einer Tätigkeit im Bereich der Politik möglicherweise recht hoch sei, aber auch dies würde sie letztlich nicht motivieren, in die Politik einzusteigen, weil sie die große Verantwortung, die sie als Politikerin zu übernehmen hätte, fürchten würde. In diesem Zusammenhang trifft sie eine Unterscheidung zwischen dem Ausmaß der Verantwortung, das ihr als Abgeordnete im Jugendparlament übertragen wird und dem Umfang der

---

137 Silkes Unsicherheit könnte zwar auch darauf zurückzuführen sein, dass sie sich diesbezüglich bisher kaum Gedanken über ihre Zukunft gemacht hat. Da sie hier aber mit sehr konkreten Beispielen antwortet, würde ich dies eher ausschließen.

Verantwortungsübernahme bei einer Tätigkeit im Bundestag. Letzteres würde Linda – ihrer eigenen Einschätzung zufolge – überfordern, ja ihr Angst einflößen. Interessant ist die Unterscheidung, die sie vornimmt: Die Verantwortung in dem Jugendgremium, also in einem kleineren, für sie überschaubaren Bereich, scheint für sie durchaus tragbar zu sein. Die Vorstellung Verantwortung in der "großen" Politik übernehmen zu müssen, löst dagegen Gefühle von Überforderung und Angst aus.

Auch Britta (13) scheut die große Verantwortung, die sie mit einem Engagement im Rahmen der konventionellen Politik verbindet:

Frage: *"Kannst du dir vorstellen, später auch politisch zu arbeiten. Also dich einzumischen in die Politik?" (14: 12)*

"Ich weiß nicht. Also, ich hab mir das manchmal schon vorgestellt, wie das so wäre ... Ich glaube eher nicht, weil da hat man so viel Verantwortung. Ich mein, jetzt im Jugendparlament, da hat man auch schon viel Verantwortung, wenn man jetzt für oder gegen etwas stimmt. Aber dann so die richtigen großen Politiker ... Ich glaub nicht, dass ich es könnte, also so viel Verantwortung haben." (14: 12f.)

Frage: *"Und kannst du dir vorstellen, irgendwas anderes zu machen? Also das wären jetzt ja die 'großen Politiker'. Es gibt ja auch politische Gruppen oder Bürgerinitiativen ..." (14: 13)*

"Ja das würde ich sofort tun. Das kann ich mir gut vorstellen." (14: 13)

Frage: *"Und wie wäre es da mit der Verantwortung?" (14: 13)*

"Na ja, gut, ich mein, man ist ja auch immer stolz darauf, wenn man Verantwortung hat. Ich müsst mir dann nur darüber klar werden, dass ich so viel Verantwortung hab und dann würde es gehen. Aber das ist ja bei den richtig großen Politikern: Wenn man dann mal eine Fehlentscheidung trifft, dann ... Oh, ich weiß nicht." (14: 13)

Britta schildert, dass sie sich bereits ausgemalt hat, wie es ein könnte, sich im Erwachsenenalter in der traditionellen Politik zu engagieren. Für sie stellt das hohe Maß an Verantwortung, das sie mit einem derartigen politischen Mandat verbindet, eine Überforderung dar, auch wenn sie zu bedenken gibt, dass sie auch als Abgeordnete im Jugendparlament schon viel Verantwortung zu tragen hat. Es scheint, als traue sie sich ein Engagement im traditionellen politischen Bereich nicht zu: *"Ich glaub nicht, dass ich es könnte [...]."* Als ich sie frage, ob sie sich eine spätere politische Aktivität außerhalb des verfassten politischen Systems vorstellen kann, bejaht sie dies ohne zu zögern. Dort wäre sie auch bereit die notwendige Verantwortung zu übernehmen. Bei einer politischen Tätigkeit im konventionellen Rahmen hätte sie dagegen Angst vor den Konsequenzen einer Fehlentscheidung. Im Kapitel zum Thema Sitzungsstrukturen hatte Britta geschildert, dass sie die Atmosphäre während der Gremiensitzungen oftmals als *"streng"* (14: 5) und *"kalt"* (14: 5) empfindet und sie Hemmungen hätte, sich dort verbal zu äußern. Sie würde es begrüßen, wenn Politik nicht immer so *"ernst"* (14: 5) und das Jugendparlament nicht so stark den Charakter einer "Verpflichtung" (14: 5) hätte, sondern wenn es dort zwangloser und *"witziger"* (14: 5) zuginge. Vermutlich verbindet Britta ein Engagement in der etablierten Politik mit den von ihr im Jugendparlament wahrgenommenen einschränkenden Charakteristika. Die traditionelle Politik wäre für sie demnach ein Bereich der Verpflichtung und des Ernstes. Fehlentscheidungen hätten schwerwiegende negative Konsequenzen. Ein politisches Engagement in dieser Form reizt Britta nicht, während sie die Beteiligung in einer alternativen politischen Gruppierung für durchaus attraktiv hält. Offensichtlich steht Britta Gruppierungen, die neue alternative Politikinhalte außerhalb des verfassten politischen Systems zu organisieren versuchen, näher als zum Beispiel einer politischen Partei,[138] weil sie damit eine gewisse Spontaneität und Zwanglosigkeit verbindet, die sie im Jugendparlament – zumindest gilt dies für die Sitzungen – vermisst. Wie bereits dargestellt, finden sich im Interview mit Britta zahlreiche Belege dafür, dass die Mitarbeit im Jugendparlament sich positiv auf ihr Selbstwertgefühl auswirkt und dass ihr insbesondere die Durchführung konkreter Aktionen Freude bereitet. Diese eher projektorientierte Arbeit scheint aus ihrer Sicht eine größere Nähe zu einem alternativen politischen Engagement zu haben und deshalb ist Britta wohl auch sofort dazu bereit. Vermutlich ist sie durch ihre Arbeit im Jugendparlament zwar darin bestärkt worden, sich im Erwachsenenalter politisch zu engagieren. Die Formen traditioneller Erwachsenenpolitik, wie sie sie in den Parlamentssitzungen erlebt hat, wirken aber eher abschreckend, so dass Britta für sich eine Mitwirkung außerhalb des verfassten politischen Systems favorisiert.

---

138 Dies wurde auch bereits in Kapitel 6.1.5.3 deutlich.

Ähnlich wie Linda scheut Britta die Verantwortungsübernahme in der "richtigen" Politik. Der Gedanke an ein Engagement in der traditionellen Politik scheint bei beiden ein Gefühl der Überforderung auszulösen. Besonders bei Linda ist diese Vorstellung regelrecht mit Angst verbunden. In den Aussagen der beiden Interviewpartnerinnen klingt an, dass sie sich der Mitwirkung im Jugendparlament durchaus gewachsen fühlen, ihnen aber ein politisches Engagement beispielsweise als Abgeordnete im Bundestag "eine Nummer zu groß" wäre.

Merle (13) steht ähnlich wie Britta einem politischen Engagement außerhalb des verfassten politischen Systems näher als beispielsweise einer Mitgliedschaft in einer Partei. Als ich sie frage, ob sie sich später politisch engagieren möchte, sagt sie, dass sie darüber eigentlich noch nicht *"so dolle"* (16: 6) nachgedacht hat. Auf meine Anschlussfrage, ob sie, wenn sie sich überhaupt engagieren würde, dies dann eher in einer politischen Partei oder in der Bürgerinitiative oder einer anderen politischen Gruppe tun würde, entscheidet sie sich für eine Bürgerinitiative und begründet dies folgendermaßen:

"Es ist irgendwie ein bisschen interessanter, weil man sich da mit so mehr oder weniger wichtigen Problemen beschäftigen kann. Ich mein in 'ner Partei ... Ja, weiß ich, wie Schule ... ja, im Notfall, Geld zu wenig oder so was ... Kann ich nichts mit anfangen, Mathe war noch nie mein Fach." (16: 6)

Frage: *"Und du meinst, in einer Partei, das sind nicht so die wichtigen Probleme?" (16: 6)*

"Nee, auch so Probleme von der Regierung. Ich mein, können sie auch so lösen. Außerdem sind dann so viele über einem. Und das kann ich nicht ab – nach unten so rumzukriechen." (16: 6)

Frage: *"Und was wären wichtige Probleme." (16: 6)*

"Mein Gott. So 'ne Umgehungsstraße oder so was würde mich gerade interessieren. Aber nehmen wir mal an, gegen Atomkraftwerke oder Atommülllager. Das finde ich schon irgendwie besser." (16: 7)

Merle hält es für attraktiver sich in einer Bürgerinitiative zu engagieren, weil hier ihrer Meinung nach wichtigere Probleme thematisiert werden können als in einer Partei. Sie scheint Parteipolitik mit dem Schulunterricht, mit einem Lamenti über leere Kassen, mit hierarchischen Strukturen und langweiligen Themen zu verbinden, Aspekte, die sie auch zum Teil am Jugendparlament kritisiert hatte. Verkehrsprobleme, also Themen, die Merle für unwichtig hält, wurden – wie die Auswertung der Sitzungsprotokolle ergibt (vgl. Kap.7.1) – häufig im Jugendparlament behandelt. Die Sitzungen des Gremiums vergleicht Merle mit dem Schulunterricht:

"Ist ja nun doch ein bisschen langweilig da. Ist ja wie Schule da." (16: 2)

Merle macht die Arbeit im Jugendparlament offensichtlich keinen Spaß. Es ist *"wie Schule da"*. In der etablierten Politik vermutet sie ähnliche Strukturen und Themen wie in dem Parlament und von daher kommt wohl eine spätere Partizipation an der traditionellen Politik für sie nicht in Frage. Offenbar ist Merle aber an politischen Themenbereichen, insbesondere dem Umweltschutz, interessiert und kann sich deshalb ein Engagement außerhalb des verfassten politischen Systems vorstellen. Die Erfahrungen im Jugendparlament scheinen sie in ihrer Ablehnung gegenüber den etablierten politischen Mitwirkungsformen, die sie bereits in Kapitel "Strukturen traditioneller Politik" zum Ausdruck gebracht hatte, entweder noch bestärkt oder schlicht keinerlei Einfluss auf die Form ihrer politischen Engagementbereitschaft gehabt zu haben.

8.4.2 *"Wenn man Kinder hat, geht's gar nicht."* – Zusammenfassung

Im vorherigen Kapitel wurde erörtert, inwieweit die Interviewten sich vorstellen können, auch im Erwachsenenalter politisch aktiv zu sein. Im Folgenden werden die diesbezüglichen Aussagen noch einmal zusammenfassend dargestellt, um dann den potenziellen Einfluss der Mitwirkung im Jugendparlament auf die politische Engagementbereitschaft der jungen Abgeordneten und die sich in diesem Kapitel andeutenden Unterschiede zwischen den Geschlechtern herauszuarbeiten.

1. Vorstellungen zu einem politischen Engagement im Erwachsenenalter: Laut Julian (17) können die Abgeordneten des Jugendparlaments durch ihre Arbeit in dem Gremium motiviert werden, sich im Erwachsenenalter auch im Stadtrat zu engagieren. Dies hält er für gut, weil man damit der Überalterung des Rates entgegenwirken könnte. Lorenz (17) hat die Absicht, sich später politisch zu engagieren. Er möchte zwar erst einmal seine Lehre beenden, aber wenn sei-

ner Meinung nach die richtige Zeit für ein politisches Engagement gekommen ist, wird er sich in die Politik einbringen. Tobias (13) kann sich vorstellen, später Bürgermeister zu werden. Carola (18) ist sich noch nicht ganz sicher, ob sie in Zukunft politisch aktiv sein möchte. Zunächst will sie auf jeden Fall ihre Berufsausbildung abschließen. Sollte sie sich aber später politisch engagieren, würde sie dies eher in einer Partei als in einer alternativen politischen Gruppierung tun, weil die Einflussmöglichkeiten in der Parteipolitik auf jeden Fall größer seien. Silke (18), Linda (15), Britta (13) und Merle (13) thematisieren ihre mit einem Engagement im Bereich der etablierten Politik verbundenen Vorbehalte. Britta und Linda scheuen die aus ihrer Sicht mit einer politischen Tätigkeit verbundene Verantwortung. Während sie sich der Verantwortung im Jugendparlament durchaus gewachsen fühlen, haben sie offenbar den Eindruck, der aus ihrer Sicht in der "großen" Politik geforderten Verantwortungsübernahme nicht gerecht werden zu können. Silke stellt heraus, dass ein Engagement etwa im Landtag oder auch im Bundestag sich negativ auf das Familienleben auswirken könnte und sie es deshalb für sich nicht im Betracht ziehen würde. Merle und Britta könnten sich vorstellen, später in einer Gruppierung, die alternative politische Inhalte vertritt, aktiv zu sein.

Nimmt man die Aussagen der hier bisher zitierten Jugendlichen insgesamt in den Blick, wird deutlich, dass die weiblichen Interviewten – bis auf Carola – wesentlich stärker die potenziellen Beschränkungen und Befürchtungen in Bezug auf ein späteres politisches Engagement thematisieren als die männlichen. Silke hebt die Einschränkungen hervor, die eine klassische Politikerinnenkarriere für das spätere Familienleben bedeuten kann. Merle kritisiert hierarchische Strukturen innerhalb des politischen Systems und kann sich offenbar schwer mit den von ihr vermuteten Inhalten der etablierten Politik identifizieren. Zudem äußern die weiblichen Interviewten ihre Befürchtungen, das aus ihrer Sicht große Maß an Verantwortung in der etablierten Politik nicht tragen zu können. Die männlichen Jugendlichen offenbaren im Vergleich dazu wenig Bedenken gegenüber einem späteren politischen Engagement im konventionellen politischen Bereich. Keiner der Interviewpartner stellt der Interviewerin gegenüber beispielsweise seine Kompetenz in Bezug auf eine spätere politische Aktivität in Frage. Dies könnte mit Aspekten der sozialen Erwünschtheit zusammenhängen. Möglicherweise fällt es ihnen aufgrund geschlechtsspezifischer Rollenzuschreibungen schwerer, Unsicherheiten einzugestehen als den weiblichen Jugendlichen.

2. Die Mitarbeit im Jugendparlament und Vorstellungen zu einem politischen Engagement im Erwachsenenalter: Die Rolle des Jugendparlaments in Bezug auf eine spätere politische Aktivität wird von den Interviewten sehr unterschiedlich eingeschätzt. Für die einen hat es eine Motivierungsfunktion, für die anderen scheint es hinsichtlich eines Engagements im Rahmen der traditionellen Politik eher abschreckend zu wirken und für einige hat es offensichtlich wenig Einfluss auf ihre Einstellung zu einer potenziellen zukünftigen politischen Tätigkeit. Julian (17) und Lorenz (17) sprechen die mögliche Funktion des Parlaments als Übungs- und Motivierungsraum für eine politische Mitwirkung im Erwachsenenalter an. Die anderen Interviewten äußern sich nicht explizit zum Einfluss des Jugendparlaments auf ihre Vorstellungen in Bezug auf eine politische Mitwirkung im Erwachsenenalter. Ihre Aussagen legen aber folgende Interpretationen nahe: Tobias (13) hat im Parlament den Bürgermeister als politisch aktiven Erwachsenen erlebt und orientiert sich möglicherweise an ihm in Hinsicht auf seine spätere Engagementbereitschaft. Insofern kommt dem Gremium vermutlich auch für Tobias indirekt eine Motivierungsfunktion zu, nämlich dadurch, dass dem jungen Abgeordneten durch seine Mitarbeit im Jugendparlament, die Möglichkeit eingeräumt wurde, hier einen Politiker aus der Nähe zu erleben, mit dem er sich identifizieren kann.

Für Carola (18) hat das Parlament entweder keinerlei Einfluss auf ihre Engagementbereitschaft gehabt oder sie sogar quasi als "Negativmodell" darin bestärkt, später in einer Partei politisch arbeiten zu wollen, weil sie sich davon eine größere Effektivität verspricht. Der Widerspruch zwischen einer biografischen Orientierung auf das Familienleben und einen Engagement in der Landes- oder Bundespolitik, den Silke (18) zum Ausdruck bringt, lässt sich an keiner Stelle des Interviews mit ihrer Arbeit in dem Jugendgremium in Verbindung bringen. Sie hatte aber im Interview formuliert, dass sie sich vorstellen könnte, im Erwachsenenalter in der Kommunalpolitik mitzuwirken. Dies sei eine Einstellung, die sie auch schon vor ihrer Arbeit im Jugendparlament gehabt habe und die sie auf das kommunalpolitische

Interesse ihrer Mutter zurückführt. Auf Britta (13) könnten die von ihr als einschränkend wahrgenommenen aus der traditionellen Erwachsenenpolitik entnommenen Verfahrensweisen während der Parlamentssitzungen abschreckend gewirkt und sie von daher eher zu einer Engagementbereitschaft im Rahmen nicht verfasster Politik bewogen haben. In den Aussagen Merles (13) finden sich viele Parallelen zwischen ihrer Kritik an der etablierten Politik und Aspekten, die sie im Jugendparlament als negativ empfunden hat. Insofern dürfte das Jugendparlament sie in ihrer Ablehnung gegenüber der etablierten Politik und der Engagementbereitschaft in einer Bürgerinitiative noch bestärkt haben. Insgesamt betrachtet wird deutlich, dass dem Jugendgremium für die männlichen Interviewten eher eine Motivierungsfunktion im Hinblick auf ein politisches Engagement im konventionellen Rahmen zukommt als für die weiblichen. Hier liegt die Vermutung nahe, dass die interviewten Jungen sich wesentlich stärker mit den Formen traditioneller Politik identifizieren können und das Jugendparlament mit seinen der etablierten Erwachsenenpolitik entlehnten Verfahrensweisen auch eher als "Übungsfeld" für ein späteres Engagement begreifen. In Bezug auf einige männliche Abgeordneten scheint das Jugendgremium also seinem Anspruch weitgehend gerecht zu werden; durch ihre Mitarbeit im Parlament werden die Parlamentarier motiviert, auch als Erwachsene politisch aktiv zu sein.

3. Geschlechterkonstruktionen: Offensichtlich können sich die zitierten Jungen also wesentlich geradliniger mit einer Aufgabe in der traditionellen Politik identifizieren als die Mädchen. Dieser Eindruck wird durch einen Blick auf das gesamte Interviewmaterial noch bestärkt. So wollen alle fünf interviewten Jungen später politisch aktiv sein: Für Julian (17), Lorenz (17) und Tobias (13) wurde dies bereits herausgearbeitet, aber auch Nils (12) möchte sich im Erwachsenenalter politisch engagieren. Er würde sich in diesem Kontext für die Mitwirkung in einer Partei entscheiden – *"da glaub ich eher dran"* (8: 12). Marco (17) plant ebenfalls ein politisches Engagement. Er weiß jedoch noch nicht genau, in welcher Form dies geschehen soll. Einerseits favorisiert er ein Engagement in einer Bürgerinitiative, weil man dort mehr verändern könne, aber andererseits gibt er zu bedenken, dass man auf bestimmte Themenbereiche, wie zum Beispiel die Steu-

ergesetzgebung, nur im Rahmen der verfassten Politik Einfluss hätte.[139]

Zieht man dagegen die Aussagen aller weiblichen Interviewten zu einem potenziellen politischen Engagement im Erwachsenenalter heran, ist das Bild wesentlich uneinheitlicher: Katrin (14) würde eventuell, genau wie ihre ältere Schwester, später bei den Jusos, der Jugendorganisation der SPD, mitarbeiten. Laura (13) möchte sich im Erwachsenenalter für *"die Umwelt und so oder halt für die Jugendlichen"* (1: 7) einsetzen, in welcher Form weiß sie noch nicht. Charlotte (11) hätte *"irgendwie schon"* (2: 7) Interesse sich auch später politisch zu engagieren und Jasmin (13) weiß nicht – *"das kann ich noch nicht sagen"* (6: 14) – ob sie in ferner Zukunft politisch aktiv sein möchte. Nora (15) möchte sich später eher nicht politisch engagieren, jedenfalls nicht in der etablierten Politik. Sie nimmt an, dass es dort problematisch wäre, eigene Interessen einzubringen: *"Wenn man das* [eigene Interessen] *dann so einbringen will in die ganzen Parteien, glaubt man, dass einem dann nicht zugehört wird."* (9: 8) Kyra (15) hatte betont, dass sie sich durchaus für Politik interessieren würde, aber es keinen Sinn mache, sich hier zu engagieren, weil sich das von ihr kritisierte etablierte politische System sowieso nicht verbessern ließe. (Vgl. Kap. 6.1.2) Wie bereits dargestellt könnten sich Britta und Merle ein Engagement in einer Gruppierung vorstellen, die alternative Politikinhalte außerhalb des verfassten politischen Systems zu organisieren sucht. Einer Mitwirkung im Rahmen des etablierten politischen Bereichs stehen sie dagegen ablehnend gegenüber. Silke und Linda möchten später nicht politisch aktiv sein. Carola würde sich vielleicht in einer politischen Partei engagieren.

Auf Basis der bisherigen Befunde lassen sich zusammenfassend folgende Aspekte darstellen:

1. Die männlichen Befragten scheinen sich die Mitwirkung im etablierten politischen Bereich eher zuzutrauen als die weiblichen. Sie bringen der Interviewerin gegenüber keinerlei Zweifel an ihren dies-

---

[139] Auf meine Frage, warum er sich eher in einer Bürgerinitiative engagieren würde als in einer Partei, antwortet Marco: *"Da* [in einer Bürgerinitiative] *kann man ein bisschen mehr verändern. Bloß manche Sachen kann man nur in der Politik verändern. Ich meine diese Steuern ... Steuergesetz, das ist einfach Wahnsinn."* (10: 18)

bezüglichen Kompetenzen zum Ausdruck.[140] Sie streben in diesem Kontext Positionen an, die Macht und Einfluss versprechen, wie zum Beispiel das Amt eines Bürgermeisters. Die Interviewpartner offenbaren im Gegensatz zu den weiblichen Interviewten keine Vorbehalte in Bezug auf die Übernahme von Verantwortung.

2. Die interviewten Jungen problematisieren ihre Rolle in der Politik ausschließlich im Zusammenhang mit der persönlichen Berufsperspektive. Eine mögliche Familienorientierung scheint in diesem Kontext keine oder zumindest eine untergeordnete Rolle zu spielen.

3. Einschränkungen, welche die männlichen Interviewten mit einem politischen Engagement verbinden, wie bürokratische Strukturen, nehmen sie als notwendiges Übel hin, das akzeptiert werden muss, um wirklich Einfluss zu bekommen. Sie orientieren sich stärker an den Möglichkeiten, durch ein politisches Amt Macht und Einfluss zu erlangen als die Mädchen. Das Jugendparlament betrachten sie in diesem Zusammenhang, auch wenn sie hier, wie zum Beispiel Lorenz, bestimmte Punkte kritisieren, eher als Übungsfeld oder Motivationsraum für ein späteres politisches Engagement.

4. Die weiblichen Befragten verorten sich in größerem Maß im Rahmen sozialer und normativer Zusammenhänge als die männlichen. So thematisieren sie die Verantwortung, die ihrer Ansicht nach mit einer politischen Arbeit verbunden ist, und trauen sich dieses von ihnen angenommene große Maß an Verantwortung nicht zu. Sie treten stärker für ein Engagement im sozialen Nahraum ein. Eine Ausnahme bildet hier Tobias (13), wenn er berichtet, dass er sich zwar ein späteres politisches Engagement im kommunalpolitischen Bereich (als Bürgermeister) vorstellen könne, nicht aber eines im bundespolitischen Raum.

5. Eine Interviewpartnerin – Silke – problematisiert neben der beruflichen Perspektive auch die Familienorientierung als einen mit

---

140 Ob sie tatsächlich keine Zweifel haben oder mögliche Unsicherheiten und Ängste der Interviewerin gegenüber nicht verbalisieren, lässt sich nicht mit Sicherheit sagen. So resümiert beispielsweise Carol Hagemann-White auf der Grundlage empirischer Untersuchungen zum Thema Furcht und Angst, "daß die Bereitschaft, sich als ängstlich zu beschreiben, ab Beginn des Schulalters geschlechtstypisch stärker bei Mädchen ist [...]" (Hagemann-White 1984, 17), sich aber aus dieser Tatsache nicht unbedingt schließen lasse, dass Mädchen ängstlicher seien als Jungen. Es wäre auch möglich, dass Jungen diese Gefühle zum Beispiel aus Gründen der sozialen Erwünschtheit seltener verbalisieren.

einer klassischen Politikerinnenkarriere konkurrierenden Lebensentwurf.

6. Eine junge Frau – Carola – entwickelt einen Gegenentwurf zu den anderen Interviewpartnerinnen. Sie nimmt die Machtebene im Hinblick auf eine politische Mitwirkung in den Blick und entscheidet sich für das Engagement in einer politischen Partei, weil sie den Eindruck hat, hier mehr bewirken zu können. Allerdings will sie die politische Arbeit nicht in den Mittelpunkt ihres Lebens stellen, sondern eher "nebenbei" politisch aktiv sein. Zunächst möchte sie aber ohnehin berufliche Ziele verwirklichen und kann sich danach ein parteipolitisches Engagement durchaus vorstellen. In diesem Rahmen sieht sie die Chance Ziele umsetzen – etwas "bezwecken" – zu können.

7. Offensichtlich stehen die weiblichen Interviewten Institutionen, die neue alternative Politikinhalte außerhalb des verfassten Systems zu organisieren versuchen, näher als die männlichen:[141] Nur zwei von insgesamt elf Interviewpartnerinnen sprechen sich ausdrücklich für ein Engagement in einer politischen Partei aus, während vier von fünf Jungen die Mitwirkung im traditionellen politischen System favorisieren.[142]

8. Insbesondere bei der Gruppe der Mädchen wird deutlich, wie sehr die Vorstellungen innerhalb einer Geschlechtergruppe voneinander differieren können. Die Einstellungen zu einem politischen Engagement im Erwachsenenalter reichen von einer ausdrücklichen Ablehnung einer politischen Tätigkeit im etablierten politischen System

---

[141] Zu ähnlichen Befunden kommen zahlreiche empirische Untersuchungen zum politischen Interesse von Mädchen und Frauen. Jacobi schreibt in einem Beitrag zum "anderen" politischen Interesse der Mädchen: "Das Politikinteresse von jungen Frauen wird im Laufe der letzten drei Jahrzehnte immer stärker und nähert sich dem der jungen Männer an. Es gibt jedoch eine starke Differenz auf der inhaltlichen Ebene: Junge Frauen interessieren sich wesentlich mehr und engagieren sich wesentlich mehr für neue Politik und wesentlich weniger im Rahmen von konventioneller Politik." (Jacobi 1991, 111). Ein im Auftrag des Bundesministeriums für Jugend, Familie und Gesundheit erstellter Jugendbericht zum Thema "Alltag und Biografie von Mädchen" weist bei Mädchen und jungen Frauen ein zunehmendes Engagement in alternativen Formen politischer Mitwirkung und gesellschaftlicher Partizipation nach. (Vgl. Sachverständigenkommission sechster Jugendbericht 1988, 71, vgl. auch Hoecker 1995, 163ff.)

[142] Die hier vorgenommene Quantifizierung sollte nicht als Aussage über eine empirische Häufigkeit in der Grundgesamtheit verstanden werden, sondern sie will lediglich eine Tendenz untermauern, die sich in der qualitativen Untersuchung zeigt. Vgl. dazu auch Kapitel 5.2.

über die Auffassung, sich zwar nicht im traditionellen Sinne politisch beteiligen zu wollen, aber eine Partizipation im nicht konventionellen Bereich durchaus in Erwägung zu ziehen, bis hin zu einer deutlichen Zustimmung zu einer späteren Arbeit in einer politischen Partei.

Mit Blick auf die bisherigen Ergebnisse lässt sich zusammenfassend festhalten, dass die weiblichen Befragten ein größere Interesse an einem Engagement im sozialen Nahbereich aufweisen als die männlichen. Unterstützung für diese Schlussfolgerung findet sich in zahlreichen quantitativen Untersuchungen zum politischen Interesse und Engagement von Jugendlichen. So ermittelte Martina Gille im so genannten "Jugendsurvey 1" des Deutschen Jugendinstituts (vgl. Hoffmann-Lange 1995), dass junge Frauen zwar in Bezug auf ihr politisches Interesse zurückhaltender sind als junge Männer.

"Gleichzeitig zeigt sich im Jugendsurvey wie auch in anderen Studien, daß das gesellschaftliche Engagement der Frauen stärker auf das engere soziale Umfeld und weniger stark auf alltagsfernes politisches Handeln hin orientiert ist. Von daher liegt ihnen auch eine Beteiligung an den Neuen sozialen Bewegungen und an unkonventionellen politischen Aktionsformen, wie z.B. die Teilnahme an Bürgerinitiativen, näher als konventionelle politische Partizipationsformen wie politische Diskussionen oder die Mitarbeit in politischen Parteien." (Gille 1995, 154f.)

Ähnliches stellt Hurrelmann in einer Untersuchung zur kulturellen und politischen Partizipation Jugendlicher fest: Mädchen würden sich zwar weniger für Politik interessieren als Jungen, seien aber in Schülervertretungen gleich stark und bei kirchlichen und politischen Jugendorganisationen in der Regel sogar noch stärker vertreten als männliche Jugendliche. Er folgert daraus: "Offenbar zeigen Mädchen in ihren unmittelbaren sozialen 'Nahbereichen' ein stärkeres Interesse und Engagement, doch dominieren die Jungen dort, wo es um allgemeine und gesellschaftspolitische Fragen geht." (Hurrelmann 1995, 183). Auf das hier insgesamt zum Ausdruck kommende "andere" politische Interesse der Mädchen (vgl. Jacobi 1991) wird in Kapitel 9.4 dieser Arbeit auf der Grundlage von entsprechenden Ergebnissen der sozialpsychologischen, sozialwissenschaftlichen und politikwissenschaftlichen Frauenforschung näher eingegangen, um dann ihre Bedeutung für die Anerkennung von Mädchen und Frauen im Bereich der Politik herauszustellen.

9. Diskussion

9.1. Jugend, Politik und Anerkennung

In der qualitativen Analyse wurde deutlich, dass die Interviewten den Eindruck haben, mit ihren spezifischen Interessen in der konventionellen Politik wenig bzw. keine Anerkennung zu erhalten. In diesem Zusammenhang kam zum Ausdruck, dass die Informanten und Informantinnen ein distanziertes Verhältnis zur etablierten Politik aufweisen, sich zum Teil von den Politikern betrogen und mit ihren spezifischen Wünschen und Interessen im Bereich der Politik vernachlässigt fühlen. Als Einflussfaktoren für die von ihnen erlebte mangelnde Wertschätzung in der Politik konnten der Altersunterschied zwischen den politischen Akteuren und Jugendlichen, Dominanzverhältnisse zwischen Politikern und *"normalen Leuten"*, zu denen die Interviewten sich zählen, und die als "zäh" erlebten Strukturen traditioneller Politik identifiziert werden. Die Interviewten bringen weiterhin zum Ausdruck, dass sie hohe Ansprüche an ihre politische Kompetenz und Informationsaktivität haben und trotz ihrer Distanz zur Sphäre der konventionellen Politik durchaus an politischen Themenstellungen, welche die Sicherung zukünftiger Lebensbedingungen betreffen, wie Umweltschutz oder Rentensicherung, interessiert sind. Im Folgenden sollen nun ausgewählte Konstrukte, die in den Interviews identifiziert werden konnten, unter Einbeziehung sozialphilosophischer, erziehungswissenschaftlicher und soziologischer Überlegungen vertiefend betrachtet werden. Ein Fokus liegt dabei auf der Operationalisierung des in den Interviews zum Ausdruck gebrachten Begriffs der Anerkennung auf der Grundlage der Konzeption Honneths und der Darstellung der sich daraus ergebenden Implikationen für das Verhältnis Jugendlicher zur Politik. Weitere Themenbereiche, die hier vertiefend erörtert werden sollen, sind der Zusammenhang von Selbstbestimmung, politischem Interesse und sozialer Anerkennung sowie die Verknüpfung der Anerkennungsthematik mit dem offensichtlichen Interesse Jugendlicher für Themenstellungen, welche zukünftige Lebensbedingungen betreffen. Zunächst wird aber das in der Interpretation der Interviews identifizierte Gefühl der Fremdheit gegenüber dem konventionellen politischen Bereich näher beleuchtet.

9.1.1 Jugendliche als "Fremde" im politischen System

In Kapitel 6.1.1 brachten die Interviewten ein Gefühl der Fremdheit gegenüber dem Bereich der etablierten Politik zum Ausdruck. Linda (15) hatte sich zum Beispiel in Bezug auf die von ihr besuchte Bundestagssitzung wie eine Fremde im politischen System beschrieben. Wie lässt sich dieses Gefühl der Fremdheit auf das Verhältnis Jugendlicher zur Politik beziehen und in welchem Zusammenhang steht es mit dem in den Interviews zutage tretenden Eindruck, keine ausreichende Anerkennung im Bereich der Politik zu erhalten? Einen Interpretationshinweis liefert Julia Kristeva. Sie charakterisiert den Fremden als denjenigen, "der nicht zum Staat gehört" (Kristeva 1990, 104). Fremde sind von öffentlichen Ämtern und von politischen Rechten, insbesondere vom Wahlrecht, ausgeschlossen und damit von rechtlichen und politischen Entscheidungen, die sie selbst betreffen können. (Vgl. ebd., 110) Auch Jugendliche sind von politischen Teilnahmerechten weitgehend ausgeschlossen. Sie können jedoch, anders als "der Fremde", in der Regel sicher sein, dass ihnen mit dem Erreichen der Volljährigkeit auch die rechtliche Autonomie im Bereich des Politischen zugesprochen wird – vorausgesetzt sie besitzen einen deutschen Pass. Nach Kristeva können Altersunterschiede[143] "mit der Fremdheit konvergieren, sich teilweise mit ihr decken oder hinzukommen, aber sie verschmelzen nicht mit ihr." (Ebd., 105) Wie hängen nun aber dieses Gefühl der Fremdheit und der Eindruck mangelnder Anerkennung zusammen? Soziale Anerkennung bedeutet – wie auf Grundlage des Honneth'schen Anerkennungskonzeptes noch differenzierter ausgearbeitet werden wird –, den anderen in seinen spezifischen Fähigkeiten als gleichwertiges Mitglied der Gemeinschaft zu achten, insofern wäre die Gleichrangigkeit eine wichtige Voraussetzung für ein Anerkennungsverhältnis. Sie ist aber für Jugendliche im Bereich der Politik nur in sehr begrenztem Maße gegeben, weil die

---

143 Genauso wie Unterschiede im Geschlecht, Beruf oder Glauben. (Vgl. Kristeva 1990, 105)

junge Generation hier nur bedingt rechtliche Anerkennung erhält. In einigen Bundesländern haben Jugendliche ab 16 Jahren zwar das Recht, bei den Kommunalwahlen ihre Stimme abzugeben. (Vgl. Kap. 2.4) Ihnen wird hier aber ausschließlich ein aktives Wahlrecht eingeräumt. Das passive Wahlrecht erhalten junge Menschen in allen Bundesländern erst mit dem Erreichen der Volljährigkeit. Junge Leute werden also erst mit 18 vollkommen als gleichberechtigtes Mitglied des politischen Raumes anerkannt. Hier besteht eine Diskrepanz zwischen der Verantwortung, die Jugendliche aktuell in vielen Lebensbereichen zu übernehmen haben (vgl. Kap. 2.2) und den ihnen eingeräumten politischen Mitwirkungsrechten. Ihre zunehmende Selbstständigkeit findet wenig Entsprechung im politischen Bereich.

Ähnliches konstatiert auch Hurrelmann. Seiner Auffassung zufolge werden die veränderten Lebens- und Sozialisationsbedingungen Jugendlicher nicht ausreichend durch rechtliche Veränderungen in der Sphäre der Politik berücksichtigt: "Die Jugendlichen werden im politischen Raum nicht ernst genommen, es fehlen die angemessenen Formen der Partizipation und Mitbestimmung, die ihrer verhältnismäßig großen Selbstständigkeit im sozialen, kulturellen und wirtschaftlichen Raum entsprechen." (Hurrelmann 1998, 10) Aus diesen Überlegungen leitet Hurrelmann unter Rekurs auf die Ergebnisse der Entwicklungspsychologie (vgl. Kap. 4) die Forderung ab, Jugendlichen bereits ab etwa zwölf Jahren ein aktives Wahlrecht einzuräumen. Durch die Gewährung des Wahlrechts könnte die Politik der veränderten Lebenssituation Jugendlicher Rechnung tragen. Dadurch bestünde auch die Chance, dass die Interessen junger Leute bei politischen Entscheidungen stärker beachtet werden, als dies bisher der Fall ist:

"Schließen wir die 12- bis 17jährigen wie bisher sowohl vom aktiven wie vom passiven Wahlrecht aus, dann sind die politischen Akteure in Parteien, Parlamenten und Regierungen nicht verpflichtet, diesen Teil der Bevölkerung zu repräsentieren. Mehr noch: Sie fühlen sich nach den heute geltenden Regeln der repräsentativen Demokratie faktisch dieser Bevölkerungsgruppe gegenüber in ihren Entscheidungen nicht verantwortlich. Die politisch informierten und interessierten Jugendlichen sind von einem entscheidenden Mechanismus der politischen Willensbildung ausgeschlossen, was sie in genau die Passivität weiter hineindrängt, unter der sie leiden. Auf der anderen Seite sind die Politikerinnen und Politiker nicht vom Wahlverhalten dieser Gruppe abhängig, was dazu führt, daß sie deren Themen kaum aufnehmen, sondern eher die Themen der wahlberechtigten älteren Bevölkerungsgruppen mit einem lebensperspektivisch bedingten kürzeren Zeithorizont." (Ebd., 15)

Gleichzeitig macht Hurrelmann hier auf einen zweiten Punkt, der in der Interviews wiederholt angesprochen wird, aufmerksam. Jugendliche scheinen sich mit ihren spezifischen Vorstellungen und Interessen im Bereich der Politik nicht wertgeschätzt zu fühlen. Sie haben den Eindruck aus der Sphäre der Politik ausgeschlossen zu sein.

Mit Blick auf die bisherigen Befunde lassen sich zwei Typen mangelnder Wertschätzung von Jugendlichen im Bereich der Politik feststellen: Zum einen sind junge Leute von grundlegenden Rechten zur politischen Mitwirkung ausgeschlossen und zum anderen werden sie mit ihren zum Teil von den Erwachseneninteressen differierenden Vorstellungen missachtet. Sie finden demnach erstens keine Wertschätzung als autonome den Erwachsenen rechtlich gleichgestellte Interaktionspartner und zweitens erfahren sie eine Herabsetzung als Personen mit spezifischen Vorstellungen. Im ersten Fall wird ihnen die moralische Zurechnungsfähigkeit versagt, im zweiten die Anerkennung ihrer Differenz. Hinzu kommt noch ein dritter Aspekt, der für ein Anerkennungsverhältnis kennzeichnend ist, aber im Gegensatz zu den beiden anderen Formen der Wertschätzung im Raum der Politik keinen Platz hat. Die Achtung in affektiven Beziehungen. Britta (13) hat diesen Punkt angesprochen, als sie forderte, Politiker sollten sich stärker um Jugendliche *"kümmern"* und sich in junge Menschen *"reinfühlen"*.

Damit kristallisieren sich an dieser Stelle drei unterschiedliche Formen der Anerkennung heraus. Die Fürsorge, die auf affektiven Beziehungen beruht, die rechtliche Anerkennung und die Achtung als Subjekt mit spezifischen Vorstellungen. Einen zentralen Hinweis zur Interpretation dieser drei Formen der Anerkennung liefert Axel Honneth, auf dessen Konzeption im nächsten Kapitel näher eingegangen werden soll.

9.1.2 Liebe, Recht und Solidarität – Anerkennungsformen in der Konzeption Axel Honneths

Honneth rekonstruiert in der Publikation "Kampf um Anerkennung" (1998) das Anerkennungsmodell Georg Wilhelm Friedrich Hegels mit Hilfe der Sozialpsychologie George Herbert Meads unter Rückgriff auf die psychoanalytische Objektbeziehungstheorie vor allem Donald

W. Winnicotts und arbeitet in diesem Zusammenhang drei grundlegende Typen der Anerkennung heraus, in denen unterschiedliche Komponenten der Persönlichkeit gefördert werden.[144] Die erste Form der Anerkennung basiert auf emotionaler Zuwendung in Primärbeziehungen, die zweite auf der Zuerkennung von Rechten und die dritte auf der Achtung des oder der Einzelnen als Person, deren Fähigkeiten als wertvoll für eine konkrete Gemeinschaft gelten. Mit jeder Stufe der reziproken Anerkennung wächst nach Honneth die persönliche Autonomie einer Person. Im Idealfall erfährt sich eine Person demnach in ihren lebensgemeinschaftlichen Nahbeziehungen geliebt, als Rechtsperson geachtet und als Angehöriger einer Gruppe geschätzt. (Vgl. Olschanski 1997, 10) Durch die drei Formen der Anerkennung wird das Subjekt in seiner jeweiligen Besonderheit bestätigt und zugleich bilden sie die zentrale Basis für das Zusammenleben in demokratischen Gesellschaften. (Vgl. auch Leu 1996, 190)

Diese drei Typen der Anerkennung lassen sich folgendermaßen skizzieren.

1. Liebe: Das primäre Anerkennungsmuster wird als emotionale Zuwendung oder Liebe in Primärbeziehungen, wie Liebeszielungen, Freundschaften oder auch Eltern-Kind-Beziehungen beschrieben. Diese Form der wechselseitigen Achtung hat einen entscheidenden Einfluss auf die Grundlegung eines stabilen Selbstvertrauens und letzteres bildet wiederum die Basis für eine selbstbestimmte Teilnahme am öffentlichen Leben. (Vgl. Honneth 1998, 174) Der primäre Anerkennungstypus ist stets auf die Existenz konkreter Personen bezogen. Ein grundlegendes Merkmal dabei ist, dass Subjekte sich "wechselseitig in ihrer konkreten Bedürfnisnatur bestätigen und damit als bedürftige Wesen anerkennen". (Ebd., 153) Achtung in dieser Form basiert also darauf, dass Personen in ihrem Streben nach Anerkennung jeweils abhängig von anderen Subjekten sind. Da emotionale Zuwendung nur auf Grundlage von Gefühlen wie Sympathie oder gegenseitiger Anziehung gewährt werden kann, ist die Zahl der Personen, auf den sich dieser Anerkennungstypus übertragen lässt, stets begrenzt. Nach Honneth liegt dieser Form der Wertschätzung folglich ein "mo-

---

144 Auf die theoretischen Grundlagen Honneths wird an anderer Stelle noch genauer eingegangen.

ralischer Partikularismus, der durch keinen Versuch der Verallgemeinerung aufzulösen ist" (Honneth 1990, 1049), zugrunde. Von daher gehört diese Form der Anerkennung nicht in die Sphäre der Politik, sondern eher in den Bereich privater Beziehungen.

Die von Britta (13) in Kapitel 6.1.1 geforderte Fürsorge der politischen Akteure für die jungen Leute weist zahlreiche Übereinstimmungen mit diesem Anerkennungstypus auf. Die Interviewpartnerin wünscht sich eine Achtung als "bedürftiges Wesen". Politiker sollen sich in Jugendliche *"reinfühlen können"* und sich um junge Leute *"kümmern"*. Was die Interviewpartnerin hier fordert, ähnelt der Beziehung zwischen Eltern und ihren Kindern oder auch pädagogischen Beziehungen, Verhältnissen also, die ein symmetrisches Verhältnis zwischen gleichwertigen Interaktionspartnern weitgehend ausschließen. In diesem Zusammenhang wird eine Problematik deutlich, die sich in der Debatte um eine altersgemäße politische Mitbestimmung von jungen Leuten zwangsläufig stellt. Fordert man eine den Erwachsenen gleichberechtigte Mitbestimmung von Jugendlichen in der Politik, schreibt man den jungen Leuten zumindest partiell die Rolle eines mündigen Bürgers oder einer mündigen Bürgerin zu. Dies aber ist eine Position, die eine Fürsorgebeziehung weitgehend ausschließt. Auf diese Problematik macht auch Honneth aufmerksam. Seiner Ansicht nach kann eine Fürsorgebeziehung im Grunde genommen nur dort bestehen, wo eine Person, "zur Teilnahme an praktischen Diskursen physisch oder psychisch nicht in der Lage" (Honneth 2000, 170) ist. In diesem Fall verlöre aber das moralische Prinzip der Gleichbehandlung seine Gültigkeit. Daraus lässt sich die Folgerung ableiten, dass eine rechtliche Anerkennung von Jugendlichen im Bereich der Politik damit umgekehrt Fürsorglichkeit oder auch ein pädagogisches Verhältnis ihnen gegenüber weitgehend ausschließen würde. In dem Moment,

"in dem die andere Person als ein gleichberechtigtes Wesen unter allen anderen dadurch anerkannt wird, daß sie in praktische Diskurse einbezogen ist, [wird] die einseitige Beziehung der Fürsorge ein Ende nehmen müssen; gegenüber Subjekten, die ihre Überzeugungen und Sichtweisen öffentlich zu artikulieren vermögen, verbietet sich eine Einstellung der Wohltätigkeit." (Ebd.)

Stefan Danner stellt diese Problematik in Bezug auf die Forderung nach einer den Erwachsenen gleichberechtigten Mitsprache von Kindern und Jugendlichen in Partizipationsprojekten folgendermaßen dar: "Sobald Kinder und Jugendliche als politische Akteure aufgefasst werden, bewegen sie sich nicht mehr in einem pädagogischen Schonraum, sondern unterliegen der Realität politischer Prozesse." (Danner 2000, 228) An dieser Stelle zeichnet sich bereits die Notwendigkeit der Differenzierung zwischen Politik und Pädagogik ab, auf die ich im Hinblick auf die Rolle von Erwachsenen in Partizipationsprojekten im Verlauf dieser Untersuchung noch genauer eingehen werde. Zunächst sollen hier aber die beiden anderen für den öffentlichen politischen Bereich relevanten Formen der Anerkennung auf Grundlage der Honneth'schen Überlegungen herausgearbeitet werden.

2. Recht: Das zweite Anerkennungsmuster basiert auf dem Prinzip der Gewährung gleicher Rechte, die für die Entwicklung der Selbstachtung von entscheidender Bedeutung sind. Grundlegend ist in diesem Kontext die Anerkennung jedes Individuums als gleichberechtigte Person, die fähig ist, autonom aus vernünftiger Einsicht zu handeln. Die Achtung einer Person als Rechtssubjekt bedeutet in diesem Zusammenhang also nicht allein, sie als ein gleichberechtigtes Mitglied der Gesellschaft zu schätzen, sondern sie gleichermaßen als moralisch zurechnungsfähig anzuerkennen. Diese Form der Anerkennung bildet die Basis der elementaren Selbstachtung einer Person. Durch sie erhält ein Subjekt die Möglichkeit, sich selbst als ein Wesen zu betrachten, das mit allen anderen Mitgliedern des Gemeinwesens die Eigenschaft teilt, als moralisch zurechnungsfähig geachtet zur werden.

"Die rechtliche Anerkennung ist also in diesem Fall nicht nur eine Anerkennung der vollwertigen Mitgliedschaft in einer Gemeinschaft und des Rechts, in ihren öffentlichen Angelegenheiten zu partizipieren; sie ist vor allem eine Anerkennung der Autonomie und der praktischen Vernunft (im Kantischen Sinne dieses Wortes) des Individuums." (Stojanov 1999, 164)

Im Hinblick auf die Anerkennung von Jugendlichen im politischen Bereich heißt dies also: Eine rechtlich verbürgte Mitbestimmung Jugendlicher im Bereich der Politik ist an ihre moralische Zurechnungsfähigkeit gebunden. Nimmt man das Kohlberg'sche Stufenschema zur moralischen Entwicklung, das sich an der philosophischen Moralkonzeption Immanuel Kants orientiert und auf dem Prinzip universeller Gerechtigkeit basiert, als Grundlage, ist ein großer Teil von

Jugendlichen bereits genauso urteilsfähig wie die meisten Erwachsenen. (Vgl. Kohlberg 1997, 126f.) Insofern käme beispielsweise die Ausschließung vom aktiven Wahlrecht, also von der allgemeinsten Form politischer Partizipation in einer repräsentativen Demokratie, einer Missachtung von Ansprüchen auf Gleichbehandlung, die nach Ergebnissen der Entwicklungspsychologie durchaus eine Berechtigung haben können, gleich.[145]

Nach Honneth kann auch der Betrug als eine Form der Herabsetzung moralischer Zurechnungsfähigkeit gelten. Werden wir getäuscht oder betrogen, bedeutet dies genauso wie bei der rechtlichen Ausschließung eine Missachtung des "Wert[s] unserer Urteilsbildung" (Honneth 2000, 183). "Das Spektrum der typischen Beispiele reicht hier von den individuellen Fällen der Täuschung und des Betrugs bis hin zur rechtlichen Benachteiligung ganzer Gruppen." (Ebd.) Auch in den Interviews ist von einem Betrug bzw. einer Täuschung die Rede. Die befragten Jugendlichen stellen heraus, dass sie sich von Politikern oftmals belogen und getäuscht fühlen. Kyra (15) zufolge geht es den politischen Akteuren zum Beispiel in Wirklichkeit nicht um die Interessen ihrer "Mitmenschen", sondern um den Besitz und Erhalt von Macht und Reichtum. Das Engagement für andere würden sie lediglich vortäuschen. Dieser Schilderung zufolge erfüllen die politischen Akteure nicht den Auftrag ihrer WählerInnen, sondern missbrauchen die ihnen übertragene Macht. Diese Verselbstständigung politischer Macht muss wie bereits im Kapitel 6.1.4.2 dargestellt in einer Demokratie notwendig im Verborgenen geschehen und ist von daher mit Aspekten der Täuschung verbunden. Angesichts des von ihnen vermuteten Tatbestands des Betrugs – auch Nora (15) und Silke (18) hatten von einer Täuschung durch die Politiker gesprochen – reagieren die Interviewten mit Empörung und Ärger. Sie distanzieren sich von der Politik und scheinen sich zum Teil zu fragen, ob eine politische Beteiligung überhaupt Sinn macht.

3. Solidarität: Der dritte von Honneth herausgearbeitete Anerkennungstypus beruht schließlich auf der Erfahrung von Achtung als sozialer Wertschätzung, die sich in der Persönlichkeit als Selbstwertgefühl bzw. Selbstschätzung niederschlägt. Soziale Wertschätzung

---

145 Vgl. dazu auch Hurrelmann 1998.

ermöglicht es einer Person, sich über die Erfahrung affektiver Achtung und rechtlicher Anerkennung hinaus auf eigene Eigenschaften und Leistungen positiv zu beziehen. Hier wird der Einzelne als Subjekt, dessen Fähigkeiten für die konkrete Gemeinschaft von konstitutivem Wert sind, wertgeschätzt. (Vgl. Honneth 1997, 37)

In den Interviews wird deutlich, dass Jugendliche den Eindruck haben, mit ihren spezifischen Vorstellungen kaum Berücksichtigung im Bereich der Politik zu finden. Sie fühlen sich als Jugendliche von erwachsenen Politikern nicht beachtet und können sich offenbar nicht vorstellen, in ihrer Besonderheit eine Wertschätzung im Bereich der (Erwachsenen-)Politik zu erhalten. Dies dürfte einer der grundlegenden Impulse für ihre Distanzierung von der etablierten Politik sein. Sie haben dort in ihrer Differenz zu den Erwachsenen keinen Raum.

Den hier dargestellten drei Anerkennungsmustern korrespondieren nach Honneth drei Formen verweigerter Wertschätzung oder Missachtung, die durch den Bruch von Anerkennungsansprüchen hervorgerufen werden. Wird Subjekten die von ihnen beanspruchte primäre, rechtliche oder soziale Achtung verweigert, so erfahren sie nach Honneth eine Verletzung des positiven Verständnisses ihrer selbst – ein Verständnis, das sie "auf intersubjektiven Wegen erworben haben."[146] (Honneth 1998, 212)

1. Der Anerkennungsform der Liebe entspricht als Negativum die Erfahrung der physischen Misshandlung, mit der einer Person die freie Verfügung über ihren Körper, zum Beispiel durch Folter oder Vergewaltigung, verweigert wird.

2. Die dem Anerkennungstypus des Rechtes korrespondierende Form der Missachtung manifestiert sich darin, dass ein Subjekt strukturell vom Besitz spezifischer Rechte innerhalb einer Gesellschaft ausgeschlossen bleibt. Durch jene Art der Ausschließung wird einer Person letztlich ihre moralische Zurechnungsfähigkeit abgesprochen. Dies bedeutet also nicht nur eine Einschränkung ihrer persönlichen Autonomie, sondern sie erhält auch gleichzeitig das "Gefühl, nicht

---

146 Wie noch erläutert werden wird, bildet sich das Selbst einer Person nach Honneth, der sich in diesem Kontext vor allem auf die Überlegungen Meads und Winnicotts bezieht, in der Interaktion mit anderen Personen heraus. Von daher betrachtet er die Entstehung des Selbst als einen intersubjektiven Prozess.

den Status eines vollwertigen, moralisch gleichwertigen Interaktionspartners zu besitzen." (Ebd., 216)

3. Die dritte Form der Erniedrigung bezieht sich schließlich negativ auf die soziale Achtung von einzelnen Subjekten oder Gruppen. Mit diesem Typus der Missachtung geht ein Verlust an persönlicher Selbstschätzung einher: Eine Person wird damit der Möglichkeit beraubt, sich selbst als ein in seinen speziellen Fähigkeiten und Eigenschaften geachtetes Subjekt betrachten zu können; "was durch solche Akte beschädigt wird, ist das Gefühl innerhalb einer konkreten Gemeinschaft von sozialer Bedeutung zu sein." (Honneth 1997, S. 34) Honneth spricht in diesem Zusammenhang auch von "Beleidigung" oder "Entwürdigung". (Vgl. Honneth 1998, 217)

Die folgende Tabelle gibt einen Überblick über die verschiedenen Formen der Anerkennung und ihre Bedeutung für die Entwicklung der Persönlichkeit sowie ihre gesellschaftliche Entwicklungsdimension:

Tabelle 5: Anerkennungsformen

Anerkennungsformen	Primärbeziehungen Liebe, Freundschaft	Rechtsverhältnisse Rechte	Wertgemeinschaft Solidarität
Anerkennungsweise	Emotionale Zuwendung	Kognitive Achtung	Soziale Wertschätzung
Persönlichkeitsdimension	Bedürfnis- und Affektnatur	Moralische Zurechnungsfähigkeit	Fähigkeiten und Eigenschaften
Praktische Selbstbeziehung	Selbstvertrauen	Selbstachtung	Selbstschätzung
Missachtungsformen	Misshandlung und Vergewaltigung	Entmachtung und Ausschließung	Entwürdigung und Beleidigung
Bedrohte Persönlichkeitskomponente	Physische Integrität	Soziale Integrität	"Ehre", Würde
Entwicklungspotenzial		Generalisierung; Materialisierung	Individualisierung, Egalisierung

(Nach Honneth 1998, 211)

Honneth betont, dass Individuen durch die hier dargestellten Formen der Missachtung in unterschiedlichen Dimensionen ihrer Persönlichkeit bedroht werden, die sie erst im Rahmen ihrer Sozialisation erworben haben. Er bezieht sich im Kontext seiner Überlegungen nicht auf die Rolle von Jugendlichen, sondern hat Erwachsene im Blick, die für sich grundsätzlich den Anspruch erheben können, als freie und gleiche Bürger anerkannt zu werden. Sind nun aber Jugendliche – wie im Kapitel 4 gezeigt wurde – ab einem bestimmten Alter im Hinblick auf ihre moralische Urteilsfähigkeit den Erwachsenen weitgehend gleichzustellen, könnte die Missachtung ihrer moralischen Zurechnungsfähigkeit im politischen Bereich als retardierendes Moment im Zuge ihrer Persönlichkeitsentwicklung interpretiert werden.

9.1.3 Mangelnde Anerkennung im Bereich der Politik als typisches "Schlüsselerlebnis" Jugendlicher

Nach Honneth kann erlebte Missachtung zur motivationalen Basis für einen Kampf um Anerkennung werden. Ein zentrales Kriterium dafür, dass Missachtungserfahrungen zum Movens sozialen Widerstands werden können, ist ihre Verallgemeinerbarkeit. Sie müssen demnach über den Horizont individuellen Erlebens hinaus als "typische Schlüsselerlebnisse einer ganzen Gruppe" (Honneth 1998, 260) erfahrbar und artikulierbar sein.

Mit Blick auf die Aussagen der Interviewten stellt sich vor dem Hintergrund der Überlegungen Honneths die Frage, ob sich die in den Interviews geschilderten Missachtungserfahrungen im Bereich der etablierten Politik als "typische Schlüsselerlebnisse" von Jugendlichen interpretieren lassen. Einiges spricht dafür, dass dies der Fall ist: Zieht man die bereits dargestellten Ergebnisse der repräsentativen Untersuchungen des Jugendwerks der Deutschen Shell von 1997 und 2000 zur "Jugendverdrossenheit der Politik" (Fischer/Münchmeier 1997, 17, vgl. dazu auch Fischer 2000b, 403) heran, wird deutlich, dass der in den Interviews formulierte Eindruck Jugendlicher im politischen Bereich keine ausreichende Anerkennung zu erlangen, durchaus verallgemeinerbar ist. Die Mehrzahl der hier befragten Jugendlichen hat den Eindruck, dass die Politik nicht an ihnen interessiert ist, dass sie mit ihren spezifischen Wünschen und Interessen nicht ernst genommen werden. Die Skala "Desinteresse der Politik an Jugend" wurde erstmals in der Shell-Studie 1997 und dann erneut 2000 erhoben. In ihr finden sich Aussagen der in der Studie befragten jungen Leute zusammengefasst,

"in denen die Vernachlässigung der Jugend, ihrer Interessen und Bedürfnisse durch die Politik (die selbst nicht näher bezeichnet wird) nachdrücklich beschrieben wird. Weder die Parteien [...], noch die Politiker [...], noch sonstige Personen oder Institutionen im politischen Raum [...] haben wirklich Interesse an der Jugend, im Gegenteil, Eigenaktivitäten der Jugendlichen werden von Politikern, Politik und Verwaltung sogar unterdrückt. Die Jugend erscheint als ein Sparobjekt, über das leicht verfügt werden kann, und es steht zu erwarten, daß es ihr in den nächsten Jahren sogar noch schlechter gehen wird [...], die Sicherheit der Renten kann diese Generation wohl auch abschreiben [...]." (Fischer 1997a, 313)

Allen diesen Aussagen haben die Jugendlichen sowohl im Jahre 1997 als auch im Jahre 2000 überdurchschnittlich stark zugestimmt.[147] (Vgl. Fischer 1997b, 407 und Fischer 2000b, 403) Die Vorstellung, dass die Politik im Allgemeinen nicht oder kaum an den Interessen und Problemen Jugendlicher interessiert ist, wäre demnach eine unter Jugendlichen weit verbreitete Annahme. Vergleicht man die Mittelwerte der Skalen in den Shell Studien von 1997 und 2000 hat sie in diesem Zeitraum insgesamt sogar noch zugenommen. Auch eine quantitative Untersuchung der Forschungsstelle für Schulgeschichte und regionale Schulentwicklung, die an die WählerInnen des Wittinger Jugendparlaments adressiert war, bestätigt die Hypothese, dass Jugendliche sich in der etablierten Politik nicht ausreichend anerkannt fühlen: 79% der hier befragten Jugendlichen im Alter von elf bis achtzehn Jahren waren der Ansicht, dass Politiker sich nicht um die Wünsche und Meinungen von Jugendlichen kümmern würden.[148]

Vor dem Hintergrund der bisherigen Überlegungen lässt sich also schließen, dass die Erfahrung, in der traditionellen Politik keine ausreichende Anerkennung zu erhalten, als ein typisches Schlüsselerlebnis Jugendlicher bezeichnet werden kann.

Dies sagt jedoch noch nichts darüber aus, ob und wenn ja, inwieweit die hier geschilderte Erfahrung der Missachtung auch tatsächlich

---

[147] Die aktuelle Shell-Studie aus dem Jahr 2002 greift diesen Fragenkomplex nicht mehr auf. (Vgl. Deutsche Shell 2002)

[148] Im Rahmen dieser quantitativen Untersuchung wurden insgesamt 305 Jugendliche im Alter von 11- bis 18 Jahren befragt. (Vgl. Burdewick 1998a)

in einen Kampf um Anerkennung münden kann. Es stellt sich also die Frage, welche Aspekte dazu führen, dass Subjekte die von ihnen erlebte Missachtung nicht bloß ertragen, sondern ein Bewusstsein über die erlittene Abwertung erhalten und sich dagegen zur Wehr setzen. Honneth ist der Ansicht, dass die Funktion der Bewusstmachung "von negativen Gefühlsreaktionen erfüllt werden kann, wie sie die Scham oder die Wut, die Kränkung oder die Verachtung bilden; aus ihnen setzen sich die psychischen Symptome zusammen, anhand derer ein Subjekt zu erkennen vermag, daß ihm soziale Anerkennung unberechtigterweise vorenthalten wird." (Honneth 1998, 219f.) Negative Gefühlsreaktionen zeigen sich bei den Interviewten, sowohl wenn sie über die von ihnen erlebte Ausschließung aus dem politischen Bereich berichten als auch wenn sie den von ihnen diagnostizierten Machtmissbrauch der politischen Akteure und Akteurinnen und deren Täuschungsversuche darstellen. Sie stellen heraus, dass ihren normativen Verhaltenserwartungen als Subjekte mit spezifischen Fähigkeiten im Bereich der Politik geachtet zu werden, nicht entsprochen wurde und offenbaren, dass dieser Umstand sie verärgert, frustriert oder auch empört. Dies äußerte sich zum Beispiel bei Kyra (15), wenn sie den von ihr vermuteten Machtmissbrauch der Politiker darstellt oder bei Linda (18), wenn sie schildert, dass die politischen Akteure sie nicht als ernst zu nehmendes Gegenüber achten. Aber auch Frustration zeigt sich bei den Interviewten, etwa wenn Carola (18) das aus ihrer Sicht mangelnde Engagement der politischen Akteure darstellt. (Vgl. Kap. 6.1.2) Frustration ist aber ein Gefühl, dass vielmehr in Passivität oder Rückzug als in einem Kampf um Anerkennung mündet. In den Interviews zeigt sich denn auch eher die Tendenz, sich von der Politik zu distanzieren als der Antrieb, sich aktiv gegen die verweigerte Anerkennung zur Wehr zu setzen.[149]

---

[149] In diesem Zusammenhang sollte auch bedacht werden, dass ein "aktiver" Rückzug aus dem Bereich der Politik in gewisser Weise auch als Form von Widerstand interpretiert werden kann. Ein solcher Ansatz findet sich bei Beck, der die Distanzierung junger Menschen als "hochpolitische Politikverleugnung" (Beck 1997a, 12) charakterisiert und diese ebenfalls auf eine Ausgrenzung der spezifischen Interessen Jugendlicher aus dem Bereich der Politik zurückführt: "Jugendliche bewegt, was Politik weitgehend ausklammert: Wie stoppt man die globale Umweltzerstörung? Wie kann der Hoffnungstod der Arbeitslosigkeit – der gerade den Kindern des Wohlstands droht! – abgewendet, überwunden werden? Wie mit der Aids-Gefahr leben und lieben? Alles Fragen, die durch die Raster der großen

Nach Honneth bedarf es, damit erlebte Herabsetzung zum Movens eines Kampfes um Anerkennung werden kann, zusätzlich zur Bewusstmachung über negative Gefühlsreaktionen eines angemessenen Rahmens, um die Missachtung als Erfahrung einer Gruppe artikulieren zu können. Dieser Rahmen kann nach Honneth in einer sozialen Bewegung gefunden werden. Möglicherweise fehlt jungen Leuten eine Gruppierung, in welcher sie die Chance erhalten, für die Anerkennung ihrer spezifischen Interessen in der Politik einzutreten und deshalb reagieren sie zum Teil mit Rückzug und Frustration auf mangelnde Anerkennung. Ob ein solcher Artikulationsrahmen in einem "relativ verfassten" (vgl. Hermann 1996a, 287) Beteiligungsmodell wie dem Jugendparlament, das Jugendlichen im Kontext konventioneller Politik eine Mitsprache anbietet, gefunden werden kann, wird in dieser Arbeit am Beispiel des Wittinger Jugendparlaments noch genauer erörtert werden.

Im Kontext dieser Überlegungen sollte berücksichtigt werden, dass Jugendliche sich insofern von anderen unterdrückten, marginalisierten oder missachteten Gruppen, wie zum Beispiel Frauen oder ethnischen und kulturellen Minderheiten, für deren Anerkennungskämpfe die Honneth'schen Überlegungen ein Erklärungsmuster liefern, unterscheiden, als ihre spezifische Herabsetzung im Bereich der etablierten Politik in der Regel mit dem Eintritt ins Erwachsenenalter aufgehoben wird.[150] Sie können also davon ausgehen, als Erwachsene eine formale Anerkennung als mündiger Bürger bzw. mündige Bürgerin mit den entsprechenden Rechten zur politischen Partizipation zu erhalten. Möglicherweise ist dadurch bei ihnen der Druck, sich gegen erlebte Missachtung zur Wehr zu setzen, nicht so groß wie bei Frauen oder ethnischen und kulturellen Minderheiten. Weiterhin sollte überlegt werden, ab welchem Alter Jugendliche in der Lage sind, ihre Ausgrenzung bewusst zu reflektieren und zu artikulieren bzw. ob sie im Gegensatz zu anderen marginalisierten oder benachteiligten Gruppen hier der Unterstützung bedürfen. Auf dieses Problem macht Helga Zeiher im Hinblick auf eine kritische soziologische Analyse von

---

politischen Organisationen fallen. Die Folge ist: Die Kinder der Freiheit praktizieren eine hochpolitische Politikverleugnung." (Ebd.)
150 Zu den Anerkennungskämpfen beispielsweise des Feminismus oder ethnischer und kultureller Minderheiten vgl. auch Habermas (1999, 246f.).

patriarchalen und generationalen Machtverhältnissen[151] aufmerksam. Sie bezieht sich dabei allerdings nicht auf das Jugend- sondern auf das Kindesalter: "Während Frauen ihre Emanzipation aus asymmetrischen Konstruktionen des Geschlechterverhältnisses selbst artikulieren können, sind Kinder freilich auf die Hilfe ihres Gegenparts, auf die Hilfe der Erwachsenen angewiesen."(Zeiher 1996a, 44) Von Interesse sind hier die neueren Ergebnisse der Kindheitsforschung, in denen Kindheit nicht allein von der Entwicklungsperspektive aus betrachtet wird, sondern im Kontext gesellschaftlicher Emanzipationsbewegungen:

"Aus der internationalen Menschenrechtsbewegung ist die UN-Konvention für die Rechte des Kindes von 1989 hervorgegangen, die neben Schutz (protection) und Versorgung (provision) auch Teilhabe (participation) der Kinder zum politischen Ziel erklärt. [...] Und aus der Frauenbewegung kommen Anstöße zu kritischer Analyse der Machtverhältnisse zwischen den Generationen, analog zu und verknüpft mit feministischen Untersuchungen des Geschlechterverhältnisses." (Zeiher 1996b, 18f.)

Die Frage bleibt jedoch, wie die unterschiedlichen Ziele – Schutz, Versorgung und Teilhabe – miteinander in Einklang zu bringen sind. Diese Problematik wird im Verlauf dieser Studie noch detaillierter erörtert werden.

9.2 Politisches Interesse, politisches Engagement und Anerkennung

Um die Haltung Jugendlicher gegenüber dem Bereich der konventionellen Politik und auch ihre potenzielle Bereitschaft, sich stärker politisch zu engagieren, näher zu betrachten, sollen im Folgenden ihr politisches Interesse und ihre Selbstdefinition im Raum der Politik in Augenschein genommen werden. Die Befunde der qualitativen Untersuchung haben bei den Befragten eine vergleichsweise große Aufmerksamkeit für politische Themenbereiche ergeben, welche die Sicherung der zukünftigen Lebensbereiche betreffen. Inwiefern und in welcher Form kann bei Jugendlichen eine Bereitschaft vorausgesetzt werden, aktiv für die Durchsetzung dieser Interessen einzutreten? Die

---

151 Zu diesem Themenbereich vgl. auch Alanen (1994a u. 1994b) und Nissen (1998, 52ff.).

Motivation sich in einen Bereich einzubringen oder sich mit einem Thema zu befassen hängt, wie bereits in Kapitel 6.1.5.2 angedeutet wurde, mit dem Ausmaß der dabei erlebten Selbstbestimmung zusammen. Mit Blick auf die Selbstbestimmungstheorie Decis und Ryans wurde bereits verdeutlicht, dass die interviewten Jugendlichen die Motivation, sich mit der etablierten Erwachsenenpolitik zu befassen, in der Regel als wenig selbstbestimmt erleben. Sie fühlen sich zum Teil inkompetent gegenüber den Inhalten und Prinzipien von Politik, was unter anderem auf mangelnde Bemühungen der Parteien zurückgeführt wird. Es existieren wenig Anreize, sich zum Beispiel mit der Bundespolitik zu befassen, weil sie in der Regel als weit entfernt von der eigenen Person empfunden wird. Andererseits besteht durchaus eine Nähe zu politischen Themenbereichen, wie Umweltschutz oder Rentensicherung. Wie nun Selbstbestimmung und die Motivation, sich in den Bereich der Politik einzubringen, miteinander korrelieren, soll im Folgenden auf der Grundlage der Selbstbestimmungstheorie Decis und Ryans näher erläutert werden.

9.2.1 Politisches Interesse und Selbstbestimmung

Deci und Ryan gehen davon aus, dass sowohl intrinsische als auch bestimmte Typen extrinsischer Motivation vom Individuum als selbstbestimmt erlebt werden. Je stärker eine motivierte Handlung von außen aber auch durch intrapsychische Zwänge bestimmt und kontrolliert wird, desto weniger erlebe eine Person sie als selbstbestimmt. In der Forschung würden die intrinsische und die extrinsiche Motivation häufig als Gegensatzpaar dargestellt: "Intrinsisch motivierte Handlungen wurden als selbstbestimmt, extrinsisch motivierte Handlungen dagegen als nicht-selbstbestimmt charakterisiert." (Deci/Ryan 1993, 226) Deci und Ryan kommen auf der Grundlage empirischer Untersuchungen zu dem Ergebnis, dass auch extrinsisch motivierte Handlungen unter bestimmten Umständen in selbstbestimmte Handlungen überführt werden können, und zwar durch Mechanismen der Internalisation und der Integration: "Internalisation ist der Prozeß, durch den externale Werte in die internalen Regulationsprozesse einer Person übernommen werden [...]. Integration ist der weitergehende Prozeß, der die internalisierten Werte und Regulationsprinzipien dem individuellen Selbst eingliedert [...]." (Ebd., 227) Nach Einschätzung Decis und Ryans besitzen Menschen die

"natürliche Tendenz [...] Regulationsmechanismen der sozialen Umwelt zu internalisieren, um sich mit anderen Personen verbunden zu fühlen und Mitglied der sozialen Umwelt zu werden. Durch die Integration dieser sozial vermittelten Verhaltensweisen in das individuelle Selbst schafft die Person zugleich die Möglichkeit, das eigene Handeln als selbstbestimmt zu erfahren. Im Bemühen, sich mit anderen Individuen verbunden zu fühlen und gleichzeitig eigene Handlungen autonom zu bestimmen, übernimmt und integriert eine Person also Ziele und Verhaltensnormen in das eigene Selbstkonzept. Voraussetzungen dafür sind Angebote und Anforderungen in einem akzeptierenden sozialen Milieu, das die entsprechenden Verhaltenstendenzen verstärkt [...]." (Ebd.)

Deci und Rayn unterscheiden – wie bereits in Kapitel 6.1.5.2 erläutert – vier Formen der extrinsischen Motivation. Wobei der vierte Typus, der "integrierte Regulationsstil" (ebd., 228) für sie "die eigenständigste Form extrinsischer Motivation" (ebd.) darstellt und zusammen mit der intrinsischen Motivation als Grundlage selbstbestimmten Handelns gelten kann. Bei dieser Form der Regulation hat das Individuum Ziele, Normen und Handlungsstrategien, denen es einen großen Wert beimisst, und mit denen es sich identifiziert und in das "kohärente Selbstkonzept" (ebd.) integriert. Integrierte Regulation wird von daher in großen Maße als selbstbestimmt erlebt. Deci und Ryan nennen dafür folgendes Beispiel:

"Jemand kann sich z.B. sowohl mit der Rolle eines leistungstüchtigen Studenten als auch mit der eines guten Sportlers identifizieren, obwohl diese Rollen miteinander in Konflikt zu stehen scheinen. Beide Auffassungen von sich selbst kann der Student aber durchaus integrieren, wenn er beide Wertorientierungen wichtig findet und seine Studienplanung bzw. die Auswahl der Freunde aufeinander abstimmt. In diesem Fall werden die beiden Wertsysteme mit anderen Aspekten des Selbst harmonieren. Durch die kreative Synthese wird die Realisierung der beiden Rollen möglich und ist frei von psychologischem Streß." (Ebd.)

Die intrinsische und die extrinsische Motivation besitzen zwar durchaus ähnliche Qualitäten; sie sind aber dadurch zu unterscheiden, "daß intrinsisch motivierte Verhaltensweisen autotelischer Natur sind, während integriertes (extrinsisches) Verhalten eine instrumentelle Funktion besitzt, aber freiwillig ausgeführt wird, weil das individuelle Selbst das Handlungsergebnis hoch bewertet." (Ebd.) In der Selbstbestimmungstheorie Decis und Ryans werden drei "angeborene psychologische Bedürfnisse" (ebd., 229), die sowohl für die intrinsische als auch für die extrinsische Motivation eine Relevanz besitzen, als ausschlaggebend angesehen: Erstens das "Bedürfnis nach Kompetenz oder Wirksamkeit" (ebd.), zweitens "nach Autonomie oder Selbstbestimmung" (ebd.) und drittens nach "soziale[r] Eingebundenheit [...] oder soziale[r] Zugehörigkeit" (ebd.). Somit vertreten die beiden Autoren die Hypothese,

"daß der Mensch die angeborene motivationale Tendenz hat, sich mit anderen Personen in einem sozialen Milieu verbunden zu fühlen, in diesem Milieu effektiv zu wirken (zu funktionieren) und sich dabei persönlich autonom und initiativ zu erfahren. Intrinsisch motivierte Verhaltensweisen sind in erster Linie mit den Bedürfnissen nach Kompetenz und Selbstbestimmung verbunden [...]; extrinsisch motivierte Verhaltensweisen sind v.a. während ihrer Entwicklung mit allen drei Bedürfnissen verbunden [...]." (Ebd., 229)

Je größer das Ausmaß erlebter Selbstbestimmung, desto ausgeprägter ist auch die Motivation sich mit einer Sache zu beschäftigen und desto effektiver ist auch der Lernprozess. Deci und Ryan vertreten auf Basis zahlreicher empirischer Befunde die Ansicht, "daß hochqualifiziertes Lernen nur durch ein vom individuellen Selbst ausgehendes Engagement erreicht werden kann. Mit anderen Worten: Effektives Lernen ist auf intrinsische Motivation und/oder integrierte Selbstregulation angewiesen." (Ebd., 233)

Will man also Jugendliche motivieren, sich eingehend mit politischen Entscheidungsprozessen und Themen zu befassen – was auch beinhaltet, dass sie sich die nötigen Informationen beschaffen – müsste ihnen die Identifikation mit der traditioneller Politik erleichtert werden. Dies dürfte aber nur funktionieren, wenn junge Leute im politischen Bereich als Subjekte mit spezifischen Vorstellungen anerkannt werden, sie Einflussmöglichkeiten erlangen und dadurch die für sie relevanten Themenbereiche einen entsprechenden Stellenwert bekommen. Ansonsten erleben sie die Sphäre der Politik als fremd und abstrakt, als einen Raum der, wie Silke es ausdrückt, sich irgendwo *"da hinten"* befindet und zu dem sie keinen Bezug haben. Mit anderen Worten: nur wenn jungen Leute Einflussmöglichkeiten im Hinblick auf die Dinge erhalten, die sie betreffen, könnte sich auch ihre Distanz zur Politik aufheben lassen.

Und noch eines wird unter Bezugnahme auf die Befunde Decis und Ryans deutlich: Je größer der persönliche Bezug zu einem Thema ist, desto ausgeprägter dürfte die Motivation sein, sich mit dem Thema zu beschäftigen. Dies wird zum Beispiel in den Aussagen Brittas zum Thema Castortransporte deutlich. Zum einen scheint ihr das Thema Umweltschutz nahe zu sein, zum anderen kann sie ihre Kritik an den Castortransporten in das atomare Endlager in Gorleben offenbar mit ihren Freundinnen teilen und sich somit "mit anderen Personen in einem sozialen Milieu verbunden fühlen" (ebd., 229). Zudem drückt sie eine gewisse Sympathie für die Aktionsform "Demonstration" aus. Möglicherweise hält sie diese Form des politischen Protests für besonders wirkungsvoll. Eine Rolle für ihr Interesse könnte auch die räumliche Nähe des Ortes Gorleben spielen; er liegt circa siebzig Kilometer von ihrem Wohnort Wittingen entfernt.

9.2.2 Interesse für Themenstellungen, welche die Sicherung zukünftiger Lebensbedingungen betreffen

Auf zwei mit dem Themenbereich Motivation und Selbstbestimmung zusammenhängende Aspekte möchte ich im Folgenden eingehen; und zwar die Aufmerksamkeit der Interviewten für Themenstellungen, welche die Risiken des technischen Fortschritts betreffen und ihre Selbstdefinition im Raum der Politik. Welche Faktoren beeinflussen die in den Interviews zutage tretende Sensibilität der Jugendlichen für die Risiken des technischen Fortschritts? Wie positionieren die Interviewten sich selbst gegenüber der Politik und wie lässt sich ihre Selbstdefinition erklären? Einen Interpretationshinweis liefert Gertrud Nunner-Winkler. Ihr zufolge sind Jugendliche in größerem Maße als ältere Kohorten mit den Gefahren des technischen Fortschritts konfrontiert. Außerdem müssten sie erstmals für sich einen eigenen Standpunkt gegenüber politischen Fragestellungen definieren:

"Jugendliche müssen erstmalig zu einer ideologisch-politischen Selbstdefinition finden; sie sind nicht in die sich selbstperpetuierenden Verpflichtungen und Routinen des Erwachsenenlebens eingebunden, die auch Entlastung von bedrängenden Sinnfragen bieten. Und schließlich haben Jugendliche noch einen größeren Teil ihres Lebens vor sich, sind also von Fragen, die künftige Lebensbedingungen betreffen, unmittelbarer und stärker betroffen." (Nunner-Winkler 1991, 58)

Diese hier attestierte Sensibilität für Probleme, die sich auf zukünftige Lebensgrundlagen auswirken, könnte die Aufmerksamkeit der Interviewten für das Thema Umweltschutz erklären. Der Umstand, dass

Jugendliche ihren eigenen Standpunkt innerhalb der politischen Landschaft erst finden müssen, dürfte sich auch in ihrer ambivalenten Haltung gegenüber der Politik ausdrücken. Einerseits zeigen sie eine große Distanz gegenüber dem Bereich der Politik und andererseits stellen sie an sich selbst hohe Ansprüche, was ihr politisches Interesse und ihre politische Kompetenz anbelangt. Sie müssen ihren Platz im Raum der Politik erst finden.

Die interviewten Jugendlichen können sich zum Teil offenbar eher mit alternativen Formen politischer Partizipation identifizieren als mit den etablierten. Besonders in der Auseinandersetzung um die Kernenergie wurde und wird eine große Bandbreite an unkonventionellen Formen der politischen Meinungsäußerung, wie Demonstrationen, Sitzstreiks, gewaltsame Auseinandersetzungen mit der Polizei oder auch die Gründung und Aktion in Bürgerinitiativen genutzt. Nach Nunner-Winkler hat die Teilnahme an politischen Aktivitäten neben der Erfüllung politischer Ziele auch ein latente Funktion, die sie mit Bezug auf Niklas Luhmann als "Angstkommunikation" betitelt. "Luhmann spricht von der Angstkommunikation, die als einzig authentische Form von Kommunikation in sozialen Bewegungen gesucht wird." (Nunner-Winkler, 59) Nach Luhmann haben angesichts der ökologischen Gefährdungen des gesellschaftlichen Lebens Angstthemen Konjunktur und dies würde einen "neuen Stil von Moral [hervorbringen], die sich auf ein gemeinsames Interesse von Angstminderung gründet und nicht auf Normen, bei denen man die Abweichung zu vermeiden (oder einzustellen oder zu bereuen) hätte, um angstfrei leben zu können." (Luhmann 1990, 238)[152] Möglicherweise hat die Kommunikation über Angstthemen für Jugendliche besondere Attraktivität, weil sie authentisch ist, da man sich – wie Luhmann es ausdrückt – "selbst bescheinigen kann, Angst zu haben, ohne das andere es widerlegen können". (Ebd., 240). Angst folgt nicht abstrakten Prinzipien, sie "widersteht jeder Kritik der reinen Vernunft." (Ebd., 240) Sie ist nach Luhmann, "das Prinzip, das nicht versagt, wenn alle Prinzipien versagen." (Ebd.)

---

[152] Ausführlicher zum Zusammenhang von "Angstkommunikation" (Luhmann 1990, 240), Moral und theoretischer Auseinandersetzung vgl. ebd. (237 ff.).

Einiges spricht dafür, dass besonders jüngere Jugendliche, die allein schon aufgrund ihrer moralischen Entwicklung Schwierigkeiten haben, sich an allgemeinen Prinzipien der Gerechtigkeit zu orientieren[153] und sich deshalb politischen Themen über eine Auseinandersetzung mit ihrer Angst vor der Zerstörung der natürlichen Lebensgrundlagen nähern. Diese Angst oder auch Besorgtheit können sie mit Gleichaltrigen teilen, sie kann kommuniziert werden, ja sie scheint zu-nehmend ein Auslöser für politische Aktionen junger Leute zu sein. Hurrelmann weist in diesem Zusammenhang auf die Reaktion von Kindern und Jugendlichen auf die Terroranschläge in den USA im September 2001 hin. Nach Hurrelmann sind es heute nicht mehr vor allem die Studierenden, welche die Rolle "politischer Seismographen" (Hurrelmann 2001, 53) spielen würden, sondern es hätten mittlerweile eher die Vierzehn- bis Zwanzigjährigen diese "Warnfunktion" (ebd.) übernommen und dies zeige sich unter anderem daran, wie die junge Generation auf die Anschläge reagieren würde:

"Es sind vor allem Kinder und Jugendliche, die an den Straßensperren vor der amerikanischen Botschaft in Berlin Kerzen aufstellen und Briefe ablegen, in denen sie ihre Angst vor einem Dritten Weltkrieg artikulieren. [...] Die angeblich so unpolitische und vom Wohlstand verwöhnte junge Generation reagiert auf den Terror in New York und auf die drohenden kriegerischen Handlungen sehr bewegt – spontan, einfühlsam, mit Zivilcourage." (Ebd.)

Dieses sich hier artikulierende politische Interesse sieht Hurrelmann im Kontext gesellschaftlicher Pluralisierung und Individualisierung und deren Auswirkungen auf die Lebensbedingungen junger Leute:

"Denn in immer jüngeren Jahren wird der Zwang empfunden, sich den Anforderungen anzupassen, die die Welt ihnen stellt, sich zumindest damit auseinander zu setzen. Die Schüler sind es, die glauben, sich dringend in der Welt einrichten zu müssen – die Studenten von heute denken eher, sie hätten ihren Platz schon gefunden. So sondieren die Jugendlichen sensibel ihr Umfeld, reagieren empfindlich auf Veränderungen in der Welt und fragen sich, welche Möglichkeiten und Chancen sich daraus für ihre eigenen Entwicklung ergeben – oder welche Risiken aus Krisen erwachsen. Die Jugendlichen sind deshalb keine Egoisten, die ohne Rücksicht auf die Interessen und Bedürfnisse anderer nur von ihrem eigenen Nutzen ausgehen. Sie sind Egotaktiker." (Ebd., 53f.)

In dieser hier von Hurrelmann herausgestellten Sensibilität für gesellschaftliche Krisen und Risiken dürfte eine weitere Ursache für das

---

153 Die entspräche auf Kohlbergs Skala der moralischen Entwicklung den Stufen 5 und 6. Vgl. dazu Kapitel 4 dieser Arbeit.

Interesse Jugendlicher an der Kommunikation über Angstthemen zu finden sein. Deutlich wird an dieser Stelle auch, dass junge Leute einen eher emotionalen Zugang zu politischen Themenbereichen haben. So setzen sie sich beispielsweise in Bezug auf die hier erwähnten Terroranschläge in den USA wohl kaum mit abstrakten Prinzipien von Gerechtigkeit auseinander, sondern ihr Engagement scheint vor allem von der Sorge um die Zukunft getragen zu sein.

Noch ein Punkt kommt hier zum Tragen: Hier deutet sich bei einigen Interviewten eine Affinität zu einem politischen Engagement im Rahmen der neuen sozialen Bewegungen,[154] wie der Umweltschutz- oder auch Friedensbewegung, und zwar offenbar auch aus dem Grund, dass dort den spezifischen Interessen und Bedürfnissen Jugendlicher stärker Rechnung getragen werden kann, als in der etablierten Politik: Zum einen lässt sich hier eine Konzentration auf die von ihnen präferierten politischen Themenbereiche festmachen. Zum anderen dürften sie auch die "vergleichsweise geringe organisatorische Strukturierung" (Gerdes 2001, 454) und Flexibilität, die soziale Bewegungen kennzeichnet, den von ihnen als zäh, ermüdend, steif und abstrakt diagnostizierten Strukturen konventioneller Politik vorziehen. (Vgl. Kap. 6.1.4.3)

Diese Hypothese lässt sich durch die Befunde zahlreicher empirischer Jugendstudien stützen. So weist eine Studie des Deutschen Jugendinstituts, die im Jahre 1992 mit 16- bis 29-jährigen Jugendlichen durchgeführt wurde, nach, dass die Bereitschaft zur Mitarbeit in einer Bürgerinitiative bei Jugendlichen in Ost- und Westdeutschland etwa doppelt so hoch ist wie das Interesse an einer aktiven Mitarbeit in einer Partei.[155] (Vgl. Schneider 1995, 302ff.) Und eine zweite im Jahre

---

154 Als "Neue soziale Bewegungen" werden diejenigen politischen Protestbewegungen bezeichnet, die im Zuge der und in Auseinandersetzung mit der Studentenbewegung Ende der 60er Jahre entstanden sind. Luhmann charakterisiert soziale Bewegungen als politische Strömungen, die durch ihre Orientierung am Protest eine Distanz zur Gesellschaft gewinnen. Für ihn zählen die Friedens- und Ökologiebewegung genauso dazu, wie zum Beispiel rechtsradikale Gruppierungen. (Vgl. Luhmann 1997, 176) Gerdes nennt folgende Kennzeichen sozialer Bewegungen: "(1) eine vergleichsweise geringe organisatorische Strukturierung, (2) die prozessuale Offenheit bzw. Unbestimmtheit ihrer Entwicklungsdynamik, (3) die zwischen Lebenswelt und System oszillierende Reichweite ihrer oppositionellen Handlungsorientierungen und (4) ihr voluntaristisches Handlungsmodell." (Gerdes 2001, 454)
155 Außerdem ziehen junge Männer die Mitarbeit in Parteien wesentlich eher in

1997 durchgeführte Untersuchung kommt zu dem Ergebnis, dass bei jungen Menschen, "vor allem Gruppen, die gesellschaftliche Probleme aufgreifen und politisch thematisieren (Umweltschutz-, Friedens- und Dritte-Welt-Initiativen. Kernkraftgegner sowie Menschenrechts- und Selbsthilfegruppen), auf bundesweit breite Sympathie stoßen." (Gaiser/de Rijke 2000, 291) Diese Daten sprechen dafür, dass sich Jugendliche eher mit informellen Gruppierungen und sozialen Bewegungen identifizieren können als mit den Organisationen der etablierten Politik. Wolfgang Gaiser und Johann de Rijke begründen die Attraktivität sozialer Bewegungen für junge Menschen mit der thematischen Ausrichtung, der spezifischen Aktionsform und dem sozialen Zusammenhalt solcher informellen Gruppierungen:

"Die von ihren Ursprüngen her als neue soziale Bewegungen bezeichneten informellen politischen Gruppierungen thematisieren spezifische soziale Probleme und gesellschaftliche Konflikte und ermöglichen aktionsorientierte Partizipation.[...] Diese Gruppierungen lassen sich kennzeichnen als 'soziale Konfigurationen, die durch persönliche Bekanntschaft und Initiative der beteiligten Personen gestiftet werden' (Zinnecker 1987). Sie werden auch als Versuch interpretiert, gegen eine durchrationalisierte 'erstarrte' institutionelle Umwelt neue Formen von 'Gemeinschaft' in den Lebensräumen Jugendlicher und junger Erwachsener zu rekonstruieren (Streeck 1987). Die Anziehungskraft solcher Gruppen liegt oft in der Unmittelbarkeit der sozialen Beziehungen zwischen ihren 'Mitgliedern'. Dabei entwickeln solche informellen Gruppierungen im Laufe der Zeit durchaus auch Normen und Verhaltensmuster, die eine Binnenidentität schaffen." (Gaiser/de Rijke 2000, 290)

Auf Basis der hier dargelegten Zusammenhänge liegt die Vermutung nahe, dass sich die Bedürfnisse Jugendlicher nach "lebendiger" aktionsorientierter Partizipation und nach der Beschäftigung mit Themenbereichen, welche die zukünftigen Lebensbedingungen betreffen, im Kontext informeller politischer Gruppierungen eher erfüllen lassen als im Raum der konventionellen Politik. Sie können also einen Artikulations- und Handlungsrahmen bieten für Interessen, Problemstellungen, die Jugendliche im Bereich der konventionellen Politik vermissen. Damit bergen sie die Chance in sich, gesellschaftliche Anerkennungsmuster dahingehend zu erweitern, dass Jugendliche mit ih-

---

Betracht als junge Frauen, während weibliche junge Leute insgesamt etwas stärker zum einem Engagement in Bürgerinitiativen bereit sind männliche. (Vgl. Schneider 1995, 302ff.)

ren spezifischen Interessen stärker anerkannt und berücksichtigt werden.

9.3 Politische Partizipation, Anerkennung und Pädagogik – Beteiligung im Jugendparlament

Im Folgenden soll nun auf Basis der empirischen Befunde dieser Arbeit näher untersucht werden, ob und wenn ja, inwiefern das Jugendparlament als angemessener Artikulationsrahmen für die Interessen Jugendlicher gesehen werden kann. Im Zentrum der Überlegungen steht dabei die Frage, ob ein Beteiligungsmodell, das eine starke Orientierung an den Formen konventioneller Politik aufweist, jungen Leuten zu einer größeren Anerkennung ihrer spezifischen Interessen im Bereich der Politik und damit auch zu einer größeren Identifizierung mit der politischen Sphäre verhelfen kann. In diesem Kontext geht es auch darum herauszuarbeiten, welche möglichen Auswirkungen erlebte Anerkennung bzw. erfahrene Missachtung im Jugendparlament auf die Bereitschaft zu einem politischen Engagement im Erwachsenenalter haben kann. Diese Frage stellt sich vor allem vor dem Hintergrund der mit der Einrichtung von Jugendparlamenten verbundenen Intention der Integration junger Leute in die etablierte Politik.

9.3.1 Anerkennung, Selbstwertgefühl und die Kompetenz zur politischen Partizipation

Im Kapitel 8.2 wurde deutlich, dass besonders für die jüngeren Jugendlichen – die etwa 11- bis 14-Jährigen – durch die ihnen im Jugendparlament eingeräumte Chance, Einfluss auf Entscheidungen zu haben, die sie betreffen und die Möglichkeit, sich stellvertretend für andere einsetzen zu können, das Selbstwertgefühl gesteigert wird. Für die Jüngeren scheint, die Erfahrung, sich als wertvoll für die Gemeinschaft zu erleben, fast so etwas wie eine "Sensation" zu sein, für die sie sogar langweilige – ihrem Alter eher nicht angemessene – Sitzungsstrukturen in Kauf nehmen. Sie offenbaren, dass sie stolz darauf sind, im Jugendgremium mitzuarbeiten. Die Mitarbeit macht sie zu etwas Besonderem, so schreiben ihnen ihre WählerInnen indirekt die Kompetenz zu, sich für die Interessen ihrer Altersgruppe einsetzen zu können. Zentral scheint in diesem Kontext der mehrheitlich von den 11- bis 14-Jährigen formulierte Eindruck, als Abgeordnete des Jugendparlaments ernst genommen zu werden. Hier wurde deutlich, dass erfahrene Anerkennung zu einer Steigerung des Selbstwertgefühls führen kann. Offenbar fördert es auch die Bereitschaft und die Fähigkeit, sich gegenüber Erwachsenen selbstbewusst für die Interessen Jugendlicher einzusetzen. Diese Befunde deuten darauf hin, dass das Jugendparlament für die etwa 11- bis 14-Jährigen zunächst einmal ein Gremium ist, das ihnen die Möglichkeit bietet, in einem überschaubaren kommunalpolitischen Bereich ihre Interessen einzubringen. Damit bildet es aus ihrer Perspektive einen Artikulationsrahmen, der ihnen zu einer gesteigerten Wertschätzung in der Sphäre der Kommunalpolitik verhilft. Die Ergebnisse der qualitativen Studie zeigen auch, dass gelungene soziale Anerkennung den politischen, moralischen und persönlichen Bildungsprozess Jugendlicher fördern kann. Die jungen Abgeordneten werden motiviert, ihre Interessen zu formulieren. Sie machen die Erfahrung, dass sie durch ihr Engagement die Chance bekommen, Veränderungen zu bewirken. Dies kann helfen Ohnmachtsgefühle und Resignation angesichts der Übermacht von Erwachsenen abzubauen. Sie setzen sich für die Interessen anderer Jugendlicher ein und erhalten die Möglichkeit, soziales und politisches Interesse zu entwickeln bzw. weiter auszubauen. Insofern wird also ihre Kompetenz zur politischen Partizipation durch das Engagement im Beteiligungsmodell Jugendparlament gesteigert. Aber auch für ältere Jugendliche kann das Parlament offenbar die Basis bilden, um für eine vermehrte Wertschätzung der Interessen Jugendlicher in der Politik einzutreten. Deutlich wurde dies bei Lorenz (17) und Julian (17). Sie kritisieren zwar einerseits die mangelnden rechtlichen Befugnisse (Julian) und die ihrer Meinung nach zu geringe positive Wirksamkeit des Parlaments in der jugendlichen Öffentlichkeit (Lorenz), aber anderseits heben sie auch die Chance heraus, durch die Mitwirkung in dem Beteiligungsmodell an Macht und Einfluss zu gewinnen. In ihren Interviewaussagen zeigt sich der Impuls, gegen die von ihnen wahrgenommenen rechtlichen Beschränkungen des Jugendparlaments anzukämpfen und sich mit Hilfe des Jugendgremiums gegen Ohnmachtserfahrungen gegenüber dem *"riesigen Staat"* (Lorenz) zur Wehr zu setzen. Von daher wird an ihrem Beispiel deutlich, wie erlebte Missachtung auf der Basis des positiven Rückhalts durch ein Beteiligungsmodell zum Movens eines Kampfes um Anerkennung werden kann.

Diese Tendenz zeigt sich allerdings längst nicht bei allen Interviewten, ein Großteil der Befragten – vor allem die älteren – bringt ein erhebliches Maß an Ärger und Frustration über mangelnde Einflussmöglichkeiten, einschränkende an den Formen konventioneller Politik orientierte Sitzungsstrukturen und Dominanzverhältnisse der im Parlament agierenden Erwachsenen und jungen Abgeordneten, zum Ausdruck. Wie bereits herausgearbeitet, wiederholen sich in dem Jugendgremium zum Teil die negativen Erfahrungen, welche die Interviewten allgemein für ihr Verhältnis zur etablierten Politik beschrieben hatten. Dazu gehören beispielsweise der Eindruck, von den Politikern getäuscht und von ihnen insgesamt nicht ernst genommen zu werden, genauso wie die als langweilig und bürokratisch kritisierten Sitzungsstrukturen.

Im nächsten Kapitel sollen nun Themen und Problemstellungen, die im Zusammenhang mit der Erfahrung mangelnder Wertschätzung im Jugendparlament stehen, in den Blick genommen werden. Dabei geht es zunächst um die Reflexion der Ohnmachtserfahrungen bei den Sitzungen des Jugendparlaments, die sich insbesondere bei den jüngeren Interviewten rekonstruieren ließen.

9.3.2 *Kognitive Entwicklung und Partizipation*

In der qualitativen Analyse wurde deutlich, dass insbesondere die jüngeren Abgeordneten Schwierigkeiten haben, gegen von ihnen wahrgenommene Missstände – wie zum Beispiel endlos erscheinende Redebeiträge von Erwachsenen während der Parlamentssitzungen – vorzugehen. Die möglichen Gründe hierfür, sollen nun am Beispiel der Haltung Lauras (13) auf Basis des Kohlberg'schen Stufenschemas zur kognitiven Entwicklung näher betrachtet werden.

Nimmt man Kohlbergs Skala als Grundlage, ist die Art und Weise, wie Laura (13) an einigen Stellen des Interviews argumentiert, analog der Kriterien, die Kohlberg für die Stufe 3 des konventionellen Niveaus beschreibt. Laura vermag einerseits, wie im Kapitel zur Anerkennung im Jugendparlament geschildert, von ihren individuellen Interessen abzusehen und sich gemäß ihres Auftrages als Abgeordnete für andere einzusetzen.[156] Dies könnte zwar auch schon ein Indiz für Stufe 4 im Kohlberg'schen Schema sein, aber Laura hat offensichtlich andererseits Schwierigkeiten, ihr Denken aus der Eingebundenheit der Bezugsgruppe Jugendparlament zu lösen. Sie orientiert sich an den Vorstellungen der Gruppe oder – wie es in Lauras Fall zu sein scheint – an den die Gruppe unterstützenden Erwachsenen. Es fällt der Interviewpartnerin schwer, deren Verhalten zu hinterfragen und dies dürfte ein Grund dafür sein, dass sie die als langweilig erlebten Redebeiträge des Bürgermeisters oder der Jugendpfleger als nicht veränderbar beschreibt. Das Denken auf Stufe 3 kann nach Fritz Oser und Wolfgang Althof dazu führen, eigene Interessen zurückzustellen bzw. als unangenehm empfundene Situationen anzunehmen:

"Jugendliche und Erwachsene mit dieser Denkstruktur lassen eher erkennen, daß auch dieses Denken noch seine Begrenztheiten hat. Stufe 3 Denken ist in erster Linie Gruppendenken; der Mensch orientiert sich an Standpunkten von Bezugsgruppen und den Bedürfnissen ihrer Mitglieder. [...] Ihr Vertrauen in andere und ihre Abhängigkeit von deren Urteil macht sie verletzlich gegenüber Enttäuschungen: Die Geschäftstüchtigkeit von Stufe 2 hält Stufe 3 für unmoralisch – die Kehrseite kann nun in der Tendenz bestehen, lieber einer Zustand 'auszuhalten' und die eigenen Interessen zurückzustellen, als einen Konflikt zu riskieren, der unter anderem erst eine angemessene Lösung ermöglichen würde, der Preis für die Scheinharmonie besteht nicht selten in großen persönlichen Opfern." (Oser/Althof 2001, 57)

Auf Basis einer Längsschnittstudie, die Kohlberg mit Jungen und Männern[157] durchgeführt hat, die ursprünglich im Alter von 10, 13 bzw. 16 Jahren waren und in einem Gesamtzeitraum von mehr als 20 Jahren, in Dreijahresabständen, immer wieder interviewt wurden, wird deutlich, dass Jugendliche in Lauras Alter vor allem moralische

---

156 "Auf Stufe 3 wird, im Gegensatz zur Stufe 2, anerkannt, daß richtiges und gutes Verhalten bedeutet auch das Wohlergehen anderer Menschen im Auge zu haben, ihre Bedürfnisse und Standpunkte zu berücksichtigen, und eben nicht mehr nur daran zu denken, was für einen 'selbst dabei herausspringt'" (Oser/Althof 2001, 56f.).
157 Vgl. dazu Gilligan (1996, 28ff.): Sie kritisiert unter anderem, dass Kohlberg für seine Skala der moralischen Entwicklung Universalität beansprucht, obwohl sein Stufenschema auf einer empirischen Untersuchung von ausschließlich männlichen Personen basiert.

Urteile auf Stufe 2 und 3 fällen und Urteile auf Stufe 4 erst ab circa 16 Jahren ganz allmählich an Bedeutung gewinnen. (Vgl. ebd., 79f.) Insofern ist es nicht erstaunlich, dass die jüngeren Abgeordneten die Atmosphäre im Parlament zwar bemängeln, es ihnen aber schwer fällt, aktiv gegen die von ihnen erlebten Missstände vorzugehen. Von daher liegt es nahe, dass sie die als unangenehm empfundenen Situationen oftmals passiv ertragen.

Deutlich wird hier auch, dass die jüngeren Abgeordneten auf das Wohlwollen und die pädagogische Kompetenz der im Parlament agierenden Erwachsenen angewiesen sind. Erhalten sie keine pädagogische Unterstützung durch Erwachsene, besteht die Gefahr, dass sie sich in den Sitzungen als ohnmächtig erleben und mehr oder weniger verstummen.

9.3.3 Politik und Pädagogik

An dieser Stelle dürfte die Notwendigkeit auf der Hand liegen, in Bezug auf die Frage nach einer adäquaten – und das bedeutet auch altersgemäßen – politischen Mitwirkung junger Menschen zwischen dem Bereich der Pädagogik und dem der Politik zu unterscheiden. Fasst man Jugendliche als politische Akteure bzw. Akteurinnen auf, wird vorausgesetzt, dass sie zu einer den Erwachsenen gleichgestellten Teilhabe an politischen Entscheidungsprozessen in der Lage sind. Ein solches Verhältnis würde eine pädagogische Haltung ihnen gegenüber weitgehend ausschließen. Dies ist aber eine Haltung, der die Jüngeren offenbar zum Teil bedürfen. Werden Jugendliche in Beteiligungsmodellen prinzipiell als den Erwachsenen gleichgestellt aufgefasst, ist anzunehmen, dass bei Interessenkonflikten zwischen den Abgeordneten und Erwachsenen vor allem die jüngeren Jugendlichen – dies wären mit Blick auf die Interviews die etwa 11- bis 14-Jährigen – den Kampf in der Regel verlieren. Darauf macht Danner im Hinblick auf die Unterscheidung zwischen einer politischen und einer pädagogischen Interaktion aufmerksam:

"Wird das Kommunikationsverhältnis in Partizipationsprojekten tatsächlich als rein politisches gedeutet, so bedeutet das im Konfliktfall (also im Falle divergierender Meinungen von Erwachsenen und Kindern und Jugendlichen), dass die entscheidungsbefugten Erwachsenen die Kinder und Jugendlichen als politische

Gegner definieren und entsprechend gegen sie agieren. [...] Wie alle anderen politischen Akteure können sie [Kinder und Jugendliche] aus bestimmten Kontroversen als Gewinner oder Verlierer hervorgehen. Kommt es also im Zusammenhang mit Partizipationsprojekten zu Kontroversen und gegebenenfalls zur Ablehnung von Vorschlägen, die Kinder und Jugendliche unterbreiten, so bedeutet dies – politisch betrachtet – nicht, dass das Partizipationsprojekt schlecht war oder die Kinder und Jugendlichen als Akteure missachtet worden sind, sondern dass sie im Machtkampf verloren haben." (Danner 2000, 228f.)

Der hier herausgearbeitete Aspekt lässt sich besonders gut durch eine von Nils (12) beschriebene Situation veranschaulichen, in der ein Vertreter der Wittinger Verkehrsbetriebe aus Sicht des Interviewten die Anliegen der jungen Abgeordneten durch taktisches Verhalten übergangen hat. Wie bereits in Kapitel 8.3.4.2 herausgearbeitet, war der Erwachsene in eine Parlamentssitzung geladen worden, um Stellung zu Problemen beim Bustransport von SchülerInnen zu nehmen. Offenbar hat er die jungen Abgeordneten als Gegner in einem Machtkampf aufgefasst und entsprechende Strategien eingesetzt, um diesen Kampf zu gewinnen, und dies scheint ihm auch gelungen zu sein.

Auf Basis der bisherigen Überlegungen ergibt sich im Hinblick auf die unterschiedlichen Ziele von Jugendparlamenten nun folgendes Paradox: Um überhaupt die Chance zu haben, in einem solchen Machtkampf potenziell gleichrangiger politischer Akteure bzw. Akteurinnen bestehen zu können, bedarf es also zunächst der entsprechenden subjektiven Voraussetzungen, welche die Abgeordneten dem Bildungsanspruch des Jugendparlaments zufolge, hier einerseits erwerben sollen, über die sie aber gemäß des Ziels der politischen Partizipation andererseits bereits verfügen müssten.

Auf einen Aspekt, der mit dieser Problematik verbunden ist, macht Werner Helsper im Hinblick auf Anerkennungsprozesse bei der schulischen Partizipation aufmerksam:

"Im Unterschied zur moralischen Anerkennung von Erwachsenen, geht es in schulischen Zusammenhängen vor allem um die Herausbildung der subjektiven Voraussetzungen, sich überhaupt an moralischen Anerkennungsprozessen umfassend beteiligen zu können. Dies macht pädagogische Flankierungen erforderlich, die – obwohl sie universalistisch auf die Ermöglichung gleichberechtigter Teilhabe an Bildungsprozessen für alle Schüler zielen – selbst gerade nicht universalistischer Natur sein können, da sie die individuelle Bildungsgeschichte und subjektive Ausgangslage der kognitiven, symbolischen und moralischen Entwicklung beachten und damit fallorientiert sein müssen." (Helsper 2001, 42)

Ähnlich argumentiert Winkler, wenn er auf den Unterschied zwischen einem politischen Verhältnis und einem pädagogischen hinweist:

> "Politische Fragen können wesentlich nur strukturell und in der Regel generalisierend behandelt werden. Sie setzen – und das meint das Wort strukturell – in der Regel eine einfache Operation des Ein- oder Ausschließens voraus: Man ist eben Mitglied einer politischen Gemeinschaft, hat teil an ihren Machtprozessen, übt Macht aus – und sei es nach den Vorgaben, die man sich selbst gegeben hat. Wer dies nicht tut, nicht tun kann oder darf, ist machtlos, von der Macht ausgeschlossen, damit aber kein vollwertiges Mitglied der jeweiligen Gruppe. Er ist dann vielleicht Adressat, auch Hilfsbedürftiger, in jedem Fall aber jemand, der nicht mehr über seine Situation entscheidet. Pädagogik ist hingegen nicht strukturell angelegt, sondern prozessual und individualisierend. Sie hat mit Veränderung, mit Entwicklung, mit Lernen, vor allem mit Bildung zu tun, wobei es um konkrete Individuen mit ihren je besonderen Fähigkeitspotenzialen geht. In pädagogischen Prozessen werden wir zu Subjekten, die mit Macht umgehen, diese für uns und uns für sie zivilisieren. Machtausübung wird hier gelernt, aber eben nicht betrieben, was das Paradox einschließt, dass am Anfang dieses Lernprozesses Machtlosigkeit steht. Insofern schließt Pädagogik die Beteiligten von der Macht aus, um sie dann vielleicht zu geben. Politisch gesehen ist dies ein unerträglicher und eigentlich unvorstellbarer Zustand, pädagogisch aber möglicherweise nicht zu vermeiden." (Winkler 2000, 197)

Eine Problematik des Jugendparlaments dürfte mit Blick auf die kognitiven und moralischen Fähigkeiten der jüngeren Abgeordneten darin zu sehen sein, dass nicht ausreichend zwischen den Ansprüchen politischer Mitwirkung und denen der politischen Bildung differenziert wird, diese Bereiche aber unterschiedliche Interaktionsformen voraussetzen. Pädagogik setzt ein asymmetrisches Verhältnis voraus, auch wenn sie darauf abzielt diese Asymmetrie aufzuheben. Politik basiert dagegen auf einer symmetrischen Interaktion, also der prinzipiellen Gleichrangigkeit der InteraktionspartnerInnen. Auf Basis dieser Überlegungen stellt sich die Frage, inwieweit sich demokratietheoretische Ziele mit pädagogischen vereinbaren lassen. Dieser Aspekt soll im Folgenden im Hinblick auf die Rolle der Erwachsenen und die damit verbundenen Kommunikationsstrukturen in Beteiligungsmodellen detaillierter untersucht werden.

9.3.4 Symmetrische und komplementäre Reziprozität

Um das Verhältnis zwischen den jungen Abgeordneten und den Erwachsenen zu beleuchten, sollte man sich vor allem drei Ziele des Partizipationsmodells Jugendparlament noch einmal näher vor Augen führen. Erstens sollen Jugendliche die Möglichkeit der politischen Mitbestimmung erhalten, zweitens dient die politische Partizipation der politischen Bildung und drittens fungieren die Abgeordneten als Experten und Expertinnen in eigener Sache. Ihnen kommt demnach die Rolle eines partiell mündigen Bürgers bzw. einer mündigen Bürgerin zu, der oder die ein Recht auf politische Mitsprache hat. Sie werden weiterhin als Lernende betrachtet und schließlich als Personen mit unverzichtbaren Spezialkenntnissen. Mit diesen verschiedenen Rollen müssen ebenfalls die Funktionen der hier agierenden Erwachsenen korrespondieren. Diesen Aspekt hebt Danner unter Bezugnahme auf das Kindesalter heraus, wenn er über die Stellung von Erwachsenen in Beteiligungsmodellen reflektiert.

"Müssten sie [die Erwachsenen] nicht dem partiell mündigen und gleichberechtigten Bürger als ebenfalls gleichberechtigter Bürger gegenübertreten? Und müssten sie nicht dem Lernenden als Lehrender gegenübertreten? Und dem Bürger mit Spezialkenntnissen als eine Person, die eine Expertise einholt? Wie dem auch sei – es scheint so, als würde sich die Interaktionsform je nach Zielvorgabe anders gestalten. Auf den ersten Blick scheint Ziel 1 eher auf eine symmetrische Interaktionsform hinauszulaufen (Kind und Erwachsener sind gleichberechtigt). Ziel 2 scheint die Symmetrie eher zugunsten des Erwachsenen zu verschieben: Er hat das Wissen und vermittelt es den Kindern, während Ziel 3 eine Asymmetrie zugunsten des Kindes vorauszusetzen scheint: Der Erwachsene lernt vom Kind." (Danner 2000, 215)

Danner zufolge werden in den meisten Konzepten zur politischen Beteiligung von Kindern und Jugendlichen – hier nennt er unter anderem eine Konzeption des Deutschen Kinderhilfswerks – alle drei Ziele miteinander verknüpft. (Vgl. ebd.) "Es wird unterstellt, dass eine Beteiligungsaktion politische Aktion, Lernarrangement und Expertenwerkstatt zugleich sein kann." (Ebd.) Wie wird nun mit diesen unterschiedlichen Ebenen aus der Perspektive der jungen Abgeordneten im Jugendparlament umgegangen? Haben sie den Eindruck von den hier agierenden Erwachsenen als gleichberechtigte Interaktionspartner oder als Experten anerkannt zu werden oder sehen sie sich eher in der Rolle der Lernenden?

Wie bereits verdeutlicht, bedürfen die jüngeren Abgeordneten – die etwa 11- bis 14-Jährigen – zum Teil der Unterstützung durch Erwachsene und nehmen diese auch offenbar gern in Anspruch. Dies impliziert aber auch eine Machtdifferenz, die eine symmetrische gleichberechtigte Beziehung zumindest zwischen den jüngeren Abgeordneten und den verantwortlichen Erwachsenen weitgehend ausschließt. James Youniss beschreibt die Bedeutung symmetrischer und komplementärer Reziprozität für den Aufbau sozialer Beziehungen. Dabei nimmt er Bezug auf die Erkenntnistheorie Piagets:

"Durch verschiedene Formen der Reziprozität entstehen unterschiedliche Beziehungen, die wiederum die Mittel bieten, um zu unterschiedlichen Definitionen des Selbst und des anderen zu gelangen. Im Rahmen der symmetrischen Reziprozität sind das Selbst und der andere als Handelnde gleichberechtigt; beiden steht es frei mit gleichen Handlungen zur Interaktion beizutragen. Beide können Handlungen z.B. auf einer Eins-zu-Eins [...] Grundlage austauschen. In der komplementären Reziprozität dagegen ist, die Macht etwas zu bewirken, asymmetrisch verteilt. Die Handlungen der einen Person bestimmen die der anderen. Eine Person hat das Sagen, und die andere muß folgen. Die beiden sind nicht gleichrangig." (Youniss 1994, 154f.)

Komplementäre Beziehungen seien nach Piaget für Kinder in einem Stadium der Entwicklung förderlich, "wenn sie über das Funktionieren der Gesellschaft unsicher sind und sich damit zufrieden geben, Anpassung für Anerkennung zu tauschen." (Ebd., 155) Dies treffe zum Beispiel für das Verhältnis kleiner Kinder zu ihren Eltern, Erziehern oder Erzieherinnen zu. Der Horizont symmetrischer Beziehungen öffne sich für Heranwachsende in der Interaktion mit Gleichaltrigen.

In den kritischen Aussagen der älteren Befragten zur Dominanz der Erwachsenen kommt mit Blick auf die hier zitierte Aussage Youniss folgender Aspekt zum Ausdruck: Die dem Jugendparlament gegenüber eher skeptisch eingestellten Abgeordneten gehen davon aus, dass die Handlungen der jungen ParlamentarierInnen in letzter Instanz durch Erwachsene bestimmt werden. Sie beschreiben damit die Mechanismen einer komplementären Reziprozität und kritisieren, dass die potenzielle Gleichrangigkeit, die ihnen als Abgeordnete in Aussicht gestellt wurde, nicht gegeben ist. Dies stößt bei ihnen auf Empörung und Frustration. Ihren Erwartungen, als gleichwertiges Gegenüber anerkannt zu werden, wurde aus ihrer Sicht nicht entsprochen. Sie fühlen sich von denjenigen, die ihnen "echte" Mitbestimmung versprochen haben, betrogen. Die älteren Angeordneten gehen davon aus, dass die jüngeren diesen von ihnen diagnostizierten Betrug nicht durchschauen. Zum Teil degradieren sie die JugendparlamentarierInnen, die ihrer Ansicht nach nicht in der Lage sind, die tatsächlichen Machtverhältnisse im Parlament zu realisieren und sich einbilden, ernst genommen zu werden, zu Spielbällen in den Händen derjenigen, die "das Sagen" haben.[158]

Insofern tritt in den Interviews nicht nur ein Gegensatz der Generationen zwischen Erwachsenen und Jugendlichen zutage, sondern auch einer zwischen den jüngeren und den älteren Interviewten. So zeigt sich bei den älteren Abgeordneten die Tendenz, sich von den jüngeren abzugrenzen. Die Älteren betonen, dass sie andere Belange und Vorstellungen haben als die Jüngeren und orientieren sich zum Teil eher am Erwachsenen- als am Jugendalter.[159] Letztlich kristallisiert sich an dieser Stelle eine weitere mit den unterschiedlichen Bedürfnissen und Ansprüchen der verschiedenen ins Jugendparlament einbezogenen Altersgruppen verknüpfte Problematik heraus. Für die älteren Jugendlichen ist die stark altersgemischte Gruppe offenbar nicht sonderlich attraktiv. Dafür spricht auch, dass während der Amtszeit des Jugendparlaments kaum jüngere aber mehrere ältere Abgeordnete ihr Mandat niederlegt haben.[160] Auch dieser Aspekt – die Distanzierung der ab 15-Jährigen von den Jüngeren – spricht für eine stärkere Differenzierung zwischen einem politischen und einem pädagogischen Konzept politischer Beteiligung, denn offenbar ist es äußerst schwierig, den divergierenden Ansprüchen von etwa 11- bis 14-Jährigen und denen von etwa 15- bis 18-Jährigen in dem hier untersuchten Beteiligungsmodell gerecht zu werden: Die einen bedürfen einer stärkeren pädagogischen Unterstützung und die anderen einer ausgeprägteren symmetrischen Reziprozität, um ihre Interessen altersangemessen vertreten zu können. Letztlich konnte das Jugendparlament also weder den Ansprüchen der jüngeren noch denen der älteren Abgeordneten vollständig gerecht werden. Mit anderen Worten: Ein zentrales Problem des hier untersuchten Jugendgremiums ist es, dass

---

158 Inwieweit die Interviewten sich von den im Parlament agierenden Erwachsenen als Experten in eigener Sache geachtet fühlen, lässt sich aus dem Interviewmaterial nicht mit Sicherheit schließen. Deutlich wurde in diesem Zusammenhang lediglich, dass die jungen Abgeordneten zum Teil von ihren Lehrkräften im Schulunterricht als Experten und Expertinnen für (kommunal-)politische Fragestellungen angesprochen wurden. (Vgl. dazu Kap. 8.2.3)
159 Zur Orientierung der älteren Interviewten am Erwachsenenalter vgl. Carolas (18) Aussagen in Kapitel 6.1.4.1
160 Diese Tendenz der älteren, sich von jüngeren Mitgliedern eines Beteiligungsmodells abzugrenzen, stellen auch Bruner/Winklhofer/Zinser in Bezug auf einen von ihnen untersuchten Jugendbeirat fest, in dem Delegierte im Alter von 9 bis 17 Jahren mitgearbeitet haben. (2001, 58f.)

nicht hinreichend zwischen der pädagogischen und der politischen Dimension politischer Beteiligung unterschieden wird und damit letztlich nicht angemessen auf die differierenden Erwartungen der unterschiedlichen Altersgruppen eingegangen werden kann.

9.4 Politische Partizipation, Geschlecht und Anerkennung

Wie verarbeiten die Interviewten ihre Erfahrungen im Jugendparlament im Hinblick auf ein potenzielles späteres politisches Engagement? Können sie sich vorstellen, sich auch im Erwachsenenalter politisch zu engagieren und welchen Einfluss hat die Mitarbeit im Jugendparlament auf ihre diesbezüglichen Vorstellungen? Diesen Fragen wurde auf Basis von Interviewaussagen zu den Vorstellungen in Bezug auf ein späteres politisches Engagement der Abgeordneten nachgegangen. Deutlich wurde hier, dass ausschließlich männliche Interviewte das Jugendparlament als Übungsfeld für ein späteres politisches Engagement betrachten und dass die männlichen Jugendlichen sich eher mit einer Partizipation in der konventionellen Politik identifizieren können als die weiblichen. Die weiblichen Befragten zeigen dagegen ein ausgeprägteres Interesse an einem politischen Engagement im sozialen Nahbereich und/oder im Rahmen sozialer Bewegungen. Sie thematisieren stärker die Beschränkungen, die für sie mit einer Tätigkeit im Bereich konventioneller Politik verbunden sind, als die männlichen. Zum Teil scheuen sie die mit einer solchen Tätigkeit verbundene Verantwortung. In den folgenden Kapiteln sollen die Hintergründe der sich hier herauskristallisierenden unterschiedlichen Haltung männlicher und weiblicher Jugendlicher zu einem politischen Engagement im Erwachsenenalter auf der Grundlage von Konzeptionen aus der politik- und sozialwissenschaftlichen sowie der sozialpsychologischen Frauenforschung dargelegt werden.

9.4.1 Die Separierung geschlechtsspezifischer Arbeitsbereiche

Zahlreiche Untersuchungen zur Geschlechtersozialisation im politischen Bereich sowie zum Verhältnis von Politik und Geschlecht rekurrieren auf die Separierung geschlechtsspezifischer Arbeitsbereiche, die

"sich im Zuge moderner gesellschaftlicher Arbeitsteilung herausgebildet und mit der Industrialisierung in der bekannten Weise dichotomisch verfestigt [hat]: Männer wurden für die Berufs- und öffentlichen Bereiche zuständig, Frauen für die Familien- und Beziehungstätigkeiten [...]. An diese funktionale Zuweisung sind normative gesellschaftliche Wertungen geknüpft, die die Geschlechterhierarchie zementieren und durch Sozialisationsprozesse reproduzieren. Geschlechterunterschiedliche Sozialisation ist demnach strukturell bestimmt durch die geschlechtsspezifische Arbeitsteilung [...]". (Kulke 1991, 598)[161]

Welchen Einfluss die hier herausgestellte Trennung geschlechtsspezifischer Arbeitsbereiche auf die Sozialisation von Mädchen und Jungen hat, beschreibt Regina Becker-Schmidt. Unter Einbeziehung psychoanalytischer Entwicklungstheorien und empirischer Untersuchungen zur biografischen Orientierung von Männern und Frauen kommt sie zu dem Schluss, dass Mädchen aufgrund ihrer biografischen Perspektive heute zwar nicht mehr nur auf die Familie, sondern gleichermaßen auf den Beruf orientiert sind, während Jungen noch immer vor allem die berufliche Perspektive im Blick haben (vgl. Becker-Schmidt 1995, 220ff., vgl. Diezinger 2000, 84f.). Becker-Schmidt beschreibt die doppelte biografische Orientierung der Mädchen folgendermaßen:

"Die Sozialisation von Mädchen ist durch ein Doppelspur gekennzeichnet: Sie werden in ihrer Erziehung sowohl auf die spätere Übernahme der privaten Reproduktionstätigkeit gelenkt als auch zu einer beruflichen Ausbildung angehalten. Dieser doppelten Ausrichtung der Zukunftsperspektiven entspricht heute in der Regel auch die reale Vergesellschaftung von Frauen: in der Mehrzahl sind sie sowohl ins Erwerbsleben eingebunden als auch im Haushalt sozial verortet." (Becker-Schmidt 1995, 239)

Christel Eckart bezeichnet Mädchen und Frauen wegen ihrer doppelten Orientierung als "Grenzgängerinnen zwischen Privatsphäre und

---

[161] Die historischen Hintergründe für den Ausschluss von Frauen von der politischen Partizipation arbeitet beispielsweise Ute Frevert in einer Untersuchung "Zur politischen Topographie der Geschlechter vom 18. bis frühen 20 Jahrhundert" (Frevert 1995, 61) sehr anschaulich heraus. Vgl. dazu auch Appelt (1999). Zum Stellenwert der Kategorie Geschlecht in der politischen Sozialisationsforschung vgl. auch Kelle (1993).

Öffentlichkeit" (Eckart 1990, 64). Dieses Phänomen könnte aus meiner Sicht erklären, warum Jungen und Männer es leichter haben, sich "ungebrochen" auf die Öffentlichkeit und damit auch auf ein politisches Amt einzulassen. Im Gegensatz zu weiblichen Personen haben sie nicht zwei Perspektiven miteinander in Einklang zu bringen. Die hier diagnostizierte doppelte Perspektive kommt in den Aussagen der Interviewpartnerin Silke (18) zum Tragen. Sie lehnt für sich eine klassische Politikerinnenkarriere ab, und zwar mit der Begründung, dann keine Zeit für die Familie zu haben. Trotzdem kann Silke sich nicht vorstellen, ausschließlich die private Reproduktionstätigkeit zu übernehmen; denn eine berufliche Ausrichtung scheint ihr ebenfalls wichtig zu sein.

Ein Problem, dass mit der hier zugrunde liegenden Trennung der öffentlichen und der privaten Sphäre verknüpft ist, ist in der Herabsetzung des privaten gegenüber dem öffentlichen, beruflichen Bereich zu sehen. Auf diesen Umstand macht Honneth aufmerksam. Seiner Ansicht nach ist die Trennung der gesellschaftlichen Arbeit in die private unbezahlte Reproduktionstätigkeit und die Berufsarbeit

"aufs engste mit den ethischen Normen verknüpft, die jeweils das System der sozialen Wertschätzung regeln: unter historischen Gesichtspunkten ist die Tatsache, daß Kindererziehung und Hausarbeit bislang nicht als vollwertige, reproduktionsnotwendige Typen von gesellschaftlicher Arbeit gewertet werden, nur mit Verweis auf die soziale Geringschätzung zu erklären, die ihnen im Rahmen einer von männlichen Werten bestimmten Kultur entgegengebracht worden ist; unter psychologischen Gesichtspunkten ergibt sich aus demselben Umstand, daß Frauen bei traditioneller Rollenaufteilung nur auf geringe Chancen rechnen konnten, innerhalb der Gesellschaft das Maß an sozialer Wertschätzung zu finden, das für ein positives Selbstverständnis die notwendige Voraussetzung bildet." (Honneth 1994a, 92)

Vor dem Hintergrund der bisherigen Überlegungen zur politischen Sozialisation von Mädchen wird deutlich, dass der Identitätsfindungsprozess von Mädchen – wie Juliane Jacobi es ausdrückt – "eine doppelte Ambivalanz produziert: die geschlechtliche Arbeitsteilung vermittelt einerseits die Erfahrungsebene, daß große Teile von Tätigkeiten von Frauen minderwertig sind und andererseits positive Identität nur zu haben ist um den Preis der auf den familialen Nahbereich konzentrierten Perspektive." (Jacobi 1991, 113) Diese Ambivalenz könnte erklären, warum Mädchen und junge Frauen sich weniger geradlinig mit dem öffentlichen politischen Bereich identifizieren können. Sie haben ihre Berufsorientierung bzw. Leistungsorientierung mit den gesellschaftlichen Anforderungen an die "Weiblichkeit" in eine Balance zu bringen: "Sie müssen in ihrem persönlichen Leben nicht nur in der männlich strukturieren Öffentlichkeit, sei es im Beruf, sei es in der institutionellen Politik, ihren eigenen Weg durchsetzen, sondern müssen auch ein ihnen selbst angemessenes Privatleben, eine eigenen Balance zwischen Fürsorge und Leistung finden." (Eckart 1992, 69) Sie stehen vor der Alternative sich von der Perspektive auf die private Reproduktionstätigkeit zu distanzieren und ihre Prioritäten in den insgesamt gesellschaftlich höher gewerteten öffentlichen Bereich zu setzen oder gemäß ihrer gesellschaftlich konstruierten Geschlechtsrolle den privaten Bereich zumindest nicht gegenüber dem öffentlichen zurückzustellen oder auch von vornherein ihren biografischen Schwerpunkt stärker im Privaten zu setzen. Tun sie Ersteres, konzentrieren sie sich zwar auf die gesellschaftlich höher bewertete Tätigkeit, geraten aber mit der ihnen gesellschaftlich zugewiesenen Geschlechterrolle in Konflikt, entscheiden sie sich stärker für das Familienmodell sind sie mit der Herabsetzung der privaten Sphäre gegenüber der öffentlichen konfrontiert. Auch auf die biografische Orientierung von Jungen wird die unterschiedliche gesellschaftliche Bewertung privater Reproduktionstätigkeit und Berufsarbeit nicht ohne Auswirkungen bleiben. Richten sie ihre Zukunftsperspektiven zum Beispiel stärker auf eine Familientätigkeit als auf eine berufliche Arbeit aus, sind sie mit einer doppelten Negation konfrontiert; denn sie konzentrieren sich in diesem Fall nicht nur auf einen gesellschaftlich geringer bewerteten Bereich, sondern verletzen auch spezifische Geschlechtsrollenerwartungen. Auf Basis dieser Überlegungen ist es also ebenfalls erklärlich, dass die männlichen Interviewten sich wesentlich geradliniger mit einer Tätigkeit im öffentlichen Bereich identifizieren können als die weiblichen. Sie können hier ungebrochener soziale Wertschätzung erwarten als weibliche Personen.

9.4.2 *Politik und "weibliche Moral"*

Im Zusammenhang mit der eher sozialen Ausrichtung der weiblichen Interviewten sind auch die Befunde Carol Gilligans (1996) aufschlussreich. Ihr zufolge entwickeln sich Mädchen und junge Frauen in einer kontextbezogenen Moral, während Jungen und Männer sich eher an abstrakten Normen orientieren, die mit den Werten der westlichen Demokratie und Leistungsgesellschaft identisch sind. (Vgl. Jacobi 1991, 102). Gilligan hat in ihrer Theorie den Universalitätsanspruch der Analysen Piagets und Kohlbergs in Frage gestellt. Die Forscher würden davon ausgehen, dass ihre Befunde für beide Geschlechter gültig seien, obwohl Piaget die Mädchen in seinen Forschungsberichten lediglich als "Fußnote" behandelt und Kohlberg seine Stufenlehre allein auf Basis einer empirischen Untersuchung entwickelt hätte, in die ausschließlich Jungen einbezogen waren:

"Während in Piagets Darstellung (1932) der moralischen Urteilsfähigkeit des Kindes die Mädchen eine Fußnote bilden – eine Kuriosität, der er vier kurze Bemerkungen in einem Index gönnt, in dem 'Jungen' überhaupt nicht vorkommen, weil ‚das Kind' automatisch ein Knabe ist –, existieren in den Forschungen, von denen Kohlberg seine Theorie ableitet, die Frauen von vornherein nicht." (Gilligan 1996, 28f.).

Gilligan arbeitet heraus, dass Ergebnissen entwicklungspsychologischer Studien zufolge, die das Kohlberg'sche Schema als Grundlage nehmen, Frauen in Bezug auf ihre moralische Urteilskompetenz selten über die Stufe drei dieses Schemas hinausgelangen und von daher als defizitär erscheinen.[162] "In diesem Stadium wird die Moral in zwischenmenschlichen Begriffen definiert, und Gutsein mit Helfen und Anderen-eine-Freude-Machen gleichgesetzt." (Ebd., 29)

Kohlberg selbst hat eine plausible Erklärung für das mehrheitliche Verbleiben von Frauen auf einer moralischen Stufe, auf der vor allem das Sorgen für andere eine Rolle spielt: Diese Konzeption des Guten ist seiner Ansicht nach bestimmend für die moralische Kompetenz von Frauen, weil die Beschränkung ihres Aktionsraumes auf Kindererziehung und Hausarbeit sie auf dieses Stadium der Fürsorge für andere festlegt. (Vgl. Kohlberg 1997, 63 und Benhabib 1995, 163f.)

---

[162] Die Annahme, dass Frauen auf der Kohlberg'schen Skala schlechter abschneiden als Männer ist nach Nunner-Winkler allerdings bereits empirisch widerlegt. In Untersuchungen, in denen Frauen ein niedrigeres Stufenniveau erreichten, verschwanden die Differenzen, wenn die Variablen Bildungsniveau und Berufstätigkeit berücksichtigt wurden. Gilligan antwortete auf diese Einwände mit dem Argument, „daß ihre These sich nicht auf Unterschiede im Stufenniveau, sondern vielmehr auf inhaltliche Differenzen im weiblichen und männlichen Moralverständnis beziehe." (Nunner-Winkler 1998, 79)

Gilligan ist nun bestrebt nachzuweisen, dass die moralische Entwicklung von Frauen im Vergleich zur Entwicklung von Männern keineswegs defizitär ist, sondern dass ihr eine spezifische moralische Qualität zukommt. (Vgl. Pieper 1993, 152) Sie stellte in eigenen empirischen Untersuchungen fest, dass Frauen im Hinblick auf die Lösung moralischer Konflikte in der Regel "auf die Tugenden der Rücksichtnahme und der Hilfeleistung Bezug nehmen und nicht auf Gerechtigkeit." (Horster 1998b, 8) Gilligan folgert daraus, dass Männer und Frauen unterschiedliche moralische Perspektiven einnehmen. Auf der Grundlage einer qualitativen Untersuchung mit StudentInnen schließt sie:

"Der moralische Imperativ, der in den Interviews mit Frauen wiederholt auftaucht, ist das Gebot der Anteilnahme (care), eine Verantwortung, die 'wirklichen und erkennbaren Nöte' dieser Welt wahrzunehmen und zu lindern. Für Männer erscheint der moralische Imperativ eher als ein Gebot, die anderen zu respektieren und dadurch das Recht auf Leben und Selbstverwirklichung vor Beeinträchtigungen zu schützen [...] Für Frauen vollzieht sich die Integration von Rechten und Verantwortlichkeiten durch ein Verständnis der psychologischen Logik von Beziehungen." (Gilligan 1996, 124)

Nach Gilligan besitzen Frauen nicht, wie es das Kohlberg'sche Modell nahe legt, eine geringere moralische Kompetenz als Männer, sondern sie folgen einer eigenen moralischen Logik. Es geht Gilligan in diesem Zusammenhang darum, gängige Vorstellungen zur Moralentwicklung des Menschen um "Die andere Stimme" der Frauen zu erweitern.

Wie könnte sich nun diese hier von Gilligan angenommene unterschiedliche moralische Orientierung von Männern und Frauen auf die politische Partizipationsbereitschaft der Geschlechter auswirken? Wie bereits angedeutet, stimmen die kontextunabhängigen abstrakten Normen, mit denen sich männliche Personen laut Gilligan eher identifizieren können als weibliche, weitgehend mit den Werten der westlichen Demokratie und Leistungsgesellschaft überein. Nach Jessica Benjamin werden Eigenschaften wie Fürsorglichkeit und Emotionalität aus dem Bereich des politischen Kalküls ausgeschlossen und in die private Sphäre verwiesen. (Benjamin 1996a, 178) Insofern gäbe es für die andere Stimme der Frauen keinen Platz im traditionellen politischen Bereich. "Frauen geraten in das Dilemma, ihre Moral der Fürsorge im Beruf und in der politischen Öffentlichkeit nach den dort herrschenden Mustern nicht begründen und konsensfähig machen zu können." (Eckart 1993, 179f.) Ist die Distanz zu einem traditionellen politischen Engagement bei den weiblichen Interviewten stärker ausgeprägt als bei den männlichen, weil sie Eigenschaften wie Fürsorglichkeit, Verantwortung für andere und Emotionalität entsprechend der ihnen zugewiesenen Geschlechterrolle stärker in den Vordergrund stellen als die männlichen Jugendlichen und sie den Eindruck haben, dass diesen Eigenschaften kein Platz im Bereich des Politischen eingeräumt wird? Nicht zuletzt wegen der Unterschiedlichkeit der Aussagen der weiblichen Interviewten lässt sich diese Frage zwar nicht im Hinblick auf alle Interviewpartnerinnen mit "ja" beantworten, deutlich wird aber beispielsweise bei Linda (15) und Britta (13), dass sie sich die Übernahme von Verantwortung in einem überschaubaren Bereich durchaus zutrauen, während sie sich dies für die "richtige" Politik nicht vorstellen können. Außerdem sprechen ausschließlich weibliche Interviewte den Aspekt der Verantwortung explizit an.[163] Was bedeutet nun Verantwortungsübernahme in dem hier interessierenden Kontext? In der Umgangssprache wird der Begriff Verantwortung häufig im Sinne von Fürsorge und Pflicht verwandt: Verantwortung für Kinder, für die Umwelt oder auch aufgrund einer sozialen Funktion. Mit dem Pflichtcharakter kann auch die Vorstellung verbunden sein, dass Verantwortung eine Bürde ist, unter der man leiden oder sogar zusammenbrechen kann. Dem Begriff kommt eine soziale und eine moralische Komponente zu. "Verantwortung ist auf jemanden oder etwas gerichtet, sie bezieht sich auf Situationen und Handlungen, an welchen direkt oder indirekt andere Menschen beteiligt sind." (Auhagen 1999, 26) Jemand handelt verantwortlich, wenn er dabei moralische Gesichtspunkte berücksichtigt und anerkennt, dass er für die eigenen Handlungen und die daraus resultierenden Konsequenzen verantwortlich ist. Die Übernahme von Verantwortung beinhaltet oftmals ein affektives asymmetrisches Verhältnis. Eltern haben die Verantwortung für ihre Kinder, Lehrkräfte für ihre SchülerInnen. Aber auch in symmetrischen Beziehungen existieren

---

163 Im Interview mit Lorenz (17) kam implizit ein Vorwurf der Verantwortungslosigkeit zum Ausdruck: Er kritisierte Personen, die die Verantwortung für erlebte Missstände an PolitikerInnen abgeben, weil sie selbst zu bequem seien, sich politisch zu engagieren.

moralische und interpersonale Verpflichtungen, denen gegenüber eine Person verantwortlich ist oder sich verantwortlich fühlt. (Vgl. Keller/Edelstein 1993, 307) Verantwortung im Bereich der Politik beinhaltet im Gegensatz zur Verantwortlichkeit in einem affektiven Kontext eine eher abstrakte Verknüpfung. Einer Innenministerin kommt zum Beispiel die Verantwortung für die innere Sicherheit eines Staates zu. Damit übernimmt sie zwar letztlich auch die Verantwortung für die Sicherheit der BürgerInnen. Hier besteht aber im Vergleich beispielsweise zum Verhältnis zwischen Eltern und Kindern keine direkte Beziehung. Hans Jonas unterscheidet zwei Formen von Verantwortung, die in vielen Punkten miteinander verwandt sind: die elterliche, die er als "Ur-Verantwortung der elterliche Fürsorge" (Jonas 1984, 185) charakterisiert, und die staatsmännische. Der "Staatsmann" (ebd., 190) oder auch das "Regierende[...] Kollegium" (ebd.) hat demnach "für die Dauer seines Amtes oder seiner Macht die Verantwortung für das Lebensganze des Gemeinwesens, das sogenannte öffentliche Wohl." (Ebd.) Betrachtet man nun diese dem Begriff der Verantwortung innewohnenden Aspekte, so lässt sich vermuten, dass die dem Kontext interpersonaler Beziehungen enthobene Art und Weise der Verantwortungsübernahme "des Staatsmannes" für die weiblichen Interviewten schwerer vorstellbar ist als für die männlichen, während die Mädchen eine mehr kontextbezogene Form der Verantwortung in einem überschaubaren Bereich oder einer fest umrissenen Gruppierung für sich durchaus in Betracht ziehen können.

Die Untersuchungen Gilligans sind inzwischen breit und kontrovers sowohl in der Frauenforschung als auch in sozialisationstheoretischen Debatten, die sich vor allem mit ihrer Kritik an Kohlberg und Piaget auseinander setzen, diskutiert worden. (Vgl. Edelstein/Nunner-Winkler 1986, Nunner-Winkler 1995, Horster 1998a) Einwände gegen Gilligan, die ich in vielen Punkten teile, richten sich unter anderem gegen einen bei ihr implizierten Essentialismus in Bezug auf geschlechtsspezifische Differenzen,[164] gegen die eingeschränkte Daten-

---

[164] Nails macht Gilligan in diesem Kontext den Vorwurf des sozialwissenschaftlichen Sexismus. (Vgl. Nails 1995) Vgl. dazu auch Knapp, die verdeutlicht, dass "diejenigen, die Gilligan umstandslos des 'Essentialismus' oder gar des 'Sexismus'" bezichtigen (Knapp 1998, 165), in ihrer Rezeption Relativierungen ausblenden, die Gilligan selbst vornimmt, und deren Ergebnisse damit "vereindeutigen" (ebd.).

basis, auf der ihre empirischen Untersuchungen beruhen (vgl. z.B. Benhabib 1995, 163 und Nunner-Winkler 1998, 78ff.) und gegen eine mangelnde Differenzierung zwischen Fragen der Gerechtigkeit und Aspekten des guten Lebens (vgl. z.B. Nunner-Winkler 1998, 94) sowie zwischen Recht und Moral. (Vgl. Nagl-Docekal 1998) Bei aller Kritik an Gilligan wird immer wieder betont, dass sie doch Erklärungsansätze für geschlechtsspezifische Phänomene liefert, die sich in einer Vielzahl von Alltagsbeobachtungen zu bestätigen scheinen. (Vgl. dazu Jacobi 1991, 102 und Maihofer 1995, 142ff.)[165] Letztlich lässt sich mit Blick auf das vorausgehende Kapitel aus der Diskussion um eine weibliche Moral folgern, dass Mädchen und Frauen sich aufgrund ihrer Sozialisation eher mit kontextbezogenen Vorstellungen identifizieren können als Jungen und Männer, weil eine solche Haltung vor dem Hintergrund der Separierung des öffentlichen von dem privaten Bereich eher dem gesellschaftlich zugewiesenen weiblichen Sozialcharakter entspricht als dem männlichen. (Vgl. z.B. Kohlberg 1997, 63, Nunner-Winkler 1998, 94f.) Dies dürfte ein Grund dafür sein, dass Mädchen ein ausgeprägteres Interesse an einem politischen Engagement im sozialen Nahbereich zeigen als Jungen. (Vgl. Kap. 8.4.2.) Blendet man also sozialwissenschaftliche und sozialpsychologische[166] Erklärungsmuster, wie auch entwicklungspsychologische und historisch-systematische Herleitungen nicht aus und geht damit von einer gesellschaftlichen Konstruktion geschlechtsspezifischer Differenzen aus, kann eine Auseinandersetzung mit der Diskussion um eine "weibliche Moral" durchaus Impulse zur Erklärung geschlechterdifferenter Einstellungsmuster zur politischen Partizipation liefern.

---

165 Für diese Alltagsplausibilität spricht nach Jacobi auch der immense Einfluss, den Gilligans Forschungsergebnisse vor allem auf sozialwissenschaftliche Diskussionen gehabt haben. (Vgl. Jacobi 1991, 102)
166 Die stärkere Ausrichtung von Mädchen und Frauen auf den Aspekt sozialer Beziehungen wird unter anderem auf die unterschiedliche Identitätsbildung von männlichen und weiblichen Personen zurückgeführt. Vgl. dazu Becker-Schmidt (1995, 226ff.) oder auch Chodorow (1994), auf die sich auch Gilligan in Bezug auf die Sozialisation der Geschlechter bezieht.

9.4.3 Die strukturelle Ausgrenzung von Frauen aus dem Bereich der Politik

Beate Hoecker macht deutlich, dass bisher keine empirischen Befunde vorliegen, welche die Distanz von Frauen zur Politik zu erklären vermögen. (Vgl. Hoecker 2000, 155f.) Sie vermutet in diesem Zusammenhang aber,

"dass die traditionelle Politik Frauen kaum geeignete Voraussetzungen für ihr politisches Engagement bietet; nach wie vor sind die Formen der politischen Arbeit, also die Organisationsstrukturen sowie die Versammlungs- und Kommunikationsstile, männlich geprägt, und auch über die Definition politischer Probleme bestimmen vorrangig Männer. Wenn Frauen sich in diesem Politikfeld engagieren, dann müssen sie sich nach Regeln richten, die ihnen fremd sind." (Ebd.)

Auch die Unterrepräsentanz von Frauen im Bereich der Politik wird unter anderem auf die Erfahrung der Fremdheit zurückgeführt. Demnach sind Frauen – aus historischer Perspektive betrachtet – als "Nachzüglerinnen" im politisch-administrativen System mit Werten, Regeln und Verfahren konfrontiert, die ihre Prägung durch eine männliche Tradition erfahren haben. Dieser Status von Frauen als Fremde im politischen System wird mit dem bereits erwähnten Ausschluss aus dem Bereich der Öffentlichkeit und damit auch aus der Sphäre des Politischen vor allem von der Wende zum 19. Jahrhundert bis zum Beginn des 20. Jahrhunderts begründet: "So wurde die Sphäre der Politik nicht nur zu einem ungewohnten Betätigungsfeld für Frauen, als ihnen der Zugang dazu formal wieder gewährt wurde, sondern auch zu einem Feld, in dem ihnen vieles fremd [...] erscheint." (Hagemann-White 1987, 31, vgl. dazu auch Cornelissen 1993, 321f., Schöler-Macher 1994 und Hoecker 1998, 79)

Nach Jacobi ist Politik nach wie vor ein "Männerterritorium" (Jacobi 1991, 102) auf dem Frauen sich zwar bewegen können, aber ihr Status in diesem Bereich bleibt exzeptionell: "Die Territorien haben eine symbolische Ordnung, eine Kultur, die von Männern produziert ist und in der Frauen sich anpassen müssen, wenn sie sich erfolgreich in ihr bewegen wollen." (Ebd., 103) Benjamin spricht von einer strukturellen Ausgrenzung von Frauen aus dem öffentlichen Bereich und damit auch aus der Politik:

"Ungeachtet der Tatsache, daß Frauen zunehmend an der produktiven und öffentlichen Sphäre der Gesellschaft partizipieren, bleibt diese in ihren Praktiken wie im Prinzip eine ‚Männerwelt'. Die Anwesenheit von Frauen hat keine Wirkung auf die dort gültigen Regeln und Verfahren. Die öffentlichen Institutionen und Produktionsverhältnisse generell erwecken den Anschein von Geschlechtslosigkeit, so unpersönlich sind sie. Aber gerade diese Objektivität, mit ihrer Gleichgültigkeit gegen persönliche Bedürfnisse, gibt sich als Merkmal männlicher Macht zu erkennen. Gerade die allgegenwärtige Depersonalisierung und die Verbannung des Prinzips der Fürsorge in die private Sphäre beweisen die Logik männlicher Herrschaft: eine Logik nach der die Frau herabgewürdigt und ausgeschlossen wird." (Benjamin 1996a, 180)

Sowohl Hoecker als auch Jacobi und Benjamin machen deutlich, dass der politische Bereich auch heute noch nicht nur was die Anzahl der hier aktiven Männer und Frauen anbelangt,[167] sondern auch strukturell eine Männerdomäne ist. Anders als Benjamin würde ich jedoch mit Jacobi (1991, 103) davon ausgehen, dass Frauen, die sich in männlichen Territorien bewegen über einen – wenn möglicherweise auch geringen – Einfluss auf die dortigen Regeln und Verfahren verfügen. Empirische Untersuchungen zu diesem Themenbereich stehen allerdings meines Wissens noch aus.[168] Diese Überlegungen zur strukturellen Ausgrenzung von Frauen aus dem politischen Bereich und der damit verbundenen Fremdheit weiblicher Personen gegenüber der etablierten Politik lassen vermuten, dass Mädchen sich als in doppelter Art und Weise dem politischen Bereich der Erwachsenenpolitik ausgeschlossen erfahren, und zwar zum einen, weil sie nicht zur Gruppe der Erwachsenen gehören und zum anderen weil sie nicht männlich sind. Möglicherweise haben einige Interviewpartnerinnen den Eindruck, dass sie auch im Erwachsenenalter wenig Chancen haben werden, im etablierten politischen Bereich als Subjekte mit spezifischen Eigenschaften und Vorstellungen anerkannt zu werden. Dafür würde auch eine Aussage Noras (15) sprechen. Sie kann sich eher nicht vorstellen, im Erwachsenenalter politisch aktiv zu sein, weil sie glaubt, wenn man *"in die ganzen Parteien"* eigene Interessen einbringen wolle, *"dass einem dann nicht zugehört wird."* (Vgl. Kap. 8.4.1)

---

167 Zum Anteil von Frauen in den Kommunal- und Länderparlamenten sowie im Deutschen Bundestag vgl. Hoecker (2000, 156 ff.).
168 Vgl. dazu auch Jacobi (1991, 103f.), die in diesem Zusammenhang eine differenzierte empirische Untersuchung geschlechtssegregierter Räume für notwendig hält.

10. Gesellschaftstheoretische Grundlagen der Anerkennungsthematik

Im Folgenden sollen die gesellschaftstheoretischen Grundlagen der Anerkennungsthematik herausgearbeitet werden. Zunächst wird auf Basis der Überlegungen Charles Taylors dargelegt, was das Streben nach Anerkennung zu einem zentralen Thema der Moderne macht. Im Mittelpunkt der Ausführungen dieses Kapitels steht aber die von Honneth in "Kampf um Anerkennung" (1998) entwickelte Konzeption einer normativen Gesellschaftstheorie. Dies begründet sich folgendermaßen: Zum einen haben sich die Honneth'schen Darlegungen bereits als relevant in Bezug auf die Diskussion der qualitativen Befunde (vgl. Kap. 9.1.2 u. 9.1.3) erwiesen. So war es möglich, unter Einbeziehung der von ihm vorgenommenen Dreiteilung wechselseitiger Anerkennung (Liebe, Recht und Solidarität) die in den Interviews dargestellten Anerkennungstypen auf Basis theoretischer Überlegungen zu operationalisieren und daraus weiterführende Fragestellungen abzuleiten. Zum anderen hat Honneth eine systematische gesellschaftstheoretische Aufarbeitung der Anerkennungsthematik vorgenommen.[169] Zudem lassen sich auf der Grundlage seiner Überlegungen neue Erkenntnisse im Hinblick auf die Haltung Jugendlicher zur Politik gewinnen. Im Anschluss an die Darstellung der Konzeption Honneths wird die aktuelle gesellschaftliche Situation Jugendlicher in Bezug auf die Anerkennungsthematik genauer in den Blick genommen.

10.1 Zur Aktualität der Anerkennungsthematik

"Die Anerkennung unseres Seins und die Bestätigung unseres Werts sind der Sauerstoff unseres Dasein". (Todorov 1998, 107) Anerkennung ist kein neues Phänomen. Taylor zufolge gehört das Streben nach Anerkennung genauso wie für Todorov zu den menschlichen Grundbedürfnissen. (Vgl. Taylor 1997a, 15) Die Anerkennung durch

---

[169] Nach Fraser zählt Honneth neben Taylor zu den „wichtigsten Theoretikern der Anerkennung". (Fraser 2001, 29)

andere sei ein zentrales Identitätsziel: "Unsere eigene Identität wird [...] im Dialog mit anderen gebildet, in der Übereinstimmung oder Auseinandersetzung mit ihrer Anerkennung unserer eigenen Person." (Taylor 1997b, 55) Insofern sei die Identität einer Person abhängig von der sozialen Interaktion und diese Form der Abhängigkeit habe es immer schon gegeben. Neu ist nach Taylor die Tatsache, dass die Forderung nach Anerkennung mit dem Aufkommen bürgerlicher Gesellschaften explizit formuliert wird. (Vgl. ebd., 60) Dies habe folgende Voraussetzungen: Erstens den Zusammenbruch gesellschaftlicher Hierarchien, die früher die Basis für den Begriff der Ehre bildeten und zweitens die Herausbildung der Vorstellung einer "*individualisierten* Identität, einer Identität, die allein mir gehört und die ich in mir selbst entdecke" (Taylor 1997a, 17, Herv. i. Orig.) gegen Ende des 18. Jahrhunderts. Taylor verwendet den Begriff der Ehre in der Bedeutung, die ihm im Ancien Regime zukam. In diesem Sinne ist Ehre eng mit der Vorstellung von Ungleichheit und Hierarchie verbunden. Um dies zu verdeutlichen, zieht er ein Beispiel heran. Wenn jemand eine Auszeichnung verliehen bekommt, beispielsweise das Bundesverdienstkreuz, wird ihm eine Ehre zuteil. Eine solche öffentliche Auszeichnung hätte jedoch keinen Wert mehr, wenn am folgenden Tag jeder erwachsene Bundesbürger sie erhalten würde. (Vgl. Taylor 1997b, 55) Im Gegensatz zu dieser Auffassung von Ehre stünde der moderne Begriff der Würde, der in einem universalistischen und egalitären Sinne verwendet wird, wie etwa die "Würde des Menschen". Eine solche Vorstellung sei mit der Auffassung verknüpft, dass jeder an dieser Würde teilhaben könne.

"Dieser Begriff der Würde ist der einzige, der mit einer demokratisch verfaßten Gesellschaft in Einklang zu bringen ist, und daher war es unvermeidlich, daß der alte Ehrbegriff an den Rand gedrängt wurde. Das bedeutet aber zugleich, daß die Formen der gleichen Anerkennung für die demokratische Kultur wesentlich geworden sind. [...] Die Demokratie hat eine Politik der gleichen Anerkennung eingeleitet, die im Laufe der Jahre verschiedene Formen angenommen hat und jetzt in der Gestalt von Forderungen nach Gleichrangigkeit der Kulturen und der Geschlechter wieder auf den Plan tritt." (Ebd. 1997b, 56)

Die zweite mit der modernen Vorstellung individueller Identität zusammenhängende Bedingung für die Aktualität der Anerkennungsthematik fasst Taylor mit dem Begriff der Authentizität. (Vgl. Taylor 1997a, 17ff.)

"Das neue Authentizitätsideal entsprang, wie das Ideal er Würde, zum Teil dem Niedergang der hierarchischen Gesellschaft. In den Gesellschaften früherer Zeiten war das, was wir heute Identität nennen, weitgehend durch die gesellschaftliche Stellung des Einzelnen festgelegt. Das heißt, der Kontext, der bestimmte, was die Menschen als für sich wichtig ansahen, war in hohem Maße von ihrem Platz innerhalb der Gesellschaft und den mit ihm gesetzten Rollen und Tätigkeiten abhängig." (Ebd. 20f.)

Anerkennung tauchte hier nicht als etwas Problematisches auf, da "die sozial abgeleitete Identität auf gesellschaftlichen Kategorien beruhte, die jeder als selbstverständlich hinnahm." (Taylor 1997b, 57)

"Nachhaltig untergraben wird diese soziale Identitätsbestimmung durch die Idee der Authentizität selbst. Sobald sie in Erscheinung tritt, [...] bin ich aufgefordert, meine Eigenart ausfindig zu machen. Und diese Eigenart läßt sich nicht aus der Gesellschaft ableiten, sie muß im Inneren und aus dem Inneren erzeugt werden." (Taylor 1997a, 21)

Nach Taylor entsteht im Zuge der Moderne nicht etwa das grundsätzliche Bedürfnis, Anerkennung durch andere zu erhalten, sondern neu seien hier im Gegensatz zu traditionalen Gesellschaften die Bedingungen, unter denen dieses Bedürfnis scheitern könne: "Das entscheidende Merkmal der innerlich abgeleiteten, persönlichen und originalen Identität besteht darin, daß diese sich nicht jener apriorischen Anerkennung erfreut. Sie muß Anerkennung durch einen Austauschprozeß erringen, und dabei kann sie versagen." (Taylor 1997b, 57f.) Und eben in dieser Gefahr des Scheiterns läge die Ursache der Thematisierung des Strebens nach Anerkennung.

"Daß die Menschen in vormoderner Zeit nicht von 'Identität' und 'Anerkennung' redeten, lag nicht daran, daß sie keine Identität im Sinne unseres Ausdrucks besessen hätten oder nicht auf Anerkennung angewiesen waren, sondern es lag daran, daß diese Dinge damals zu unproblematisch waren, um eigens thematisiert zu werden." (Ebd., 58)

Das Thema Anerkennung konvergiert also mit den Prozessen sozialer Identität in demokratischen Gesellschaften und unterliegt den Spannungen demokratischer Veränderungsprozesse. Anerkennungskämpfe von Frauen, kulturellen oder ethnischen Minderheiten spiegeln dieses wider. Nach Taylor verlangt die Anerkennung der Unterschiede nach einem allen Gesellschaftsmitgliedern gemeinsamen Bedeutungshorizont. (Vgl. ebd., 63)

10.2 Anerkennung und die Grundlagen einer normativen Gesellschaftstheorie – Die Anerkennungsthematik in der Konzeption Axel Honneths

Honneth entfaltet seine Konzeption einer normativen Gesellschaftstheorie, die er auf Basis der Anerkennungsthematik entwickelt, im Kontext kritischer Gesellschaftstheorie. (Vgl. Honneth 1994a) Er verbindet damit eine Form der gesellschaftstheoretischen Auseinandersetzung,

> „die mit dem ursprünglichen Programm der Frankfurter Schule, ja vielleicht mit der Tradition des Linkshegelianismus im ganzen, eine bestimmte Form der normativen Kritik teilt; eine solche nämlich, die zugleich über die vorwissenschaftliche Instanz Auskunft zu geben vermag, in der ihr eigener kritischer Gesichtspunkt als empirisches Interesse oder moralische Erfahrung außertheoretisch verankert ist." (Ebd., 78)

Folgende Aspekte bilden seiner Ansicht nach die Grundlage dieser gesellschaftstheoretischen Analyse. Erstens sollte man "das Ideal einer gerechten Gesellschaft als normativen Maßstab der Analyse" (Horster 1999, 50) in den Blick nehmen. Zweitens sei darzulegen, "welche Mechanismen in der unzulänglichen Gesellschaft die Weiterentwicklung verhinderten, und man müsse drittens zugleich das Entwicklungspotenzial aufzeigen, das man zu entfalten habe." (Ebd.) Die Grundzüge dieses gesellschaftstheoretischen Modells werden im Folgenden herausgearbeitet.

10.2.1 Intersubjektivität und Sittlichkeit. Das Anerkennungsmodell des jungen Hegel

Honneth entfaltet sein Anerkennungsmodell auf Basis der Überlegungen des jungen Hegel: Hegel hatte vorwiegend in seinen Jenaer Schriften die Idee eines Kampfes um Anerkennung in kritischer Auseinandersetzung mit den naturrechtlichen Theorien Niccolò Machiavellis und Thomas Hobbes entwickelt. Letztere machen den "Kampf um Selbsterhaltung" als anthropologische Konstante zum theoretischen Bezugspunkt ihrer Analyse. Demnach seien die Menschen letztlich nur egozentrisch am eigenen Nutzen orientiert. Deshalb würden sie sich ohne die entsprechenden staatlichen Regulierungen in einer

Haltung des permanenten Misstrauens gegenüberstehen und "durch eine Haltung präventiver Machtsteigerung in einen Krieg aller gegen alle geraten." (Keupp u.a. 1999, 253) Sowohl Machiavelli als auch Hobbes betrachten es vor dem Hintergrund ihrer Überlegungen als den Zweck der politischen Praxis, den immer wieder drohenden Konflikt der Subjekte stets neu zum Stillstand zu bringen. (Vgl. Honneth 1998, 18) Auf der Basis dieser Annahmen begründet Hobbes die Notwendigkeit eines souveränen Staates. (Vgl. Hobbes 1974, 151ff.) Hegel vertritt dagegen – so Honneth – die Überzeugung,

"daß sich aus einem Kampf der Subjekte um die wechselseitige Identität ein innergesellschaftlicher Zwang zur praktisch-politischen Durchsetzung von freiheitverbürgenden Institutionen ergibt; es ist der Anspruch der Individuen auf die intersubjektive Anerkennung ihrer Identität, der dem gesellschaftlichen Leben von Anfang an als eine moralische Spannung innewohnt, über das jeweils institutionalisierte Maß an sozialem Fortschritt wieder hinaustreibt und so auf dem negativen Weg eines sich stufenweise wiederholenden Konfliktes allmählich zu einem Zustand kommunikativ gelebter Freiheit führt." (Honneth 1998, 11)

Im Unterschied zum Atomismus naturrechtlicher Theorien, die "das Sein des Einzelnen als das Erste und Höchste" (Hegel 1996, S. 454) setzen, misst Hegel demnach der Intersubjektivität des öffentlichen Lebens einen größeren Stellenwert bei. Bei Hegel werden die Kategorien atomistischer Vorstellungen durch Begriffe, die soziale Zusammenhänge zwischen den Subjekten zu erklären vermögen, ersetzt. Das Vorhandensein intersubjektiver Verpflichtungen setzt er dabei nach Honneth "als eine quasinatürliche Bedingung jedes Prozesses der menschlichen Vergesellschaftung" (Honneth 1998, 27) voraus.

Damit betone Hegel im Unterschied zu Hobbes die soziale Komponente eines Konfliktes zwischen Subjekten. Zerstrittene Personen agieren nicht ausschließlich als egozentrische, voneinander isolierte Wesen, sondern sie müssen, um überhaupt in einen Konflikt treten zu können, ihr jeweiliges Gegenüber als Interaktionspartner akzeptiert haben. (Vgl. Honneth 1998, 77f.) Hegel rücke damit erstmals den sozialen Kampf "als ein sittliches Bewegungsmoment innerhalb des gesellschaftlichen Lebenszusammenhangs" (ebd., 32) in den Blickpunkt. Im "System der Sittlichkeit" fasse er die Ursprungsform der Anerkennung unter den Oberbegriff der "natürlichen Sittlichkeit" (Hegel 1967, 9f.). Hegels Überlegungen zufolge führe "erst die Verletzung jener anfänglichen Anerkennungsbeziehungen durch verschiedene Arten des Kampfes [...] zu einem Zustand der sozialen Integration, der sich formal als ein organisches Verhältnis der reinen Sittlichkeit begreifen lassen kann." (Honneth 1998, 33).

Hegel beschreibt, wie sich durch die Herauslösung der Subjekte aus dem ursprünglichen Anerkennungsmuster erste Sozialverhältnisse etablieren. Dabei arbeitet er nach Honneth letztlich jene drei Stufen der wechselseitigen Anerkennung heraus, die bereits in Kapitel 9.1.2 dieser Arbeit ausführlich dargestellt wurden: Das Anerkennungsverhältnis der Liebe, in dem sich Personen als liebende und bedürftige Wesen achten, die rechtliche Anerkennung, die auf der reziproken Wertschätzung von Subjekten als Trägern von verbürgten Rechten basiert und schließlich die soziale Wertschätzung. Sie beruht darauf, dass Menschen einander als soziale Wesen in ihren spezifischen Besonderheiten, also gleichermaßen als Mitglieder einer Gemeinschaft und als Personen mit individuellen Fähigkeiten und Besonderheiten, anerkennen. An dieses von Hegel in seinen frühen Schriften entwickelte Modell knüpft Honneth an und überprüft es auf seine Relevanz für die Entwicklung "einer normativ gehaltvollen Gesellschaftstheorie". (Honneth 1998, 7)

10.2.2 Anerkennung in der Sozialpsychologie George Herbert Meads

Hegel hat seine Konzeption wechselseitiger Anerkennung im Rahmen einer spekulativen idealistischen Theorie der Vernunft entfaltet. Sie verdankt damit ihre Geltungskraft in großen Teilen einem Denkmodell, dass im Kontext nachmetaphysischer Konzeptionen einer Aktualisierung bedarf. Diese lässt sich nach Honneth durch eine empirische Verankerung der Anerkennungsthematik erreichen. Deshalb versucht Honneth, den Hegel'schen Überlegungen unter Rückgriff auf die Sozialphilosophie Meads eine empirische Wendung zu geben. Auf Basis der Darlegungen Meads ließen sich die psychischen Mechanismen zur Bildung des Selbstbewusstseins nach Honneth transparent machen. Von daher stellten sie einen "ersten Schritt zu einer naturalistischen Begründung der Anerkennungslehre Hegels" (Honneth 1998, 121) dar.

Mead hat die Entwicklung des Individuums in der sozialen Interaktion untersucht. Von zentraler Bedeutung für diesen Entwicklungsprozess ist für ihn die Übernahme der Perspektive von Interaktionspartnern. Nach Mead müssen Heranwachsende lernen einzuschätzen, wie sie von anderen gesehen werden und mit welchen Erwartungen andere ihnen gegenübertreten. Sie sollten demnach also imstande sein, sich selbst aus der Perspektive ihres jeweiligen Gegenübers zu betrachten. Mead versucht in diesem Kontext zu erklären, wie ein Subjekt überhaupt ein Bewusstsein über die soziale Bedeutung seiner Handlungsäußerungen erlangen kann. (Vgl. Montada 1998a, 59) Mit dem Vermögen zu beurteilen, welche Bedeutung das eigene Handeln für das jeweilige Gegenüber hat, erlangt eine Person die Fähigkeit, "sich selber als ein soziales Objekt der Handlungen seiner Interaktionspartner zu betrachten." (Honneth 1998, 119) Um diese Stellung des Selbst als Objekt deutlich zu machen, verwendet Mead den Begriff des "Mich"[170]. Das Selbst, welches das Subjekt betrachtet, "wenn es auf sich selber reagiert, ist immer der aus der Perspektive seines Gegenübers wahrgenommene Interaktionspartner, nie aber das aktuell tätige Subjekt der eigenen Handlungsäußerungen." (Honneth 1998, 119) Letzteres bezeichnet Mead als das "Ich". Seinen Überlegungen zufolge vollzieht sich die Entwicklung des Selbst in einem dialektischen Prozess von "Ich" und "Mich", wobei er die beiden Pole gleichzeitig als Bestandteile des Selbst betrachtet. Das "Mich" verkörpert dabei das in der sozialen Interaktion aus der Perspektive eines Alter Ego gewonnene Selbstbild einer Person. Das "Ich" kann im Gegensatz zum "Mich" nicht als Objekt in den Blick genommen werden. Es ist der "Gesprächspartner unserer inneren Er-

---

170 Die Übersetzung des Mead'schen "me" – das sich selbst als Objekt betrachtende Ich – ins Deutsche ist problematisch, sind doch "I" und "Me" lediglich zwei Komponenten des Ich. Deshalb greift Pacher in seiner Übersetzung von "Geist, Identität, Gesellschaft" auf eine technische Lösung zurück und verwendet verschiedene Schreibweisen "Ich" (für "I") und "i c h" (für "me"). (Vgl. Mead 1998, 216 u. 442) In einigen Publikationen werden die Begriffe "I" und "Me" nicht ins Deutsche übersetzt, sondern in der englischen Schreibweise belassen. (Vgl z.B.: Oerter/Dreher 1998, 347) Honneth verwendet – wie auch die Übersetzung der gesammelten Aufsätze von Learmann u.a. (vgl. Mead 1987a und 1987b) – die Begriffe "I" und "Me" in der deutschen Übersetzung "Ich" und "Mich". Da ich mich in meiner Darstellung Meads vor allem auf Honneths Interpretation beziehe, folge ich seiner Begriffswahl, zumal ich sie auch für die lesefreundlichste Lösung halte.

fahrung" (Mead 1987a, 240), der quasi im Inneren verborgen auf die uns bewussten Vorgänge reagiert, während Mead das "Mich" als die "ihrer selbst bewußte, tatsächlich wirkende Identität im sozialen Umgang" (ebd.) mit anderen definiert. Hier ist nach Honneth angedeutet, wie Mead zu einer "intersubjektivistischen Konzeption des menschlichen Selbstbewußtseins" (Honneth 1998, 120) gelangt und damit zu erklären vermag, wie sich das Selbstbewusstsein in Abhängigkeit von dem Vorhandensein eines Gegenübers entwickelt: "ein Bewußtsein seiner selbst kann ein Subjekt nur in dem Maße erwerben, wie es sein eigenes Handeln aus der symbolisch repräsentierten Perspektive einer zweiten Person wahrnehmen lernt." (Ebd., 120f.)

Die grundlegendsten Formen des moralischen Urteilens entwickelt ein Kind nach Mead dadurch, dass es lernt, sein Verhalten zu beurteilen, indem "es auf seine Handlungen mit den erinnerten Worten seiner Eltern reagiert" (Mead 1987a, 246). Das heranwachsende Subjekt macht sich durch diesen Mechanismus das, was die Bezugspersonen von ihm erwarten, zu eigen. Durch die Internalisierung von Erwartungshaltungen der jeweiligen Interaktionspartner stellt das "Mich", auf welches das Subjekt sich in diesem Zusammenhang aus der Perspektive einer zweiten Person bezieht, nicht länger bloß eine "neutrale Instanz der kognitiven Problembewältigung" (Honneth 1998, 123) dar, sondern es verkörpert vielmehr "die moralische Instanz der intersubjektiven Konfliktlösung" (ebd.). In der Interpretation Honneths bildet diese Überlegung Meads die Basis für eine theoretische Herleitung der menschlichen Identitätsbildung. Mead orientiere sich dabei an der Idee

"einer schrittweisen Verallgemeinerung des 'Mich' im Zuge des sozialen Heranwachsens des Kindes: wenn der Mechanismus der Persönlichkeitsentwicklung darin besteht, daß das Subjekt sich aus der normativen Perspektive seines Gegenübers zu begreifen lernt, dann muß sich mit dem Kreis der Interaktionspartner auch der Bezugsrahmen seines praktischen Selbstbildes allmählich erweitern." (Ebd., 124f.)

Das heranwachsende Subjekt erlernt also im Prozess der Sozialisation die Übernahme der normativ generalisierten Verhaltenserwartungen seiner sozialen Umgebung. Die reflexive Instanz, vermittels derer ein menschliches Wesen imstande ist, sich die normativen Erwartungen anderer zu eigen zu machen, bezeichnet Mead als den "generalisierten

Anderen". Dieses von Mead dargelegte intersubjektive Verhältnis lässt sich nach Honneth mit dem Begriff der wechselseitigen Anerkennung umschreiben: "in dem Maße, in dem der Heranwachsende seine Interaktionspartner auf dem Weg der Verinnerlichung ihrer normativen Einstellungen anerkennt, kann er sich selbst als ein Mitglied ihres sozialen Kooperationszusammenhanges anerkannt wissen." (Ebd., 126)

Voraussetzung dafür, dass ein Individuum sich als ein vollwertiges Mitglied einer Gemeinschaft betrachten kann, ist die Gewährung von Rechten. "Rechte sind gewissermaßen die individuellen Ansprüche, von denen ich sicher sein kann, daß der generalisierte Andere sie erfüllen wird." (Honneth 1998, S. 127) Nach Mead erhält ein Individuum erst durch die Gewissheit, dass die persönlichen Rechte anerkannt werden, "die Würde, Mitglied der Gemeinschaft zu sein." (Mead 1998, 243) Der Begriff Würde, den Mead in diesem Zusammenhang wählt, beinhaltet so Honneth, "daß der Erfahrung von Anerkennung ein Modus der praktischen Selbstbeziehung korrespondiert, in dem das Individuum sich des sozialen Wertes seiner Identität sicher sein kann." (Honneth 1998, 127) Dieses Bewusstsein des eigenen Wertes definiert Mead als "Selbstachtung" und bezeichnet damit das positive Verhältnis, welches eine Person zu sich selbst einzunehmen in der Lage ist, wenn es von den Mitgliedern einer Gemeinschaft als Subjekt anerkannt wird.

10.2.3 Das primäre Anerkennungsverhältnis in der psychoanalytischen Objektbeziehungstheorie

Um auf der Grundlage seiner bisherigen Überlegungen, zu einer "normativ gehaltvollen Gesellschaftstheorie" (Honneth 1998, 148) zu gelangen, ist es nach Honneth erforderlich, einen weiteren Punkt systematisch zu erläutern, und zwar die empirische Fundierung der bereits bei Hegel entwickelten Dreiteilung der Formen gesellschaftlicher Anerkennung. Donald W. Winnicott, auf den Honneth sich in erster Linie beruft, wenn er die empirischen Grundlagen des primären Anerkennungsverhältnisses aufzeigen will, geht davon aus, dass ein Baby in den ersten Lebensmonaten eine symbiotische Einheit mit seiner Mutter bildet. In dieser Phase der Entwicklung empfindet sich der Säugling als Teil der Mutter, aber auch die Mutter nimmt umgekehrt die Reaktionen ihres Kindes als Bestandteil ihrer selbst wahr. Nach Winnicott ist das Baby in dieser Entwicklungsphase "der absoluten Abhängigkeit" (Winnicott 1984, 111) nicht in der Lage, die Fürsorge der Mutter bewusst wahrzunehmen. Winnicott hat sich vor allem mit der Frage beschäftigt, welche Mechanismen im Prozess der Auflösung der symbiotischen Beziehung zwischen Mutter und Kleinkind wirksam sind. Dieser Ablösungsprozess setzt ein, wenn die Mutter allmählich aus der Einheit mit ihrem Kind heraustritt. In jenem Stadium, dass Winnicott als Phase der "relative[n] Abhängigkeit" (ebd.) charakterisiert, beginnt der Säugling – circa im Alter von sechs Monaten – seine Abhängigkeit zunächst schemenhaft und im Laufe der Entwicklung immer deutlicher wahrzunehmen.[171] Zu erleben, dass die Verfügbarkeit der Mutter begrenzt ist, stellt für das Kleinkind eine erhebliche Herausforderung dar. In dem Maße, wie die Mutter seiner omnipotenten Kontrolle entgleitet, ist das Kind dazu gezwungen, sie als eine von ihm getrennte Person wahrzunehmen und damit letztlich "als ein Wesen mit eigenen Recht" (Winnicott 1987, 105) anzuerkennen. Wenn das Baby merkt, dass ihm die Mutter nicht mehr unbegrenzt zur Verfügung steht, beginnt es aggressiv zu reagieren und traktiert die jetzt als unabhängig erlebte Bezugsperson beispielsweise mit Bissen oder Tritten. Nach Winnicott erprobt das Kind durch diese aggressiven Akte, inwieweit die Mutter tatsächlich als von ihm getrenntes Wesen existiert. Übersteht sie die kindlichen Zerstörungsversuche unbeschadet, ohne sich durch Liebesentzug zu rächen, lernt das Kind, die Mutter als selbstständiges Subjekt zu würdigen. Diese Phase der ersten Ablösung ist folglich eng mit den aggressiven Impulsen des Kindes verbunden. Deshalb liegt es – so Honneth – nahe, Hegels Überlegungen bezüglich eines "Kampfes um Anerkennung" als Erklärungsgrundlage für das hier beschriebene Phänomen zu verwenden:

"denn erst im Versuch der Zerstörung seiner Mutter, in Form eines Kampfes also, erlebt das Kind ja, daß es auf die liebevolle Zuwendung einer Person angewiesen ist, die unabhängig von ihm als ein Wesen mit eigenen Ansprüchen existiert. Für die Mutter heißt das umgekehrt aber, daß auch sie erst die Unabhängigkeit ihrer Gegenübers zu akzeptieren lernen muß, wenn sie seine zerstörerischen Attacken

---

171 "Wenn die Mutter einen Augenblick länger fort ist, als es die Fähigkeit des Säuglings erlaubt, tritt Angst auf, und dies ist das erste Zeichen dessen, daß der Säugling etwas weiß." (Winnicott 1984, 113)

im Rahmen ihres wieder gewachsenen Handlungsspielraumes 'überleben' will: von ihr verlangt die aggressiv geladene Situation nämlich, die zerstörerischen Wunschphantasien ihres Kindes als etwas zu begreifen, was den eigenen Interessen zuwiderläuft und daher nur ihm allein als eine bereits verselbständigte Person zukommen kann." (Honneth 1998, 164)

Ist der erste Schritt der wechselseitigen Auflösung der symbiotischen Einheit zwischen Mutter und Kind vollzogen, können sich beide gleichermaßen als abhängig und getrennt voneinander wahrnehmen. Dieser Prozess der Anerkennung ist also stets mit der paradoxen Empfindung verbunden, anders zu sein und gleichzeitig zusammenzugehören.[172]

10.2.4 Rechtliche Anerkennung in der Moderne

Im Anschluss an die Darstellung des Anerkennungsverhältnisses der Liebe mit Hilfe der psychoanalytischen Objektbeziehungstheorie sucht Honneth seine Unterscheidung zwischen dem rechtlichen und dem sozialen Anerkennungsverhältnis empirisch zu belegen. Während die Existenz eines primären Anerkennungsverhältnisses auf der Grundlage der Überlegungen vor allem Winnicotts empirisch nachweisbar sei, ließe sich die Spaltung der rechtlichen von der sozialen Anerkennung allerdings nur unter Berücksichtigung einer "empirisch gesicherten Begriffsanalyse" (Honneth 1998, 178) darstellen. Der Typus der rechtlichen Anerkennung unterscheide sich zwar in vielen Punkten vom primären Anerkennungsverhältnis der Liebe. Da aber beiden Formen derselbe Mechanismus reziproker Anerkennung zugrunde liege, ließen sie sich "als zwei Typen ein und des gleichen Musters der Vergesellschaftung" (ebd., 174) interpretieren. Hegel und Mead haben verdeutlicht, dass eine Person sich selbst nur als Trägerin von Rechten in den Blick nehmen kann, wenn sie sich darüber bewusst ist, welche normativen Verpflichtungen sie gegenüber ihren Interaktionspartnern zu erfüllen hat. Im Unterschied zur Wechselseitigkeit in Liebesbeziehungen konnte sich jedoch – so Honneth – der Typus der Reziprozität in Rechtsverhältnissen erst infolge eines historischen Prozesses, der in Zusammenhang mit der Differenzierung "von traditionsgebundenem und posttraditionalem Recht" (ebd., 175)

---

[172] Zum Paradoxon der Anerkennung vgl. Benjamin (1996a u. 1996b.).

zu sehen ist, entwickeln. Die rechtliche Anerkennungsform bei Mead ist untrennbar mit der sozialen Rolle einer Person verbunden. Einzig die legitime Zugehörigkeit zu einem "arbeitsteilig organisierten Sozialverband" (ebd., 176) garantiert dem Subjekt, als Person mit eigenen Rechten anerkannt zu werden. Hegel betrachtet im Unterschied dazu die Existenz universalistischer Moralprinzipien, die zu Beginn der Moderne in das geltende Recht eingedrungen sind, als die Voraussetzung für seine Definition einer Rechtsperson: "das Rechtssystem muß von nun an als Ausdruck der verallgemeinerbaren Interessen aller Gesellschaftsmitglieder verstanden werden können, so daß es seinem Anspruch nach keine Ausnahmen und Privilegierungen mehr zulassen darf." (Ebd., 177)

Folgt man den Überlegungen Honneths setzt sich mit dem Übergang zur Moderne allmählich eine Betrachtungsweise durch, die individuelle Rechte von konkreten Rollen- bzw. Statuserwartungen unterscheidet. Während die rechtliche Anerkennung des Subjektes in der Vormoderne noch untrennbar mit der sozialen Rolle bzw. dem gesellschaftlichen Status verbunden war, löst sich diese Verknüpfung in Folge der historischen Entwicklung, in der eine postkonventionelle Moral im Recht immer stärker an Geltung gewinnt, allmählich auf: "nunmehr spaltet sich die Anerkennung als Rechtsperson, die jedem Subjekt der Idee nach in gleichem Maße gelten muß, von dem Grad der sozialen Wertschätzung soweit ab, daß zwei verschiedene Formen der Achtung entstehen, deren Funktionsweisen auch nur gesondert zu analysieren sind." (Ebd., 179)

Von zentraler Bedeutung für die rechtliche Anerkennung sei es, "im Lichte empirischer Zustandsbeschreibungen" (ebd., 182) den Kreis von Personen zu bestimmen, die in einer Gesellschaft als moralisch zurechnungsfähig gelten.

10.2.5 *Rechtliche Anerkennung und Autonomie*

Als ausschlaggebend für das Anerkennungsverhältnis der sozialen Wertschätzung bezeichnet Honneth die "graduelle Bewertung konkreter Eigenschaften und Fähigkeiten" (Honneth 1998, 183) eines Subjekts. Die besonderen Eigenschaften, welche eine Person von einer anderen unterscheiden, bilden also einen zentralen Bezugspunkt für die Bestimmung sozialer Anerkennung. Dies trennt – wie bereits erläutert – die dritte Form der Anerkennung von der Achtung im Recht, deren Grundlage die Wertschätzung einer allgemeinen Eigenschaft – der moralischen Zurechnungsfähigkeit – bildet. Durch die Zuerkennung seiner moralischen Autonomie erlangt ein menschliches Wesen überhaupt erst den Status eines Rechtssubjektes (vgl. ebd.,) und umgekehrt ist die Geltung einer Rechtsordnung an die Vorstellung gebunden, dass all ihre Mitglieder moralisch zurechnungsfähig sind; denn schließlich basiert die Legitimität der Rechtsgemeinschaft auf "der Idee einer rationalen Übereinkunft zwischen gleichberechtigten Individuen". (Ebd., 184f.) Fähigkeiten, die eine moralisch zurechnungsfähige Person kennzeichnen, sind jedoch nicht ein für allemal festgelegt, sondern "abhängig von Hintergrundannahmen darüber, welche subjektiven Voraussetzungen zur Teilnahme an einer rationalen Willensbildung befähigen" (ebd., 185). Damit wird deutlich, dass die für die rechtliche Achtung grundlegenden Eigenschaften sich verändern können. Dies sucht Honneth zu verdeutlichen, in dem er "die faktische Entwicklung, die die Zuerkennung subjektiver Rechte unter posttraditionalen Bedingungen genommen hat" (ebd.) nachzeichnet:

"Die kumulative Erweiterung individueller Rechtsansprüche, mit der wir es in modernen Gesellschaften zu tun haben, läßt sich als ein Prozeß verstehen, in dem der Umfang der allgemeinen Eigenschaften einer moralisch zurechnungsfähigen Person sich schrittweise vergrößert hat, weil unter dem Druck eines Kampfes um Anerkennung stets neue Voraussetzungen zur Teilnahme an der rationalen Willensbildung hinzugedacht werden mußten". (Ebd., 185f.)

Um transparent zu machen, wie sich individuelle Rechtsansprüche im Laufe des historischen Prozesses ausgeweitet haben, bezieht Honneth sich auf die rechtswissenschaftliche Differenzierung zwischen liberalen Freiheitsrechten, politischen Teilnahmerechten und sozialen Wohlfahrtsrechten. (Vgl. ebd., 186) Diese Dreiteilung liegt auch der Theorie des Rechtswissenschaftlers Thomas H. Marschall (1963) zugrunde, der nach Honneth "die historische Einebnung der sozialen Klassenunterschiede als einen gerichteten Prozeß der Erweiterung von individuellen Grundrechten zu rekonstruieren" (Honneth 1998, 186) suchte. Wie bereits erläutert kennzeichnet die Ablösung subjektiver Rechtsansprüche von sozialen Statuszugehörigkeiten die Unterscheidung zwischen traditionalen und posttraditionalen Rechtssystemen. Diese Loslösung bildet wiederum die Voraussetzung des allgemeinen Gleichheitsgrundsatzes, demzufolge jedem autonomen Subjekt ohne Rücksicht auf Privilegierungen, die gleichen staatsbürgerlichen Rechte zugebilligt werden wie jeder anderen moralisch zurechnungsfähigen Person. (Vgl. ebd., 187) Marshall untersucht nun – so Honneth – den "Entwicklungsdruck, unter den die individuellen Grundrechte geraten mußten, nachdem sie einmal einer derartigen Gleichheitsforderung unterworfen worden waren" (ebd.). Zentral für die Darstellung der Dynamik eines Kampfes um die Ausweitung individueller Rechtsansprüche sei nun, dass Marshall bewiesen habe,

"daß die Durchsetzung jeder neuen Klasse von Grundrechten historisch stets mit Argumenten erzwungen worden ist, die implizit auf die Forderung nach vollwertiger Mitgliedschaft im politischen Gemeinwesen bezogen waren. So entstanden politische Teilnahmerechte zunächst nur als ein Sekundärprodukt jener liberalen Freiheitsrechte, die in nicht geringem Umfang bereits im achtzehnten Jahrhundert zumindest dem männlichen Teil der erwachsenen Bevölkerung zugestanden worden waren: einen positiven Anspruch auf die Teilnahme am politischen Willensbildungsprozeß besaß zu Beginn nur der rechtlich freie Staatsbürger, der ein gewisses Maß an Einkommen und Besitz aufweisen konnte." (Ebd., 188)

Eine Ausweitung erfuhr das Recht zur Teilnahme an der politischen Willensbildung erst zu dem Zeitpunkt, als sich die rechtspolitischen Überzeugungen dahingehend verändert hatten, dass die Gleichheitsforderungen der bis dahin ausgeschlossenen Gruppen argumentativ nicht mehr zurückzuweisen waren. So hatte sich zu Beginn des 20. Jahrhunderts letztlich die Vorstellung durchgesetzt, "daß jedem Mitglied eines politischen Gemeinwesens das gleiche Recht auf Partizipation am demokratischen Willensbildungsprozeß zukommen muß." (Ebd.,)

Die Ausdehnung der sozialen Wohlfahrtsrechte ist nun nach Honneth, der sich hier weiterhin auf Marshall bezieht, wiederum im Zusammenhang "mit der Idee der 'Vollwertigkeit' einer Mitgliedschaft im politischen Gemeinwesen" (ebd., 189) zu betrachten. Demnach war der Kampf um die Einführung der allgemeinen Schulpflicht im 19. Jahrhundert unter anderem deshalb entbrannt, weil die zukünftigen Erwachsenen mit einem Wissen ausgestattet werden sollten, das sie befähigte, ihre politischen Rechte adäquat auszuüben. Das entsprach der Vorstellung einer allgemeinen und eben nicht standesspezifisch ausgerichteten Menschenbildung, welche zum Beispiel die Neuhumanisten in Deutschland gegen die ständische Bildungsbeschränkung vertraten, auf politischer Ebene der Forderung nach Rechtsgleichheit. (Vgl. Burdewick/Martin 1994, 14f.) Die Einsicht, dass die Chance, sich gleichberechtigt am politischen Willensbildungsprozess beteiligen zu können, nur gegeben sein kann, wenn allen Bürgern und Bürgerinnen ein gewisses Maß an sozialem Lebensstandard und ökonomischer Sicherheit gegeben ist, drängt sich – so Honneth in der Interpretation Marshalls – vor dem Hintergrund dieser Gleichheitsansprüche auf. So sei aus jenen Forderungen nach Gleichheit "dann im Laufe des zwanzigsten Jahrhunderts zumindest in den westlichen Ländern, die eine wohlfahrtsstaatliche Entwicklung genommen haben, jene neue Klasse sozialer Wohlfahrtsrechte hervorgegangen, die jedem Staatsbürger die Möglichkeit der Ausübung all seiner übrigen Rechtsansprüche zusichern soll." (Ebd., 189)

10.2.6 Soziale Anerkennung in der Moderne

Ähnlich wie beim rechtlichen Anerkennungsverhältnis lassen sich nach Honneth auch die Charakteristika der sozialen Wertschätzung anhand des historischen Strukturwandels zwischen traditionalen und posttraditionalen Gesellschaften aufzeigen. Wie Taylor geht Honneth davon aus, dass soziale Anerkennung in einer ständisch gegliederten Gesellschaftsform untrennbar mit dem Begriff der "Ehre" verknüpft ist, der in diesem Kontext "das relative Maß an sozialem Ansehen bezeichnet, das eine Person zu erwerben vermag, wenn sie die kollektiven Verhaltenserwartungen habituell erfüllen kann, die 'ethisch' mit ihrem sozialen Status verknüpft sind". (Honneth 1998, 199) Die soziale Wertschätzung richtet sich hier also nach der per se festgelegten Bewertung von Eigenschaften, die in der jeweiligen gesellschaftlichen Statusgruppe als achtenswert gelten. In traditionalen Gesellschaften habe die soziale Achtung innerhalb der Gruppe der Standesmitglieder einen symmetrischen, nach außen aber – im Verhältnis zu anderen Statusgruppen – einen asymmetrischen Charakter. Die Angehörigen einer Statusgruppe vermögen sich demnach wechselseitig als Subjekte anzuerkennen, "die aufgrund der gemeinsamen Soziallage Eigenschaften und Fähigkeiten teilen, denen auf der gesellschaftlichen Werteskala eine bestimmtes Maß an sozialem Ansehen zukommt". (Ebd., 200) Die Wertschätzung zwischen den verschiedenen Statusgruppen verlaufe im Unterschied dazu nach hierarchisch gegliederten Prinzipien; denn an Mitgliedern der jeweils fremden Stände werden Fähigkeiten und Eigenschaften geachtet, "die in einem kulturell vorbestimmten Maß zur Verwirklichung gemeinsam geteilter Werte beitragen." (Ebd.)

Mit dem Übergang zur Moderne erhalten die postkonventionellen Vorstellungen der Staatstheorie und Philosophie immer mehr an Gewicht. Im Zuge dieser Entwicklung wandeln sich nach Honneth auch die Voraussetzungen "für die Geltung der ethischen Zielsetzungen einer Gesellschaft". (Ebd., 201) Während die gesellschaftliche Wertordnung in der ständisch gegliederten Gesellschaft auf überlieferten religiösen und metaphysischen Ideen basierte, setzt sich in der Moderne zunehmend die Vorstellung durch, dass ethische Verpflichtungen in einer Gesellschaft die Folge innerweltlicher Übereinkünfte sind. (Vgl. ebd., 202) Damit verliert die Vorstellung, der soziale Wert einer Person sei per se durch die jeweilige Standeszugehörigkeit bestimmt, nach und nach ihre Geltungsgrundlage. Nach Honneth stellt der Kampf des Bürgertums gegen die Ehrvorstellungen des Adels am Übergang zur Moderne nicht ausschließlich den Versuch dar, neue Wertprinzipien durchzusetzen, sondern er leitet gleichzeitig eine Diskussion um die Geltung solcher Wertvorstellungen insgesamt ein:

"zum ersten Mal steht jetzt zur Disposition, ob sich das soziale Ansehen einer Person an dem vorweg bestimmten Wert von Eigenschaften bemessen soll, die ganzen Gruppen typisierend zugeschrieben werden. Nunmehr erst tritt das Subjekt als eine lebensgeschichtlich individuierte Größe in das umkämpfte Feld der sozialen Wertschätzung ein."

10.2.7 Soziale Anerkennung und Individualisierung

Die allmähliche Auflösung traditioneller Werthierarchien hat demnach zur Folge, dass sich die Vorstellungen, wer an der Umsetzung gesellschaftlicher Zielsetzungen beteiligt ist, stärker auf das Gestaltungspotenzial des Individuums als auf die kollektiven Fähigkeiten der Mitglieder der verschiedenen gesellschaftlichen Statusgruppen beziehen. Mit der Individualisierung gesellschaftlicher Leistungen geht nach Honneth auch eine Veränderung des Ehrbegriffs einher. Die Kategorie der "Ehre" verliert im öffentlichen Bereich zunehmend an Bedeutung. Ihren Platz nehmen "die Kategorien des 'Ansehens' oder des 'Prestiges', mit denen erfasst werden soll, welches Maß an Wertschätzung der einzelne für seine individuellen Leistungen und Fähigkeiten sozial genießt", (ebd., 204) ein. (Vgl. dazu auch Kap 10.1)

Mit dem Übergang von der ständischen gegliederten zur modernen Gesellschaft geht zum einen die Individualisierung gesellschaftlicher Leistungen und zum anderen eine Trennung von rechtlicher und sozialer Anerkennung einher. Soziale Wertschätzung lässt sich damit nicht mehr umstandslos mit rechtlichen Privilegien verknüpfen. Die Kategorien "Ansehen" oder "Prestige" bezeichnen demzufolge den Umfang gesellschaftlicher Wertschätzung, welchen "der einzelne für seine Form der Selbstverwirklichung dadurch verdient, daß er mit ihr zur praktischen Umsetzung der abstrakt definierten Ziele der Gesellschaft in einem bestimmten Maße beiträgt" (ebd., 204). Nach Honneth ist nunmehr "alles an der neuen, individualisierten Anerkennungsordnung" (ebd.) von der Definition der allgemeinen gesellschaftlichen Wertvorstellungen abhängig. Der neue Werthorizont müsse für heterogene Formen der Selbstverwirklichung offen sein und trotzdem noch "als ein übergreifendes System der Wertschätzung" (ebd., 205) fungieren können. Dieses permanente Spannungsverhältnis zwischen dem Ziel der Individualisierung auf der einen und dem der Universalisierung auf der anderen Seite sei ein charakteristisches Merkmal des modernen Typus sozialer Wertschätzung. Weil sich damit die soziale Achtung individueller Potenziale nicht mehr ohne Weiteres mit abstrakten gesellschaftlichen Zielsetzungen vereinbaren ließe, entstehe nun gleichzeitig die Notwendigkeit, gesellschaftliche Zielsetzungen einer "sekundären Deutungspraxis" (ebd.) zu unterwerfen;

"daher bemißt sich der Wert, der den verschiedenen Formen der Selbstverwirklichung zuerkannt wird, aber auch bereits die Art, wie die entsprechenden Eigenschaften und Fähigkeiten definiert werden, grundsätzlich an den Interpretationen, die historisch jeweils von den gesellschaftlichen Zielsetzungen vorherrschen. Weil der Gehalt derartiger Interpretationen einerseits freilich wiederum davon abhängig ist, welcher sozialen Gruppe es gelingt, die eigenen Leistungen und Lebensformen öffentlich als besonders wertvoll auszulegen, ist jene sekundäre Deutungspraxis gar nicht anders denn als kultureller Dauerkonflikt zu verstehen: die Verhältnisse der sozialen Wertschätzungen unterliegen in modernen Gesellschaften einem permanenten Kampf, in dem die verschiedenen Gruppen mit den Mitteln symbolischer Gewalt versuchen, unter Bezug auf die allgemeinen Zielsetzungen den Wert der mit ihrer Lebensweise verknüpften Fähigkeiten anzuheben." (Ebd., 205f.)

Gelingt es sozialen Bewegungen, die Aufmerksamkeit der Öffentlichkeit auf ihre bisher kaum beachteten Fähigkeiten und Eigenschaften zu lenken, so erhalten sie nach Honneth die Chance, das "Prestige" ihrer Mitglieder innerhalb der Gesellschaft zu erhöhen. (Vgl. ebd., 206)

In ständisch organisierten Gesellschaften kann die soziale Wertschätzung des Einzelnen nur über die Kollektivität der eigenen Statusgruppe definiert werden, während die soziale Achtung in der Moderne nicht mehr an die Zugehörigkeit zu einem Kollektiv gebunden ist. Damit bekommt jede einzelne Person grundsätzlich die Chance, soziales Ansehen zu erlangen und das Individuum kann die soziale Anerkennung nunmehr "positiv auf sich selber zurückbeziehen." (Ebd., 209) "Insofern geht unter den veränderten Bedingungen mit der Erfahrung sozialer Wertschätzung ein gefühlsmäßiges Vertrauen einher, Leistungen zu erbringen oder Fähigkeiten zu besitzen, die von den übrigen Gesellschaftsmitgliedern als 'wertvoll' anerkannt werden" (ebd.).

Für die Form der hier beschriebenen praktischen Selbstbeziehung wählt Honneth den Begriff der "Selbstschätzung". (Vgl. ebd.) Der posttraditionale Typus der sozialen Anerkennung lässt sich ihm zufolge unter den Obergriff "Solidarität" fassen. Solidarität in der Moderne sei "an die Voraussetzung von sozialen Verhältnissen der symmetrischen Wertschätzung zwischen individualisierten (und autonomen) Subjekten gebunden". (Ebd.) Anerkennung bedeute in diesem Kontext, "sich reziprok im Lichte von Werten zu betrachten, welche die Fähigkeiten und Eigenschaften des jeweils anderen als bedeutsam für die gemeinsame Praxis erscheinen lassen." (Ebd., 209f.) Wenn Honneth hier von einer Symmetrie der Wertschätzung spricht, ist damit allerdings nicht gemeint, dass jedem Einzelnen der quantitativ gleiche Wert beigemessen wird – dies sei schon wegen der "prinzipiellen Deutungsoffenheit aller gesellschaftlichen Werthorizonte" (ebd., 210) unmöglich – sondern der Begriff "symmetrisch" bedeute, "daß jedes Subjekt ohne kollektive Abstufungen die Chance erhält, sich in seinen eigenen Leistungen und Fähigkeiten als wertvoll für die Gesellschaft zu erfahren." (Ebd.)

10.2.8 Für eine posttraditionale Solidarität

Nach Honneth ist die Festlegung eines normativen Werthorizontes, "der für die verschiedensten Lebensziele offen ist, ohne die solidarisierende Kraft der kollektiven Identitätsbildung zu verlieren" (Honneth 1998, 286), heute notwendiger denn je:

"mittlerweile sind nämlich durch soziostrukturelle Umbrüche in den entwickelten Gesellschaften die Möglichkeiten der Selbstverwirklichung objektiv so sehr erweitert worden, daß die Erfahrung einer individuellen oder kollektiven Differenz zum Anstoß einer ganzen Reihe von politischen Bewegungen geworden ist; deren Forderungen lassen sich langfristig wohl nur erfüllen, wenn es zu kulturellen Wandlungen kommt, die eine radikale Erweiterung von Beziehungen der Solidarität mit sich bringen." (Ebd., 286f.)

Der für die Anerkennungsform der Solidarität zentrale kollektive Werthorizont ist demnach in unserer durch die unüberschaubare Vielfalt der Lebensformen und Deutungsmuster geprägten Gesellschaft weitgehend in Auflösung begriffen, aber gleichwohl vor eben diesem Hintergrund gesellschaftlicher Pluralisierung von großer Bedeutung. Solidarität zeichnet sich durch die wechselseitige Wertschätzung von Menschen aus, die sich auf ein gemeinsames Ziel bzw. eine gemeinsame Lebenspraxis beziehen. (Vgl. Honneth 2000, 329) Eine Quelle der Solidarität in posttraditionalen Gesellschaften kann nach Honneth "der Wert der politischen Partizipation in freiheitlichen Institutionen" (Honneth 2001, o. Seitennummerierung) bilden. "Die Idee ist, daß sich die Gesellschaftsmitglieder in dem Augenblick untereinander solidarisch fühlen, in dem sie sich an der Partizipation in den Institutionen, die sie sich selber als freiheitsverbürgende Institutionen geschaffen haben, gemeinsam orientieren." (Ebd.) Eine zweite solidaritätsstiftende Möglichkeit sieht Honneth in der "Umverteilung der Arbeit; nur dann nämlich, wenn alle Subjekte eines Gemeinwesens tatsächlich die Chance hätten, an der Reproduktion ihres Gemeinwesens durch Arbeit teilzunehmen, dann könnte auch die Erfahrung von Kooperation noch einmal die Quelle von Solidarität darstellen." (Ebd.)

Honneth räumt allerdings ein, dass der zweite Aspekt, die Umverteilung der Arbeit im Grunde nur zu realisieren wäre, wenn bereits ein gewisses Maß an Solidarität existieren würde; denn nur auf dieser Grundlage bestünde überhaupt die Möglichkeit, die Arbeit umzuverteilen. Schließlich müssten diejenigen, die aktuell über ein Übermaß an Arbeit verfügten, tatsächlich bereit sein, auf Arbeit zu verzichten und damit auch Einkommenseinbußen hinzunehmen. (Vgl. ebd.)

Im Kontext dieser Arbeit interessiert vor allem der von Honneth zuerst genannte Aspekt: die Bindung an freiheitsverbürgende Institutionen, welche sich die Subjekte selbst geschaffen haben und an denen sie partizipieren. Dies ist eine Vorstellung, die unter anderem auf Autoren wie Alexis Tocqueville und Hannah Arendt zurückgeht (vgl. ebd.) und auf die auch Kommunitarier wie Michael Sandel, John Rawls und Taylor Bezug nehmen.[173] Diese Identifikation mit der Gemeinschaft und die damit verbundene Idee des größeren Interesses an den Belangen der Gesellschaft ist bei Jugendlichen – wie die Befunde dieser Arbeit und weitere empirische Untersuchungen zum Verhältnis Jugend und Politik (vgl. z.B. Hoffmann-Lange 1995, Jugendwerk der deutschen Shell 1997, Deutsche Shell 2000 und 2002, Gille/Krüger 2000) belegen – nur in einem eingeschränkten Maße vorhanden. Jugendliche haben offenbar zum einen wenig Vertrauen in die traditionellen werteverbürgenden politischen Institutionen und fühlen sich zum anderen aus dem Bereich der Politik ausgeschlossen. Dies bedeutet allerdings keinesfalls, dass sie demokratische Grundwerte, wie Gleichheit oder Gerechtigkeit, ablehnen. (Vgl. Schmidtchen 1997) Sie zeigen ein großes Misstrauen und eine ausgeprägte Distanz gegenüber den Organen der Demokratie, nicht aber gegenüber der Idee der Demokratie.[174]

10.3 Anerkennung, Jugend und Individualisierung

Im Folgenden soll nun gezeigt werden, dass das für moderne Gesellschaften charakteristische Spannungsverhältnis zwischen dem Ziel der Individualisierung einerseits und dem der Universalisierung andererseits Jugendliche in spezifischer Art und Weise betrifft, um dann abschließend die Bedeutung dieses Aspekts für die mangelnde Identifi-

---

[173] An dieser Stelle detaillierter auf die Bezüge zum Kommunitarismus einzugehen, würde den Rahmen dieser Arbeit sprengen. Zur Einführung in diese Thematik sei verwiesen auf Horster 1999, 142ff., Zahlmann 1997 und Honneth 1994b.
[174] Zu ähnlichen Ergebnissen kommt auch die Shell-Studie 2002. (Vgl. Deutsche Shell 2002, 22f.)

kation junger Menschen mit den Institutionen der Politik herauszuarbeiten. Dazu ist es zunächst erforderlich, den Fokus auf die sozialstrukturellen Lebensumstände Jugendlicher zu legen.

Wie schon in Kapitel 2.2 erwähnt, hat sich die Lebenssituation Jugendlicher in Hinblick auf die zunehmende Individualisierung der Lebensverhältnisse in den letzten vierzig Jahren entscheidend verändert.

Der Prozess der Individualisierung umfasst nach Beck ein dreifaches Muster: Erstens ist damit die auch von Taylor und Honneth beschriebene Herauslösung des Menschen aus historisch gewachsenen Sozialformen und -bindungen im Sinne traditionaler Herrschaftszusammenhänge gemeint. Diese Entwicklung ist mit einer Ausweitung von individuellen Optionen verknüpft. Mit diesem Phänomen geht zweitens ein Verlust an traditionalen Sicherheiten einher. Resultat ist schließlich eine neue Form der sozialen Einbindung des Individuums, die Beck als "Re-Integration" (Beck 1996, 209) bezeichnet:

"Der einzelne wird zwar aus traditionalen Bindungen und Versorgungsbezügen herausgelöst, tauscht dafür aber die Zwänge des Arbeitsmarktes und der Konsumexistenz und der in ihnen enthaltenen Standardisierungen und Kontrollen ein. An die Stelle *traditionaler* Bindungen und Sozialformen (soziale Klasse, Kleinfamilie) treten *sekundäre* Instanzen und Institutionen, die den Lebenslauf des einzelnen prägen und ihn gegenläufig zu der individuellen Verfügung, die sich als Bewußtseinsform durchsetzt, zum Spielball von Moden, Verhältnissen, Konjunkturen und Märkten machen." (Ebd., 211, Herv. i. Orig.)

Welchen Stellenwert der Prozess der Individualisierung für die biographische Orientierung der Individuen hat, beschreibt Habermas:[175]

"Für die Individuen stellt sich die Enttraditionalisierung ihrer Lebenswelt zunächst als eine schicksalhaft erfahrene Ausdifferenzierung vervielfältigter Lebenslagen und konfligierender Verhaltenserwartungen dar, die sie mit neuen Koordinations- und Integrationsleistungen belastet. Während in den vergangenen Generationen Geburt, Familie, Ehepartner, Beruf und politische Stellung eine sozialschichtenspezifische Konstellation bildeten, die das biographische Muster weitgehend präjudizierte, lösen sich die normativ gebündelten Lebenslagen und Lebenspläne immer mehr auf. In erweiterten Optionsspielräumen wächst der individuell abzuarbeitende Entscheidungsbedarf. Sein Milieu nimmt dem Einzelnen nicht einmal mehr die biographisch folgenreichsten Entscheidungen ab: welche Schule man besucht, welchen Beruf man wählt, welche Beziehungen man eingeht, ob und wann man heiratet, Kinder bekommt, in eine Partei eintritt, ob man die Frau, den Beruf, die Stadt oder das Land wechselt usw." (Habermas 1988, 236)

---

175 Zum Einfluss von Individualisierungsprozessen auf Lebenslaufmuster vgl. auch Kohli (1985).

Im Zuge der Individualisierung ist also eine Herauslösung der Gesellschaftsmitglieder aus traditionellen sozialen Zusammenhängen zu beobachten, eine Entwicklung, welche die Sozialisation Heranwachsender in besonderer Weise prägt und verändert. Laut Cathleen Grunert und Heinz-Hermann Krüger ließ sich die Lebensphase Jugend in den 50er und 60er Jahren als Übergangsmoratorium, das in erster Linie der Vorbereitung auf das Erwachsenenalter galt, charakterisieren. Kennzeichen der Jugendphase waren "eine frühe Orientierung an Arbeit und Familie sowie eine Einbettung in soziokulturelle Nahwelten und Milieus." (Grunert/Krüger 2000, 199) Nach Jürgen Zinnecker ist Jugend als Übergangsmoratorium untrennbar mit der Erwachsenensituation verknüpft:

"Statt als eigenständiger Lebensabschnitt zu fungieren, dient sie eher als Einstiegsphase in berufliche und familiale Erwachsenenlaufbahnen. Statt das Besondere von Jugend hervorzuheben, nehmen die Jüngeren die soziale Position von Neulingen und Anfängern ein. Ihre Stellung in Arbeit, Familie und Gesellschaft ist folglich – im Vergleich zu den erfahrenen Erwachsenen – im wesentlichen nachgeordnet." (Zinnecker 1991, 10)

Dieses Strukturmodell ist heute – zumindest was den westeuropäischen Raum anbelangt[176] – obsolet geworden. Vor dem Hintergrund, dass Jugendliche wesentlich länger im Bildungssystem verbleiben als frühere Jugendgenerationen, bezeichnet Zinnecker den neuen Jugendmodus als Bildungsmoratorium. Damit ist nicht allein eine "Verschulung" der Jugend gemeint in dem Sinne, dass eine wachsende Mehrheit junger Leute "zwischen dem 15. und 19. Lebensjahr, dann auch zwischen dem 20. und 24. Lebensjahr, schulische Einrichtungen be-

---

176 Nach Zinnecker lassen sich für west- und (süd-)osteuropäische Gesellschaften unterschiedliche Strukturmodelle für die Lebensphase Jugend feststellen. Während in Bezug auf den ost- und südosteuropäischen Raum eher von Jugend als Übergangsphase zu sprechen sei, habe die Jugendphase in der westeuropäischen Gesellschaft mittlerweile den Charakter eines Bildungsmoratoriums: "Die Koexistenz der beiden Strukturmuster von Jugend spiegelt unterschiedliche historisch-gesellschaftliche Entwicklungslinien im östlichen und westlichen (bzw. im südöstlichen und nordwestlichen) Staatenraum von Europa wieder. Während Jugend in (süd-) osteuropäischen Gesellschaften unter den Bedingungen einer verzögerten und selektiven Modernisierung der Industriegesellschaft steht, ist Jugend im westeuropäischen Raum Teil des Übergangs dieser Gesellschaften in postindustrielle und postmoderne Gesellschaftsformen. Die beiden Grundmuster von Jugend repräsentieren folglich in spezifischer Weise den historischen Wandel der Jugendphase in Europa." (Zinnecker 1991, 9)

sucht und erweiterte Bildungsabschlüsse erlangt" (ebd.), sondern nach Zinnecker ist dieser Begriff wesentlich weiter gefasst:

"Zum einen wird damit ausgedrückt, daß durch den Besuch von eigenständigen Bildungseinrichtungen auch die relative Autonomie der Jugendphase wächst. Der Grad des Verpflichtetseins der Heranwachsenden an die Institutionen der Erwachsenengesellschaft tritt zurück – jedenfalls im Vergleich zu einer Jugendphase, die sich als Einfädelungsphase in das System der Erwerbsarbeit und in das Familiensystem institutionalisiert hat. Zum anderen gilt es daran festzuhalten, daß sich die Jugendphase nicht darin erschöpft, schulbezogene Laufbahnen und Anschlüsse zu bewerkstelligen. Parallel hierzu bildet sich ein bedeutsames System von außerschulischen Karrieren, beispielsweise im Bereich von Popmusik, sportiver Kultur u.a. [...] Generell soll die Begriffsverbindung darauf hinweisen, daß sich dem verallgemeinerten und verlängerten Besuch von Bildungseinrichtungen eine spezifische Lebensweise unter den Jüngeren herausbildet, die weit über den unmittelbaren Lern- und Unterrichtsraum Schule oder Hochschule hinausweist. *Das Moratorium wird auf weitere Lebensbereiche ausgedehnt: Jugendliche werden mit Blick auf die Statuspassage Familiengründung auf Zeit gesellschaftlich entpflichtet, und sie erhalten einen Sonderstatus als junge BürgerInnen.*" (Ebd., 10f., Herv. i. Orig.)

Zusammenfassend lässt sich festhalten, dass der Strukturwandel zu einer Entwicklung der Jugendphase von einem Übergangsmoratorium zu einem weitgehend eigenständigen Lebensabschnitt geführt hat, im Rahmen dessen sich "spezifische soziale Lebensweisen, kulturelle Formen und politisch-gesellschaftliche Orientierungsmuster" (ebd., 10) herausgebildet haben. Jugendliche sind heute relativ wenig in Institutionen der Erwachsenengesellschaft eingebunden und von Familien- und Erwerbsarbeit in wesentlich größerem Maße entlastet als frühere Jugendgenerationen. "Gleichzeitig bildet sich auch eine relative kulturelle Autonomie des jugendlichen Moratoriums in Hinblick auf von den Erwachsenen abweichenden Lebensformen und Lebensstilen sowie politischen und gesellschaftlichen Orientierungen heraus." (Grunert/Krüger 2000, 200) Nach Walter Hornstein sind nie zuvor so viele Jugendliche

"für so lange Zeit institutionell aus der Erwachsenenwelt ausgegliedert, in einem Status der Vorbereitung auf Späteres gehalten worden; noch niemals war allerdings die innere Widersprüchlichkeit und Unmöglichkeit dieser damit verbundenen Lage, die konflikthafte Mischung aus kultureller Selbständigkeit und ökonomischer Abhängigkeit so dramatisch wie heute." (Hornstein 1999, 308)

Mit diese Ausweitung an Freiheitsspielräumen einerseits und dem Verlust sozialer Bindungen andererseits geht für Jugendliche eine Zunahme an Selbstständigkeit und Eigenverantwortlichkeit einher, die frühere Jugendgenerationen so nicht kannten. Hinzu kommt die bereits in den Kapiteln 6.1.5.3 und 9.2.2 beschriebene Aufmerksamkeit Jugendlicher für Themenbereiche, welche die Risiken des technischen Fortschritts und zukünftige Lebensbedingungen betreffen.

"Insofern als Jugend nach wie vor gesellschaftlich als ein auf Zukunft hin angelegtes Produkt definiert wird, ist naheliegend, daß Jugendliche nicht nur auf Bewältigungsprobleme aktuellen Zuschnitts reagieren, sondern vor allem auch für Bewältigungsprobleme, die ihre individuelle und gesellschaftliche Zukunft tangieren, besonders sensibel sind." (Heitmeyer/Möller/Siller 1990, 204)

Hornstein spricht vor dem Hintergrund der Individualisierung der Jugendbiographie, der damit verbundenen Pluralisierung der Lebensentwürfe und der verstärkten Risikowahrnehmung von einer

"Verdoppelung der Risikoerfahrung im Jugendalter [...]: Hier sind einerseits die risikovollen individuell lebensplanerischen Entscheidungen zu fällen, die stets vom Scheitern bedroht sind. Dazu treten die gesellschaftlichen Probleme der bedrohten Zukunft, und es ist diese Verdoppelung, die ein spezifisches Merkmal der Jugendsituation ausmacht." (Hornstein 1991, 212)

Auf Basis dieser Überlegungen lassen sich also neben den Folgen der Individualisierung, die alle Gesellschaftsmitglieder betreffen, zwei Merkmale festhalten, welche die Lebenslage Jugendlicher in besonderem Maße prägen. Erstens die zunehmende Selbstständigkeit dieses Lebensabschnitts und die damit verbundene vergleichsweise lange Dauer der Ausgliederung aus der Erwachsenenwelt und zweitens die doppelte Risikoerfahrung Jugendlicher.

Folgt man laut Rolf-Torsten Kramer, Werner Helsper und Susanne Busse modernisierungstheoretischen Konzeptionen wird sich der hier beschriebene Prozess der Individualisierung der Jugendphase in Zukunft weiter fortsetzen und bis in die Kindheit hinein ausdehnen:

"Modernisierungstheoretische Positionen diagnostizieren für den Prozess der weiteren Modernisierung der Jugendphase, in der diese verlängert, vorverlagert, ausdifferenziert, biographisiert und mit jugendkulturellen Optionen angereichert werde, eine Verlagerung der Ansprüche auf Selbstständigkeit, Eigenverantwortlichkeit und Entscheidungskompetenz in immer frühere Lebensaltersspannen bis in die Kindheit hinein – eine Entwicklung, die sich im Horizont einer gesellschaftlichen Durchsetzung von Autonomie- und Selbstständigkeitswerten vollzieht, die tradierte, konventionelle Tugendkataloge relativiert und zu einem neuen Normalitätsentwurf und Normalisierungsdiskurs wird (vgl. Meulemann 1996, Reuband 1997, Luhmann 1995b, Ecarius 2000, Schneewind 2001)." (Kramer/Helsper/Busse 2001, 132)

Insgesamt betrachtet, sind Jugendliche heute auf Basis der ambivalenten Individualisierung mit sozialen, beruflichen und politischen Desintegrationsprozessen konfrontiert, und dazu gehören auch "Auflösungsprozesse der Verständigung über gemeinsame Wert- und Normvorstellungen (z.B. durch Subjektivierung und Pluralisierung)." (Heitmeyer 1993, 4) Vor dem Hintergrund dieser Desintegrationssprozesse werden Identifikations- und Orientierungsmöglichkeiten nötiger denn je – Möglichkeiten, die die Politik Jugendlichen kaum bieten kann.[177]

Hier könnte man kritisch weiterfragen, wie sich gesellschaftliche Anerkennungsmuster auf Basis der Individualisierung der Jugendbiographie verändern bzw. erweitern sollten. In diesem Zusammenhang wäre es notwendig, neben der Konzeption Honneths weitere gesellschaftstheoretische Überlegungen zur Anerkennungsthematik – wie zum Beispiel die von Habermas (1997 und 1999), Luhmann (1987) oder Fraser (2001) – hinzuzuziehen und auf dieser Grundlage eine

---

[177] In diesem Zusammenhang sollte berücksichtigt werden, dass die in meine qualitative Studie einbezogenen Jugendlichen mehrheitlich über ein höheres Bildungsniveau verfügen, in der Regel in materiell gesicherten familiären Verhältnissen leben und bis auf eine Ausnahme die deutsche Staatsangehörigkeit haben. (Vgl. Kap. 5.3) Desintegrationsprozesse finden aber in modernen Gesellschaften auch darin Unterstützung, "daß bestimmte soziale Gruppen immer stärker an den Rand gedrängt werden. Besonders die Ausgrenzung und soziale Benachteiligung von Minderheiten, z.B. ethnischen Minoritäten, führt häufig zu Ohnmacht dieser Menschen [...]" (Böttger 1998, 51) Einiges spricht dafür, dass Jugendliche aus sozial benachteiligten Familien und mit niedrigerem formalen Bildungsniveau in stärkerem Maße mit gesellschaftlichen Desintegrationsprozessen konfrontiert sind als privilegiertere junge Leute. So stellt Böttger in einer Untersuchung zum Thema "Gewalt und Biographie" folgende Diagnose: "Wo Jugendliche z.B. die ständig zunehmende Ungleichverteilung materiellen Reichtums [...] unmittelbar erleben, wo sie und ihre Familien in Arbeitslosigkeit und damit an den 'gesellschaftlichen Rand' geraten, eröffnen sich Problemlagen hinsichtlich der individuellen Orientierung, in denen das Vertrauen in das Gesellschaftssystem mit seinen Norm- und Wertmaßstäben als Handlungs- und Bezugsrahmen stark eingeschränkt wird und vollständig verloren gehen kann." (Ebd., 393) Insofern wäre bei sozial benachteiligten jungen Leuten möglicherweise eine noch ausgeprägtere Frustration in Bezug auf die Wertschätzung ihrer Wünsche und Interessen im politischen Bereich zu beobachten als bei den in meiner Studie einbezogenen Jugendlichen. Diese Hypothese lässt sich durch zwei Befunde der Shell-Studie 1997 stützen. Hier wurde ermittelt, dass der Eindruck von der Politik vernachlässigt zu werden, sich am stärksten bei Jugendlichen mit Hauptschulabschluss (und bei den jüngeren Befragten) – in diese quantitative Untersuchung waren junge Leute im Alter von 12 bis 24 Jahren einbezogen – zeigte. (Vgl. Fischer 1997, 314) Das Gefühl der Ohnmacht und des Ausgeliefertseins gegenüber der Politik nahm den Ergebnissen dieser Untersuchung zufolge mit steigendem formalen Bildungsgrad ab. (Vgl. ebd., 317)

kritische Überprüfung des Honneth'schen Modells vorzunehmen. Da aber die qualitative empirische Analyse der Einstellungen, Orientierungen, Identifikationen und Interaktionen junger Leute zur Politik im Allgemeinen und zur politischen Partizipation in einem Jugendparlament im Besonderen im Zentrum dieser Studie steht, muss eine solche Untersuchung an dieser Stelle ausbleiben.

10.4 Politische Partizipation Jugendlicher als Beitrag zur Ausweitung gesellschaftlicher Anerkennungsmuster

Das Engagement Jugendlicher in politischen Beteiligungsmodellen kann auf Basis der im vorherigen Kapitel beschriebenen Desintegrationsprozesse und der empirischen Befunde dieser Studie als Streben nach sozialer Anerkennung interpretiert werden. Die politische Partizipation Jugendlicher bietet die Chance, dass die junge Generation mit ihren spezifischen Wünschen und Interessen eine größere Wertschätzung im Bereich der Politik erlangt. Damit birgt sie die Möglichkeit in sich, gesellschaftliche Anerkennungsmuster dahingehend zu erweitern, dass junge Menschen in ihrer spezifischen Lebenssituation stärker berücksichtigt werden als dies bisher der Fall ist.

Im Zusammenhang der Ausweitung gesellschaftlicher Anerkennungsmuster stellt sich die Frage nach einer Erweiterung politischer Mitwirkungsrechte für die junge Generation. Honneth zufolge ist die rechtliche Anerkennung und die Achtung als vollwertiger Interaktionspartner an die Zuerkennung der individuellen Autonomie bzw. der moralischen Zurechnungsfähigkeit gebunden. Im kognitiv-formellen Anerkennungsverhältnis des Rechts stehen sich (erwachsene) Individuen als prinzipiell gleichberechtigte, abstrakte Rechtspersonen gegenüber.

Vor dem Hintergrund des in dieser Arbeit entfalteten Spannungsfelds zwischen Politik und Pädagogik konnte gezeigt werden, dass es durchaus problematisch sein kann, Jugendliche als den Erwachsenen gleichgestellte politische Akteure und Akteurinnen zu betrachten. Dennoch dürfte eine Haltung des moralischen Respekts ihnen gegenüber grundlegend für das Funktionieren einer jeglichen soziale Interaktion sein. An dieser Stelle tritt eine Problematik zu Tage, die mit der Dreiteilung der Anerkennungsformen bei Honneth verbunden ist. Letztlich beinhaltet eine gelungene politische Beteiligung junger Leute, dass ihnen Anerkennung auf allen drei Ebenen zuteil wird. Sie bedürfen der Fürsorge und pädagogischen Unterstützung, der Achtung ihrer individuellen Autonomie und der Erfahrung der Solidarität. Hier wird deutlich das der Respekt gegenüber ihrer moralischen Integrität nicht allein im Kontext des gesellschaftlichen Rechtsverhältnisses zu erwarten ist, sondern auf allen Ebenen der sozialen Interaktion. Das bedeutet aber, dass die wechselseitige Anerkennung den grundsätzlichen Rahmen im Kontext sozialer Beziehungen bildet. Auch Detlef Horster hält Honneths Dreiteilung der Anerkennungsformen, die letztlich auf der Unterscheidung "nach der Zugehörigkeit zu verschiedenen Gemeinschaften und zu diversen affektiven Verhältnissen" (Horster 1999, 276) beruhe, für problematisch.

"Freundschaften und Liebesbeziehungen funktionieren nur auf Basis der wechselseitigen Anerkennung, ebenso wie Rechtsverhältnisse und selbstverständlich die diversen Gemeinschaften, zu denen ein Mensch in der Gesellschaft gehören kann. [...] Darum ist der 'moralische Respekt' nicht nur innerhalb des gesellschaftlichen Rechtsverhältnisses zu erwarten, sondern in allen anderen Bindungen auch, und zwar in für alle vergleichbarer Weise. Und darum macht die Zugehörigkeit zu unterschiedlichen Gemeinschaften und affektiven Verhältnissen noch keine Differenz in moralischer Hinsicht aus." (Horster 1999, 276f. Herv. i. Orig.)[178]

---

178 Im Wesentlichen kritisiert Horster, dass Honneth durch die Dreiteilung der Anerkennungsformen versucht, einer grundsätzlichen Problematik seiner Konzeption zu entgehen, nämlich einer unzureichenden Differenzierung der individuellen Ebene von der sozialen. Wegen dieser mangelnden Unterscheidung könne Honneth die Bedeutung autonomer Entscheidungen der einzelner Individuen bei Wertkonflikten nicht erklären. Auch Brumlik äußert Zweifel an der Stimmigkeit der von Honneth vorgenommenen Dreiteilung der Anerkennungsformen. Seiner Ansicht nach, wirkt es zwar auf den ersten Blick so, als würde Honneths Konzept eines "spannungsreichen Nebeneinanders von Liebe, Anerkennung und Solidarität als beinahe gleichberechtigter Komponenten des 'moral point of view' und damit einem verfeinerten Instrumentarium für Konflikte aller Art das Wort [...] reden. Am Ende scheint es dann aber – wenn es um die ethische Entscheidung des Einzelnen bei möglichen Konflikten geht – dann doch weder die universale Geltung weder von Liebe noch von Solidarität, sondern Respekt vor der Autonomie eines jeden zu sein, die den Ausschlag gibt" (Brumlik 2000, 81) In eine andere Richtung zielt die Kritik Frasers an Honneth. Sie wirft Honneth vor, das Anerkennungstheorem zu verkürzen und zwar dadurch, dass er Fragen der Umverteilung vernachlässigt. (Vgl. Fraser 2001 und Honneth/Fraser erscheint 2003) Sicher wäre es aufschlussreich, sich genauer mit diesen kritischen Stimmen aus-

Allerdings soll an dieser Stelle auch betont werden, dass die Honneth'schen Überlegungen für die Interpretation der Missachtungserfahrungen Jugendlicher in der konventionellen Politik und die Interpretation damit verbundenen Gefühle wertvolle Impulse geben. So ließen sich die unterschiedlichen Dimensionen mangelnder Anerkennung Jugendlicher in der etablierten Politik, welche auf Basis des Interviewmaterials identifiziert werden konnten, auf der Grundlage der vor allem in der Publikation "Kampf um Anerkennung" entfalteten Darlegungen theoretisch fassen und damit zusammenhängende Überlegungen zum Verhältnis Jugend und Politik in einen weitergehenden theoretischen Entwurf einordnen. Für das konkrete Engagement junger Menschen in einem Beteiligungsmodell wie dem Wittinger Jugendparlament besitzt das Anerkennungskonzept dagegen nur ein begrenztes Erklärungsvermögen. Wie bereits dargelegt können Missachtungserfahrungen nach Honneth zum Movens eines Kampfes um Anerkennung werden, wenn sie einen geeigneten Artikulationsrahmen etwa im Kontext einer sozialen Bewegung erhalten. Jugendparlamente unterscheiden sich jedoch grundlegend von sozialen Bewegungen, nicht zuletzt durch ihre "relative Verfasstheit" (Hermann 1996a, 287), ihre Orientierung an den Formen konventioneller Erwachsenenpolitik und auch durch ihre übergreifende Zielsetzung, nämlich die Integrationen Jugendlicher in die konventionelle Politik. Und noch eine Einschränkung ist hier vorzunehmen: Honneth bezieht sich in seiner Konzeption auf erwachsene Personen, die für sich grundsätzlich den Anspruch erheben können, als gleichberechtigte politische Akteure und Akteurinnen anerkannt zu werden. Inwieweit Jugendliche dies für sich beanspruchen können und in welchem Alter dies eher problematisch oder auch gar nicht im Sinne Jugendlicher sein dürfte, wird im Kontext dieser Untersuchung differenziert dargelegt.

---

einander zu setzen. Da sich aber im Kontext der in meiner qualitativen Analyse identifizierten Konstrukte weder die Thematik autonomer Entscheidungen der Individuen bei Wertkonflikten noch die Frage nach der Umverteilung von materiellen Gütern, wie z.B. Kleidung und Nahrung, oder von immateriellen Gütern, wie etwa Bildung, gestellt hat, muss eine detaillierte Auseinandersetzung mit diesen Einwänden hier ausbleiben.

11. Resümee

In Rahmen dieser Studie wurde herausgearbeitet, dass Jugendliche sich mit ihren Wünschen und Interessen in der etablierten Politik nicht bzw. nur in geringem Maße anerkannt fühlen. Die hier interviewten 11- bis 18-Jährigen äußern ein großes Misstrauen gegenüber den Repräsentanten der Erwachsenenpolitik. Sie haben den Eindruck, häufig von den Politikern betrogen zu werden und sie sind der Meinung, dass ihre Probleme und Wünsche in der Politik kaum Berücksichtigung finden. Nicht zuletzt wegen der "zähen" Strukturen etablierter Politik sehen sie für sich wenig Möglichkeiten, ihre Interessen hier wirksam einbringen zu können. Der Eindruck, keine ausreichende Anerkennung in der Politik der Erwachsenen zu finden, gepaart mit dem Gefühl der Ohnmacht gegenüber politischen Machtstrukturen führt bei ihnen – trotz des durchaus vorhandenen Interesses an politischen Themen – zu einer Distanzierung von der Politik.

Die Interviewten beschreiben sich als Fremde im politischen System. Zum einen sind sie von grundlegenden Rechten zur politischen Beteiligung ausgeschlossen, zum anderen fühlen sie sich in ihren von der Generation der Erwachsenen differierenden Vorstellungen nicht oder kaum beachtet. Eine 13-jährige Interviewpartnerin fordert, dass sich Politiker stärker um Jugendliche *"kümmern"* sollten und gibt damit ihren Wünschen nach Fürsorge Ausdruck. Eine Fürsorgebeziehung kann aber streng genommen nur dort bestehen, wo eine Person, "zur Teilnahme an praktischen Diskursen physisch oder psychisch nicht in der Lage" (Honneth 2000, 170) ist; sie schließt eine symmetrische Interaktion zwischen gleichberechtigten Interaktionspartnern, wie sie im politischen Raum vorausgesetzt wird, weitgehend aus. An diesem Beispiel zeigte sich die Notwendigkeit in Bezug auf die politische Partizipation Jugendlicher zwischen dem Bereich der Politik und dem der Pädagogik zu unterscheiden, was dann exemplarisch am Thema der Partizipation im Jugendparlament näher ausgeführt wurde. Auf die von ihnen diagnostizierte Missachtung im politischen Bereich reagieren die Interviewten zum Teil mit Gefühlen wie Wut, Empörung und Frustration. Im Kontext dieser Studie wurde gezeigt, dass die in den Interviews beschriebene Erfahrung, in der konventionellen Politik keine ausreichende Anerkennung zu erhalten, als typisches Schlüsselerlebnis Jugendlicher bezeichnet werden kann. (Vgl. Kap. 9.1.3)

Auf Basis dieser Ergebnisse mag es nicht erstaunen, dass die Interviewten, ihre Motivation, sich mit der konventionellen (Erwachsenen-) Politik zu befassen, als wenig selbstbestimmt beschreiben. Wie in Kapitel 9.2.1 ausgeführt wurde, ist ein effektiver Lernprozess "auf intrinsische Motivation und/oder integrierte Selbstregulationen angewiesen" (Deci/Ryan 1993, 233), und diese Formen der Motivation können nur erreicht werden, wenn das natürliche Bestreben einer Person, sich als Mitglied der sozialen Umwelt zu erleben, erfüllt wird. Um dies zu verdeutlichen, möchte ich eine bereits zitierte Aussage Decis und Ryans ins Gedächtnis gerufen: "Im Bemühen, sich mit anderen Individuen verbunden zu fühlen und gleichzeitig eigene Handlungen autonom zu bestimmen, übernimmt und integriert eine Person also Ziele und Verhaltensnormen in das eigene Selbstkonzept. Voraussetzungen dafür sind Angebote und Anforderungen in einem akzeptierenden sozialen Milieu [...]." (Ebd., 227) Dieses Milieu finden die Interviewten nach eigenen Aussagen im Bereich der Politik nicht vor. Will man Jugendliche also motivieren, sich mit politischen Entscheidungsprozessen zu befassen, was auch impliziert, dass sie sich die nötigen Informationen beschaffen, wäre es erforderlich, ihnen die Identifikation mit dem politischen Bereich zu erleichtern und dies dürfte nur gelingen, wenn junge Leute im politischen Bereich als Subjekte mit spezifischen Vorstellungen anerkannt werden. Es liegt nahe, dass dies nur erreicht werden kann, wenn ihre Interessen hier einen Artikulationsrahmen bekommen, d.h. wenn sie altersangemessene Mitwirkungsmöglichkeiten erhalten. Ansonsten erleben sie die politische Sphäre als fremden und abstrakten Raum, der ihr Selbst nicht tangiert.

Die Interviewten zeigen ein vergleichsweise großes Interesse für politische Themenbereiche, welche die Risiken des technischen Fortschritts sowie die Sicherung zukünftiger Lebensbedingungen betreffen und in Verbindung damit eine gewisse Sympathie für ein politisches Engagement im Rahmen der neuen sozialen Bewegungen. In diesem Zusammenhang kam zum Ausdruck, dass bei Jugendlichen eine Affinität für eine Auseinandersetzung über "Angstthemen" festgestellt werden kann. Luhmann bezeichnet diese Art der Kommunikation als "Angstkommunikation", eine Kommunikation, die auf einem gemeinsamen Interesse der Angstminderung basiert. (Vgl. Luhmann 1990, 238) Hier wurde deutlich, dass junge Leute einen eher emotionalen Zugang zu politischen Themenbereichen haben. Sie nähern sich der Politik – gemäß ihrer kognitiven moralischen Entwicklung (vgl. Kap. 4) – eher über eine Auseinandersetzung mit ihren Sorgen um die Zukunft und weniger über eine Orientierung an abstrakten Gerechtigkeitsprinzipien.

Auf Basis der Interviewaussagen konnten unter Einbeziehung der Überlegungen Honneths drei Formen verweigerter Anerkennung identifiziert werden, erstens die Ausschließung von grundlegenden Rechten zur politischen Partizipation sowie der Betrug als spezifische Form der Ausschließung, zweitens die Herabsetzung als Personen mit spezifischen Vorstellungen und Interessen und drittens der Mangel an Fürsorge. Diese drei Formen der Anerkennung (Recht, Solidarität, Liebe) bilden – wie Honneth darlegt – die zentrale Basis für das Zusammenleben in demokratischen Gesellschaften. Idealiter erfährt sich eine Person in lebensgemeinschaftlichen Nahbeziehungen geliebt, als Rechtsperson, das bedeutet als Subjekt, welches fähig ist, autonom aus vernünftiger Einsicht zu handeln, geachtet und als Angehöriger oder Angehörige einer Gruppe geschätzt. Wird Subjekten die von ihnen erwartete primäre, rechtliche und soziale Anerkennung verweigert, erfahren sie eine Verletzung des positiven Verständnisses ihrer selbst – ein Verständnis, das sie "auf intersubjektiven Wegen erworben haben." (Honneth 1998, 212) Honneth bezieht sich hier allerdings nicht auf die Rolle von Jugendlichen, sondern auf Erwachsene, die für sich grundsätzlich den Anspruch erheben können als freie und gleiche Bürger anerkannt zu werden, während es bei Jugendlichen zum Teil fraglich ist, inwieweit sie sich als gleichberechtigte politische Akteure und Akteurinnen auffassen lassen und inwieweit sie pädagogischer Flankierungen bedürfen, um sich adäquat an politischen Entscheidungen beteiligen zu können. (Vgl. Danner 2000 u. Zeiher 1996a) Hier wäre also die Frage zu stellen, in welchem Maße Jugendliche der pädagogischen Unterstützung bedürfen, also einer Form der Fürsorge, die wie bereits erwähnt, im politischen Bereich, der ja auf der Interaktion gleichberechtigter InteraktionspartnerInnen beruht, so gut wie keinen Raum hat.

Auf Basis des im Kontext dieser Studie entfalteten Spannungsfeldes zwischen Politik und Pädagogik zeigte sich eine mit der Honneth'schen Dreiteilung der Anerkennungstypen verknüpfte Problematik: Eine gelungene politische Beteiligung Jugendlicher, zum Beispiel in einem Jugendparlament, setzt voraus, dass junge Leute auf allen drei Ebenen geachtet werden. Sie bedürfen der Fürsorge und pädagogischen Unterstützung, der Achtung ihrer individuellen Autonomie und der Erfahrung der Solidarität. Auch wenn Jugendliche nicht als den Erwachsenen gleichgestellte politische Akteure bzw. Akteurinnen zu betrachten sind, ist demnach eine Haltung des moralischen Respekts ihnen gegenüber grundlegend für das Funktionieren einer jeglichen sozialen Interaktion. Insofern bildet das moralische Prinzip der wechselseitigen Anerkennung die zentrale Basis sozialer Beziehungen. (Vgl. dazu Horster 1999, 275 ff.)

Nach Honneth kann erlebte Missachtung zum Movens eines Kampfes um Anerkennung werden, wenn die betroffenen Subjekte dafür eine angemessene Artikulationsmöglichkeit, etwa in einer sozialen Bewegung finden. Das Beteiligungsmodell Jugendparlament, das sich ja allein schon durch seine relative Verfasstheit von den neuen sozialen Bewegungen unterscheidet, kann einen solchen Rahmen – wie die Befunde dieser Arbeit belegen – nur in einem eingeschränkten Maße bieten. So sehen sich die Interviewten hier teilweise mit ähnlichen Prozessen mangelnder Wertschätzung konfrontiert wie in der konventionellen Politik. Sie stellen heraus, dass sie im Hinblick auf ihre Tätigkeit in dem Jugendgremium wenig Beachtung durch die Kommunalpolitik finden, dass sie sich oftmals von den Politikern getäuscht und von den im Parlament agierenden Erwachsenen dominiert fühlen. Die Parlamentssitzungen beschreiben sie in der Regel als bürokratisch, langweilig, kalt und ernst. In Einzelnen zeigt sich dies daran, dass dem Parlament aus Sicht besonders der älteren Interviewten – der ab 15-Jährigen – eher der Charakter eines Theaterspiels, das politische Mitbestimmung simuliere, zukommt als der einer realen Möglichkeit zur Partizipation. Dies basiere unter anderem darauf, dass die Durchsetzung der Parlamentsbeschlüsse letztlich von den Entscheidungen der erwachsenen Politiker in den kommunalpolitischen Gremien abhänge. Ebenfalls vor allem die älteren Jugendlichen vertreten die Meinung, dass die Kommunalpolitiker und die im Parlament agierenden Erwachsenen das Partizipationsmodell zum Teil instrumentalisieren würden, um ihr persönliches, politisches und berufliches Image aufzubessern. Bei ihnen tritt deutlich die Enttäuschung darüber zutage, dass ihren Erwartungen nach Wertschätzung im Parlament nicht entsprochen wurde, eine Enttäuschung, die sich in Gefühlen wie Ärger und Frustration ausdrückt und die in der Regel zu einer Distanzierung vom Jugendparlament führt. Dies äußert sich unter anderem darin, dass in erster Linie ältere Abgeordnete vor Ablauf ihrer zweijährigen "Amtszeit" aus dem Parlament ausgetreten sind.

Allerdings wurde am Beispiel der Aussagen Julians (17) und Lorenz' (17) auch deutlich, dass die älteren Abgeordneten im Parlament durchaus auch positive Erfahrungen gemacht haben. Die beiden Jugendlichen legen dar, dass sie durch ihr Engagement *"mehr Macht"* und Einfluss im politischen Bereich erlangen könnten und dies hat sie – wie die empirischen Befunde dieser Studie nahe legen – offenbar motiviert, für eine rechtliche Gleichstellung des Parlaments mit dem Wittinger Stadtrat bzw. für eine allgemeine Ausweitung (zusammen mit Jugendlichen aus anderen Regionen) des politischen Einflusses von Jugendparlamenten einzutreten.

Die empirische Analyse zeigt weiterhin die Relevanz des sozialen Umfeldes hinsichtlich der Wertschätzung der Mitarbeit der Interviewten im Jugendparlament. Während das Engagement in dem Jugendgremium im Elternhaus und in der Schule auf vergleichsweise große Wertschätzung stößt, wird es von Gleichaltrigen nach Auskunft der Abgeordneten nur in geringem Maße geachtet. Die Jugendlichen heben aber auch hervor, dass das Engagement im Parlament sie zu etwas Besonderem macht, das sie von anderen Gleichaltrigen unterscheidet (vgl. Todorov 1998, 98), etwa, wenn sie betonen, dass ihnen von ihren Mitschülern und Mitschülerinnen die Kompetenz zugesprochen wird, sich stellvertretend für die Interessen Jugendlicher einzusetzen, oder auch, wenn zum Beispiel Kyra (15) und Silke (18) der Interviewerin signalisieren, dass sie sich durch ihr Engagement von den "unpolitischen" Jugendlichen in der Gleichaltrigengruppe unterscheiden.

Die Befunde dieser Untersuchung legen zudem nahe, dass das Parlament vor allem für die jüngeren Abgeordneten – die etwa 11- bis 14-Jährigen – durchaus ein geeigneter Artikulationsrahmen sein kann, um eigene Interessen in den Bereich der Politik einzubringen, und dass gelungene Anerkennung den moralischen, persönlichen und politischen Bildungsprozess befördern kann. Vor allem bei den jüngeren Interviewten wurde deutlich, dass die ihnen im Jugendparlament eingeräumte Möglichkeit der Mitsprache sich positiv auf ihr Selbstwertgefühl ausgewirkt hat und dies einen Ausdruck in einem gesteigerten Engagement für die Belange von Gleichaltrigen findet. Die Erfahrung, sich als wertvoll für die Gemeinschaft zu erleben, scheint besonders für die jüngeren Abgeordneten so etwas wie eine "Sensation" zu sein, für die sie sogar die als langweilig empfundenen Parlamentssitzungen in Kauf nehmen.

Die Ergebnisse dieser Studie zeigen aber auch, dass die jüngeren Abgeordneten Schwierigkeiten haben, sich gegen die von ihnen wahrgenommenen Missstände, wie die verbale Dominanz von Erwachsenen in den Parlamentssitzungen, zur Wehr zu setzen. Will man verhindern, dass die Jüngeren sich in den Sitzungen als ohnmächtig erleben und verstummen, bedarf es ganz offensichtlich geeigneter pädagogischer Flankierungen durch entsprechend ausgebildete Erwachsene.

In diesem Kontext wurde einmal mehr die Notwendigkeit deutlich, im Hinblick auf die politische Partizipation von Jugendlichen zwischen dem Bereich der Pädagogik und dem der Politik zu differenzieren. Fasst man die Abgeordneten als politische Akteure und Akteurinnen auf, so befinden sie sich nicht mehr in einem pädagogischen Schonraum, sondern sie agieren als den Erwachsenen formal gleichberechtigte Subjekte. Dies kann bei Interessenskonflikten zu einem Machtkampf führen, den vor allem die jüngeren Jugendlichen allein schon auf Grund ihrer geringeren rhetorischen Fähigkeiten in der Regel verlieren werden. Auf Basis dieser Überlegungen zeichnet sich ein mit den unterschiedlichen Zielen des Beteiligungsmodells Jugendparlament zusammenhängendes Paradox ab. Um überhaupt die Möglichkeit zu haben, in einem solchen Machtkampf potenziell gleichberechtigter Akteure und Akteurinnen bestehen zu können, bedarf es also zunächst der nötigen subjektiven Voraussetzungen, welche die Abgeordneten dem Bildungsanspruch des Jugendparlaments zufolge hier auf der einen Seite erst erwerben sollen, über die sie aber auf der anderen Seite gemäß dem Ziel der politischen Partizipation bereits verfügen müssten.

Pädagogik setzt ein asymmetrisches Verhältnis voraus, auch wenn sie darauf abzielt diese Asymmetrie aufzuheben. Politik basiert dagegen dem Anspruch nach auf einer symmetrischen Beziehung gleichberechtigter InteraktionspartnerInnen. Auf Grundlage der qualitativen Analyse lässt sich zeigen, dass die älteren Interviewten in der Regel eine symmetrische Interaktion im Parlament erwartet haben und dass diesen Erwartungen aus ihrer Sicht nicht entsprochen wurde. Dies stößt bei ihnen auf Empörung und Frustration. Sie fühlen sich von denjenigen, die ihnen "echte" politische Teilnahme in Aussicht gestellt haben, betrogen. Gleichzeitig gehen sie davon aus, dass die jüngeren Abgeordneten diesen Betrug nicht durchschauen. Deutlich wird daran auch, dass nicht nur eine generationsbedingte Distanz zwischen den im dem Jugendgremium agierenden Erwachsenen und den jugendlichen Mitgliedern des Parlaments besteht, sondern auch zwischen den älteren und den jüngeren Abgeordneten des Gremiums. So ist bei den Älteren eine starke Tendenz zu beobachten, sich von den Jüngeren abzugrenzen. Im Grunde genommen ist das Beteiligungsmodell Jugendparlament beiden Altersgruppen nicht ganz gerecht geworden. Die Jüngeren hätten oftmals einer noch stärkeren pädagogischen Unterstützung bedurft, die Älteren eine stärkere Anerkennung in Form einer symmetrischen Interaktion mit den im Parlament agierenden Erwachsenen und den Kommunalpolitikern. Aus den empirischen Befunden lässt sich ableiten, dass ein zentraler Aspekt für eine gelungene politische Beteiligung von Jugendlichen die Berücksichtigung der altersspezifischen Bedürfnisse ist. Dies kann sich in der Unterscheidung zwischen Mitbestimmung in einem bestimmten eng umgrenzten Bereich, die eher für Kinder und jüngere Jugendliche angemessen ist, oder einer tatsächlichen gleichberechtigten Mitsprache, wie sie eher den Bedürfnissen älterer Jugendlicher entspricht, ausdrücken. Werden die Ebenen nicht deutlich voneinander getrennt, besteht die Gefahr, dass die einen sich überfordert und die anderen sich hintergangen fühlen.

Als "Übungsfeld" für ein späteres Engagement im Rahmen konventioneller Politik wird das Parlament offenbar eher von den männlichen Jugendlichen gesehen. Und auch insgesamt sind die weiblichen Befragten wesentlich skeptischer in Bezug auf ein mögliches politisches Engagement im Erwachsenenalter. So stellen sie wesentlich stärker als die männlichen Interviewten die Beschränkungen, die sie mit einer politischen Tätigkeit im konventionellen Rahmen verbinden, heraus. Sie fürchten beispielsweise das große Ausmaß an Verantwortung, welches sie mit einer politischen Tätigkeit in Verbindung bringen. Das bedeutet aber nicht, dass die weiblichen Jugendlichen überhaupt kein Interesse an einem späteren politischen Engagement äußern. Britta (13) und Merle (13) können sich beispielsweise vorstellen, später im Rahmen einer sozialen Bewegung aktiv zu sein und Silke (18) möchte sich später eventuell in der Kommunalpolitik engagieren. Insgesamt präferieren die Mädchen stärker ein politisches Engagement im sozialen Nahbereich als die Jungen.

Diese Befunde unterstreichen Ergebnisse der politik-, sozialwissenschaftlichen und sozialpsychologischen Frauenforschung zur politischen Partizipation von Mädchen und Frauen. Auf Basis entsprechender Untersuchungen wurde herausgearbeitet, dass der politische Bereich strukturell nach wie vor ein Territorium männlicher Erwachsener bildet. (Vgl. Jacobi 1991) Mädchen dürften sich von daher als in doppelter Weise ausgeschlossen erfahren, und zwar zum einen, weil sie zur Gruppe der Jugendlichen gehören und zum anderen, weil sie weiblich sind. Will man also Mädchen und junge Frauen stärker am politischen Geschehen beteiligen, bedarf es einer entsprechenden Kultur der Beteiligung, die jungen weiblichen Personen mit ihren spezifischen Interessen eine Stimme verleiht. (Vgl. Gilligan 1996, Benjamin 1996a und Eckart 1993)

Das letzte Kapitel dieser Studie widmet sich den historisch-systematischen und sozialphilosophischen Grundlagen der Anerkennungsthematik. Das hier im Sinne der Grounded Theory (vgl. Glaser/Strauss 1995 und 1998, Strauss/Corbin 1996 und Strauss 1998) als zentrales Phänomen herausgearbeitete Streben nach Anerkennung ist zwar aus historisch-systematischer Perspektive betrachtet keine neue Erscheinung, die erst im Zuge der Moderne entstanden ist. So gehört es nach Taylor und Todorov zu den menschlichen Grundbedürfnissen. Neu ist, dass Anerkennung bzw. verweigerte Anerkennung mit der Ablösung von hierarchischen traditionalen Gesellschaften und der Entstehung demokratisch verfasster Gesellschaftssysteme zum Problem geworden ist. Erst in einer demokratischen Kultur erlangen Forderungen nach Gleichrangigkeit der Kulturen und Geschlechter ihre moralische Berechtigung und können von daher die Legitimität demokratischer Systeme in Frage stellen.

Honneth entfaltet seine gesellschaftstheoretische Konzeption auf der Basis einer empirischen Verankerung der Anerkennungsthematik. Ähnlich wie Taylor legt er dar, dass Anerkennung bzw. verweigerte Anerkennung in demokratischen Gesellschaften zu einem zentralen Problem wird. Seiner Ansicht nach bedarf es vor dem Hintergrund zunehmender Individualisierung in posttraditionalen Gesellschaften eines normativen Bedeutungshorizonts, der es ermöglicht, Differenzen anzuerkennen. Dieser für die Anerkennungsform der Solidarität zentrale Werthorizont sei in der durch die Vielfalt der Lebensformen und Deutungsmuster geprägten Gesellschaft weitgehend in Auflösung begriffen. Er zeichnet sich durch die wechselseitige Wertschätzung von Personen aus, die sich auf ein gemeinsames Ziel bzw. eine gemeinsame Lebenspraxis beziehen. Eine Quelle dieser Solidarität könnte – neben der Umverteilung von Arbeit – die Bindung der Gesellschaftsmitglieder an freiheitsverbürgende Institutionen, die sie sich selbst geschaffen haben und an denen sie partizipieren, bilden. Viele der in dieser Arbeit empirisch identifizierten Tendenzen sprechen dafür, dass diese Identifikation mit der Gemeinschaft bei Jugendlichen, jedenfalls, was die Bindung an freiheitsverbürgende politische Institutionen anbelangt, nur in geringem Maße gegeben ist. Dies könnte unter anderem darauf zurückzuführen sein, dass die Lebensphase Jugend in spezifischer Art und Weise von gesellschaftlichen Modernisierungsprozessen tangiert ist. Auf Basis modernisierungstheoretischer Konzeptionen (vgl. Beck 1996, Kohli 1985) sowie Analysen der pädagogischen und sozialwissenschaftlichen Jugendforschung (z.B. bei Heitmeyer/Olk 1990, Zinnecker 1991, Hornstein 1999) ist erstens eine zunehmende Autonomie der Lebensphase Jugend und damit verknüpft eine vergleichsweise lange Dauer der Ausgliederung aus der Erwachsenenwelt und zweitens eine doppelte Risikoerfahrung junger Leute festzustellen. Letztere äußert sich zum einen in der ausgeprägten Sensibilität der jungen Generation für Themenstellungen, die mit den Risiken des technischen Fortschritts verbunden sind, und zum anderen darin, dass Heranwachsende vor der Situation stehen, "risikovolle [...] individuell lebensplanerische [...] Entscheidungen" (Hornstein 1991, 212) zu treffen. Im Bereich der

Politik scheint diese Entwicklung bisher kaum zur Kenntnis genommen zu werden. Jedenfalls sehen sich Jugendliche hier in großen Maße behandelt, als befänden sie sich in einer Übergangsphase zum Erwachsenenstadium, nämlich als Objekte politischer Entscheidungen und politischer Bildung. Als ein zentrales Ergebnis lässt sich also an dieser Stelle festhalten, dass die Politik junge Leute offenbar nicht oder kaum erreichen kann, weil sie nicht angemessen auf die aktuelle Situation Jugendlicher reagiert. Mag der Ausschluss von Jugendlichen etwa in den 50er und 60er Jahren, als die Lebensphase Jugend eher als Übergangsmoratorium zum Erwachsenenalter begriffen werden konnte denn als eigenständige Statuspassage (vgl. Kap. 10.3), noch nicht weiter problematisch gewesen sein. So stellt er sich auf Basis des Strukturwandels Jugendphase von einem Übergangs- zu einem Bildungsmoratorium (vgl. Zinnecker 1991) heute als gesellschaftliches Problem dar, das sich in einer mangelnden gesellschaftlichen Integration junger Leute äußert, die ihren Ausdruck in einer Abwendung Jugendlicher von den politischen Institutionen und ihren Vertretern findet. Auch zunehmende Gewalthandlungen Jugendlicher dürften sich zum Teil vor dem Hintergrund der hier beschriebenen Desintegrationsprozesse erklären lassen. (Vgl. dazu Heitmeyer 1993 und Böttger 1998)

Resümierend kann also festgehalten werden, dass bei Jugendlichen auf Grund der von ihnen erlebten mangelnden Anerkennung im Bereich der konventionellen Politik eine zunehmende Distanzierung vom politischen Bereich zu beobachten ist. Politik ist – wie eine Interviewpartnerin es ausgedrückt – irgendwo *"da hinten"* und hat offenbar aus Sicht von jungen Leuten wenig Bezug zu ihren Interessen und Problemen. Will man dieser Distanzierung entgegenwirken, ist es einerseits sinnvoll, nach adäquaten, altersgerechten politischen Mitwirkungsmöglichkeiten zu suchen, in denen die Wünsche, Probleme und Vorstellungen von Jugendlichen eine Wertschätzung erhalten. Andererseits könnte die Kritik junger Menschen an den Inhalten und Formen etablierter Politik aber ebenfalls zum Anlass genommen werden, um sich mit entsprechenden Veränderungsmöglichkeiten im Bereich der Politik auseinander zu setzen. So sollten, wie auch Helen Wilkinson, Forschungsleiterin am Londoner Demos-Institut, fordert, PolitikerInnen der jungen Generation "auf halbem Wege" (Wilkinson

1997, 122) entgegenkommen. Dazu wäre es erforderlich, "Politik ehrlicher und offener zu gestalten, weniger als Monolog und stärker als Dialog, stärker an klaren ethischen Prinzipien orientiert und weniger in ideologischen Dogmen, mit dem Ziel nicht der Machterhaltung, sondern konkreter Resultate." (Ebd., 122f.)

Will man junge Leute – und für Erwachsene trifft dies sicher auch in großem Maße zu – stärker für Politik interessieren, sollte man ihr Bedürfnis nach einem lebendigen, "emotionalen" Umgang mit politischen Themen und Strukturen ernst nehmen. Dazu bedarf es einer größeren Transparenz politischer Prozesse, neuer kreativer Methoden der Politikvermittlung und vor allem einer stärkeren Einbeziehung verschiedener Stimmen in den politischen Diskurs – Stimmen von Kindern, Jugendlichen, alten Leuten, Frauen, Männern, von Personen aus anderen Kulturen und aus verschiedenen sozialen Milieus. Und dies lässt sich nur über eine Politik der Beteiligung gewährleisten. Auch Beck fordert eine Politik, die stärker auf der Mitverantwortung ihrer BürgerInnen und nicht ausschließlich auf rationalen bzw. den "Effizienzmaßstäben des Berufspolitikers" (Beck 1997a, 30) entsprechenden Elementen basiert, wenn er einen Ausbau und eine Stützung der "Selbstverantwortlichkeit der Bürgergesellschaft" (ebd.) fordert. Dies kann seiner Ansicht nach durch eine "Aufwertung des demokratischen Nahbereichs, der Kommunen und Städte" (ebd.) und eben durch eine lebendigere Gestaltung politischer Interaktion geschehen. "Politik in der demokratischen Gesellschaft darf nicht nur rational, muß auch *emotional* sein. Es geht um effiziente Lösungen, aber zugleich auch um Leidenschaften, Zuhören-Können, Gerechtigkeit, Interessen, Vertrauen, Identitäten, notwendigen Streit; im übrigen um sachlich so komplexe Materialien, daß die immer noch in den Köpfen herumgeisternde Vorstellung des einen besten Weges völlig illusorisch ist." (Ebd., Herv. i.Orig.)

Letztlich reicht es also nicht aus, "lediglich den Versuch zu unternehmen, Politik besser zu verkaufen oder demokratische Regeln einzuüben. Etwas ernster sollte man die Probleme Jugendlicher schon nehmen." (Fischer 2000a, 282) Dies bedeutet im Übrigen nicht, dass die Politik sich nun stromlinienförmig den Bedürfnissen der jungen Generation anzupassen hätte. Es geht vielmehr darum, Jugendliche nicht ausschließlich als Objekte politischer Erziehung und politischer

Entscheidungen zu betrachten, sondern ihnen in der Politik als Subjekten mit spezifischen Vorstellungen, Problemen und Fähigkeiten einen größeren Stellenwert einzuräumen. (Vgl. Burdewick 2001a) Dies wird vor dem Hintergrund der zunehmenden Eigenständigkeit der Lebensphase Jugend wichtiger denn je. Hier bedarf es ganz im Sinne Honneths "eine[r] radikale[n] Erweiterung von Beziehungen der Solidarität" (Honneth 1998, 287). Grundlage dafür ist die gemeinsame Orientierung an bestimmten Werten, die gleichzeitig eine Anerkennung der Differenzen gewährleistet. Taylor hebt ebenso wie Honneth die Wichtigkeit eines allen gemeinsamen Bedeutungshorizonts für die Anerkennung der Differenzen hervor. Eine Basis für die Schaffung eines solchen Horizontes sei der "Ausbau und die Hege unserer Wertungsgemeinsamkeiten [...]; und eines der maßgeblichen Verfahren um das zu erreichen, wäre ein politisches Leben der Beteiligung." (Taylor 1997b, 63)

Für die politische Beteiligung von Jugendlichen lassen sich aus den Befunden dieser Studie zwei wesentliche Aspekte ableiten. Zum einen sollten junge Leute durch pädagogische Flankierungen etwa in der Schule, im Elternhaus und in entsprechenden Beteiligungsmodellen befähigt werden, sich selbstbewusst und selbstständig für ihre eigenen Interessen einzusetzen. Die Vermittlung von Normen und Wertvorstellungen dient dabei nicht vorrangig der Integration in vorgegebene soziale und politische Muster, sondern hat die Aufgabe, den Heranwachsenden "zu eigenen tragfähigen Orientierungsmustern zu verhelfen, mit denen sie sich identifizieren, die sie aber auch (in altersgemäßer Form) reflektieren bzw. hinterfragen können." (Leu 1999, 86) Andererseits sollte für Heranwachsende eine politische Kultur der Beteiligung geschaffen werden, die sie als Experten und Expertinnen in eigener Sache anerkennt und es ihnen viel stärker ermöglicht, sich als wertvoll für die Gemeinschaft zu erfahren, als dies bisher der Fall ist. Dazu gehört auch eine Ausweitung der rechtlichen Möglichkeiten der politischen Mitbestimmung für Jugendliche. Ein Schritt in diese Richtung könnte die Herabsetzung des aktiven Wahlrechts auf etwa 16 Jahre, nicht nur bei den Kommunal- sondern auch bei den Bundestagswahlen, genauso sein wie eine Ausweitung der rechtlichen Verankerung der Partizipation beispielsweise in den Gemeindeordnungen der jeweiligen Bundesländer. Hier bedarf es noch zahlreicher neuer Ideen und kreativer Lösungen. Die Einrichtung von Jugendparlamenten ist eine von vielen. Hier sind allerdings zwei entscheidende Einschränkungen vorzunehmen: Nur unter der Voraussetzung, dass den jungen Abgeordneten die ihnen im Jugendparlament in Aussicht gestellte Wertschätzung auch tatsächlich zugebilligt wird und nur unter der damit zusammenhängenden Prämisse, dass altersangemessen zwischen politischer Partizipation in ihrem eigentlichen Sinne und pädagogisch unterstützter Mitbestimmung (vgl. Bukow 2000) differenziert wird, kann dieses Beteiligungsmodell als eine Form der politischen Mitwirkung junger Leute gelten, in welcher sie eine Anerkennung als Subjekte mit spezifischen Interessen, Vorstellungen und Fähigkeiten erfahren.

Literaturverzeichnis

Alanen, Leena: Zur Theorie der Kindheit. Die "Kinderfrage" in den Sozialwissenschaften. In: Sozialwissenschaftliche Literaturrundschau. 17. Jg., Heft 28/1994a, S. 93-112.

Alanen, Leena: Gender and generation. Feminism and the 'Child Question'. In: Qvortrup, Jens/Bardy, Marjatta/Sgritta, Giovanni B./Wintersberger, Helmut (Hrsg.): Childhood matters. Social theory, practice und politics. Aldershot 1994b, S. 27-42.

Apel, Peter/Pach, Reinhard: Kinder planen mit. Stadtplanung unter Einbeziehung von Kindern. Unna 1997.

Appelt, Erna: Geschlecht – Staatsbürgerschaft – Nation. Politische Konstruktionen des Geschlechterverhältnisses in Europa. Frankfurt/M. und New York 1999.

Arendt, Hannah: Macht und Gewalt. München 1975 (3.Aufl.).

Aschenbach, Günter/Billmann-Mahecha, Elfriede/Zitterbarth, Walter: Kulturwissenschaftliche Aspekte qualitativer psychologischer Forschung. In: Jüttemann, Gerd (Hrsg.): Qualitative Forschung in der Psychologie. Grundfragen, Verfahrensweisen, Anwendungsfelder. Weinheim/Basel 1985, S. 25-44.

Asmus, Hans-Joachim: Politische Lernprozesse bei Kindern und Jugendlichen. Eine sozialisationstheoretische Begründung. Frankfurt/M. und New York 1983.

Auhagen, Ann Elisabeth: Die Realität der Verantwortung. Göttingen/Bern/Toronto/Seattle 1999.

Bartscher, Matthias: Partizipation von Kindern in der Kommunalpolitik. Freiburg/Breisgau 1998.

Baumgarten, Eduard: Die geistigen Grundlagen des amerikanischen Gemeinwesens. Bd. 2: Der Pragmatismus. Frankfurt/M. 1938.

Beck, Ulrich: Risikogesellschaft. Auf dem Weg in eine andere Moderne. Frankfurt/M. 1996 (einmalige Sonderausgabe).

Beck, Ulrich: Kinder der Freiheit. Wider das Lamento über den Wertverfall. In: Ders. (Hrsg.): Kinder der Freiheit. Frankfurt/M. 1997a, S. 9-33.

Beck, Ulrich: Demokratisierung der Familie. In: Ders. (Hrsg.): Kinder der Freiheit. Frankfurt/M. 1997b, S. 195-216.

Becker, Howard S./Geer, Blanche: Teilnehmende Beobachtung: Die Analyse qualitativer Forschungsergebnisse. In: Hopf, Christel/Weingarten, Elmar (Hrsg.): Qualitative Sozialforschung. Stuttgart 1979, S. 139-166.

Becker-Schmidt, Regina: Von Jungen, die keine Mädchen und Mädchen, die gerne Jungen sein wollten. Geschlechtsspezifische Umwege auf der Suche nach Identität. In: Becker-Schmidt, Regina/Knapp, Gudrun-Axeli (Hrsg.): Das Geschlechterverhältnis als Gegenstand der Sozialwissenschaften. Frankfurt/M. und New York 1995, S. 220-246.

Benhabib, Seyla: Selbst im Kontext. Kommunikative Ethik im Spannungsfeld von Feminismus, Kommunitarismus und Postmoderne. Frankfurt/M. 1995.

Benjamin, Jessica: Die Fesseln der Liebe. Psychoanalyse, Feminismus und das Problem der Macht. Frankfurt/M. 1996a (limitierte Sonderausgabe).

Benjamin, Jessica: Phantasie und Geschlecht. Psychoanalytische Studien über Idealisierung, Anerkennung und Differenz. Frankfurt/M. 1996b.

Berliner Morgenpost vom 31.05.2000: http://archiv.berlinermorgenpost.de/bm/archiv 2000/000531/politik/ston/65444html (Online am 12.05.2001).

Billmann-Mahecha, Elfriede: Egozentrismus und Perspektivenwechsel. Empirisch-psychologische Studien zu kindlichen Verstehensleistungen im Alltag. Göttingen/Toronto/Zürich 1990.

Billmann-Mahecha, Elfriede: Wie authentisch sind erzählte Lebensgeschichten? In: Strobl, Rainer/Böttger, Andreas (Hrsg.): Wahre Geschichten? Zu Theorie und Praxis qualitativer Interviews. Baden-Baden 1996, S. 111-129.

Blank, Renate: "Ich habe andere Sorgen als Politik". Qualitative Studie "Jugend 97". In: Jugendwerk der deutschen Shell (Hrsg.): Jugend '97. Zukunftsperspektiven, Gesellschaftliches Engagement, Politische Orientierungen. Opladen 1997, S. 33-77.

Böhm, Andreas: Theoretisches Codieren: Textanalyse in der Grounded Theory. In: Flick, Uwe/Kardoff, Ernst v./Steinke, Ines (Hrsg.): Qualitative Forschung. Ein Handbuch. Reinbeck bei Hamburg 2000, S. 475-485.

Böhme, Jeanette/Kramer, Rolf Thorsten (Hrsg.): Partizipation in der Schule. Theoretische Perspektiven und empirische Analysen. Opladen 2001.

Borchers, Andreas: Interessengebiete junger Menschen. In: Institut für Entwicklungsplanung und Strukturforschung an der Universität Hannover (Hrsg.): Jugend und gesellschaftliche Mitwirkung. Der Jugendkompaß Niedersachsen. Hannover 1995, S. 3-21.

Böttger, Andreas: Gewalt und Biographie. Eine qualitative Analyse rekonstruierter Lebensgeschichten von 100 Jugendlichen. Baden-Baden 1998.

Brumlik, Micha: Kontexte der Anerkennung – Kommentar zu Axel Honneths Moral jenseits von Aristoteles und Kant. In: Edelstein, Wolfgang/Nunner-Winkler, Gertrud: Moral im sozialen Kontext. Frankfurt/M. 2000, S. 77-81.

Bruner, Claudia Franziska/Winklhofer, Ursula/ Zinser, Claudia: Beteiligung von Kindern und Jugendlichen in der Kommune. Ergebnisse einer bundesweiten Erhebung. Herausgegeben vom Bundesministerium für Familie, Senioren, Frauen und Jugend. Berlin 1999.

Bruner, Claudia Franziska/Winklhofer, Ursula/ Zinser, Claudia: Partizipation – ein Kinderspiel? Beteiligungsmodelle in Kindertagesstätten, Schulen, Kommunen und Verbänden. Herausgegeben vom Bundesministerium für Familie, Senioren, Frauen und Jugend. Berlin 2001.

Brunsemann, Claudia/Stange, Waldemar/Tiemann, Dieter: mitreden – mitplanen – mitmachen. Kinder und Jugendliche in der Kommune. Herausgegeben vom Deutschen Kinderhilfswerk und Aktion Schleswig-Holstein – Land für Kinder in Kooperation mir dem Schleswig-Holsteinischen Landkreistag und dem Städteverband Schleswig-Holstein. Berlin/Kiel 1997.

Buggle, Franz: Die Entwicklungspsychologie Jean Piagets. Stuttgart/Berlin/Köln 1993 (2. überarbeitete Aufl.).

Bukow, Wolf-Dietrich/Spindler, Susanne (Hrsg.): Die Demokratie entdeckt ihre Kinder. Politische Partizipation durch Kinder- und Jugendforen. Opladen 2000.

Bukow, Wolf-Dietrich: Zwischen Partizipation und Mitbestimmung. In: Bukow, Wolf-Dietrich/Spindler, Susanne (Hrsg.): Die Demokratie entdeckt ihre Kinder. Politische Partizipation durch Kinder- und Jugendforen. Opladen 2000, S. 171-190.

Bundesministerium für Familie, Senioren, Frauen und Jugend (Hrsg.): Kinder- und Jugendhilfegesetz. Bonn 1995 (7. Aufl.).

Bundesministerium für Familie, Senioren, Frauen und Jugend (Hrsg.): Familien- und kinderfreundliches Verwaltungshandeln – hin zu demokratischeren Strukturen. Zehnter Kinder- und Jugendbericht. Bonn 1998.

Bundesministerium für Familie, Senioren, Frauen und Jugend (Hrsg.): Übereinkommen über die Rechte des Kindes. UN-Kinderkonvention im Wortlaut mit Materialien. Bonn 1999 (6. Aufl.).

Burdewick, Ingrid: "... in die Politik hineingerissen". Politische Partizipation von Mädchen und Jungen am Beispiel des Jugendparlaments in Wittingen. In: Neumann, Karl/Burdewick, Ingrid (Hrsg.): "Ein bißchen mehr Macht." Politische Partizipation von Mädchen und Jungen. Steinhorster Schriften und Materialien zur regionalen Schulgeschichte und Schulentwicklung. Bd. 9, Braunschweig/Gifhorn 1998a, S. 113-155.

Burdewick, Ingrid: "Vielleicht müßte das alles ein bißchen lockerer sein." Politische Partizipation von Kindern und Jugendlichen am Beispiel des Jugendparlaments in Wittingen. In: deutsche jugend. Zeitschrift für die Jugendarbeit. 46. Jg., Heft 5/1998b, S. 219-225.

Burdewick, Ingrid: Schulhofgestaltung, Geschlecht und Raum. In: Grundschule. Zeitschrift für die Grundstufe des Schulwesens. 31. Jg., Heft 12/1999, S. 35-37.

Burdewick, Ingrid: Politische Partizipation von Mädchen und Jungen. Ergebnisse einer empirischen Untersuchung zum Thema Jugendparlament. In: neue praxis. Zeitschrift für Sozialarbeit, Sozialpädagogik und Sozialpolitik. 30 Jg., Heft 3/2000, S. 271-279.

Burdewick, Ingrid: Jugend – Politik – Partizipation. Ergebnisse einer quantitativen und einer qualitativen Untersuchung. In: Unsere Jugend. Zeitschrift für Studium und Praxis der Sozialpädagogik. 53. Jg., Heft 1/2001a, S. 5-15.

Burdewick, Ingrid: Mitbestimmung in der Schule. Ein Beispiel aus der Praxis. In: Theorie und Praxis der sozialen Arbeit. 52. Jg., Heft 11/2001b, S. 424-428.

Burdewick, Ingrid/Martin, Ina: Mutt de Deern denn wat leern? – Mädchen- und Frauenbildung auf dem Lande im 19. und 20. Jahrhundert am Beispiel der Region Gifhorn. Gifhorn 1994.

Chodorow, Nancy: Das Erbe der Mütter. Psychoanalyse und Soziologie der Geschlechter München 1994 (4. Aufl.).

Coleman, John C.: Friendship and the Peer Group in Adolescence. In: Adelson, Joseph: Handbook of adolescent psychology. New York/Chichester/Brisbane/Toronto 1980, S. 408-431.

Cornelissen, Waltraud: Politische Partizipation von Frauen in der alten Bundesrepublik und im vereinten Deutschland. In: Helwig, Gisela/Nickel, Hildegard Maria (Hrsg.): Frauen in Deutschland 1945-1992. Berlin 1993, S. 321-349.

Danner, Stefan: Politische Aktion, Lernarrangement oder Expertenwerkstatt? In: Neue Sammlung. 40. Jg., Heft 2/2000, S. 211-232.

Deci, Edward L./Ryan, Richard M.: Die Selbstbestimmungstheorie der Motivation und ihre Bedeutung für die Pädagogik. In: Zeitschrift für Pädagogik, 39. Jg., Heft 2/1993, S. 223-238.

Der Spiegel. Nr. 46 vom 13.11.2000.

Dettling, Warnfried: Die moralische Generation. In: Beck, Ulrich (Hrsg.): Kinder der Freiheit. Frankfurt/M. 1997, S. 124-130.

Deutsche Shell (Hrsg.): Jugend 2000. 13.Shell Jugendstudie. Bd. 1 und 2. Opladen 2000.

Deutsche Shell (Hrsg.): Jugend 2002. 14. Shell Jugendstudie. Frankfurt/M. 2002.

Diezinger, Angelika: Umbrüche in den Geschlechterbeziehungen – alte und neue Konfliktlinien. In: Oechsle, Mechthild/Wetterau, Karin (Hrsg.): Politische Bildung und Geschlechterverhältnis. Opladen 2000, S. 77-99.

Döbert, Rainer/Nunner-Winkler, Gertrud: Adoleszenzkrise und Identitätsbildung. Frankfurt/M. 1975.

Eckart, Christel: Der Preis der Zeit. Ein Untersuchung der Interessen von Frauen an Teilzeitarbeit. Frankfurt/M. und New York 1990.

Eckart, Christel: Der Blick in die Nähe – "Fürsorglichkeit" als Fokus feministischer Gesellschaftskritik: In: Die Neue Gesellschaft. Frankfurter Hefte. 39. Jg., Heft 1/1992, S. 63-70.

Eckart, Christel: Frauen zwischen der Moral der Fürsorge und dem individualisierenden Leistungsprinzip. In: Reese, Dagmar/Rosenhaft, Eve/Sachse, Carola/Siegel, Tilla (Hrsg.): Rationale Beziehungen? Geschlechterverhältnisse im Rationalisierungsprozeß. Frankfurt/M. 1993, S. 170-185.

Edelstein, Wolfgang/Nunner-Winkler, Gertrud: Zur Bestimmung der Moral. Philosophische und sozialwissenschaftliche Beiträge zur Moralforschung. Frankfurt/M. 1986.

Ehmann, Hermann: Voll konkret. Das neueste Lexikon der Jugendsprache. München 2001.

Farin, Klaus: generation-kick.de. Jugendsubkulturen heute. München 2001.

Fischer, Arthur: Engagement und Politik. In: Jugendwerk der deutschen Shell (Hrsg.): Jugend '97. Zukunftsperspektiven, Gesellschaftliches Engagement, Politische Orientierungen. Opladen 1997a, S. 303-341.

Fischer, Arthur: Beschreibung der Untersuchungsinstrumente: In: Jugendwerk der deutschen Shell. Jugend '97. Zukunftsperspektiven, Gesellschaftliches Engagement, Politische Orientierungen. Opladen 1997b, S. 405-430.

Fischer, Arthur: Jugend und Politik. In: Deutsche Shell (Hrsg.): Jugend 2000. Band 1. Opladen 2000a, S. 261-282.

Fischer, Arthur: Anhang. Beschreibung der Skalen. In: Deutsche Shell (Hrsg.): Jugend 2000. Band 1. Opladen 2000b, S. 379-432.

Fischer, Arthur/Münchmeier, Richard: Die gesellschaftliche Krise hat die Jugend erreicht. Zusammenfassung der zentralen Ergebnisse der 12. Shell Jugendstudie. In: Jugendwerk der deutschen Shell (Hrsg.): Jugend '97. Zukunftsperspektiven, Gesellschaftliches Engagement, Politische Orientierungen. Opladen 1997, S. 11-23.

Flick, Uwe/Kardorff, Ernst v./Steinke, Ines: Was ist qualitative Forschung? Einleitung und Überblick. In: Flick, Uwe/Kardorff, Ernst v./Steinke, Ines (Hrsg.): Qualitative Forschung. Ein Handbuch. Hamburg 2000, S. 13-29.

Frädrich, Jana/Jerger-Bachmann, Ilona: Kinder bestimmen mit. Kinderrechte und Kinderpolitik. München 1995.

Fraser, Nancy: Die halbierte Gerechtigkeit. Schlüsselbegriffe des postindustriellen Sozialstaates. Frankfurt/M. 2001.

Fraser, Nancy/Honneth, Axel: Umverteilung oder Anerkennung? Eine politisch-philosophische Kontroverse. Frankfurt/M. (erscheint 2003).

Frevert, Ute: Mann und Weib und Weib und Mann. Geschlechter-Differenzen in der Moderne. München 1995.
Friebertshäuser, Barbara: Interviewtechniken – ein Überblick. In: Friebertshäuser, Barbara/Prengel, Annedore (Hrsg.): Handbuch Qualitative Forschungsmethoden in der Erziehungswissenschaft. Weinheim/München 1997, S. 371-395.
Fuchs, Dieter: Demokratie und Beteiligung in der modernen Gesellschaft: Einige demokratietheoretische Überlegungen. In: Niedermayer, Oskar/Westle, Bettina (Hrsg.): Demokratie und Partizipation. Festschrift für Max Kaase. Wiesbaden 2000, S. 250-280.
Fuchs, Martin: Kampf um Differenz. Repräsentation, Subjektivität und soziale Bewegungen. Das Beispiel Indien. Frankfurt/M. 1999.
Fuchs-Heinritz, Werner: Zukunftsorientierungen und Verhältnis zu den Eltern. In: Deutsche Shell (Hrsg.): Jugend 2000. Band 1. Opladen 2000, S. 23-92.
Gaiser, Wolfgang/de Rijke, Johann: Partizipation und politisches Engagement. In: Gille, Martina/Krüger, Winfried (Hrsg.): Unzufriedene Demokraten. Politische Orientierungen der 16- bis 29jährigen im vereinigten Deutschland. Opladen 2000, S. 267-323.
Gaiser, Wolfgang/Gille, Martina/Krüger, Winfried/de Rijke, Johann: Politikverdrossenheit in Ost und West? Einstellungen von Jugendlichen und jungen Erwachsenen. In: Aus Politik und Zeitgeschichte. 50. Jg., Heft 20/2000, S. 12-23.
Garz, Detlef: Lawrence Kohlberg zur Einführung. Hamburg 1996.
Garz, Detlef: Moral, Erziehung und Gesellschaft. Wider die Erziehungskatastrophe. Bad Heilbrunn 1998.
Geißel, Brigitte: Politikerinnen. Politisierung und Partizipation auf kommunaler Ebene. Opladen 1999.
Gensicke, Thomas: Individualität und Sicherheit in neuer Synthese? Wertorientierung und gesellschaftliche Aktivität. In: Deutsche Shell (Hrsg.): Jugend 2002. 14. Shell Jugendstudie. Frankfurt/M. 2002, S. 139-212.
Gerdes, Dirk: Soziale Bewegung/Neue soziale Bewegungen. In: Nohlen, Dieter (Hrsg.): Kleines Lexikon der Politik. München 2001, S. 454-456.
Gille, Martina: Wertorientierungen und Geschlechtsrollenorientierungen im Wandel. In: Hoffmann-Lange, Ursula (Hrsg.): Jugend und Demokratie in Deutschland. DJI-Jugendsurvey 1. Opladen 1995, S. 109-159.
Gille, Martina/Krüger, Winfried/deRijke, Johann/Willems, Helmut: Das Verhältnis Jugendlicher und junger Erwachsener zur Politik: Normalisierung oder Krisenentwicklung? In: Aus Politik und Zeitgeschichte. 46. Jg., Heft 19/1996, S. 3-17.
Gille, Martina/Krüger, Winfried/de Rijke, Johann: Politische Orientierungen. In: Gille, Martina/Krüger, Winfried (Hrsg.): Unzufriedene Demokraten. Politische Orientierungen der 16- bis 29jährigen im vereinten Deutschland. Opladen 2000, S. 205-265.
Gille, Martina/Krüger, Winfried (Hrsg.): Unzufriedene Demokaten. Politische Orientierung der 16- bis 29jährigen im vereinigten Deutschland. Opladen 2000.
Gilligan, Carol: Die andere Stimme. Lebenskonflikte und Moral der Frau. München 1996.
Glaser, Barney G./Strauss, Anselm L.: The discovery of grounded theory. Strategies for qualitative research. Chicago 1967.

Glaser, Barney G./Strauss, Anselm L.: Die Entdeckung gegenstandsbezogener Theorie: Eine Grundstrategie qualitativer Sozialforschung. In: Hopf, Christel/Weingarten, Elmar (Hrsg.): Qualitative Sozialforschung. Stuttgart 1979, S. 91-111.

Glaser, Barney G./Strauss, Anselm L.: Betreuung von Sterbenden. Eine Orientierung für Ärzte, Pflegepersonal, Seelsorger und Angehörige. Göttingen/Zürich 1995 (2. überarbeitete Aufl.).

Glaser, Barney G./Strauss, Anselm L.: Grounded Theory. Strategien qualitativer Forschung. Bern/Göttingen/Toronto/Seattle 1998.

Grunert, Cathleen/Krüger, Heinz-Hermann: Zum Wandel von Jugendbiographien im 20. Jahrhundert. In: Sander, Uwe/Vollbrecht, Ralf (Hrsg.): Jugend im 20. Jahrhundert. Neuwied/Kriftel/Berlin 2000, S. 192-210.

Habermas, Jürgen/Friedeburg, Ludwig von/Oehler, Christoph/Weltz, Friedrich: Student und Politik. Eine soziologische Untersuchung zum politischen Bewußtsein Frankfurter Studenten. Neuwied 1961.

Habermas, Jürgen: Moralbewußtsein und kommunikatives Handeln. Frankfurt/M. 1996 (6. Aufl.).

Habermas. Jürgen: Anerkennungskämpfe im demokratischen Rechtsstaat. In: Taylor, Charles: Multikulturalismus und die Politik der Anerkennung. Frankfurt/M. 1997, S. 147-196.

Habermas, Jürgen: Nachmetaphysisches Denken. Philosophische Aufsätze. Frankfurt/M. 1998.

Habermas, Jürgen: Die Einbeziehung des Anderen. Studien zur politischen Theorie. Frankfurt/M. 1999.

Hagemann-White, Carol: Sozialisation: Weiblich – männlich? Opladen 1984.

Hagemann-White, Carol: Können Frauen die Politik verändern? In: Aus Politik und Zeitgeschichte. 37. Jg., Heft 9-10/1987, S. 29-36.

Hannoversche Allgemeine Zeitung Nr. 212 vom 11.09. 2001

Harenberg Lexikon der Sprichwörter und Zitate. Dortmund 1997.

Hegel, Georg Wilhelm Friedrich: System der Sittlichkeit. Hamburg 1967 (unveränderter Abdruck aus: G.W.F. Hegel "Schriften zur Politik und Rechtsphilosophie", 2. Aufl. 1923).

Hegel, Georg Wilhelm Friedrich: Jenaer Schriften 1801-1807. Werke 2. Auf der Grundlage der Werke von 1832-1845. Red.: Eva Moldenhauer und Karl Markus Michel. Frankfurt/M.1996 (neu editierte 3. Aufl.).

Heinzel, Friederike: Qualitative Interviews mit Kindern. In: Friebertshäuser, Barbara/Prengel, Annedore (Hrsg.): Handbuch Qualitative Forschungsmethoden in der Erziehungswissenschaft. Weinheim/München 1997, S. 396-413.

Heitmeyer, Wilhelm: Gesellschaftliche Desintegrationsprozesse als Ursachen von fremdenfeindlicher Gewalt und politischer Paralysierung. In: Aus Politik und Zeitgeschichte. Beilage zur Wochenzeitung Das Parlament. 43.Jg., Heft 2-3/1993.

Heitmeyer, Wilhelm/Olk, Thomas (Hrsg.): Individualisierung von Jugend. Gesellschaftliche Prozesse, subjektive Verarbeitungsformen, jugendpolitische Konsequenzen. Weinheim/München 1990.

Heitmeyer, Wilhelm/Möller, Kurt/Siller, Gertrud: Jugend und Politik. Chancen und Belastungen der Labilisierung politischer Orientierungssicherheiten. In: Heitmeyer, Wilhelm/Olk, Thomas (Hrsg.): Individualisierung von Jugend. Gesellschaftliche Prozesse, subjektive Verarbeitungsformen, jugendpolitische Konsequenzen. Weinheim/München 1990, S. 195-217.

Heitmeyer, Wilhelm/Jacobi, Juliane (Hrsg.): Politische Sozialisation und Individualisierung. Perspektiven und Chancen politischer Bildung. Weinheim/München 1991.

Helsper, Werner: Schülerpartizipation und Schulkultur – Bestimmungen im Horizont schulischer Anerkennungsverhältnisse. In: Böhme, Jeanette/Kramer, Rolf-Torsten (Hrsg.): Partizipation in der Schule. Theoretische Perspektiven und empirische Analysen. Opladen 2001, S. 37-48.

Hengst, Heinz: Kinder an die Macht! Der Rückzug des Marktes aus dem Erziehungsprojekt der Moderne. In: Zeiher, Helga/Büchner, Peter/Zinnecker, Jürgen (Hrsg.): Kinder als Außenseiter? Umbrüche in der gesellschaftlichen Wahrnehmung von Kindern und Kindheit. Weinheim/München 1996, S. 117-133.

Hermann, Michael C.: Jugendgemeinderäte in Baden-Württemberg: Eine interdisziplinäre Evaluation. Pfaffenweiler 1996a.

Hermann, Michael C.: Nach dem Boom die Baisse? Warum so viele über Mitbestimmung Jugendlicher reden. In: Ders. (Hrsg.): Zukunft mitgestalten. Modelle für mehr Mitsprache. Sersheim 1996b.

Hermann, Michael C.: Institutionalisierte Jugendparlamente: Über die Beteiligungsmotivation kommunaler Akteure – Formen, Chancen und Risiken. In: Palentien, Christian/Hurrelmann, Klaus (Hrsg.): Jugend und Politik. Ein Handbuch für Forschung, Lehre und Praxis. Neuwied/Kriftel/Berlin 1997, S. 315-334.

Higgins, Ann: Moralische Erziehung in der Gerechte Gemeinschaft-Schule – Über schulpraktische Erfahrungen in den USA. In: Lind, Georg/Raschert, Jürgen (Hrsg.): Moralische Urteilsfähigkeit. Eine Auseinandersetzung mit Lawrence Kohlberg. Weinheim/Basel 1987, S. 54-72.

Himmelmann; Gerhard: "Warum nur so zögerlich ...?" Grenzen und Mühen politischer Partizipation. In: Neumann, Karl/Burdewick, Ingrid (Hrsg.): "Ein bißchen mehr Macht." Politische Partizipation von Mädchen und Jungen. Steinhorster Schriften und Materialien zur regionalen Schulgeschichte und Schulentwicklung. Bd. 9. Braunschweig/Gifhorn 1998, S. 35-56.

Hobbes, Thomas: Leviathan. Erster und zweiter Teil. Stuttgart 1974.

Hoecker, Beate. Politische Partizipation von Frauen. Ein einführendes Studienbuch. Opladen 1995.

Hoecker, Beate: Zwischen Macht und Ohnmacht: Politische Partizipation von Frauen in Deutschland. In: Dies. (Hrsg.): Handbuch Politische Partizipation von Frauen in Europa. Opladen 1998; S. 65-90.

Hoecker, Beate: Politische Partizipation von Frauen: Kein Thema für die politische Bildung? In: Oechsle, Mechthild/Wetterau, Karin (Hrsg.): Politische Bildung und Geschlechterverhältnis. Opladen 2000, S. 151-172.

Hoffmann-Lange, Ursula: Jugend und Demokratie in Deutschland. DJI-Jugendsurvey 1. Opladen 1995.

Honneth, Axel: Integrität und Mißachtung. Grundmotive einer Moral der Anerkennung. In: Merkur. Nr. 44/1990, S. 1043-1054.

Honneth, Axel: Die soziale Dynamik von Mißachtung. Zur Ortsbestimmung einer kritischen Gesellschaftstheorie. In: Leviathan. Zeitschrift für Sozialwissenschaft. 22. Jg., Heft 1/1994a, S. 78-93.

Honneth, Axel (Hrsg.): Kommunitarismus. Eine Debatte über die moralischen Grundlagen moderner Gesellschaften. Frankfurt/M. und New York 1994b.

Honneth, Axel: Anerkennung und moralische Verpflichtung. In: Zeitschrift für philosophische Forschung. 51. Jg., Heft 1/1997, S. 25-41.

Honneth, Axel: Kampf um Anerkennung. Zur moralischen Grammatik sozialer Konflikte. Frankfurt/M. 1998 (2. Aufl.).

Honneth, Axel: Das Andere der Gerechtigkeit. Aufsätze zur politischen Philosophie. Frankfurt/M. 2000.

Honneth, Axel: Für eine post-traditionale Solidarität. Konsensfindung und soziale Bindung unter Bedingungen des Wertepluralismus. http://www.gcn./Kempfenhausen/Zyklus1/downloads/honneth.pdf. 2001 (Online am 12.02.2002).

Hopf, Christel: Die Pseudo-Exploration – Überlegungen zur Technik qualitativer Interviews in der Sozialforschung. In: Zeitschrift für Soziologie, 7. Jg., Heft 2/1978, S. 99-115.

Hopf, Christel/Hopf, Wulf: Familie, Persönlichkeit, Politik. Eine Einführung in die politische Sozialisation. Weinheim/München 1997.

Hornstein, Walter: Der Gestaltwandel des Politischen und die Aufgaben der politischen Bildung. In: Heitmeyer, Wilhelm/Jacobi, Juliane (Hrsg.): Politische Sozialisation und Individualisierung. Perspektiven und Chancen politischer Bildung. Weinheim/München 1991, S. 199-228.

Hornstein, Walter: Jugendforschung und Jugendpolitik. Entwicklungen und Strukturen in der zweiten Hälfte des 20. Jahrhunderts. Weinheim/München 1999.

Horster, Detlef: Politik als Pflicht. Studien zur politischen Philosophie. Frankfurt/M. 1993.

Horster, Detlef: Was sind moralische Regeln und wie lernt man sie? In: Beutler, Kurt/Horster, Detlef (Hrsg.): Pädagogik und Ethik. Stuttgart 1996, S. 283-295.

Horster, Detlef (Hrsg.): Weibliche Moral – ein Mythos? Frankfurt/M. 1998a.

Horster, Detlef: Der Streit um die "weibliche Moral" und die Entwicklung einer differenzierten Moralauffassung. In: Horster, Detlef (Hrsg.): Weibliche Moral – ein Mythos? Frankfurt/M. 1998b, S. 7-30.

Horster, Detlef: Postchristliche Moral. Eine sozialphilosophische Begründung. Hamburg 1999.

Hurrelmann, Klaus: Lebensphase Jugend. Eine Einführung in die sozialwissenschaftliche Jugendforschung. Weinheim/München 1995 (5. Aufl.).

Hurrelmann, Klaus: Jugendliche an die Wahlurnen! In der Altersspanne zwischen 12 und 14 Jahren entsteht die politische Urteilsfähigkeit. In: deutsche jugend. 46. Jg., Heft 1/1998, S. 9-17.

Hurrelmann, Klaus: Gefühle demonstrieren. Kinder bekunden ihre Trauer, Jugendliche gehen gegen den Terror auf die Straße – eine neue politische Generation meldet sich zu Wort. In: Die Zeit. Nr. 40, vom 27.11.2001, S. 53f.

Hurrelmann, Klaus/Linssen, Ruth/Albert, Mathias/Quellenberg, Holger: Eine Generation von Egotaktikern? Ergebnisse der bisherigen Jugendforschung. In: Deutsch Shell (Hrsg.): Jugend 2002. 14. Shell Jugendstudie. Frankfurt/M. 2002, S. 31-51.

Ijzendorn, Marinus H. van: Moralität und politisches Bewußtsein. Eine Untersuchung zur politischen Sozialisation. Weinheim/Basel 1980.

Institut für Demoskopie Allensbach: Junge Nichtwählerinnen. Eine Analyse der Entwicklung, Anzahl Struktur und Motive junger Nichtwählerinnen. Herausgegeben

vom Bundesministerium für Frauen und Jugend. Materialien zur Frauenpolitik 30/93. Bonn 1993a.
Institut für Demoskopie Allensbach: Politisches Interesse und Entwicklung des Interessenspektrums zwischen dem 20. und 30. Lebensjahr. Herausgegeben vom Bundesministerium für Frauen und Jugend. Materialien zur Frauenpolitik 33/93. Bonn 1993b.
Jacobi, Juliane: Sind Mädchen unpolitischer als Jungen? In: Heitmeyer, Wilhelm/Jacobi, Juliane (Hrsg.): Politische Sozialisation und Chancen politischer Bildung. Weinheim/München 1991, S. 99-116.
Jonas, Hans: Das Prinzip Verantwortung. Versuch einer Ethik für die technologische Zivilisation. Frankfurt/M. 1984.
Jugendwerk der deutschen Shell (Hrsg.): Jugend '97. Zukunftsperspektiven, Gesellschaftliches Engagement, Politische Orientierungen. Opladen 1997.
Jungk, Robert/Müllert, Norbert R.: Zukunftswerkstätten. Mit Phantasie gegen Routine und Resignation. München 1989 (6. Aufl.).
Kaase, Max: Vergleichende Politische Partizipationsforschung. In: Berg-Schlosser, Dirk/Müller-Rommel, Ferdinand (Hrsg.): Vergleichende Politikwissenschaft. Opladen 1997 (3. überarbeitete u. ergänzte Aufl.), S. 159-174.
Kaase, Max: Politische Beteiligung/Politische Partizipation. In: Andersen, Uwe/ Woyke, Richard (Hrsg.): Handwörterbuch des politischen Systems der Bundesrepublik Deutschland. Bonn 2000 (4. völlig überarbeitete und aktualisierte Auflage), S. 473-478.
Kammerer, Bernd (Hrsg.): Beteiligung von Kindern für Kinder mit Kindern. Nürnberg 2001
Kelle, Helga: Politische Sozialisation bei Jungen und Mädchen. Kritik und Perspektiven der Forschung. In: Feministische Studien. 11. Jg., Heft 1/1993, S. 126-139.
Kelle, Udo: Die Bedeutung theoretischen Vorwissens in der Methodologie der Grounded Theory. In: Strobl, Rainer/Böttger, Andreas (Hrsg.): Wahre Geschichten? Zu Theorie und Praxis qualitativer Interviews. Baden-Baden 1996, S. 23-47.
Kelle, Udo/Kluge, Susann: Vom Einzelfall zum Typus. Fallvergleich und Fallkontrastierung in der qualitativen Sozialforschung. Opladen 1999.
Keller, Monika/Edelstein, Wolfgang: Die Entwicklung eines moralischen Selbst von der Kindheit zur Adoleszenz. In: Edelstein, Wolfgang/Nunner-Winkler, Gertrud/Noam, Gil (Hrsg.): Moral und Person. Frankfurt/M. 1993, S. 307-334.
Keupp, Heiner/Ahbe, Thomas/Gmür, Wolfgang/Höfer, Renate/Mitzscherlich, Beate/ Kraus, Wolfgang/Strauss, Florian: Identitätskonstruktionen. Das Patchwork der Identitäten in der Spätmoderne. Reinbeck bei Hamburg 1999.
Kiper, Hanna: Selbst- und Mitbestimmung in der Schule. Das Beispiel Klassenrat. Hohengehren 1997.
Kiper, Hanna: "... wenn wir zu bestimmen hätten". Politische Partizipation und politisches Lernen von Mädchen und Jungen. In: Neumann, Karl/Burdewick, Ingrid (Hrsg.): "Ein bißchen mehr Macht" Politische Partizipation von Mädchen und Jungen. Steinhorster Schriften zur regionalen Schulgeschichte und Schulentwicklung. Bd. 9, Braunschweig/Gifhorn 1998, S. 57-87.
Klein, Ansger/Legrand, Hans-Josef/Leif, Thomas (Hrsg.): Neue soziale Bewegungen. Impulse, Bilanzen und Perspektiven. Opladen/Wiesbaden 1999.

Knapp, Gudrun-Axeli: Differenz ohne Differenzierung? Anmerkungen zur Debatte um eine "weibliche Moral". In: Horster, Detlef (Hrsg.): Weibliche Moral – ein Mythos? Frankfurt/M. 1998, S. 162-188.

Knauer, Raingard/Brandt, Petra: Kinder können mitentscheiden. Beteiligung von Kindern und Jugendlichen in Kindergarten, Schule und Jugendarbeit. Neuwied/Kriftel/Berlin 1998.

Kohlberg, Lawrence: Moralische Entwicklung und demokratische Erziehung. In: Lind, Georg/Raschert, Jürgen (Hrsg.): Moralische Urteilsfähigkeit. Eine Auseinandersetzung mit Lawrence Kohlberg. Weinheim/Basel 1987, S. 25-43.

Kohlberg, Lawrence: Die Psychologie der Moralentwicklung. Herausgegeben von Wolfgang Althof unter Mitarbeit von Gil Noam und Fritz Oser. Frankfurt/M. 1997 (2. Aufl.).

Kohli, Martin: Die Institutionalisierung des Lebenslaufs. Historische Befunde und theoretische Argumente. In: Kölner Zeitschrift für Soziologie und Sozialpsychologie. 37. Jg. 1985, S. 1-29

Kramer, Rolf-Torsten/Helsper, Werner/Busse, Susanne: Pädagogische Generationenbeziehungen und die symbolische Generationenordnung – Überlegungen zur Anerkennung zwischen den Generationen als antinomischer Struktur. In: Dies. (Hrsg.): Pädagogische Generationenbeziehungen. Opladen 2001, S. 129-155.

Krampen, Günter: Entwicklung politischer Handlungsorientierungen im Jugendalter. Ergebnisse einer explorativen Längsschnittsequenz-Studie. Göttingen/Toronto/Zürich 1991.

Krappmann, Lothar: Bedrohung des kindlichen Selbst in der Sozialwelt der Gleichaltrigen. Beobachtungen zwölfjähriger Kinder in natürlicher Umgebung. In: Edelstein, Wolfgang/Nunner-Winkler, Gertrud/Noam, Gil (Hrsg.): Moral und Person Frankfurt/M. 1993, S. 335-362.

Krappmann, Lothar: Sozialisation in der Gruppe der Gleichaltrigen. In: Hurrelmann, Klaus/Ulich, Dieter (Hrsg.): Handbuch der Sozialisationsforschung. Weinheim/Basel 1998 (5. neu ausgestattete Aufl.), S. 355-375.

Kreisjugendpflege Gifhorn/Stadtjugendpflege Wittingen: Ablauf, Organisation und Kompetenzen eines "Kinder- und Jugendparlaments" auf Ebene der Stadt Wittingen in Kooperation mit der Kreisjugendpflege Gifhorn. Konzept (unveröff.) vom 23.02.1995.

Kristeva, Julia: Fremde sind wir uns selbst. Frankfurt/M. 1990.

Kuckartz, Udo: WINMAX 97. Handbuch zum Textanalysesystem MAX für WINDOWS 95. Berlin 1997.

Kühnel, Wolfgang: Orientierungen im politischen Handlungsraum. In: Jugendwerk der deutschen Shell (Hrsg.): Jugend '92. Lebenslagen, Orientierungen und Entwicklungsperspektiven im vereinigten Deutschland. Opladen 1992, S. 59-71.

Kühnel, Steffen: Kommt es auf die Stimme an? Determinanten von Teilnahme und Nichtteilnahme an politischen Wahlen. In: Koch, Achim/Wasmer, Martina/Schmidt, Peter (Hrsg.): Politische Partizipation in der Bundesrepublik Deutschland. Empirische Befunde und theoretische Erklärungen. Opladen 2001, S. 11-42.

Kulke, Christine: Politische Sozialisation und Geschlechterdifferenz. In: Hurrelmann, Klaus/Ulich, Dieter (Hrsg.): Neues Handbuch der Sozialisationsforschung. Weinheim/Basel 1991 (4., völlig neubearbeitete Aufl.), S. 595-613.

Lamnek, Siegfried: Qualitative Sozialforschung. Bd. 1. Methodologie. Weinheim 1995a (3., korrigierte Aufl.).
Lamnek, Siegfried: Qualitative Sozialforschung. Bd. 2. Methoden und Techniken. Weinheim 1995b (3., korrigierte Aufl.).
Lehwald, Gerhard/Madlmeyer, Eva: Kinder- und Jugendforen: Pädagogische und psychologische Voraussetzungen einer Partizipation. In: Palentien, Christian/ Hurrelmann, Klaus (Hrsg.): Jugend und Politik. Ein Handbuch für Forschung, Lehre und Praxis. Neuwied/Kriftel/Berlin 1997, S. 302-334.
Leu, Hans Rudolf: Selbständige Kinder – Ein schwieriges Thema für die Sozialisationsforschung. In: Honig, Michael-Sebastian/Leu, Hans Rudolf/Nissen, Ursula (Hrsg.): Kinder und Kindheit. Soziokulturelle Muster – sozialisationstheoretische Perspektiven. Weinheim/München 1996, S. 174-198.
Leu, Hans Rudolf: Die "biographische Situation" als Bezugspunkt eines sozialisationstheoretischen Subjektverständnisses. In: Leu, Hans Rudolf/ Krappmann, Lothar (Hrsg.): Zwischen Autonomie und Verbundenheit. Bedingungen und Formen der Behauptung von Subjektivität. Frankfurt/M. 1999, S. 77-107.
Linssen, Ruth/Leven, Ingo/Hurrelmann, Klaus: Wachsende Ungleichheit der Zukunftschancen? Familie, Schule und Freizeit als jugendliche Lebenswelten. In: Deutsche Shell (Hrsg.): Jugend 2002. 14. Shell Jugendstudie. Frankfurt/M. 2002, S. 53-90.
Lost, Christine/Oberhuemer, Pamela (Hrsg.): Auch Kinder sind Bürger. Kindergarten und Kinderpolitik in Deutschland. Hohengehren 1999.
Luhmann, Niklas: Soziale Systeme, Grundriß einer allgemeinen Theorie. Frankfurt/M. 1987.
Luhmann, Niklas: Ökologische Kommunikation. Kann die moderne Gesellschaft sich auf ökologische Gefährdungen einstellen? Opladen 1990 (3. Aufl.).
Luhmann, Niklas: Protest. Systemtheorie und soziale Bewegungen. Herausgegeben und eingeleitet von Kai-Uwe Hellmann. Frankfurt/M. 1997 (2. Aufl.).
Maier, Henry W.: Drei Theorien der Kindheitsentwicklung. New York 1983.
Maihofer; Andrea: Geschlecht als Existenzweise. Frankfurt/M. 1995.
Marschall, T.H.: Sociology at the Crossroads and other Essays. London/ Melbourne/Toronto 1963.
Mauthe, Anne/Pfeiffer, Hermann: Schülerinnen und Schüler gestalten mit – Entwicklungslinien schulischer Partizipation und Vorstellung eines Modellversuchs. In: Rolff, Hans-Günter/Bauer, Karl-Oswald/Klemm, Klaus/Pfeiffer, Her-mann (Hrsg.): Handbuch der Schulentwicklung. Daten, Beispiele und Perspektiven. Weinheim/München 1996, S. 221-429.
Mayring, Philipp: Einführung in die qualitative Sozialforschung. Eine Anleitung zu qualitativem Denken. München 1990.
Mayring, Philipp: Qualitative Inhaltsanalyse. Grundlagen und Techniken. Weinheim 1997 (6. durchgesehene Aufl.).
Mayring, Philipp: Qualitative Inhaltsanalyse. In: Flick, Uwe/Kardorff, Ernst v./Steinke, Ines (Hrsg.): Qualitative Forschung. Ein Handbuch. Hamburg 2000, S. 468-475.
Mead, George Herbert: Gesammelte Aufsätze. Bd. 1. Hrsg. von Hans Joas. Frankfurt/M. 1987a.
Mead, George Herbert: Gesammelte Aufsätze. Bd. 2. Hrsg. von Hans Joas. Frankfurt/M. 1987b.

Mead, George Herbert: Geist, Identität und Gesellschaft aus der Sicht des Sozialbehaviorismus. Frankfurt/M. 1998 (11. Aufl.).

Meulemann, Heiner: Älter werden und sich erwachsen fühlen. Über die Möglichkeiten, das Ziel der Jugend zu verstehen. In: Jugendwerk der deutschen Shell (Hrsg.): Jugend '92. Lebenslagen, Orientierungen und Entwicklungsperspektiven im vereinigten Deutschland. Opladen 1992, S. 107-125.

Möller, Kurt: Politische Orientierungen von Jugendlichen – Historische Phasen, Generationen, Bewegungen und Jugendkulturen. In: Sander, Uwe/Vollbrecht, Ralf (Hrsg.): Jugend im 20. Jahrhundert. Neuwied/Kriftel/Berlin 2000, S. 254-278.

Montada, Leo: Fragen, Konzepte, Perspektiven. In: Oerter, Rolf/Montada, Leo (Hrsg.): Entwicklungspsychologie. Ein Lehrbuch. Weinheim 1998a (4. korrigierte Aufl.), S. 1-83.

Montada, Leo: Moralische Entwicklung und moralische Sozialisation. In: Oerter, Rolf/Montada, Leo (Hrsg.): Entwicklungspsychologie. Ein Lehrbuch. Weinheim 1998b (4. korrigierte Aufl.), S. 862-894.

Münchmeier, Richard: Die Lebenslage junger Menschen. In: Jugendwerk der deutschen Shell (Hrsg.): Jugend '97. Zukunftsperspektiven, Gesellschaftliches Engagement, Politische Orientierungen. Opladen 1997, S. 277-301.

Nagl-Docekal, Herta: Feministische Ethik oder eine Theorie weiblicher Moral? In: Horster, Detlef (Hrsg.): Weibliche Moral – ein Mythos? Frankfurt/M. 1998, S. 42-72.

Nails, Debra: Sozialwissenschaftlicher Sexismus: Carol Gilligans Fehlvermessung des Menschen. In: Nunner-Winkler, Gertrud (Hrsg.): Weibliche Moral. Die Kontroverse um eine geschlechtsspezifische Ethik. Frankfurt/M. 1995.

Neumann, Karl: "Dabei ist das Wohl des Kindes ihr Grundanliegen" Kinder und ihre Rechte. Anspruch und Wirklichkeit. In: Neumann, Karl/Burdewick, Ingrid (Hrsg.): "Ein bißchen mehr Macht" Politische Partizipation von Mädchen und Jungen. Steinhorster Schriften zur regionalen Schulgeschichte und Schulentwicklung. Bd. 9, Braunschweig 1998, S. 19-33.

Neumann, Karl/Burdewick, Ingrid (Hrsg.): "Ein bißchen mehr Macht" Politische Partizipation von Mädchen und Jungen. Steinhorster Schriften und Materialien zur regionalen Schulgeschichte und Schulentwicklung. Bd. 9, Braunschweig/Gifhorn 1998.

Neumann, Ulf: Jugendparlament Wittingen. Politische Partizipation in der Praxis. In: Jugendwohl, 77. Jg., Heft 12 1996, S. 547-560.

Neumann, Ulf: "Wir schicken den Bürgermeister nach Elba – Politik machen wir jetzt selber". Politische Partizipation und Beteiligungsmodelle in Niedersachsen. In: Neumann, Karl/Burdewick, Ingrid (Hrsg.): "Ein bißchen mehr Macht." Politische Partizipation von Mädchen und Jugend. Steinhorster Schriften zur regionalen Schulgeschichte und Schulentwicklung. Bd. 9, Braunschweig/Gifhorn 1998, S. 157-185.

Nissen, Ursula: Kindheit, Geschlecht und Raum. Sozialisationstheoretische Zusammenhänge geschlechtsspezifischer Raumaneignung. Weinheim/München 1998.

Nucci, Larry/Lee, John: Moral und personale Autonomie. In: Edelstein, Wolfgang/Nunner-Winkler, Gertrud/Noam, Gil (Hrsg.): Moral und Person. Frankfurt/M. 1993, S. 69-103.

Nunner-Winkler, Gertrud: Enttraditionalisierungsprozeß: Auswirkungen auf politische Orientierungen bei Jugendlichen? In: Heitmeyer, Wilhelm/Jacobi, Juliane (Hrsg.): Politische Sozialisation und Individualisierung. Perspektiven und Chancen politischer Bildung. Weinheim/München 1991, S. 57-75.

Nunner-Winkler, Gertrud (Hrsg.): Weibliche Moral. Die Kontroverse um eine geschlechtsspezifische Ethik. München 1995a.

Nunner-Winkler, Gertrud: Zur Einführung: Die These von den zwei Moralen. In: Dies. (Hrsg.): Weibliche Moral. Die Kontroverse um eine geschlechtsspezifische Ethik. München 1995b, S. 9-27.

Nunner-Winkler, Gertrud: Der Mythos von den zwei Moralen. In: Horster, Detlef (Hrsg.): Weibliche Moral – ein Mythos? Frankfurt/M. 1998, S. 73-98.

Oerter, Rolf: Psychologische Aspekte: Können Jugendliche politisch mitentscheiden? In: Palentien, Christian/Hurrelmann, Klaus (Hrsg.): Jugend und Politik. Ein Handbuch für Forschung, Lehre und Praxis. Neuwied/Kriftel/Berlin 1997, S. 32-46.

Oerter, Rolf/Dreher, Eva: Jugendalter. In: Oerter, Rolf/Montada, Leo (Hrsg.): Entwicklungspsychologie. Ein Lehrbuch. Weinheim 1998 (4. korrigierte Aufl.), S. 310-395.

Oerter, Rolf/Höfling, Siegfried (Hrsg.): Mitwirkung und Teilhabe von Kindern und Jugendlichen. München 2001.

Olschanski, Reinhard: Phänomenologie der Mißachtung. Studien zum Intersubjektivitätsdenken Jean-Paul Sartres. Bodenheim 1997.

Oser, Fritz/Althof, Wolfgang: Moralische Selbstbestimmung. Modelle der Entwicklung und Erziehung im Wertebereich. Stuttgart 2001 (4. Aufl.).

Oswald, Hans: Was heißt qualitativ forschen? Eine Einführung in Zugänge und Verfahren. In: Friebertshäuser, Barbara/Prengel, Annedore (Hrsg.): Handbuch Qualitative Forschungsmethoden in der Erziehungswissenschaft. Weinheim/ München 1997, S. 71-87.

Palentien, Christian/Hurrelmann, Klaus (Hrsg.): Jugend und Politik. Ein Handbuch für Forschung, Lehre und Praxis. Neuwied/Kriftel/Berlin 1997a.

Palentien, Christian/Hurrelmann, Klaus: Veränderte Jugend – veränderte Formen der Beteiligung Jugendlicher? In: Palentien, Christian/Hurrelmann, Klaus (Hrsg.): Jugend und Politik. Ein Handbuch für Forschung, Lehre und Praxis. Neuwied/Kriftel/Berlin 1997b, S. 11-29.

Piaget, Jean: Das moralische Urteil beim Kinde. Frankfurt/M. 1973.

Piaget, Jean: Psychologie der Intelligenz. Freiburg im Breisgau 1992 (3.Aufl.).

Pieper, Annemarie: Aufstand des stillgelegten Geschlechts. Einführung in die feministische Ethik. Freiburg im Breisgau 1993.

Popitz, Heinrich: Phänomene der Macht. Autorität – Herrschaft – Gewalt – Technik. Tübingen 1986.

Sachverständigenkommission sechster Jugendbericht (Hrsg.): Alltag und Biografie von Mädchen. Opladen 1988.

Schiller, Friedrich: Wilhelm Tell. Stuttgart 2000.

Schmidtchen, Gerhard: Ethik und Protest. Moralbilder und Wertkonflikte junger Menschen. Mit Kommentaren von Lothar Roos und Manfred Seitz. Opladen 1992.

Schmidtchen, Gerhard: Wie weit ist der Weg nach Deutschland? Sozialpsychologie der Jugend in der postsozialistischen Welt. Opladen 1997.

Schneekloth, Ulrich: Demokratie, ja – Politik, nein? Einstellungen Jugendlicher zur Politik. In: Deutsch Shell (Hrsg.): Jugend 2002. 14. Shell Jugendstudie. Frankfurt/M. 2002, S. 91-137.

Schneider, Helmut: Politische Partizipation – zwischen Krise und Wandel. In: Hoffmann-Lange, Ursula (Hrsg.): Jugend und Demokratie in Deutschland. DJI – Jugendsurvey 1.Opladen 1995, S. 275-335.

Schöler-Macher, Bärbel: Die Fremdheit der Politik. Erfahrungen von Frauen in Parteien und Parlamenten. Weinheim 1994.

Scholz, Rainer: Jugendschutz. Gesetz zum Schutze der Jugend in der Öffentlichkeit, Gesetz über die Verbreitung jugendgefährdender Schriften und Medieninhalte und andere Vorschriften und Erläuterungen. München 1999 (3. Aufl.).

Schröder, Richard: Kinder reden mit! Beteiligung an Politik, Stadtplanung und -gestaltung. Weinheim/Basel 1995.

Schröder, Richard: Freiräume für Kinder(t)räume! Kinderbeteiligung in der Stadtplanung. Weinheim/Basel 1996.

Schütz, Alfred: Der sinnhafte Aufbau der sozialen Welt. Eine Einleitung in die verstehende Soziologie. Frankfurt/M. 1981 (2. Aufl.).

Schultze, Rainer-Olaf: Partizipation. In: Nohlen, Dieter (Hrsg.): Kleines Lexikon der Politik. München 2001, S. 363-365.

Schweda, Bernadette: Dynamisch und machtlos? Podiumsdiskussion mit jungen Abgeordneten. In: Das Parlament. 50. Jg., Nr. 28, Wochenzeitung vom 07.07.2000, S. 18.

Selman, Robert L.: Die Entwicklung des sozialen Verstehens. Entwicklungspsychologische und klinische Untersuchungen. Frankfurt/M. 1984.

Silbereisen, Rainer K./Vaskovics, Laszlo A./Zinnecker, Jürgen (Hrsg.): Jungsein in Deutschland. Jugendliche und junge Erwachsene 1991 und 1996. Opladen 1996.

Soeffner, Hans Georg/Hitzler, Ronald: Hermeneutik als Haltung und Handlung. Über methodisch kontrolliertes Verstehen. In: Schröer, Norbert (Hrsg.): Interpretative Sozialforschung. Auf dem Wege zu einer hermeneutischen Wissenssoziologie. Opladen 1994, S. 28-55.

Soja, Eva-Maria: Kompetenzentwicklung. In: Bukow, Wolf-Dietrich/Spindler, Susanne (Hrsg.): Die Demokratie entdeckt ihre Kinder. Politische Partizipation durch Kinder- und Jugendforen. Opladen 2000, S. 204-220.

Stange, Waldemar: Planen mir Phantasie. Zukunftswerkstatt und Planungszirkel für Kinder und Jugendliche. Herausgegeben vom deutschen Kinderhilfswerk und Aktion "Schleswig-Holstein – Land für Kinder". Berlin/Kiel 1996.

Stange, Waldemar/Wiebusch, Rainer: Pro- und Contra-Diskussion von Kinder- und Jugendgremien. In: Palentien, Christian/Hurrelmann, Klaus (Hrsg.): Jugend und Politik. Ein Handbuch für Forschung, Lehre und Praxis. Neuwied/Kriftel/Berlin 1997, S. 364-396.

Statistisches Bundesamt: Wahl der Abgeordneten des Europäischen Parlaments aus der Bundesrepublik Deutschland am 13. Juni 1999. Erste Ergebnisse aus der repräsentativen Wahlstatistik für die Bundesrepublik Deutschland. Wiesbaden 1999.

Statistisches Bundesamt Wiesbaden (Hrsg.): Im Blickpunkt: Jugend in Deutschland. Wiesbaden 2000.

Stojanov, Krassimir: Gesellschaftliche Modernisierung und lebensweltorientierte Bildung. Weinheim 1999.

Stolt, Susanne: Zwischen Arbeit und Liebe. Eine empirische Studie zum Wandel der Geschlechterbeziehungen in Ostdeutschland nach der Wende. Kassel 2000.

Strauss, Anselm L.: Qualitative Analysis for social Scientists. Cambridge 1987.

Strauss, Anselm L./Corbin, Juliet: Grounded Theory. Grundlagen qualitativer Sozialforschung. Weinheim 1996.

Strauss, Anselm L.: Grundlagen qualitativer Sozialforschung. München 1998 (2. Aufl.).

Taylor, Charles: Multikulturalismus und die Politik der Anerkennung. Mit einem Beitrag von Jürgen Habermas. Frankfurt/M. 1997a.

Taylor, Charles: Das Unbehagen an der Moderne. Frankfurt/M. 1997b (3. Aufl.).

Tiemann, Dieter: Alltagsdemokratie statt Partizipationsspielwiesen: Beteiligung und Verantwortung als Regelfall. In: Palentien, Christian/Hurrelmann, Klaus (Hrsg.): Jugend und Politik. Ein Handbuch für Forschung, Lehre und Praxis. Neuwied/Kriftel/ Berlin 1997, S. 335-363.

Tillmann, Klaus-Jürgen: Sozialisationstheorien. Eine Einführung in den Zusammenhang von Gesellschaft, Institution und Subjektwerdung. Reinbeck bei Hamburg 1995.

Todorov, Tzvetan: Abenteuer des Zusammenlebens. Versuch einer allgemeinen Anthropologie. Frankfurt/M. 1998.

Uehlinger, Hans Martin: Politische Partizipation in der Bundesrepublik. Strukturen und Erklärungsmodelle. Opladen 1988.

Weber, Max: Wirtschaft und Gesellschaft. Grundriss einer verstehenden Soziologie. 1. Halbband. Tübingen 1956 (4. von Johannes Winckelmann neu herausgegebene Aufl.).

Weiß, Ulrich: Macht. In: Nohlen, Dieter (Hrsg.): Kleines Lexikon der Politik. München 2001, S. 282-284.

Wenzel, Hartmut: Neue Konzepte zur pädagogischen Schulentwicklung und Qualifizierung der Akteure. In: Keuffler, Josef/Krüger, Heinz-Hermann/Reinhardt, Sibylle/Weise, Elke/Wenzel, Hartmut (Hrsg.): Schulkultur als Gestaltungsaufgabe. Partizipation – Management –Lebensweltgestaltung. Weinheim 1998, S. 241-259.

Wiedemann, Peter: Gegenstandsnahe Theoriebildung. In: Flick, Uwe/Kardorff, Ernst v./Keupp, Heiner/Rosenstiel, Lutz v./ Wolff, Stephan (Hrsg.): Handbuch Qualitative Sozialforschung. München 1991, S. 440-445.

Wiesendahl, Elmar: Keine Lust mehr auf Parteien. Zur Abwendung Jugendlicher von den Parteien. In: Aus Politik und Zeitgeschichte. 51. Jg., Heft 10/2001, S. 7-19.

Wilkinson, Helen: Kinder der Freiheit. Entsteht eine neue Ethik individueller und sozialer Verantwortung? In: Beck, Ulrich (Hrsg.): Kinder der Freiheit. Frankfurt/Main 1997, S. 85-123.

Winkler, Michael: Diesseits der Macht. Partizipation in "Hilfen zur Erziehung" – Annäherung an ein komplexes Problem. In: Neue Sammlung. 40. Jg., Heft 2/2000, S. 187-209.

Winnicott, Donald W.: Reifungsprozesse und fördernde Umwelt. Frankfurt/M. 1984.

Winnicott, Donald W.: Vom Spiel zur Kreativität. Stuttgart 1987 (4. Aufl.).

Wittingen online: http://www.wittingen.de/navigation/frames/indexa.htm. (Online am 27.02.2002).

Witzel, Andreas: Verfahren der qualitativen Sozialforschung. Überblick und Alternativen. Frankfurt/M.-New York 1982.

Witzel, Andreas: Das problemzentrierte Interview. In: Jüttemann, Gerd (Hrsg.): Qualitative Forschung in der Psychologie. Grundfragen, Verfahrensweisen, Anwendungsfelder. Weinheim/Basel 1985, S. 227-255.

Witzel, Andreas: Auswertung problemzentrierter Interviews. In: Strobl, Rainer/Böttger, Andreas (Hrsg.): Wahre Geschichten? Zu Theorie und Praxis qualitativer Interviews. Baden-Baden 1996, S. 49-76.

Youniss, James: Soziale Konstruktion und psychische Entwicklung. Herausgegeben von Lothar Krappmann und Hans Oswald. Frankfurt/M. 1995.

Zahlmann, Christel (Hrsg.): Kommunitarismus in der Diskussion. Eine streitbare Einführung. Berlin 1997 (2. Aufl.).

Zeiher, Helga: Kinder in der Gesellschaft und Kindheit in der Soziologie. In: Zeitschrift für Sozialisationsforschung und Erziehungssoziologie (ZSE). 16. Jg., Heft1/1996a, S. 26-46.

Zeiher, Helga: Von Natur aus Außenseiter oder gesellschaftlich marginalisiert? In: Zeiher, Helga/Büchner, Peter/Zinnecker, Jürgen (Hrsg.): Kinder als Außenseiter? Umbrüche in der gesellschaftlichen Wahrnehmung von Kindern und Kindheit. Weinheim/München 1996b, S. 7-27.

Zinnecker, Jürgen: Jugend als Bildungsmoratorium. Zur Theorie des Wandels der Jugendphase in west- und osteuropäischen Gesellschaften. In: Melzer, Wolfgang/Heitmeyer, Wilhelm/Liegle, Ludwig/Zinnecker, Jürgen (Hrsg.): Osteuropäische Jugend im Wandel. Ergebnisse vergleichender Jugendforschung in der Sowjetunion, Polen, Ungarn und der ehemaligen DDR. Weinheim/München 1991, S. 9-24.

Verzeichnis der Anlagen

Anlage 1 **Fragebogen**

Anlage 2 **Interviewleitfaden**

Projekt: Politische Partizipation von Mädchen und Jungen

Fragebogen

Interview vom ....

I: Persönliche Daten:

Name: _____

Alter: _____

Staatsangehörigkeit: _____

Schulbildung bzw. Schulabschluss: _____

Berufsausbildung: _____

Gewünschter Schulabschluss: _____

II. Angaben zur Familie der oder des Interviewten:

a) Mutter

Schulabschluss: _____

Beruf: _____

b) Vater

Schulabschluss: _____

Beruf: _____

Interviewleitfaden

I. Fragen zur Mitarbeit im Jugendparlament

1. Wenn du an die letzte Jugendparlamentssitzung zurückdenkst, was fällt dir dann zuerst ein?
2. Wie bist du darauf gekommen, dich als Kandidatin bzw. Kandidat für das Jugendparlament aufstellen zu lassen?
3. Würdest du noch einmal für das Jugendparlament kandidieren?
4. Macht es dir Spaß im Jugendparlament mitzuarbeiten? Was findest du gut, was findest du schlecht?
5. Welche Aktion, welches Projekt, welches Anliegen hat dir am meisten Spaß gemacht?
6. Welche Aktion, welches Projekt, welches Anliegen hat dir wenig oder keinen Spaß gemacht?
7. Wie erlebst du die Sitzungen? Bist du ausreichend zu Wort gekommen? Fühlst du dich mit dem, was du während der Sitzungen sagst, ernst genommen?
8. Bist du mit dem, was in den Sitzungen des Jugendparlaments geschieht, zufrieden oder würdest du gern etwas anders machen?
9. Wenn du bestimmen könntest, wie eine Sitzung des Jugendparlaments idealerweise ablaufen sollte, wie würdest du sie gestalten?
10. Wenn dir in einer Sitzung des Jugendparlaments etwas nicht passt, sagst du das dann oder sagst du es lieber nicht?
11. Für welche Bereiche möchtest du dich einsetzen? Was soll hier in Wittingen deiner Meinung nach verbessert werden?
12. Hast du das Gefühl, dass sich durch die Arbeit des Jugendparlaments in Wittingen konkret schon etwas verändert hat? Was habt ihr schon erreicht?
13. Hast du den Eindruck, dass das Jugendparlament von den Politikern und Politikerinnen hier in der Gegend ernst genommen wird? Fällt dir ein Beispiel ein, woran man sehen kann, dass ihr ernst genommen bzw. nicht ernst genommen werdet?
14. Hast du das Gefühl, dass du dich, seit du im Jugendparlament mitarbeitest, besser in der Kommunalpolitik (Wittinger Politik) auskennst (bzw. dich stärker für Kommunalpolitik interessierst) als vorher oder hat sich nichts verändert?
15. Wie reagieren deine Mitschüler und -schülerinnen auf deine Arbeit im Jugendparlament? Kommen z.B. deine Mitschüler und -schülerinnen zu dir und sagen, wir möchten, dass folgende Dinge in Wittingen verändert werden? Was machst du dann mit solchen Vorschlägen?
16. Hat sich bei dir persönlich durch deine Mitarbeit im Jugendparlament irgendetwas verändert?
17. Redest du auch außerhalb der Sitzungen des Jugendparlaments über deine Arbeit im Parlament (z.B. mit Freunden oder Freundinnen oder deinen Eltern)?
18. Was sagen deine Eltern und Freunde oder Freundinnen dazu, dass du im Jugendparlament mitarbeitest?

19. Wie reagieren deine Lehrer und Lehrerinnen auf deine Mitarbeit im Jugendparlament?
20. Im Jugendparlament arbeiten ja viel mehr Mädchen als Jungen mit. Hast du eine Idee, woran das liegen könnte?
21. Gibt es deiner Meinung nach Unterschiede in der Beteiligung von Jungen und Mädchen in den Sitzungen des Jugendparlaments?
22. Ihr habt ja im Jugendparlament auch Themen angesprochen, die die Erwachsenen nicht so gut fanden, wie z.B. Julians Brief an MacDonalds oder die Vorwürfe gegen den Bademeister. Findest du gut, wie das besprochen wurde oder hätte es deiner Ansicht nach anders ablaufen sollen?

II. Fragen zum politischen Interesse

23. Wenn du einen Wunsch frei hättest? Was würdest du für dich und andere Jugendliche verändern?
24. Viele Kinder und Jugendliche sagen, dass sie Politik langweilig und "ätzend" finden, und dass es sowieso keinen Zweck hat, sich einzusetzen. Was meinst du dazu?
25. Wie müsste für dich ein idealer Politiker oder eine ideale Politikerin sein?
26. Interessiert du dich auch für die "große" Politik in Bonn? Liest du z.B. regelmäßig die Tageszeitung oder schaust du die Nachrichten im Fernsehen?
27. Es wird oft gesagt, dass Mädchen sich weniger für Politik interessieren als Jungen. Wie ist deine Meinung dazu?
28. Redest du mit deinen Eltern über Politik?
29. Redest du mit Freunden oder Freundinnen über Politik?

III. Zukunftsvorstellungen

30. Kannst du dir vorstellen, auch später politisch zu arbeiten (z.B. in einer Partei oder einer Bürgerinitiative)?
31. Was möchtest du (später) für einen Beruf haben?
32. Weißt du schon, wie du später leben möchtest? Willst du z.B. hier im Landkreis bleiben? Möchtest du heiraten? Möchtest du Kinder haben?